湖南省哲学社会科学基金重大委托项目"记住乡愁——湖南十村十记"的阶段性成果

中国传统村落实证研究

——高椅村

朱力 著

中南大学出版社
www.csupress.com.cn ·长沙·

图书在版编目（CIP）数据

中国传统村落实证研究. 高椅村／朱力著. —长沙：
中南大学出版社，2019.11
ISBN 978 - 7 - 5487 - 3746 - 9

Ⅰ. ①中… Ⅱ. ①朱… Ⅲ. ①村落—研究—会同县
Ⅳ. ①K928.5

中国版本图书馆 CIP 数据核字（2019）第 197713 号

中国传统村落实证研究——高椅村

ZHONGGUO CHUANTONG CUNLUO SHIZHENG YANJIU——GAOYI CUN

朱力 著

□责任编辑	陈应征
□责任印制	易红卫
□出版发行	中南大学出版社
	社址：长沙市麓山南路　　　　邮编：410083
	发行科电话：0731 - 88876770　传真：0731 - 88710482
□印　　装	长沙市宏发印刷有限公司

□开　　本	710 mm × 1000 mm 1/16　□印张 28　□字数 487 千字
□版　　次	2019 年 11 月第 1 版　□2019 年 11 月第 1 次印刷
□书　　号	ISBN 978 - 7 - 5487 - 3746 - 9
□定　　价	389.00 元

总　序

　　作为湖南省社科基金重大项目"记住乡愁——湖南十村十记"，我们试图对湖南极具地域与民族特色的传统村落展开极具普遍性又具鲜明的个案特色的研究。这在湖南地方文化研究上也是首次。基于此，经反复研究，遴选了会同县高椅乡高椅村、通道侗族自治县坪坦乡坪坦村、江永县兰溪瑶族乡勾蓝瑶寨、永顺县大坝乡双凤村、绥宁县关峡苗族乡大园村、辰溪县上蒲溪瑶族乡五宝田村、绥宁县黄桑坪苗族乡上堡村、永兴县高亭乡板梁村、桂阳县莲塘镇大湾村、花垣县排碧乡板栗村作为研究对象，并组建了十个相应的课题组，从事专门的研究。虽然只有十个村寨，但它们散落在三湘四水，颇具地域特色，又涵盖了汉、苗、瑶、侗等湖南主要民族，富有民族历史文化的特质性和代表性。对它们的系统性研究，或许最能体现湖湘传统村落及其文化的特色，立体还原出湖南传统村落文化的多维性与区域文化的特质性及其价值，进而呈现出湖湘文化的特质性和本源性，为保护湖南乃至中国传统村落文化做出贡献。

　　在内容上，我们要求对传统村落文化展开系统性的多维研究。在框架设计、研究思路、主要内容、基本观点等方面，都体现出研究者创新的学术思想、独到的学术见解和可能取得的突破。尤其在研究方法上，我们强调要重"记"重

"研"、"记""研"并举，既要整体兼顾，又要突出重点。"记"重有三：图像记录、文字记述和文化记忆。

第一是"图像记录"。图像记录是指把在村落中的固态文化及活态文化，通过影像的方式保留下来，并作为信息传递给外界，强调记录对象的纪实性、直观性和形象性，在绝对真实的前提下，亦追求其唯美性。开始于1839年的摄影术，带给了近代一场视觉意义上的革命。之后，摄影迅猛发展起来，几乎无所不包，并和在它之前发展起来的印刷术相结合，进而拥有了广阔的传播空间。摄影术的出现，于民俗、建筑、文物的记录也同样具有划时代意义。它能够直观地再现事物在拍摄瞬间的真实状况，其记录已经成为今天研究这一时段历史的重要依据。在近代中国，最早拍摄的村落及其文化的照片，多出自涌入国门的外国学者之手，如葛学溥、伊东忠太、关野贞、塚本靖等人。19世纪末20世纪初开始，大批的日本学者考察中华风物，足迹遍布中国的大江南北，研究领域涉及了人类学、考古学、美术学、建筑学等诸多领域，留下了大量的图像记录。他们相机里记录的中国风土人情，为今天的研究者们提供了珍贵的历史信息。在今天这样一个图像时代，数码摄影技术高度发达，普通人几乎不需要接受专业训练就能拿起手机或相机拍照。对于专业的村落文化研究者来说，更需要运用好这一手段，用现代摄像的形式记录下传统村落及其原住民的生产生活状况，于当下这个快速发展的社会，或许尤为有意义因而变得十分重要。因为我们今天用镜头记录的真实场景及场景中的人与事，明天可能就永远地消失不见。通过影像的记录，我们可以为后续的研究者保留今天这些传统村落的文化信息。

第二是"文字记述"。文字记述是人类用之最为久远的记述手段与方法。凭借于此，我们可以察古观今。对传统村落中原住民的内容丰富的各种文化信息进行记述，要求既真实准确又生动感人。在真实客观的文字记述基础上，我们试图对传统村落的文化传统与精神世界、传统村落的堪舆规划、建筑营造与保护、传统村落民俗与非物质文化遗产、传统村落原住民与自然环境关系、传统村落道德教化与乡贤文化、传统村落的经济发展与综合治理、传统村落氏族文献与少数民族研究资料、传统村落与地域文化圈的宗教信仰与遗存等诸多方面，展开多学科交叉的系统性研究，以还原出这些传统村落文化的多维性、复杂性及自成体系性，而不是某一文化的孤立现象。我们从这种文化的多维性和自成体系性中，或许可以找到这些极具地域民族特色与特质的传统村落文化历千年之久而生生不息的深刻内在原因。

第三是"文化记忆"。文化记忆是指对传统村落的文化历史进行追溯，包括村落的建制和变迁、原住民的迁徙经历等内容，尽可能完好地保留这些传统村落的文化记忆。具有悠长久远文明历史的中国，就是由无数个这类传统村落的文化记忆组成的。传统村落是研究中国文化记忆的丰沃土壤。不同于世界其他地区文明断裂或消失的经历，中国是唯一将自身的文明延续至今的国度，这使得其文化记忆研究具有极为难得的样本意义。国家的文化记忆，从某种视角来看，其实就是由不同的社会群体、民族、宗族甚至个人的文化记忆构成的总和。国家、社会、族群，往往也和个人一样，会在发育成长的过程中，养成回忆和记忆的能力。说到底，所谓文化记忆，本质上其实就是一个民族或国家的集体记忆。它所要回答的就是"我们是谁"和"我们从哪里来、要到哪里去"的文化认同性问题。文化记忆的内容通常是一个社会群体共同拥有的过去，其中既包括传说中的神话时代，也包括有据可查的信史。它在文化构成的时间上具有绝对性，往往可以一直回溯到远古，而不局限于三四代之内的世代记忆的限制。在文化的构成内容上，其往往又富有原创性和借鉴融合的相对性，理所当然地具有其文化的特质性。特质性代表的往往是民族文化的个性；借鉴与融合，往往能代表文化的主流共性与文化发展的规律性。在交流形式上，文化记忆所依靠的是有组织的、公共性的集体交流，其传承方式可分为"与仪式相关的"和"与文字相关的"两大类别。文化记忆可以让一种文化得到持续发展，传承不衰；而一旦文化记忆消失了，也就意味着文化主体性消亡了。在传统村落文化的传承中，文化记忆起到了重要的功能。各种材质的书面文献、碑文、乡约、家谱、建筑物、仪式和节日等，构成了文化记忆的一系列制度性表征，它是一套可反复使用的文本系统、意象系统和仪式系统。文化记忆对于传统村落社会的存在价值，不仅在于村落原住民集体性探究过去的成果有了更为牢固和精确的储存与记录方式，更在于它对维护传统村落文化的代代传承具有的重要作用。甚至毫不夸张地说，保护和保存这种记忆，是保护和保存了国家的历史文化记忆，因为这是构成国家历史文化的基石。

以此"三记"为基础，我们借助于交叉学科的视野与手段，对具体的传统村落及其文化，展开有广度和深度的系统研究。我们共形成了十部专著，每本皆包含了30万字左右的文字以及100帧以上的图片。从研究手法到记录、记述的形式与内容，可谓各具特色，形态多样。

朱力教授的研究对象是高椅村。他是以广角全息式的视野来审视这个村落的。他不仅对高椅村的建筑、礼仪、信仰、手工艺以及民间艺术等方面有详细描述，更是将高椅村融入中国传统村落研究的大框架中，运用分形的理论，寻找传统与现代的连接点。在研究方法和内容上，他尝试将社会学、文化人类学、民族史学、景观文化分形学、建筑学等诸学科理论结合起来，进行实证叙事和分析，并吸收了传统村落研究的部分研究方法和成果，在更广泛的层面上观照、研究了高椅村，以加深读者对高椅村历史文化现状的认知。最后作者就将来如何运用"村落智慧"来保护中国传统文化这一主题进行了探讨性研究。

刘灿姣教授对勾蓝瑶寨的研究，不仅体现在她长期醉心于这个富有文化特色的古老瑶寨的文化表象上，更反映在她理智严谨的研究中。她融合历史学、文化人类学、宗教学、社会学、民俗学、建筑学、经济学及传播学多个学科的研究方法，以记录、记述、记忆为基础对永州市江永县兰溪瑶族乡勾蓝瑶寨开展了全方位、多视角、深层次的综合研究。她从勾蓝瑶寨的历史沿革、地理环境、迁徙历史、村落布局与建筑、生产与商贸、生活与习俗、组织与治理、文化教育与道德教化、精神信仰、非物质文化遗产和文化遗产遗存等方面，勾勒出了其文化的全景图样。

谢旭斌教授以辰溪县上蒲溪瑶族乡五宝田村落为研究对象，从建筑堪舆、氏族文献、建筑营造、地域文化圈的宗教信仰与遗存、文化传统与精神世界、建筑装饰语言、乡贤文化、民风习俗、经济发展与综合治理等方面进行研究。他主要从艺术学、社会学的角度进行探讨，让传统村落留存的历史、文化艺术景观、传统的那些文化景观因子以一种美的方式呈现在人们的面前，让读者懂得传统村落文化具有独特的历史价值、艺术价值和文化价值，它的内部蕴含着大量值得传承的文化因子。

李哲副教授从宏观层面(自然与文化背景、族源与语言、宗教信仰与精神世界)、中观层面(道德教化与乡贤文化、民俗文化与非物质文化遗产、堪舆规划与村落空间、建筑形式与装饰艺术)及微观层面(局部建筑形式及营建技术、民族文献)等三个层面，全面研究了永顺县大坝乡双凤村这一民族地区传统村落的文化特征，探寻了土家族文化的核心。

王伟副教授以湘西土家族苗族自治州花垣县排碧乡板栗村为调研对象。他及其研究团队对板栗村进行了深入细致的田野调查，在充分掌握第一手材料的基础上，参考和吸收了前人和当代有关村落文化研究的学术著作和研究成果，用科学实证的方法，对板栗村的各个方面进行了比较深入的研究。该书着重论述了板栗村的民俗文化和民俗艺术。在撰写过程中，作者始终强调对板栗村传统村落文化的图像记录、文字记述和文化记忆，并借助交叉学科的视野与手段，对板栗村的传统村落文化展开了有广度和深度的系统研究，兼顾了学术性与可读性的统一。

吴灿博士曾长期驻守于他所研究的怀化市通道侗族自治县坪坦村。通过多学科交叉研究的新手段，他将坪坦村放置到民族文化圈中加以审视，在查阅和研读了大量历史文献的基础上，对该村的建村历史、居住、饮食、服饰、节日、娱乐、信仰、乡约、经济、教育、婚育等多角度的社会文化生活进行了客观真实的全面描述及人类学研究，从而勾画出了一个由各相关要素系统组合起来的侗族传统村落。他希望能从坪坦村具有典型地域与民族文化特色的具体事物与事件出发，放眼民族地区村落发展，运用从局部到整体、小中见大的理论扩展方式，勾勒出传统村落活态的文化样貌。该书没有按照通常的学术论著的方法写作，而是注重它的可读性与普及性，深入浅出，以富有文采的语言传递出深厚的人文历史感。

李方博士将上堡村作为实地田野考察的样本和理论论述的具体例证，试图针对"湖湘传统村落文化"这一宏大主题，做一次既有经验和物证支撑，而又不乏理论性的个案研究，并以此为基础，对"湖湘传统村落文化"所涵盖的主要内容进行概要而不失全面性的理论阐述。该书从上堡村的历史沿革、自然环境、建筑规划、民风民俗、精神信仰、文化艺术、传承保护等方面进行研究。作者是在获得了具有典型区域特色又能很好地反映湖湘文化特征的"湘村"田野考察经验及相关物证之后，再进行相关的理论研究的。理论上的研究基于上堡村，但又不囿于这一个村落。作者希望以"小"见"大"，做到有"点"有"面"、"点""面"结合，试图以这种方式窥探出"湖湘传统村落文化"的基本构成。

杨帆博士研究的对象是具有湘南地域文化特色的大湾村。他通过对湘南桂阳县大湾村的田野调查，结合历史人类学的相关理论，对大湾村夏氏的来源、发展做了长时间的考察。在论述的过程中，不局限于大湾村这个具体村落，而是以更开阔的视野，将其放在更为宽广的区域历史中，去理解村落的发展和变迁。该书对大湾夏氏的迁徙过程、选址建筑、生产习俗、宗族人物、传说故事、文化发展等内容首次做了全面的梳理，并突显了大湾村村落的典型性和普遍性。

陈冠伟博士对大园村的历史、地理、经济、治理、文化教育、风土人情、民族艺术、宗教信仰和神话传说等方方面面进行了详尽的介绍，既有宏观的概括与分析，也有微观的记录与考究。得益于在大园村较长时期的田野考察，作者遍考文献，从历史学、社会学、文化人类学、建筑学等多角度进行考察，研究过程中注重时间与空间上的层次感，既有村落不同时期状貌的比较性分析，也有村落与周边地区联系的考察。在对大园村文化进行图像与文字记述之外，书中也指出了当下大园村发展过程中存在的一些问题，试图为大园村和其他传统村落的文化传承与发展提供参考意见。

王安安在板梁村的研究中付出了巨大的努力。从荣卿公开派立村始，板梁古村落已有六百多年的历史。在"湖湘传统村落文化"这一宏大的主题下，王安安将这一古村落作为实地田野考察的样本和理论论述的个案，进行深入研究。该书分为三部分：初识板梁、进入板梁、发展板梁。由浅入深、由表及里、由感性发现到理性分析、由宏观到微观地对古村落的地域环境、物象表征、历史沿革、建筑规划、宗族社会、土地制度、民风民俗、商业发展、村落建设、文化教育、保护开发等各个方面进行研究分述，构建整体村落的系统性文化理论框架，并由此出发，突破单一村落"点"的限制，将传统村落文化研究扩展至与其类似的地域性村落范围之内。

由于谢旭斌教授及王伟副教授的专著已经先行出版，因此，此次出版的书单中，未再重复刊出。

湖湘传统村落作为社会最基本的聚落单元，孕育了丰富多彩、博大精深的湖湘文化，见证了湖南历史文化的演绎变迁，记录了农耕时代遗留下来的各类历史记忆和劳动创造，承载了我们的乡愁。

我们认为，湖湘传统村落文化是湖湘传统文化的"根"与"源"，是湖湘地区宝贵的物质文化和非物质文化遗产资源，是世界人类文化遗产极其重要的组成部分。对其进行系统研究，是对湖湘传统文化研究领域的新拓展，是乡土文化研究的新需要，因此具有重要的学术意义。对其进行全面深入的研究，不但可以为湖湘文化研究的可持续发展拓展出新的领域，而且可以为传承发扬中华民族优秀文化提供丰富的可供借鉴的经验，使优秀传统文化成为新时代鼓舞人民前进的精神力量，因此更具有深远的历史意义。在现代社会经济高速发展的形势下，特别是湖南省当前处于社会转型期，城镇化建设和社会主义新农村建设进程日益迅猛，对湖湘传统村落文化进行有效保护和深入研究，也是现代城乡规划、旅游规划和开发的需要，因此有着积极的现实意义。

这批以湖湘传统村落为研究对象的著作，都是以扎实的田野考察为基础，首次对湖南的传统村落进行的学术研究，由此构建了一个湖南省传统村落的研究框架及其文化探寻的范式，为今后的深入系统研究奠定了基础。同时，也丰富、完善和拓展了中国传统村落及其文化的保护和实践体系，为当下传统村落保护与发展提供了学术依据；构建了以文字和图像为载体的传播媒介，让社会各界"知爱其土物，乃能爱其乡土、爱其本国"，从而达到唤起社会各界的文化认同以及保护传统村落文化意识的目的。

吾身往之，吾心思之，吾力用之。是为序。

胡彬彬

2018 年 12 月

目　录

第一章

巫水河畔的世外桃源

第一节 中转·高椅

一、起源·演变

1. 走进高椅村

在湖南省会同县境内，有一个神秘的古村，它三面环山，一面临水，土地肥沃，山清水秀，景色宜人。600多年来，不同的民族，不同的姓氏在这里错居杂处，其乐融融。这里地旷人稀，天然的屏障阻挡了外界的纷纷扰扰，使其如世外桃源一般，宁静而自得。这就是被称为"江南第一古村"的高椅村(图1-1)。

图1-1 高椅村航拍图

(图片来源：会同县政府网)

高椅村也曾有过车水马龙、人声鼎沸的辉煌。水路驿道，为高椅村带来了经济上的繁荣，使其成为方圆二十里范围内的强村、富村，恢宏的村落建筑群便是在此时形成。随着新道路的开通，水路和驿道被弃，高椅村恢复了以往的沉寂。正是这种沉寂，令高椅村的古朴民俗和独有建筑群得以完好地保存，给后人留下了宝贵的精神财富和物质遗产。

> 支离东北风尘际，漂泊西南天地间。
> 三峡楼台淹日月，五溪衣服共云山。
> 羯胡事主终无赖，词客哀时且未还。
> 庾信平生最萧瑟，暮年诗赋动江关。

——杜甫《咏怀古迹》（其一）

　　《咏怀古迹》是唐代空绝千古的一代诗圣杜甫，在安史之乱时期，颠沛流离，漂泊异乡，缅怀古迹，抒发情怀的一组诗句。杜甫一生飘零，晚年为避乱，来到湖南，最终把生命的绝唱留在了湖湘大地。在杜甫的诗句中，常可觅到湖湘的影子。此诗中提到的"五溪"，指沅水中上游的雄溪、满溪、酉溪、潕溪、辰溪五条主要支流，在今湘、黔、川边境，其中的"雄溪"便是高椅村所临的巫水。高椅村就在巫水河的中游，是名副其实的五溪腹地。五溪流域以少数民族居住为主，由于种种原因，汉人频频造访这里，甚至定居于此，组成新的大家庭，各民族相互交融。这从"五溪衣服共云山"中可窥见一斑，由此形成独特的地方文化。

　　高椅村位于湖南省西南边陲怀化市会同县，隶属于大湘西地区。湘西地区范围较广，其中包括湘西自治州、怀化市、张家界市、邵阳市西部和永州市的江华瑶族自治县。高椅村距离怀化市约80公里，距离会同县东北约48公里，北临黄茅乡，南邻靖州苗族侗族自治州和通道侗族自治县，西连贵州，东靠绥宁县和邵阳县。高椅村远离县城，远离了浮躁与喧嚣，远离了外界的打扰和干预，经受住岁月的洗礼。直至今日，高椅村仍能以原汁原味的原生态面貌呈现在世人面前，成为"民俗博物馆""古民居建筑活化石""古村落发展建筑史书""耕读文化完美典范"。

> 构地非同仅一弓，山团水聚气偏雄；
> 天然一幅丹青里，楼台烟云万亩中。

——《杨氏族谱》

　　走进高椅村，仿佛走入画中：崇山峻岭，满目丹青，云雾缭绕，宛若仙境。"土地平旷，屋舍俨然，有良田美池桑竹之属。阡陌交通，鸡犬相闻。"村子远看犹如一把稳如泰山的太师椅，"高椅村"由此而得名。

高椅村周边大多为少数民族乡镇，东有联民苗族瑶族乡、麻糖苗族乡、枫木团苗族侗族乡，南有靖州苗族侗族自治县、通道侗族自治县，西有炮团侗族苗族乡、蒲稳侗族苗族乡、宝田侗族苗族乡等。高椅村处在巫水河的中游，曾是水陆交通枢纽，是历史闻名的烟土之路的必经地。根据史料记载，很早以前，从贵州到会同再到绥宁、武冈，有一条直通夜郎的山间古道经过高椅村；巫水下游的洪江曾是商贾云集之地，素有"小南京"之称。若从水路，高椅村也是各路商家的必经之路。交通的便利，加大了高椅村人口的流动，也使其形成了独有的文化——杂糅文化。

在高椅村600多年的历史发展中，迁徙而来的汉民族在"侗溪"环境的影响下与本土文化不断融合。这使高椅村从村落结构和建筑形态上都展现出侗族、汉族融合的多元文化形态。中国的传统文化，无论是庄子的"混沌"，还是老子的"道"，归纳起来都有本原性、整体性和模糊性特征。高椅汉族、侗族杂糅的文化特性便体现了这种的模糊性。依据景观文化分形学理论，世界的局部可能在一定条件下或过程中在形态、结构、信息、功能、时间、能量等某一方面表现出与整体有序并层次化的自相似特征。分形理论承认空间维数的变化既可以是离散的也可以是连续的，这就为我们解释高椅汉侗杂糅的文化特征带来了新思路。高椅村既有自然的分形，也有文化的分形。从地理位置看，高椅村是巫水流域汇入沅水流域的一个中转站；从经济层面看，高椅村是五溪地区水运、陆运的一个"驿站""码头"；从文化层面看，高椅村是汉侗文化杂糅的一个交流区、融合区。高椅村的风俗习惯汉中有侗，侗中有汉。比如：过春节是汉族人的传统，而招待客人要上油茶的待客方式又是典型的侗族风俗。就人口族别而言，民族间的通婚，早已让高椅村民说不清自己到底属于哪个民族，甚至一家之中，户口本上并存着几个不同的族别；就村落布局而言，更是体现了汉族人的智慧，高椅村地处山的谷底，中部较为平坦，村中以大塘为中心，五条放射性道路将建筑组团分成梅花状格局。每栋建筑坐北朝南，村团内部巷道与建筑呈八卦阵式，自然将村落分为五个团体，住宅间有农田和水塘作为天然分隔，院院相通、户户相连，使住宅内的街巷四通八达，在街巷中行走，即使雨天，也无须打伞；就民居建筑而言，高椅村民居建筑带有明显的徽派建筑风格色彩，高耸的马头墙，青砖黛瓦和雕梁画栋，便是由汉文化传入高椅村的一个见证。高椅村如今的风貌，可以用分形理论来解读和揭示其潜在的秩序，这种内在的秩序（分形）给高椅村的物质、文化、景观都赋予了一种更加丰富的语言。有了这种语言，我们能更好地读懂高椅村。

村内保存有明洪武十三年（1380）到清光绪七年（1881）间古民居建筑104栋，总建筑面积约为19416平方米，是湖南省迄今发现的规模较大、保存较完整的明清时期古民居建筑村落。村中民居建筑形式多为窨子屋。房屋基本采用砖木混合结构，用青石砖砌成外围的封火墙，一般高8米左右，墙面不采用粉饰，内部建筑结构为穿斗式构架。窨子屋一般两层，顶层有晒楼，有的内部还有走廊相连接。庭院门前的台阶采用大块的青石板铺砌，最大的有4.8米长，1.8米宽。这些窨子屋极少存于自给自足的少数民族地区。建筑中精美绝伦的窗花最能反映高椅古村深厚的文化底蕴。这些窗花精雕细琢、美观大方、富含寓意，或写意、或写实、或龙腾、或凤舞，或花鸟、或人物，雕刻技艺精湛且独具匠心。现仍保存有很多的丹青墨宝、石雕、石碑、镌刻等艺术品。庭院内的木构楼房，门窗多有精美雕饰，不少庭院、堂屋前悬挂匾额，照壁多绘壁画，屋内明清家具随处可见。

由此可见，高椅村是一个难得的、多民族融合共居的古村落。高椅村相对稳定的发展历史，使其传统聚落文化与景观空间形态之间的联系有许多值得考察之处。高椅的村团格局、建筑形式和民俗文化也为后人提供了极高的历史研究价值。高椅村于1998年6月、1999年9月、2002年5月及2006年2月先后被评为县级、市级、省级和国家级文物保护单位。2016年6月，这里又多了一份美誉——被评为"湖南最美少数民族特色村寨"。

据高椅村《杨氏族谱》载："……落诞高椅，仰而观其基址，俯而视其垣埔，云山耸拔之区，应钟特出，浪花澄清之地，定毓非常。"如此环境造就了一方风水宝地——高椅。

高椅的美丽，是六百年一份迁徙的承诺，是两个民族水乳交融的峥嵘岁月；她的美丽，是青山扶携巫水，雾霭氤氲流岚；她的美丽，或如"岩扉松径长寂寥，唯有幽人自来去"这般深邃静谧；又或是"肯与邻翁相对饮，隔篱呼取尽馀杯"那样其乐融融；她的美，鳞次栉比、千回百转；她的美，粉墙黛瓦、雕梁画栋，遗世而独立。

站在山顶的观景亭上俯瞰整个村庄，阡陌纵横的街巷，整齐有致的风火墙，两旁老旧的窨子屋镌刻着岁月沧桑。阳光下巫水河波光粼粼，大塘里风起莲动、低头欲语。一洼洼稻田内的低吟浅唱，打破了入夜的安详。高椅古村，这样的旋律永远在记忆中深藏。可以说，高椅村的自然与人文风光踞山川之贵气，融巫水之美境(图1-2，图1-3)!

图1-2　高椅村

(图片来源：谷歌地图)

图1-3　高椅村全景1[①]

_____

① 全书除注明出处者外，均为作者自摄。

2. 侗汉相融的迁徙历史

高椅村原名为"渡轮田"，作为一处古渡口，在水运最便利的年代，高椅村上游的木材、粮食都是靠着巫水这一条水路运往千里之外。据高椅村史记载，村落最初形成于宋末元初。在古代，这里属于蛮荒瘴疠之地，侗苗瑶等族是最早在此繁衍生息的少数民族。由于地理位置较为偏远且封闭，即使在宋朝边界扩张时也未受到社会动荡的影响。在汉族迁徙至此之前，高椅谷地四周的山坡上有四五个侗族苗族的村寨。宋代末年，由于金人、元军的屡屡入侵，战事频繁，大量的北方汉人南迁，《会同县志》（清光绪三年，即1877年）中提到，迁入会同的汉人以江西、河南人居多，其中有不少是当时戍边将士。"始祖星公……征剿湖南叛苗，先平辰州，次定诚州，追剿古州。当其奉命之初，有苗灭地荒，出征将士愿留者听之"（《明氏族谱》民国十年，即1921年），其他族谱也有其祖先为镇守边疆的将士，退役后选择定居当地的记载。这其中就有汉人因为高椅村的优美自然环境而留下来的"落诞高椅，仰面观其基址，俯面视其垣墉，云山耸拔之区，应钟特出，浪花澄清之地，定毓非常"（《杨氏族谱》）。宋元之后，高椅村出现汉族与当地少数民族杂居的现象，原住民的村寨也在和汉族融合的过程中逐渐消失。部分少数民族与汉族通婚，最终形成了民族杂居共生的村落。

迁入高椅村的汉族原有杨、黄、伍、明、张、马六大姓氏，明清后以杨姓为主。目前村子中70%人口系侗族，且85%的村民为杨姓。高椅的侗族为"北侗"，顾名思义就是从北方搬迁过来，通过历史的演变，入乡随俗成为侗族，而"南侗"则是未经过汉化，保存了自己的语言和服饰。比如怀化通道县所聚居的就是真正的侗族，他们保留了自己的语言与生活方式。

据高椅村《杨氏族谱》记载，南宋诰封"威远侯"的杨再思的三世孙通碧公本在江西一带做官，当时深感朝廷腐败，于是辞官不做，立誓要寻找一个风水宝地，与子孙共享荣华富贵。后来他的儿孙从江西吉安搬到渠阳（靖县），再从靖县搬到会同的瓦窑坪，在瓦窑坪住了一段时间后搬迁至高椅。杨再思五世孙杨盛隆于南宋咸淳乙丑年（1265）迁徙至高椅，为高椅村的始迁祖。同时迁徙的盛隆公兄弟盛榜公行至若水瓦窑坪后落籍，二十载后，盛榜公的两个儿子廷秀公、廷茂公在宋末元初由瓦窑坪迁来高椅，最终形成了一个家族式聚居村落（图1-4）。

图 1 -4　高椅村全景 2

十甲家祠内碑文记载了杨氏迁徙高椅村的过程："我杨氏之居会同也,自始祖廷茂公始。公当宋元之际,由豫章之太和,徙居会同。子一进思。进思公生六子,再亨、再高、再贤。亨、贤无嗣,高仕南京,因家焉。惟再言、再源、再拳三公之后,居会之水二里高椅村,守先人庐墓。后言公一支又徙于洌溪,离高椅又远矣。播迁靡定,不胜聚散之感。因回思我祖由江右徙楚,更历四朝,年逾五百,子孙繁衍……"

杨氏落籍后,将作为古渡口的渡轮田更名为"高锡"。正所谓"锡者,赐矣"。"高锡"——祈祷上苍能赐予这片新建家园幸福与安康。后来因其三面环山一面依水的地理格局,似一把高高的太师椅而更名为高椅。

"二公者水之源木之根也,原籍江西吉安府太和县鹅颈大坵中排屋基,宋末时因祖父南迁,始靖州继瓦窑聊为税驾之所,择高椅处渡轮田作驻足之乡。忠厚以开基勤俭而创业谊笃友恭诚哉,难兄难弟甲分一十依然吹埙吹篪,正直可格乎神明祯祥偶形于梦兆人之杰也,龙不为害其灵乎神卜其居让朝基而荐馨香……相传廷茂廷秀二公原居渡轮田。"从族谱中的记载可看出,到廷茂廷秀二公一辈,已由靖州瓦窑坪迁往高椅定居了(图1 - 5,图1 - 6)。

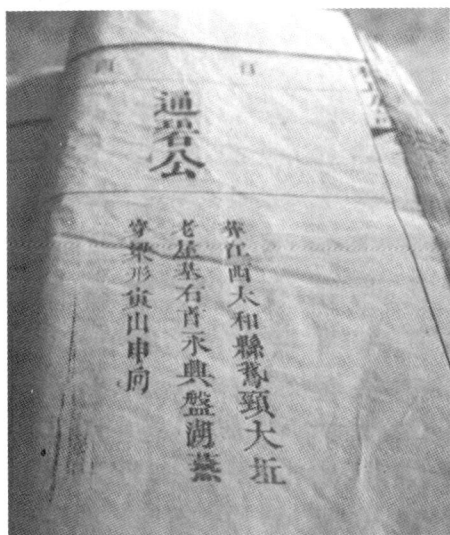

图1-5 《杨氏族谱廷茂廷秀二祖记》1

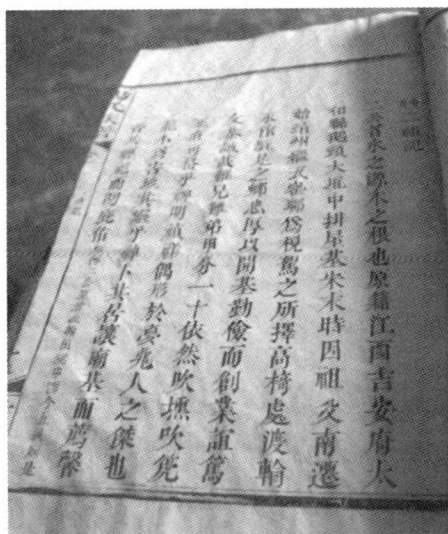

图1-6 《杨氏族谱廷茂廷秀二祖记》2

　　高椅村中可以查阅的姓氏族谱有《杨氏族谱》《明氏族谱》《黄氏族谱》《伍氏族谱》《马氏族谱》（图1-7～图1-12），村中张姓的旧族谱在"文化大革命"中被烧毁。这些族谱记载了他们的祖先是如何来到高椅，以及在高椅村生活的过往。迁徙而来的汉人与侗、苗族原住民共同杂居在此，不少汉人与当地少数民族互通婚姻，但仍然恪守着汉人的传统文化，使汉族文化能够在这僻壤之地生根发芽，最终水乳交融。

图1-7 《明氏族谱》

图1-8 《黄氏族谱》

图 1 - 9 　《伍氏族谱》

图 1 - 10 　《张氏族谱》

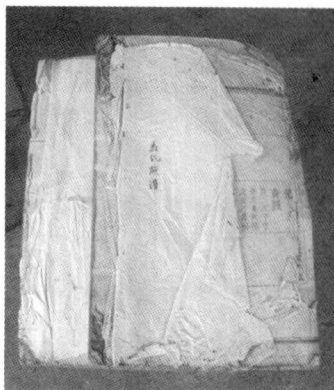

图 1 - 11 　《马氏族谱》

图 1 - 12 　《杨氏族谱》

根据村民黄再清持有的《黄氏族谱》，我们可追溯到黄氏的先祖龟年公。龟年公原籍江西，南宋淳熙年间（1174—1189），奉朝廷之命南征，来到侗苗族聚集之地，坐镇边疆。黄氏落籍靖州后，其孙子黄公芳由靖州牙骨团迁徙来到高椅，成为六大姓氏中最早落籍高椅村的一姓。黄氏家族定居高椅村后，始终保持汉族的文化传统，"敦忠厚，肃闺门，守耕读"，生活富足，人丁兴旺。后因明末清初的战乱，黄氏家族逐渐走向衰败。"明末清初兵祸殃及，高椅村百者存一""家谱之作仿于前人，明季兵乱，尽为灰烬"（《黄氏族谱》）。

高椅村伍氏先祖也在杨氏之前来到此地，但比黄姓晚来大约两三代人的时间，于宋嘉定十四年（1221）迁至高椅。荣驷公为高椅村的伍氏始祖。乾隆年间，伍氏一族十分兴旺，在村落中占据了当时最大的地盘。高椅民谣有"黄家地神，伍家地主"一说。前者是赞黄家有神灵庇佑，顺风顺水；后者则是指伍氏雄霸一方，财大气粗，人丁旺盛。由此足见黄、伍两个家族当时在高椅村的地位了。在高椅村定居后，伍氏家族十分重视农耕和教育，《伍氏族谱》载："不求金玉宽，但望子孙贤。后代才德好，利国利家门。""裔传五六代，烟仅百，外丁有千余，青衿仕宦代不乏人。""万历明主旌赐'文元'二字牌坊。"此牌坊建于伍家巷的巷口，庄重气派，是高椅村唯一的一座牌坊，承载了高椅村民的光荣与骄傲。民国年间，因年久失修倒塌毁坏。清中后期，杨氏家族壮大起来，伍氏家族开始走向没落，到民国时期，伍氏在高椅村已经不复存在。

随着村落的发展壮大繁荣，人口的流动更加频繁，不断有其他姓氏的家族迁入。据记载，明代初年，相继有张、马、明、熊姓的到来。张姓祖先在明洪武年间（1368—1398）迁入高椅。最初定居地方是在高椅谷地东面的山冈上。高椅马姓于明正统年间（1427—1464）迁来，最开始在杨家做长工，清中后期马家人口增多，凭借家族的努力也在下寨建起了窨子屋。明姓在明万历年间（1573—1620）迁入高椅，选定巫水河畔的小冈坡居住，紧邻巫水，方便了家族的跑排、贸易往来，但由于巫水多发洪水等地质灾害，导致不少明姓子弟外迁出高椅。相传张、马、明三姓的始迁祖是镇守苗疆的将士，曾在明代刘伯温手下当兵，都是汉族。

杂姓聚集的高椅村曾有十几个姓氏居住过，历经时间的筛选最终留下了人口较多的这六大姓氏，他们都在生存的法则下适应、融合、消散或壮大（图1-13）。六大姓氏中也有不少姓氏之间互相通婚，最终形成了和谐共荣的村寨群体。如今，高椅村内矗立的横跨600多年历史的古建筑群，无一不是他们留下的生活印记。

图 1-13 姓氏组团分布图

3.英彦辈出的杨氏先祖

杨氏作为高椅村中最大的姓氏,高椅的兴衰与杨氏同休共戚。

"我们这个谱(杨氏族谱)是从杨再思第七个儿子的孙子——通碧公开始的,他当时在江西为官,后来他的儿孙从江西搬到渠阳(靖县),再从靖县搬到会同的瓦窑坪,在瓦窑坪住了一段时间,再从瓦窑坪搬到高椅。我们的祖先就是这么一路迁徙过来的。"

——村民杨运华口述

氏族的迁徙给了高椅村新的面貌,封火墙就是最显眼的标志,它不仅有效地解决了木楼间的防火问题,也起到了防盗和军事防御作用。高椅的村落发展脉络已经清晰,一个疑问浮现出来。既然高椅村杨氏是从江西迁徙而来,为何他们也是侗族呢？答案或许要从五溪总兵杨再思开始说起。会同县境内的侗族，属古越人的一支，历代封建王朝推行歧视少数民族政策，征讨南蛮，派兵驻扎，或留下一些从征有功人员在此为官，与侗族长期相处，互相影响乃至通婚，最终融合在一起，成为今天侗族的一部分。因为汉人的落籍，侗族地区的人口结构和本土文化都发生了很大的变化。元代开始，民族战乱的频繁，由北方南迁的汉人陆续来到五溪地区。当时的中央政府为了加强管理，明洪武时对湘西地区实行屯防。汉人官兵带来了中原丰富的物资源与先进的生产方式，促进了五溪地域的快速发展。

在会同靖州一带，影响最大的属"飞山蛮"，首领正是杨氏敬重崇拜的祖先杨再思。这一区域杨姓人家多称自己为杨再思的后代。杨再思是唐末五代靖州飞山少数民族酋长式的首领，被当地人奉为"飞山令公"。关于他的来历有多种说法，在当地人眼中，杨再思是维护西南少数民族地区和平稳定的首领，也是一位骁勇善战的英雄。杨再思以文韬武略，潜心经营五溪十峒，积极发展经济、重视教育，保障了这一区域的社会稳定，各族人民得以休养生息。《怀化地区志》载：杨再思亦系汉族，由淮南白沙县迁来，其始祖为东汉太尉杨震，下传十一代世。杨氏和峒蛮通婚，逐渐接受土著文化，宋代称他们为仡伶杨氏。① 高椅村杨氏认为自己为杨震的后代，村中留有不少关西门第的匾额、门楣。杨再思属杨震二十八代孙，道光年间杨芳自叙的《杨氏家谱》称："杨氏系出汉太尉伯公震，世居关西，再思公以唐鼓宗咸通十年生……宋开宝八年，继世入贡，追封'英惠侯'。生十二子……"（图1-14，图1-15）

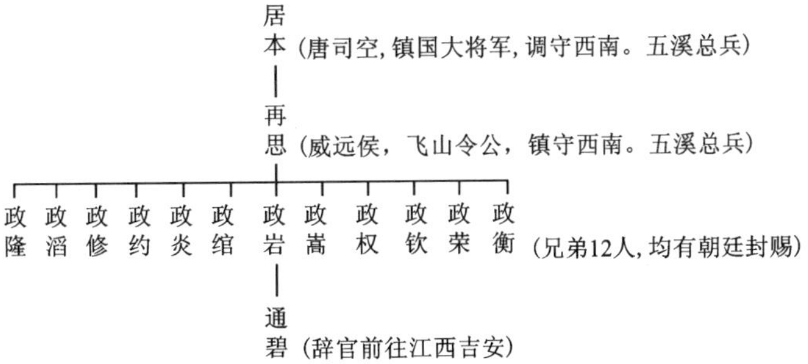

居
本 (唐司空,镇国大将军,调守西南。五溪总兵)
|
再
思 (威远侯,飞山令公,镇守西南。五溪总兵)

政 政 政 政 政 政 政 政 政 政 政 政
隆 滔 修 约 炎 绾 岩 蠻 权 钦 荣 衡 　(兄弟12人,均有朝廷封赐)
|
通
碧 (辞官前往江西吉安)

图1-14　高椅村杨氏先祖谱系表1　（作者自绘）

---

① 湖南省怀化地区地方志编纂委员会.怀化地区志[M].北京：生活.读书.新知三联书店,1999.

通碧 (辞官前往江西吉安)

光享　光汉　光明　光辉　光爵

昌赞　昌伯　昌益　昌国 (宋末元初从江西迁靖州县渠阳)

盛榜　盛隆 (宋末从渠阳迁瓦窑坪再迁高椅)

(宋末从渠阳迁瓦窑坪)

宝琳　宝珠　宝珍　廷科　廷先　廷茂 (从瓦窑坪迁高椅)　廷秀 (从瓦窑坪迁高椅)

进思

(建十甲祠堂)

进超　进修 (建一甲祠堂)

再拳　再源　再言　再贤　再高　再亨　再华　再真　再政　再儒　再和　再元　再林　再先

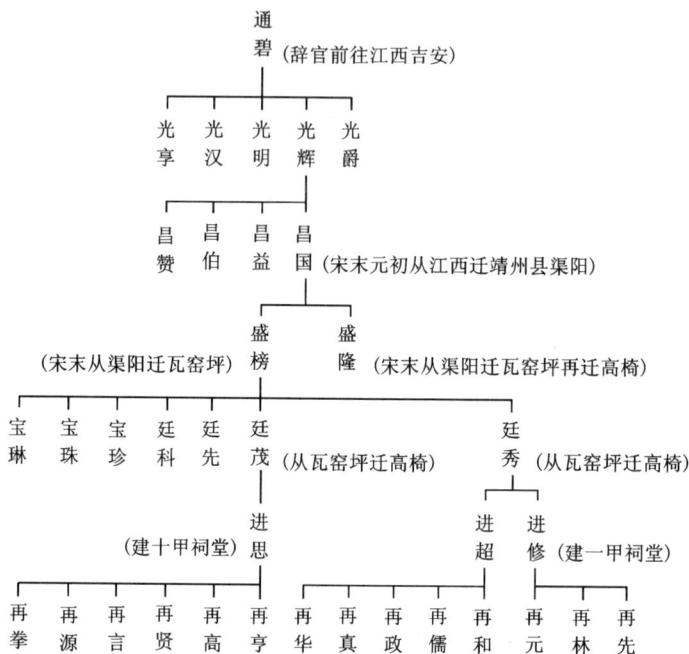

图 1-15　高椅村杨氏先祖谱系表 2　(作者自绘)

　　高椅村的杨氏其实开始是汉族,由于历史变故才成了侗族,村中的杨姓村民认为高椅始祖来自潼关以西,属杨震后代,来到高椅后入乡随俗成了侗族,并与当地村民通婚。相传当时杨再思娶得一位马夫人是侗族,由于南蛮之地,天高皇帝远,有人污蔑杨姓人联合当地侗族人谋反,朝廷知道后便下圣旨,要求五溪总兵镇压侗族,进行种族屠杀。君有命臣不得不从,于是杨再思遵旨血洗当地侗寨,马夫人看到自己丈夫不得已杀害自己的族人,感到十分难过。杨再思也是深明大义之人,为补偿妻子和侗族人,便许下承诺,凡是马夫人后人,杨氏子孙都改为侗族。当然,这也仅仅是高椅北侗民族的说法之一。据《杨氏族谱》记载:“太祖昌国公来游南楚,落诞渠阳,至榜公父子而徙居瓦窑,又秀公兄弟而分基高椅渡轮为发迹之区……秀公一甲是其苗裔,茂公派十甲是其子孙,二公之枝叶蕃昌,遂以为两甲分房之祖焉。”可以看出,高椅村的杨氏的确有着侗族的血统。一甲房派认同始祖廷秀公的侗族身份,茂公派的十甲房派却认为其始祖为汉族。高椅村老一辈中流传一个故事,故事大抵雷同于杨再思娶侗家女。当年昌国公携二子盛隆、盛榜到会同瓦窑坪落籍,两兄弟在宋军中服役时盛隆公取了一位侗家女为妻,在平息侗苗地区动乱的时候侗寨不少人被杀,盛隆妻子悲痛欲绝，为了安抚妻子的情绪，从此盛隆公的后代随母为侗族，而盛榜公依然保持汉族的身份。

湘西凤凰的杨家祠记载了杨氏一族的起源和子嗣分支，杨再思的父亲是杨居本。唐末时期，天下纷争，其时叙州(治所在今洪江市西南黔城)南部一带苗、瑶、侗各民族形成一个以飞山(距靖州县城5公里)为中心的集团，杨再思为首领。他设立十峒，以其族姓散掌州峒。并以"再""政(正)""通""光""昌""胜(晟)""秀(进)"七字为等级建立封建领土分封制度，从此"飞山蛮"进入兴盛时期。

五代之乱，各地都遭受涂炭，马楚政权被宋灭亡后，杨再思七子政岩归降宋，并将其势力范围扩展到了湘西南，包括靖州、会同、通道、黔阳、怀化、芷江、新晃、绥宁等地。杨政岩的儿子杨通碧正是高椅的始祖，由此可见杨再思同高椅杨氏一族的血脉渊源。

侗族内部有关杨再思的民间传说特别是族谱记载有许多不尽相同之处，杨再思的所属民族纷争一直没有停息。峒蛮地区本是个多民族聚居和杂居的地区，唐宋以来侗汉联系密切，有人认为杨再思是以汉族官员身份来到五溪地区，也有观点反对将杨再思作为汉族对待，认为侗族是不会臣服于一个外族人氏，侗族的杨氏也有不会追认一个外族人为先祖的说法。有少数专家学者也指出，杨再思是否为侗族难以考证，或许只是被汉化的少数民族为了提高家族威望获取社会认同，将远祖托名于英雄伟人，演绎其迁徙源流。①

历史是感性，也是复杂的，这为我们考证高椅杨氏到底属于哪个民族增添了难度。高椅村的侗族被认为是"因地制宜"的产物，在当地还流传着许多侗族、汉族相关历史和人文典故。不管高椅村杨姓侗族从何而来，无论历史情节如何发展，都体现了两个民族间的融合，这一点才是造就高椅遗世独立风貌的内在驱动力。如今，高椅村一半以上人口为侗族这一事实是无法改变的，或许村民口口相传的故事真实存在，又或者这些历史故事只是虚构，但无论哪种故事版本，都为村中平淡祥和的生活增添了一丝生气。

据说高椅杨氏和杨家将还有不少渊源，高椅村唯一公墓蒋太君墓的女主人在辈分上是佘太君的第三代，系靖州飞山英惠侯杨再思后裔六世孙杨廷秀之妻，同为高椅始祖之一。

---

① 谭其骧.湖南人由来考·近代湖南人之蛮族血统·长水集(上)[M].北京：人民出版社，1987.

南宋嘉熙庚子岁(1240)元军进犯中原,一路烧杀抢掠,生灵涂炭。侗、苗民族民不聊生,怨声载道。1283至1285年间,杨家"飞山军"(杨再思后裔)高举"保宋反元"义旗,组织了"九溪十八峒"大起义。杨廷秀作为组织者之一,偕同堂兄杨廷尊、杨廷峰召集族中壮丁参加到起义中。元军受到重挫,引起了朝廷的极度恐慌和震怒,朝廷借故高椅村出了"玉印浮水",杨家军蓄谋聚众造反,意欲谋龙夺位之罪名,以严防叛乱为由,遂于元泰定丁岁(1327)五月,举兵偷袭高椅。仓促中,杨廷茂组织男丁奋起反抗,妇女儿童就地分散,各自隐藏逃生。两军交战于村边隔河相望的"沁林"。战斗进行得异常惨烈,双方死伤无数。战后当地村民将战死的尸骨掘个大坑掩埋,坟冢上建一座石塔,名曰"百骨塔"。在双方交战的同时,一部分元军窜入村里进行烧杀抢掠,慌乱中,蒋氏太婆逃进一块苎麻园里躲藏,但未能逃过元军刀斧,死于非命。杨家族人将其安葬于村中的苎麻地里,坟冢用火砖四周围砌,以后子孙便称之为"麻园太婆墓"。也有另外一种说法说她躲藏在一个废弃的缸里,后人发现其尸骨,于是根据缸的形状将墓地砌成圆形。蒋太君之所以葬于此地,一是因为其牺牲在此处;二是风水先生说此地风水佳。虽然高椅人忌讳房前屋后有坟地,但是蒋太君墓却是唯一的例外,可见蒋太君在高椅人心中的地位与威望(图1-16,图1-17)。

图1-16 蒋太君墓

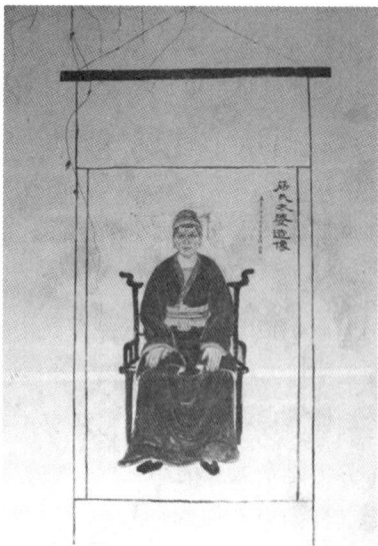

图1-17 蒋太君画像

公墓门口有对联写道:"三代两太君保宋忠昭日月,九溪十八侗抗元气动山河"。太君为朝廷赐封,蒋太君为杨家将佘太君的第三代,九溪十八侗便是指怀化这片区域。此联可证明蒋太君的身份。

高椅村的杨再思和杨家将身为同一氏族但属两队人马,两支家族因为各种原因并无交集,二者思想各方面不同,杨家将忠于朝廷,结果被奸邪所害,而杨再思第三代子孙通碧公当年在江西为官,深感朝廷腐败,选择辞官归隐,后不断迁徙,最终家族落籍高椅村。

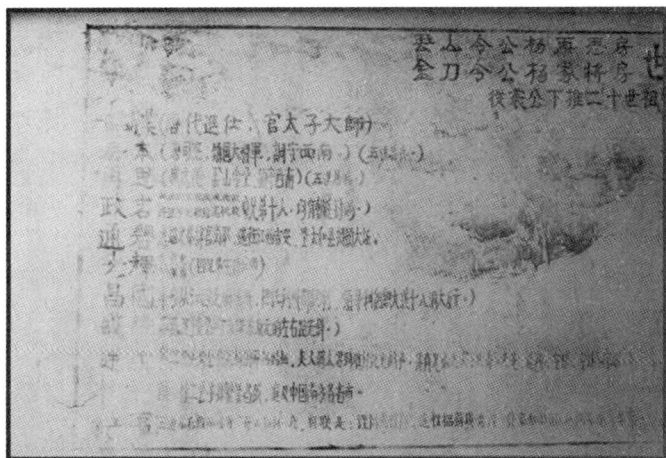

图1-18 蒋太君墓中的杨氏世系分支表

"飞山令公杨再思房,金刀令公杨家将房",从蒋太君公墓内的谱系图中(图1-18),可以读出高椅村杨氏一族的祖先排辈。杨再思为镇守西南的五溪总兵威远侯,其二世孙通碧公辞官后携家眷迁往江西吉安,五世孙盛榜公、盛隆公为保宋反元的左右路先锋,携六世孙廷秀公、廷茂公从会同瓦窑坪迁来高椅,系高椅村的开拓始祖。廷茂公夫人蒋太君殉难于抗元战争。廷茂公共有兄弟七人:廷秀、廷先、廷科、宝珍、宝珠、宝琳。谱系上还在最后专门提道:"隆、榜二公子孙繁荣昌盛,遍及中国南方各省市。"

> 廷进再政通,光昌盛世宏。
>
> 国运荣方远,佳声吉庆同。
>
> 继承思祖德,万代永兴宗。
>
> ——杨氏字辈流宗,三十年转宗一次

关于高椅迁徙的历史由来，不得不提村中的杨姓大多在门匾上所题的"关西门第"。关西门第，顾名思义，是关西孔夫子杨震的后人，杨震出生于陕西的华阴，关西指潼关以西，故名关西。洪江古城一家"关西门第"，主人杨亦哉，便是高椅人，只有杨姓人才会立此招牌，以表达对祖先的绵绵追思。现在村中的老一辈还会认为高椅村杨姓最开始是从陕西几经周转搬迁而来。

杨震为东汉清廉吏，字伯起，有"关西孔子杨伯起"之称。杨震不应州郡礼命数十年，至五十岁时，才开始步入仕途，被大将军邓骘征辟，又举茂才，历荆州刺史、东莱太守。相传杨震在荆州任刺史时候，一王姓学生夜间求见，带黄金十两，欲要行贿，杨震很气愤，说："故人知君，君不知故人何也？"王笑答："幕无人知晓"。杨公怒斥："天知地知你知我知，何谓不知？"王羞愧而出，从此传为佳话。为弘扬祖德，激励后人，杨姓世家多于门额上题"关西门第""清白家声"等字，以警示子孙。

"清白传家守四知，贵贞事业勤孝善"——和高椅杨氏同宗不同源的凤凰杨家祠内，同样谨记清白传家的家风。

杨氏一族落籍高椅后，十分注重耕读文化，但考取功名到外面为官后，却很少对外宣扬与张扬，他们不想和外界发生太多关系而卷入政治纷争，以避免官场中株连家族的政治灾难。为保持高椅世外桃源风光不受外界影响，不破先人辛苦择地隐居的心愿，甚至有从高椅外出为官不再告老还乡之人。比如，高椅人杨再高在南京为官，据后人描述他曾官居一品，但由于没有记载，也无从查证这一段为官经历。无论族人在外面多风光，也不提及自己家乡。还有乾隆时期一位三品御医，名叫杨球，行医治病，积德行善，名声远扬，辞官回乡后杨球并不注重个人名利，当年根据他的意愿要求，杨氏族谱上并无他当御医这一段经历的详细记载，只记载了他的生殁时间。

高椅村的钱庄主人杨宏诩武举人出身。清朝嘉庆年间，杨宏诩到长沙比武夺冠中了武举人，当时县太爷十分器重他，便题了一块"盛世鸿儒"匾为贺，由于是县太爷赠送，地痞与土匪不敢侵犯此户，因此寨中人纷纷将银两送至此保管，渐渐地此宅演变成了村中唯一一家钱庄。武举人宅子的窗花图案中有仙鹤，谐音"显赫"，有蝙蝠，象征"有福"，中间有刀剑，为习武之人所用，象征能武，另外一边有书和笔，象征能文。窗花图案反映了这位武举人的文韬武略。

高椅先人来到此地，一是此处为风水宝地，二是此处靠近水路，依水而居。在过去，水路是重要的交通要道，高椅村也因水而兴，因水而衰。以杨姓为主的不同姓氏陆续迁至高椅村，在漫长的历史发展进程中，各个姓氏民族之间和谐共处，长期互相适应，互相选择，从而逐步凝聚和积淀形成了高椅当地独特的民族杂糅文化。

4.村寨发展变迁

巫水流域自古便是侗、苗等少数民族的聚居之地。高椅村位于巫水的中游。宋元以前高椅村主要聚居着侗族，宋末元初汉族迁入后，高椅的侗苗村寨才不断壮大发展。巫水上游河道连续的两个转弯，使水流流经村子前没有形成环抱之势，反而形成反弓之势，这种风水格局使村寨容易遭受洪水的侵袭，为了尽量避免洪水的破坏，最初原住民选择在半山腰或山顶驻扎建寨和耕种农作物。现今村中还保存着原有的寨名：长安寨、石榴寨、上坪寨、下坪寨等。在原始村寨中，社会的个体能力较为薄弱，只有形成组团，依靠家族的力量，方能抵御自然的灾害和匪患，维持生存和生产。因此，同一姓氏同一房的村民居住在一片区域，形成了以血缘为纽带的宗族组团，同时为了避免宗族之间的矛盾，各居住组团在间隔一定距离后划定出稳定的地域范围，久而久之，形成了早期村寨组团结构。

北宋末年金人入侵后，北方人口大规模南下，汉族人口辗转迁入靖州一代。高椅村正处于少数民族与汉族居住的边界地带，因此不少移民及守边汉人来到高椅，村落组团规模便渐渐扩大，逐步由山坳向巫水岸边拓展。据《杨氏族谱》记载，杨姓祖先"远祖通碧公原籍江西吉安府"，而江西是"形式派"风水的发源地和兴盛地，无论是村落布局还是住宅建造，都受到风水学说的巨大影响，而这种文化观也随着杨姓等家族的定居而传入高椅。

《杨氏族谱》记载盛隆公一支定居高椅时，村中适宜居住的地段已有人居住，只有谷地中低洼处还空有大片湿地。盛隆公的儿子廷秀、廷茂二公精于风水，《杨氏族谱》载："惟榜公生子廷秀、廷茂，精于阴阳，择邻而徙高椅。"二公开拓了村中洼地，在洼处开始建屋造房（图1-19）。

明洪武十三年（1380）前后，杨盛隆的后裔在笔架山脚下兴建住房，逐渐发展成"老屋街"。明正统二年（1437），一甲乡绅集资在老屋街村口建"一甲凉亭"。明代中（1450—1465）在老屋街的东侧，全村的中心位置修建了"五通庙"。

图 1 - 19　杨氏族谱·里居图

五通庙系道教神庙,始建于南宋末年(约1275)①。明万历四年(1576),复建"五通神庙",同一时期,在五通庙旁修建了大塘。五通庙旧址,这里无论是曾经还是现在,都是高椅村团的中心,它的建造颇富神话色彩。相传廷秀、廷茂二公原居渡轮田垄中,即现在五通庙的位置,有一天神灵托梦,曰:"此地有龙居焉,恐为孽害,非而兄弟住处,可让与神居,而兄弟百年后,可同享祭祀。"没多久两兄弟就搬离了这个位置,并在此修建一座五通庙,清乾隆年间再次扩建,将其修建成为一座规模宏大的神庙建筑专供村人祭祀礼拜之用。据村内老人回忆,五通庙耗费了数代人的心血,气势恢宏,成为周边村落最大的神庙。"文化大革命"期间五通庙被迫拆毁。如今五通庙门前还有残留的石碑、石狮、石墩子等物件,精美的石雕令人不禁神往旧时五通庙的雕梁绣柱。明代晚期至清乾隆年间,杨盛榜的后裔又向村东、村北方向发展,在田垄里占地建房,形成"坎脚"和"大屋巷"两个建筑群落。明嘉靖十三年(1534),在村东1里处修建"罗星庵"。清乾隆末年杨廷秀的后裔在"五通庙"东侧修建了"一甲祠堂"(1959年被毁)。清中晚期,随着人口的繁衍,村中的建筑继续增多,形成了"田段"和"上、下寨"两个建筑群落。这个时期是高椅的鼎盛时期(图1 - 20,图1 - 21)。②

---

① 余翰武,吴越.高椅——湘西大地的明珠[J].中外建筑,2013(9):24.
② 余翰武,吴越.高椅——湘西大地的明珠[J].中外建筑,2013(9):24.

《杨氏族谱》载：

> 天作高椅，二公来荒，湾环回抱，宽展平康，龙盘虎踞；
>
> 水聚风藏，村围桐木，向拱清浪，元武拥座，朱雀朝堂；
>
> 金龟把隘，宝塔流光，五通水镇，八景齐芳，德隣堪比；
>
> 仁里可方，子孙世守，继序其皇，地灵人杰，而炽而昌。

图 1-20　老屋街景

图 1-21　下寨风光

清康熙四十八年(1709)，杨氏家族迁居高椅的杨盛隆、杨盛榜两兄弟中盛隆公一支的后裔在下寨修建了"下寨家祠"，盛隆公于宋末元初从若水瓦窑坪迁居高椅村，在竹园建起上寨，随着人口的增多，在上寨的坡坎下建房，形成下寨。家祠分为(农耕藏、戏楼、农清乐)一间上厅，三间下厅。遗憾的是，下寨家祠历经了百年的风雨沧桑，终究敌不过时间的洗礼，三间下殿在1969年被拆毁，正厅因被改用为生产队仓库得以保存下来。后于2013年由会同县出资修复完成。修复后的下寨家祠规模比过去更加气势恢宏(图1-22，图1-23)，但内部的雕刻和装饰远比不上原来的精美，我们仅能透过些许残垣断瓦去追忆那命运多舛的下寨家祠。

图 1 - 22　新修建的下寨家祠

图 1 - 23　修复后的下寨家祠内部戏台

清嘉庆年间(1796—1820)，老屋街贡生杨盛文创办了学馆，后来他的第三个儿子杨跃楚拔贡，弃官还乡，继承父业，有词言道："友鲁申公，师浮丘伯，尚可教书村学堂。"开办清白堂学馆授课育人，保留至今。清道光二十三年(1843)，廷茂公的后人在五通庙北侧修建"十甲家祠"(毁于20世纪60年代)。现在十甲家祠为村中的活动中心。清同治年间(1862—1875)，由大屋街富户乡绅集资兴建了"醉月楼"，一时成为文人雅士娱乐聚会所喜爱的场所。宣统初年(1909)醉月楼改办成女子学馆，从外地请来一老秀才讲学，由求学者(多为地主富豪之女)轮流供养。抗日战争后，洪江办起了洋学堂，高椅的女子学馆停办，醉月楼建筑保存至今，如今被改造成了具有现代气质的书馆和咖啡吧。这些建筑现在成为村中的景点(图1-24)。

图1-24　高椅村重要建筑分布图

随着民居主人的财力和礼治观念以及建筑审美能力的不断提升，高椅民居的建造水平和建筑规模都有了极大的发展。

村寨中的民居建筑以窨子房、木楼房为主（图1-25，图1-26），还有少数几处中西混合风格的民居。高椅村的建筑风格整体来看与徽派建筑相近，而其周边村寨都是传统的侗、苗村寨，建筑均为木结构。高椅村中出现大量徽派式样的建筑，说明了当时村寨在发展变迁中，汉族移民文化的主导影响发挥了作用。汉族、侗族两种迥异的文化的相互融合，最终形成了高椅村遗世独立的民居建筑风貌。原始的干栏式木楼房为侗族、苗族人口居住，一层架空为圈养牲口的空间，二三层为人居场所。在村落的不断发展和汉侗两族文化的融合中，村内出现了天井院落式样的砖木建筑——窨子屋。窨子屋是典型的徽派风格建筑，有着规整的方形布局、高达七八米的封火墙。

图1-25　村中的木楼房

图 1 - 26 青砖灰瓦的窨子屋

　　村寨住宅基本维持以明堂为中心的中轴对称格局,内部有侗族传统的火铺屋,村中的木楼房和窨子屋在建筑平面布局上基本无差异。这种特殊的民居建筑形式可以在巫水下游的洪江古商城找到,间接说明了洪江与高椅村之间的某种内在联系。

　　另外,高椅村团的发展中,不得不提一些重要的户外公共空间,这些空间是在特定的自然人文条件下发展形成的,具有高椅地方特色。

　　由于高椅谷底略高于巫水河面,难以直接引巫水作为生活用水以及灌溉田地,因此村中有不少水塘,用来储藏雨水和溪水。水塘旱季可用以灌溉,平日养鱼养鸭,并可做消防用水以备不时之需。同时水塘可以调节小气候,并有沉淀排污功能。如村中的红、黑鱼塘、月光塘、大塘等。这些户外公共空间大多是在功能需求下形成,在当地居民的审美意识下完善,集功能、技术、寓意为一体,是具有侗族、汉族双重文化特质的空间形态。

　　从村寨到村团的发展,经历了百年光阴。村中的公共空间在建筑组团中衍生而成，祠堂为高椅村重要的公共活动空间，村内有一甲家祠、十甲家祠、下寨家祠、伍氏家祠等。这些祠堂于 1949 年后被毁。现在五通庙前坪还能看到几块旧时祠堂遗留下来的碑文供后人追忆。

远离喧嚣都市，从蜿蜒的盘山公路逐渐驶入高椅境内，远远望见一弯巫水静静围绕着这片青砖粉黛的小村庄流淌，如入仙境。岁月也随着巫水的流淌逐渐逝去，不变的是那江面横渡的轻舟，傍晚升起的袅袅炊烟，以及勤劳质朴高椅人的田园生活。古人诗云"古树高低屋，斜阳远近山，林梢烟似带，村外水如环"，这就是似诗如画的高椅古村落的真实写照。

二、百年时光 落籍高椅村

(一)沅水巫水与五溪文化

沅水流域地处云贵高原余脉，北有鄂西山地雄峙，中有武陵山脉横亘，南有雪峰山脉屏障，属典型山区。在区位上位于湘黔川鄂交界之处，是连系祖国大西南的交通要道。沅水流域多为少数民族居住区域，民族性较强，风俗独特，拥有丰富的历史文化景观。早在明朝前，沅水流域就出现了汉族人口与侗、苗等族长期杂居的现象。沅水流域地处偏远的湖南与广西边陲，经济相对落后，被称为"蛮夷之地"。明朝时朝廷开始重视这一区域，加强了对这片区域的管理，实行屯防政策，并调集了江西籍官兵驻扎屯垦。清顺治六年（1649），为巩固西南，恢复因连年征战和瘟疫而受损的四川经济和人口发展，朝廷颁布《垦耕令》，采取移民举措，致使大量江西人和部分河南人迁入湖南、湖北，转而迁往四川，这就是当时被称为"江西填湖广，湖广填四川"事件。人员的大规模流动，带来了沿途地区的经济发展。沅水流域境内重峦叠嶂，地貌复杂，陆路交通困难，自古依仗水运交通，是周边几省历代军运、漕运和民间物资交流的主要通道。水上交通的便捷再加上境内物产丰富，加速了流域内各个村镇的经济积累。尤其是在清代"改土归流"，解除了"蛮不出境，汉不入峒"的禁令后，该流域与外埠通商的大门被彻底打开，依仗便利水运而兴的码头市镇遍布流域境内。[1]

在长江中游洞庭湖水系四大支流中，沅水水量位居湖南的湘、资、沅、澧

---

[1]　周红. 湖南沅水流域古镇形态及建筑特征研究[D]. 武汉：武汉理工大学，2011：28.

四水之首，流域东以雪峰山与资江分界，南以苗岭山与柳水分界，西以梵净山与乌江相隔，北以武陵山与澧水为邻，地表起伏大，水资源最丰富；全长约1033公里，湖南境内占据了约558公里。南北两个源头汇合于贵州境内的清水江，然后向东流经芷江进入湖南境内，至黔阳与渠水汇合后称沅水，流经芷江、会同、洪江、怀化、溆浦、辰溪、泸溪、沅陵、桃源、常德诸县市境，最后注入洞庭(图1-27)。

图1-27 沅水流域图

（图片来源：http://zt.cdyee.com/content/2012-07/25/content_305589.htm）

沅水五条主要支流均在怀化境内汇入，而怀化处于五溪地域的中心地带。"五溪"是中国历史上对湘黔川鄂边境地区一个特定地理区域的称谓，得名于古武陵郡内沅水中上游的五条溪流。北魏郦道元所著《水经注》是最早对"五溪"做出解释的："武陵有五溪，谓雄溪、满溪(渠水)、酉溪、潕溪(舞水)、辰溪。"据乾隆《湖南通志》载："有出于酉阳石堤蛮界，流经辰州府城西为北江者，名酉溪；有出于铜仁蛮界，流经麻阳县城南为锦江者，名辰溪；有湖南界城步县巫水出，流经关峡而下为若水、洪江者，名雄溪；有出自镇远界流经沅州城西而下为盈口竹寨江者，名潕溪；有出于靖西南黎平府，流经亮寨江者，名满溪。此五溪也，具各下入于沅。"

五溪分别位于沅水的上中下游。沅水自黔阳以上为上游，地处云贵高原向湘桂丘陵盆地的过渡地带，以渠水和溆水为主要支流。清水江(沅水水系)位于峡谷地带，河谷曲窄而滩急，落差大；溆水河面相对宽阔，水流较为平缓，是沅江上游主要的经济文化传播的纽带。巫水、渠水、辰水、溆水地段河谷平原和盆地相间，支流密集。这些支流的河床宽大，落差较小，是沅水流域形成集镇的核心地区。复杂多变的地形造就了该流域丰富的自然和人文景观。

　　从地理条件上来看，沅水的南北贯通和武陵山脉与雪峰山脉山水齐全的自然条件为这一区域带来了发达的林业资源。怀化森林资源主要分布在雪峰山东南地带，森林覆盖率高达65.3%，远远高于全国平均水平(不到20%)并居全省之首，是全国九大生态良好区域之一。资源分布按水系划分：巫水渠水占38%，辰水占9.6%，溆水占5.6%，溇水占5.3%，酉水占0.8%，沅水及小支流占19.9%。因此沅水等流域靠着丰富的自然资源优势发展起了商品经济。

　　五溪流域也有着深厚的文化内涵，历史上五溪地区是重要的少数民族聚居区，自汉代陆续有汉人进入，其中规模最大是元末明初的"扯江西、填湖南"，汉文化在此地留下了重要的印记。沅水流域的各民族虽然在很长一段时间处于族群冲突的状态，但更多的则是体现了民族之间的不断交流融合。明清时期，随着汉族移民人口的不断增加，沅水流域确立了汉族在该地区社会经济、文化发展中的主导地位，形成了聚居内有杂居、杂居内又有相对聚居的多民族杂糅文化。流域上的古镇宗祠和会馆建筑林立，是对该流域移民文化最有力的见证和诠释。[①] 在汉、侗、苗、瑶、土家为主的多民族在长期生产生活实践中，本地人民创造了独特的五溪地域文化。

　　在长期历史发展过程中，五溪文化以傩文化(农耕文化)、巫文化(祭祀文化)、盘瓠文化(少数民族文化)和楚文化(楚辞)、汉文化(儒学)、佛文化为主。而尤其以傩文化、巫文化、盘瓠文化为其特色。这种文化内涵主要有八大系列：一是举世无双的"稻作文化"；二是独具特色的"和平文化"；三是敢为人先的"商道文化"(洪江古商城)；四是瑰丽奇绝的"民族文化"(五溪流域居住着侗族、苗族、土家族等少数民族)；五是浩然独行的"蛮悍文化"；六是砥砺不懈的"名仕文化"；七是风雷激荡的"红色文化"；八是独具神韵的"生态文化"[②]。五

---

① 周红.湖南沅水流域古镇形态及建筑特征研究[D].武汉：武汉理工大学，2011：37.
② 向友桃，吴述裕.浅谈五溪文化的多元结构[J].红河学院学报，2010，8(6)：70-72.

溪文化除了有八大系列，还形成了独特的文化精神，主要有：一是开天辟地盘古梦——回荡天地的"开化精神"；二是学富五车通二酉——博古纳今的"治学精神"；三是吾将上下而求索——坚忍执着的"求索精神"；四是一片冰心在玉壶——修身治国的"清廉精神"；五是怀抱天下化万物——海纳百川的"包容精神"；六是日落雪峰天下平——止戈尚安的"和平精神"；七是一粒种子泽五洲——辉映古今的"创新精神"；八是敢上刀山下火海——奋不顾身的"蛮悍精神"。① 正是这些丰富的文化内涵和独特的文化精神，奠定了汉、苗、侗、瑶等族的精神家园基石。

沅水中上游的五溪之一雄溪，即巫水。在流传的故事里，苗族先民常以"婆阳河"相称。相传杨再思随父领蓝、李、邓、蒙、潘、秦众姓300余人从沅江进巫水，逆流而上，到赤水真良，发现那里山清水秀、地坪宽广，好习兵练马，就在那里安营扎寨。巫水作为沅水的一级支流，源出城步苗族自治县东巫山，南流往西，经绥宁县、会同县至洪江区注于沅水。巫水流经城步、绥宁、会同、洪江4县(区)，全长244公里，流域面积4205平方公里，从城步至绥宁，奔涌于八十里大南山与雪峰山脉接合处；从绥宁至洪江，横切雪峰山脉。流域内层峦叠嶂，丛林密布，是湖南省重要林区。高椅，就是巫水流域内的一颗明珠，有巫水的浸润，流域内植物资源异常丰富，莽莽林海，古林参天，奇花异果，四时不谢。

巫水河是沅江各支流中唯一在洪江城区汇入沅江且流入高椅村的支流，河面宽60~90米。城步至长田，长188公里，断航54公里，分段通航143公里。长田至洪江市，长9公里，可航行5~12吨重船舶，5吨重货物可达若水，2吨重货物可达高椅。这就便利了高椅物资通过巫水流通至洪江、常德等地。巫水河虽流域面积较小，但拥有特别适合杉、松、桐籽和楠竹繁育生长的土壤，是木材、桐油的主要出产地之一。每年由巫水河输入洪江的木材、桐油各占洪江木材、桐油总量的20%和15%。巫水也成为洪江物资进入广西地区的最佳途径。该流域上水运贸易繁荣。水域两岸分布着众多的侗族、苗族的聚落，高椅便身处这样的环境之中，成为五溪流域众多少数民族村寨中的一颗明珠。巫水从高椅而下，可直达洪江、沅水，汇入长江。巫水河为封闭的高椅村搭建了连接外界的"桥梁"：顺巫水进沅水，入洞庭，下长江，都不必下太大力气解缆问桨。便利

---

① 吴述裕.五溪文化与武陵山片区文化高地建设研究[J].铜仁学院学报，2013(15)：3.

的交通，让高椅丰富的物产走出去，也令外界的文化走进来。可以毫不夸张地说：巫水是高椅人经济发展的便道、文化交流的通道。

（二）会同洪江的经济影响

以沅水为主的水运（古称漕运），是我国古代中原通往西南地区唯一的水上交通运输线。在沅水中上游因贸易而兴起的集镇中，以洪江为最。

洪江虽然远离大江、大海，位于湘西南的武陵山区，但境内河流众多，除沅水干流外，沅水的五大支流都在洪江附近，并呈扇状辐射湘、桂、川、黔、滇等地。因其得天独厚的水路交通优势，又恰逢明初修建皇宫需要大量的木材与桐油，各地商户聚集这沅、巫二水交汇的山地城镇，是以"万商云集，舟车辐辏"。洪江古商城坐落在沅水、巫水汇合处，位于洪江市上游的会同县东60公里处，其水源出楚粤界佛子岭，历渠阳，纳清水、芷水、若水，合流于此。以山为骨架、以水为脉的洪江古商城，起源于春秋，成形于盛唐，兴盛于明清，鼎盛于民国，曾扼西南之咽喉而控七省，素有"汉口千猪百羊万担米，比不上洪江犁头嘴"的歌谣传世，是湘西南地区经济、文化、宗教中心。素有"湘西明珠""小南京""西南大都会"之美誉（图1-28，图1-29）。

图1-28 洪江古商城

图1-29 洪江古商城

洪江得水之利，元明时期已经是初具规模的物资交易和集散地。明洪武年间，朝廷在洪江设"洪江驿"，属会同县。万历年间，沅水巫水交汇处成为"犁头嘴"，洪江在此形成最早的港口商埠。清康熙二十六年（1687）王炯在《滇行日记》中描述洪江码头景象，"商务异常繁盛，劳动工人肩扛往来于船舶与栈房者不下万人"。沅江水路也是当时洪江商运中运货最多的一条商路，洪江也由此成为烟火万家的巨镇。湘西南山区的木材、桐油、药材、纸张等由此经水道销往外地，同时，从沿海运输而来的盐、布匹、百货发往湖南、贵州、湖北、云南等偏远山区。

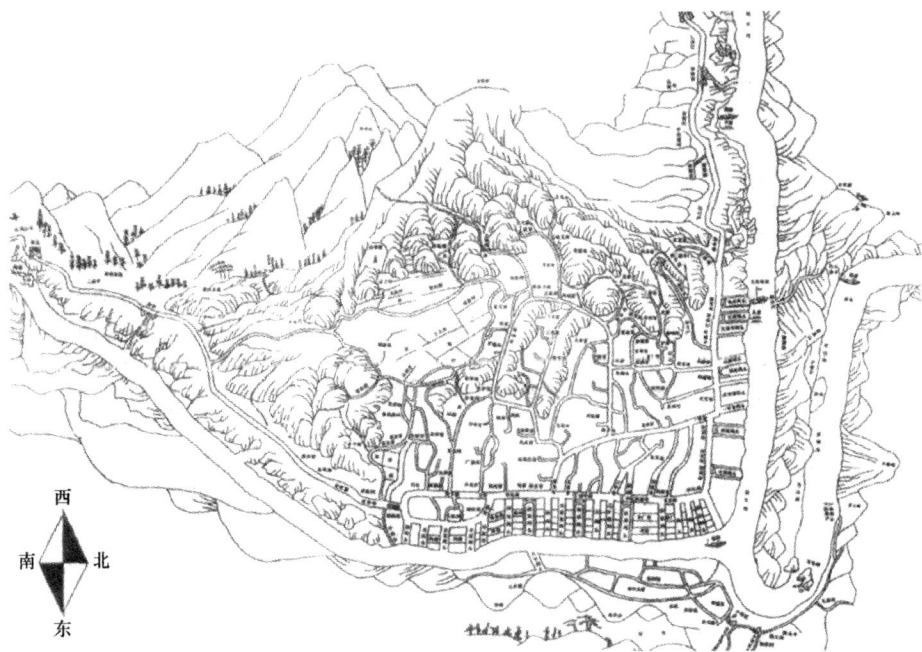

图 1-30　洪江市全景图

（图片来源：洪江区旅游局提供）

　　作为西南地区重要的物资集散地，发达的经济使洪江成为湘西边陲的重要商埠。据《中国实业志》记载："鼎盛时期，同业有十六、七家之多，运出桐油（洪油）达二十万担以上，值七百万银圆……"在洪江古商城的 30 多个行业中，木材、桐油是它的发家之本，也是它的财富之源。桐油有十几家的商号，资本占洪江商业资本的 1/3。洪江成为湘西南和湘黔边境的桐油集散中心，省内极少销售，全数经常德、岳州（岳阳）出口销往外地。洪江除了桐油贸易兴盛，木材生意也做得红红火火，清末民初时输出的木材最高能达到60余万两，价值达到当时的700万银圆。洪江宋代以前就开始兴起木材贩卖活动，清朝木业贸易更加兴旺。据史料记载，乾隆初的洪江"列肆如云，洪白之胶油，木材之坚美，乘流东下达洞庭……"这里居沅水与巫水交汇处，水域宽广，是天然港口。沅水上游的通道、靖州、会同三县的木材沿渠水而来，新晃、芷江、怀化及黔东的木材沿潕水抵达，黔东南天柱、锦屏一带的木材沿清水江运到。洪江成为上述各县木材的集散地，形成了沅水上游重要的木材集散交易市场（图1-30）。

　　清朝时期，洪江贸易的兴旺带动了周边村落的经济发展。当时洪江各方面比较发达，又是西南的重镇，经济呈现出一种饱满的状态。洪江的经济向周边辐射发展，财富向四周流动，高椅与洪江通过巫水的连接，也受到了积极的影响。当地村民说高椅就像洪江的后花园，洪江当地并不产物资，而是靠水运汇聚了五溪的资源。物资通过放排汇集到洪江，水运物流发达，洪江就成了物流集散中心。当年的常德靠水运也成为一个大型的物资集散站，有时洪江的价格不一定好，高椅的木材等物资便会直接运到常德贩卖，返航时候会遇到许多急流水滩，被村民视为"鬼门关"，于是会运载一些青石板，起到了压舱作用，这也就成为高椅村中存在如此多大块的青石板的原因之一。

　　如果说洪江是因水而兴、因水而衰，不如说洪江是因商盛而兴、因商萎而衰，商业的兴衰直接影响了洪江的发展。天生优良的地理位置与水运的发达是洪江经济发展的必要条件，最初木材的运输主要借助水流运送，俗称"放排"，放排不仅可以降低运输成本，而且无须把木材截断运输，保证了木材的完整。文献曾记载："商贾络绎于筏。放木筏顺流而下，获利甚厚"[1]"黔诸郡之富最黎平，实惟杉之利……大杙小桴，纵横绲束，浮之于江，经坌处、远口、瓮洞入楚之黔阳，合沅水而达于东南诸省，无不届焉。"[2]洪江从一个不毛之地，一个原仅是古龙标县的属地，进而跃升为西南、中南之间的商贸重镇，是畅通的沅水给它带来了显赫地位与繁华。当年真是"一个包袱一把伞，跑到洪江当老板"。有一首打油诗来描写当年商业繁华景象：

　　　　　　走江湖，闽南北，走到洪江是幸会；

　　　　　　一江碧波沅江水，千帆共进排成队；

---

① 湖南省地方志编撰委员会编. 湖南省志·贸易志·商业[M]. 长沙：湖南出版社, 1990.
② 实业部国际贸易局. 中国实业志·湖南省（第二卷）[M]. 实业部国际贸易局, 1935.

纵多商船至云贵，布匹货物满仓堆；

商贾云集如点缀，繁华洪江天下最；

水路便利好区位，西南重镇特色美；

桐油木材与土药，三大产业受青睐；

洪江商业盛世开，大街小巷皆买卖；

流金淌银遍地财，把握商机瞬间来；

敢于拼搏有作为，白首起家当掌柜；

坚持奋斗不言累，有朝一日身富贵；

各行各业有商会，行走江湖有帮规；

地方码头需拜叩，吃亏是福是精髓，是精髓！

关于洪江的商道文化还有一个有趣的历史故事。相传郑板桥一远房亲戚名叫郑煊。有一年，郑煊在云贵一带收购木材，准备顺长江而下运往江浙一带出售，不料途中遇上旱灾，行情大跌，投资血本无归。于是写信告诉郑板桥，郑板桥劝他吃亏是福，不要被眼前形势所打倒吓倒，商机瞬息万变，世事无常，劝他摆正心态，耐心等待。没过多久，旱期过去，河水的汛期到来，整批木材完好地运到了江浙地区，郑煊因此也大赚一笔。事后，他将这一惊一喜的过程告诉了郑板桥，郑板桥听后，欣然写下"吃亏是福"四个字。之后，郑板桥又在旁边的跋语中写道："满者损之机，亏者盈之渐。损于己则利于彼，外得人情之平，内得我心之安。既平且安，福即是矣。"后来，"吃亏是福"便成了洪江古商城的一种商道文化。

在洪江的商人很有意思，他们常常谦虚地把自己比作一条鱼，只要勇于拼搏，鱼会变成龙，但是如果错失商机便会千金散尽，一贫如洗，龙又成鱼了。鱼龙变换蕴含了经商创业哲理，提醒着商人们商海无常，不能有丝毫懈怠。

在长江、沅水这条生命线上，洪江开拓了云贵商路，借助周边地区少数民族的运输力量，不仅使自己成为商业繁荣的枢纽之地，也带动了周边地区的经济发展，使沅水一带少数民族地区的经济得到了快速发展，这其中就包括巫水流域中的高椅。

洪江和高椅村自古便有一衣带水之亲，在没有现代交通工具的年代，人们沿巫水河去洪江做生意，而高椅则是沿途一个重要的中转码头，码头为高椅人带来了财富，也带来了村落发展的良好契机。

(三)遗世独立 中转高椅

高椅村,这座拥有六百多年历史的古村,有着自身独特的人文环境,无论从哪个角度切片,都能透视到它与众不同的一面。它是数以千万计的传统村落的一个小小缩影,但因其独特的物质文化内涵,它又成为五溪流域众多村落中最独特、最闪耀的一颗明珠。

五溪地区的移民浪潮,在地理空间中直接孕育出了一批移民村镇,也促进了地区经济、文化的发展。其精神文化也在文化融合中随着社会人文影响而变化,传统汉文化中的"士绅文化"与"礼教文化"对乡土社会的人伦纲常、建筑形态、空间布局都有着重要影响。道教、佛教也与五溪文化中的原始巫傩文化相融合,这些文化内容渗透进了各级载体。

在历史文化发展中,汉文化一直处于主导地位,这一情况不仅影响了中原大部分聚落,也随着历史上几次大型汉族人口南迁,深入影响少数民族地区。高椅正是这样一个深受汉文化影响的古村落。因此我们对高椅村的认知不应该停留在孤立的、静止的层面,不应该局限于只将高椅这一个区域的人文地理形态作为剖析整个村落发展变迁的唯一正解。文化分形学中强调以整体、综合、发展的眼光看待历史事物,在这一理论视角下,将高椅村的整个发展史同周边区域的地理位置、人文环境、经济条件以及相互作用关系的种种因素结合起来分析显得格外重要。凯文·林奇说过:"社会文化与空间现象是相互关联的……两者都有着复杂的内在逻辑。"高椅村地处五溪腹地,其发展离不开会同洪江、沅水、巫水的深刻影响,这种对比不是试图降低地区间的特异性,而是将高椅村独一无二的特质凸现出来,更好地思考高椅地区一个民族的分形心态以及文化的迭代过程。高椅村所呈现的物质景观形态和文化内涵深受侗、汉双重文化浸染。其建筑风貌、村落布局是村落文化内涵的外在表现,文化内涵机制则是促进空间形成的内在因素,在两种迥异的物质、文化共同作用下,我们最终见到了今天高椅古村遗世独立的风貌。

谈及高椅村遗世独立的村落形态,必须再次提及明末那次大规模的移民浪潮,大量汉族人口迁入五溪地区,并在这一空间地域中重组、整合,形成了独具特色的移民文化,对当地的政治、经济、文化以及宗教信仰都产生了综合性的影响。汉族文化重血缘关系,聚族而居,喜建会馆、宗祠、家庙。以洪江为例,外来做生意的汉人在当地修建了众多家祠、会馆,芷江更是由徽商修建了内陆最大的天后宫。高椅村内部也形成了以姓氏为组团的村落布局，并修建了各姓氏的家祠。

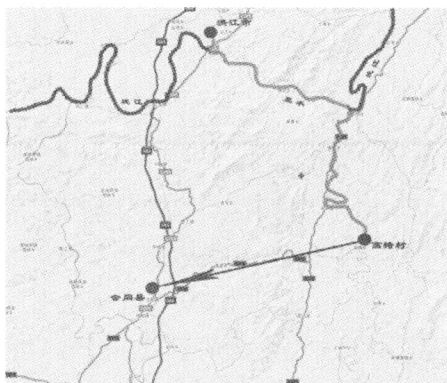

图1-31　高椅与周边区域关系　（作者自绘）　图1-32　高椅村到周边村镇示意图　（作者自绘）

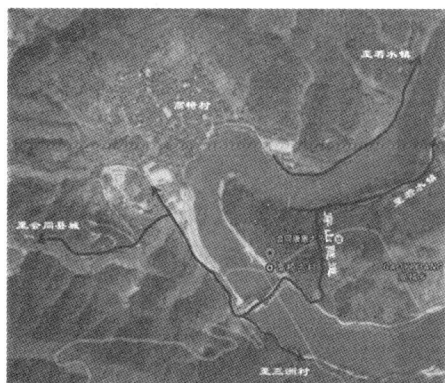

高椅村作为巫水流域交通的中转站、经济的驿道、文化的融合区，深受洪江贸易带来的经济影响。高椅将木材等物资放排到洪江，成为西南地区物资中转的站点，在水运最为便利和重要的年代，高椅村成为当地水运大商埠也就顺理成章。作为巫水流域物资中转站，上游的桐油、木材、粮食等物资都是靠水运运往洪江、常德等地。20世纪60年代后，许多河流被闸、坝阻断，水流变小，河道淤塞，加之在航道上修建低矮桥梁，船只通行受阻，航道里程缩短，沅水流域的商贸活动逐渐减少，加之这一地区位置偏远且较为封闭，倚靠水运发展经济的会同、洪江、高椅等地的经济日益衰败（图1-31，图1-32）。

巫水与洪江带动了高椅村经济的发展，高椅村也成为巫水一带文化的交流区。高椅村是一个因汉族人口迁徙而发展壮大的古村落，其文化特质中，既有汉族的礼仪传统又有侗族的民风民俗。本土文化在与中原主流汉文化的相遇、交流与碰撞中，形成了文化的杂糅局面。双重特征的文化赋予了高椅更加丰富的文化内涵，从汉族迁徙伊始便使用一种全新的姿态影响着原始的侗、苗族原住民。古代巫水流域多为侗族和苗族居住，水运的便利使高椅村进入世人眼帘，高椅村外移居而来的汉族人口通过水运发现高椅村、择居高椅村，并通过水运发展繁荣了高椅村的经济，为村团的修建和扩大带来了稳定的经济基础。

巫水是一条能带来经济繁荣的河流，也是一条流淌着湘西少数民族文化的河流。高椅村正如巫水河上一颗璀璨的明珠。清代中期，古道逐渐萧条，巫水河却日益繁忙。高椅村的物资经过巫水河拐弯出去，便到了人称"小南京"的重要商埠——洪江古商城，再往上汇入沅水，沅水流经常德等地再汇入浩浩荡荡的洞庭湖。往上游走可以去武汉，往下游走可以去南京，再往分支走可以到扬州等一些出口物资的商埠。

除了水路的便利，还有一条古驿道经过高椅。绥宁、邵阳通往洪江、会同或去贵州夜郎，走高椅村古驿道最为方便。此古驿道是贩卖烟土者专门走的路，也被称之为"烟土之路"。凭借这一水一旱两条交通运输通道，高椅村各方面的发展都远远超过周边村落，清代中期时便成为方圆二十里内的大村。

正是沅水巫水自古以来丰富的文化内涵、便利的水利交通，会同洪江充裕的自然资源、浓厚的商业贸易气息，赋予了高椅村舒适宜人的居住环境与源远流长的人文景观，同时带动了高椅村经济的发展。

值得一提的是，在潕水河畔的芷江有着内陆最大的妈祖庙——天后宫，这是当年徽商在此地行商的一个历史见证。潕水河流域迁徙而来的徽商是在明末清初由福建移民，再与客商通过长江逆流而上、经沅水而来，在巨大的经济利益吸引下，一批福建商人不远千里来到潕水河流域经营木材、桐油、盐等贸易。徽商带来了潕水流域经济的繁荣，也带来了如徽派建筑、雕刻艺术等传统汉文化。沅水同巫水一并汇入芷江，五溪流域水运的通达也便利了各个地区文化的交往传播。高椅村和洪江大量的徽派风格建筑——窨子屋，或许和这一批福建商人所带来的徽派文化有着某种河同水密的联系。

高椅村曾经的热闹与喧嚣已渐渐消逝。然而在时代的变迁中，水运的衰败却无意中使高椅村在当下村落迅速城镇化的浪潮中孑然独立，高椅村自身的物质与文化得以保存。也正是如此，高椅村才有着"古民居建筑活化石""古村落发展建筑史书""耕读文化完美典范""江南第一古村"的美誉，作为国家重点文物保护单位得到保护。

三、空间·格局

(一)别具一格的空间布局

高椅村坐北朝南，东、西、北三面环山，围合成 U 字形，众多山岗相连，巫水绕南侧梦云山支脉转向北去，山水环绕的地势格局如一道天然的屏障守护着高椅村。高椅村谷底内部开阔平坦，冬季北面的山脉阻挡了凛冽的西北风，春夏的暖流从东南部的水口注入，带来了温暖湿润的季风。高椅属于亚热带季风性湿润气候，冬暖夏凉、光照充足、雨水充沛、平均气温在 14 度左右。良好的自然环境使高椅成为先人眼中龙盘虎踞、水聚风藏的风水宝地。

高椅村地形，前山后脉，格局完整。所谓："子癸来龙出亥宫，子孙发达永无穷。"前山发源于雪峰山南麓，起伏百里奔腾而来。在古代当地人认为共有两只龙脉到高椅前方梦云山分支，一支龙脉落于高椅上游 2500 米的唐洲村，多年前，因修水电站，该村落已经搬迁；另外一支龙脉不偏不倚落于高椅村正前方，形成朱雀朝堂之势，所谓"东方来龙朝朱雀，内气包藏万垂绿"。高椅村西北方、东北方皆有高山，挡住了西北风和东北风，河水的对面有案山，青龙山地势略高于西南方的白虎山，所谓"青龙抬头，万事不愁"，东南方的朱雀山（案台山）又低于白虎山，达到了避气藏风的目的，而实际上则有利于引入和煦宜人的南风，使得其降雨充沛、阳光充足。[①] 这样的地形，在农耕时代的中国，无疑是人们心目中的宝地，而对于深谙风水的汉人先民来说，择居在此，自然是如获至宝。600 多年来，高椅村人兴财旺，延绵不断，人们认为这都得益于高椅村良好的地理环境。

据《杨氏族谱》中记载："从来开百代之基，绵千秋之绪，使子孙承承继继，如葛藟、如瓜瓞，星罗棋布，烟火数百，丁财两盛者，非阴宅之吉，即阳宅之美，方能然者也。虽然阴阳二宅吉且美者，乃天地之生成，非人功之所致，然要皆人力所能择乃可得而宅之。"[②]杨姓先人在迁徙过程中将风水内涵注入他们的建房、选址过程中。汉族传统形势中的风水意识，在村落格局、景观建筑中都得到了充分彰显。

《杨氏族谱·高椅地图说》记载："茂公得前人杨筠松之法，择邻择地，爰居爰处，以高椅为落诞之地，迄今综其大势观之，朱雀朝堂，拜接可喜"。[③] 高椅本身地理位置极佳，左右有风水说所谓的青龙白虎护园，即原石榴寨的山头和下鸠坡，征家道丰盛，巽峰列东南，主文人之发达（图 1-33）。村落地理格局符合先人理想的风水程式。本书在第四章节将详细介绍高椅村的布局。

---

① 余翰武，吴越.浅析传统聚落住居及其潜意识——以怀化高椅村为例[J].吉林建筑工程学院学报，
   2007(3)：10.
② 引自高椅村清光绪三年(1877 年)《杨氏族谱》。
③ 同上。

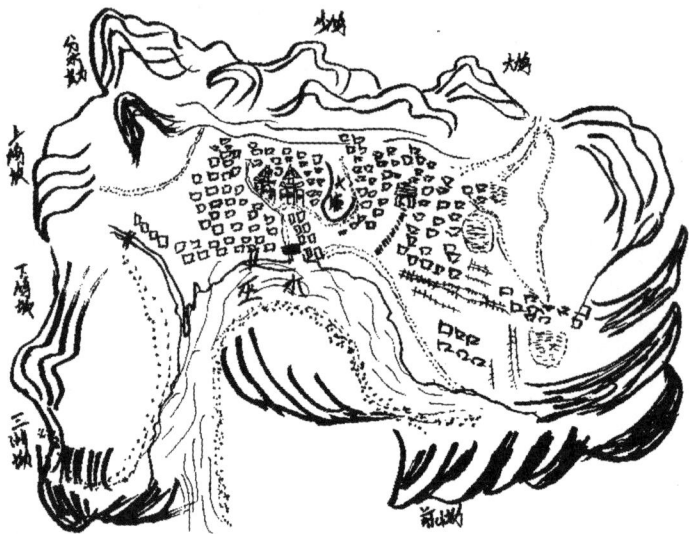

图 1-33　高椅古村的空间布局略图(《杨氏族谱》)

1. 反弓之水的化解

虽然在先人们看来高椅村是建村立寨的宝地,但是在古代风水堪舆学家眼中,巫水河的反弓水却是风水中的禁忌。堪舆书《山龙语种》中说:"反背水,形如反弓,一名反跳水。此水漏泄堂气,无情之水也。"巫水上游约三公里处,河道连续的拐弯在流经高椅村前时,形成了反弓的风水格局。

弓背正对着村团,虽然高椅村背有案山前有河流,但是巫水并没有形成环抱之势。《杨氏族谱高椅八景诗》中:"山如屏翰水如弓"指的便是这形如弯弓、直冲穴场的反弓之水。风水学说认为反弓水为凶,破财。今天从地理学上解释认为河流拐点形成反弓水容易侵蚀河岸,而古代人们靠土地生产、生存,土地的减少势必影响人们的生存,因此这反弓之水被认为不吉利,认为穴前有反弓水,其子孙后代不是家破人亡便是背井离乡,但是高椅村此地的子孙却能科举及第、福禄并至,并未受到太多消极影响。根据当地村民解说,原来河道上游连续的拐弯,减缓了河流冲击的力度,使上游流经村口的上水口"上清浪"处时河道变宽、水流平缓,从而缓解了这反弓水的危害。另外村落下水口"下清浪"设置了层层关锁,下水口的岩山头前的山脉一直向前延伸到河流中部,使河面变窄,山脉前伸形如金龟,从而形成"金龟镇守"之势。此外,古代村民在石榴寨种植风水林,还在山头修建了一座罗星庵,临河建有土地庙等建筑,共同镇守下水口,达到了"两山排闼水流东，松柏森森水口封"的关锁作用，从而对应"水之来者曰天门，水之去者为地门，天门宜开，地门宜闭"的风水理论，消解了反弓水的不利。这样山水格局既发展了林业、渔业、畜牧业，又发展了水上贸易，为高椅带来经济的繁荣。

2. 二龙戏珠的区位

先民认为高椅的山是"二龙戏珠"格局：其中一条是从大鸠起至罗星山，风水流传的东高不算高，西高压断腰，包含着风水上的重要理念。东方的青龙一定要高，高椅村的"青龙"山罗星山正是村团穴地东边最高的山，且高于西边，整座山郁郁葱葱充满生机，被先民认为有利于家族的兴旺和子孙的绵延。另一条是从梦云山方向而来，龙头就是沁林山，二龙的脉头在巫水相会。巫水河靠村团岸边有一块浮出水面一米多高的圆形岩石，被称为"龙珠"，二龙的脉头和水边的"珠"构成了二龙戏珠的格局，也是高椅村先人引以为豪的风水宝地。

3. 五龙戏珠的组团

高椅村地形还有"九龙之地"之称：谷底被一周小山包围，共有九条山脉聚向谷底中的大塘。虽然有九龙之地的好风水，但相传风水先生认为这场地虽能出人才，但始终出不了人人物。九龙之地虽好，但是大鸠和小鸠背后还有座山叫"棚背丢岩"，这山略高于大鸠和小鸠，高椅村地形如同一把太师椅，而高椅村西北的大山如同椅子背后站了一个人，始终窥视着坐在"椅面"上的人，一举一动都在监视之中。村民说，高椅虽然出人才，但始终不曾出过大人物。为此，前辈村民在大小鸠的垭口上一连修建了好几座土地庙，用来对峙"棚背丢岩"，防范小人，试图改变不利的风水。

另外一个关于高椅村的风水传说就是"五龙戏珠"说：相传这五条龙指的是村落周边的五条小溪，分别是从大鸠山下来的坎脚溪、小鸠山下来的山脚溪、村西鸠坡下来的下寨溪、村内的桐木溪，还有一条从对河下来的小溪。这五条小溪从高椅村四周汇入巫水，而河边裸露的巨岩便是"龙珠"，因而被先民称为五龙戏珠。村团的内部格局也和这五条小溪紧密相关。现如今五条溪水仅剩下两条穿过村中。

高椅村的空间格局释义和流传至今的风水故事都寓意着村落先民对吉祥富贵的向往，饱含了村民对高椅村这片土地的热爱之情，同时也间接地称赞了高椅村秀美优越的自然环境。

（二）影响空间格局的释义

中国的村落遍布 960 万平方公里，散布在各地的古村落不仅是中国历史的见证，更是我国农耕文化的结晶，镌刻着人类智慧。这些传统村落选址都讲究建筑布局上的天人合一，追求负山抱水的空间格局，正所谓"阳宅须教择地形，背山面水称人心。山有来龙昂秀发，水须围抱作环形"。这也是大多村落选址所遵循的一个标准。

高椅村，其选址布局、景观风貌、建筑组团都是研究古老环境风水学的不二之地，也成为研究中国传统风水文化的直观材料。从村寨选址到房屋建造再到基础设施修建等方面，传统的建筑风水观念无处不在。这也是高椅人在长期生产劳动中，与自然界做斗争的经验总结。风水文化在高椅村这片土地被演绎得淋漓尽致，一目了然。因此，对高椅村风水格局的释义不可或缺。

1. 儒释道文化的影响

一个文化的发展离不开它所存在的地理环境，村落的区位选址也离不开文化的影响。高椅村处于群山围绕的盆地之中，谷地三面山峦围合成 U 字形，整体格局形似一把太师椅，椅面朝南，山脉走势从西向东围绕椅面，郁郁葱葱的山体围绕着村团恍如世外桃源。在中国历史上，堪舆实践活动以及堪舆理论研究主要由儒释道三教人士以及民间堪舆术士来推动。因此，高椅村风水格局与儒释道三家的关系密切，例如佛教建筑——寺庙的选址、布局、立向以及建塔等遵循了传统风水理论，考虑了视野、光照、植被土壤等因素，将其选址在海拔较高的山上，这是一种合理的规划选址理念。风水与儒家之间错综复杂的关系更是直接影响村团的组建，研究风水的多为读书人，且风水直观体现了儒家的伦理观念。高椅村的整体规划就十分重视文化设施的布置，文峰塔、罗星庵、五通庙等建筑，是儒家佛教兴文重教、脱俗避世的体现。而村团中央的五通庙以及村巷路口随处可见的土地庙又体现了村民对道教众神的民俗崇拜，民居门上刻画的"阴阳太极八卦阵"（图 1 - 34）即是高椅人信奉道教的佐证，整个村也是按照阴阳八卦布置规划的。

虽然高椅村大部分人口为侗族，但是随着汉族的迁入，风水思想同北方道教、汉传佛教等一起传入高椅，在接受和融合了中原的风水观念后，高椅村也有了自身根深蒂固的风水观念，在村落选址、布局、房屋营造、室内布局等方面严格遵守它，并满足了生活的需求，达到了人与自然的和谐。高椅村抽象意义中

图 1-34 门上的太极八卦图案

的村落景观，实际上表达着不同民族对此地自然形态的认识，以及基于各自文化积淀而生成的结果。崇山峻岭，茂林修竹，直至今日，高椅村所有物质文化景观风貌均是来自这两个民族文化的内在表述。虽然以儒释道为主的汉文化主导了村落格局的发展，但在村落形成过程中，是由汉侗文化的不断融合才共同演变成如今的村落形态，这也是两个民族间相互借鉴学习的结果。在高椅，汉、侗文化的交融日复一日，平淡却发人深省，简单却富于思考。

2.择优选择居住环境

人类生存环境首先讲究的就是趋吉避凶，积极地去选择、有目的地去改造自然环境，创造利于生存和发展的意义空间，是人们不懈的追求。风水观对中国古代村寨的选址产生了深刻而普遍的影响，成为左右村寨格局最显著的力量。

群山拱卫围合而成的高椅村背靠大山，南侧案山较低，这就使夏季主导风东南风流入盆地，促进盆地内空气流动，带走热量，而北山主山高大，可遮挡冬季寒风，使村落所处盆地内冬暖夏凉。村中建筑布局坐北朝南，充分采纳南向的日照，四周山体的溪水流经村落并汇聚于大塘，解决了村民的日常生活用水以及农业灌溉用水，从而形成良好的居住生态环境。

在村落选址之初，风水学说对居住环境做出了种种理想化的布局要求，用来满足村民对宗族繁荣、文运兴旺的美好愿望。高椅村举目皆山，南面的巫水河环绕村落，为了达到山水平衡，村民还在村中打造了不少水塘和水井。在最初选址相地的过程中，不但要选择适合生产、居住的自然环境，还要考虑尽可能地因地制宜，巧妙利用环境，使聚落宛如天成，节省财力。

高椅村各个姓氏族谱都有关于风水格局的记载，从而说明了风水对基址选址的重要性。高椅人择水而居，为了适应水灾害频发的自然条件，先民必须在接近水的同时又能防御洪灾，因此选在河道弯曲的谷地建造聚落。村民根据当地的地理、气候条件，利用自然优势，趋利避害选择基地，建筑材料就地取材，取自附近的山林。村中的住宅多坐北朝南，少数随着山势朝向也有不同。《阳宅会要·论福元》载："宜住坐北向南宅，上上吉。"高椅村的住宅暗合这一说法，这也是村民择优选择的结果。另外，相传高椅古村历来就有48口水井，48口水塘和48口水田的说法，这不仅达到了山水平衡，也有利于生产与消防，其实这也是造就一种良好风水。村民出于对美好生活的期盼，为获得更好的生活居住环境，运用风水学说寻龙查脉、相地选址，认为通过风水选择的自然地形、地貌和地物能决定生活在这地理环境的人们的吉凶祸福。

3. 创造独特的村落意向

高椅村位于巫水河岸(图1-35)，群山成为村落意象的边界，使山与村落相衬围合的意象得以强化。在高椅村落的营建中，布局多用借景、对景、组景等办法形成有思想内涵的景观。如《杨氏族谱》中记载的高椅八景，乡土文人墨客对自然美改造增益，将高椅村的自然景观、人文景观、民间传说等加以总结概括，形成八景之说，增添了村落的文化气质。古人从风水堪舆的角度，村落的整体环境要气势恢宏，两翼青龙白虎紧紧护持，山水要平衡，自然环境能表达出千乘之贵。高椅抱村而过的潺潺巫水和纵横交错的田园阡陌形成了村落意象中的路径，让人倍感亲切，街巷中空间走廊与山河构成对景，显示空间的优美。高椅村大片风水林也是村落景观中不可缺少的重要节点，侗族人民钟情于树，村落选址多伴山而建，临河溪而居，常常与山林休戚与共，养成了种植风水树，保护生态环境的良好习惯，成片的风水树也被视为保佑侗寨风调雨顺的吉祥象征，一律严禁砍伐。高椅村团内部也有不少的风水树，原五通庙前坪有几棵风水古树，现在仅存一棵古柏屹立于此，成为村落中一道风景线。曾经高椅村修建的文峰塔，也是形成村落意象的重要文化标志。村中的祠堂、庙宇、明清古建筑群、红黑鱼池、大塘以及农田形成村落意向的节点，一同组成独特的村落意象。

图 1-35　巫水

　　高椅古村建筑为木质穿斗式结构的两层楼房，四周封有高高的马头墙，构成相对封闭的庭院，当地称为窨子屋。这种建筑由于有高墙封闭，屋内仅开小窗，有防风、防火、防盗的特殊功能。近百年来，高椅村尚没有一家失火殃及四邻的先例。侗族人很重视家里的钱财，所谓"肥水不流外人田"，雨水从建筑天井流入自家庭院，室内排水为暗沟，室外的为明沟，水不会向外流，高高的门槛也体现这种"聚财"的说法。

　　高椅村每家每户都有窗雕，这些窗雕都有一定的含义与寓意，如雕花为石榴，石榴用当地话与"福禄"谐音，石榴多籽，代表"多子多福，多子多孙"。这些窗雕有的呈几何形变化，有的呈象征性变化，有的粗犷，有的婉转，有的跌宕，变化多样。真可谓琳琅精卷，美不胜收，悦目赏心。每一种窗雕图案都代表着人们的一种心愿，一种向往和祝福。

　　窗花中的双龙抢宝图案：龙为草龙，这与过去在农村条件有限，用稻草编制祭拜的龙形象有关(图1－36)。

蝙蝠图案:谐音"福","光耀门楣"中的门楣,门楣上花为向日葵,寓意"向阳花木易逢春",也表示"日月乾坤"的意思,高椅村的房屋也是坐北朝南,古建筑十分讲究这一点(图1－37)。

图1－38、图1－39均为高椅村别具特色的窗花雕刻图案。

图1－36 高椅村窗花雕刻——龙

图1－37 向阳花门楣

图1－38 高椅村窗花"一路封侯"

图 1 - 39　高椅村窗花雕刻——凤

红、黑鱼塘：左塘是用来养观赏鱼，故名红鱼塘。右塘用来喂养食用鱼，故名黑鱼塘。建筑如此密集的村落里建设两口鱼塘，不仅起到了拉开房屋距离，通风采光的效果，也提供了人们聚集休闲乘凉的场所，从某种意义上来说也符合易经的阴阳相聚，有聚水聚财之说。

高椅村寨的形成发展以及选址布局都蕴含了丰富的古代风水学说，经过侗、汉两族人民在长期的生产和生活实践中的不断积累，是人们充分尊重自然客观规律、充分利用客观物质资源来满足自身生活的能动反映，是人们对自然环境认知和利用的结果，从而创造了独特的村落意向。

第二节　高椅底色——社会与人文概况

一、社会概况与经济条件

(一)社会结构

1.血缘和地缘的集群

高椅村的乡土意识派生出了当地村民对血缘以及地缘关系的重视。血缘即以血缘关系为纽带的家族、宗族关系，地缘即村中以紧密连接的地域空间为纽带，结合成互帮互助的初级社会群体，也称之为邻里。血缘和地缘关系一同构筑了高椅村社会内部的联系纽带。在高椅村，血缘关系是村民之间主要的社会关系纽带。对土地的依赖形成了农民聚族而居的习惯。其次，农耕这一经济活动需要以父子兄弟组成的群体为依托,需要家庭这种持久而稳定的小群体作为生产的基本单位。家庭不仅仅是婚姻生活单位,同时也是一个经济和社会生活单位,承担着生产与消费、生育与教养、赡养与祭祀等多种功能。[①] 同一姓氏的人居住在一个区域,如杨氏家族居住在一甲和十甲地段,又与黄姓、马姓家族相邻,在村落的不断发展进程中,尤其是水运推动商品经济的发展,人口的迁进和迁出频繁,杂姓混居的邻里逐渐增多,原始村寨的一个个小家庭渐渐组合成一个或数个家庭共寨而居,最终形成了几大姓氏共同居住的古村落。

2. 家族关系

由父系血缘关系形成的世代聚居的宗族,其经济和社会功能远远大于单个的家庭。杨姓是高椅村最大的宗族群体,共同的经济利益使村民对自己的家族这一共同体有着高度的心理认同,并形成了鲜明的家族意识。杨氏家族处处可见"清白传家""弘农望族"的匾额和字样,家族通过给族人灌输同一文化和习俗传统实现家族内部的和谐与统一,"同族相恤""守望相助"的家族观念在一定程度上抵御天灾人祸,也为族人的社会生活提供了组织上的保障。另外,高椅村几大姓氏家族内部还设立了宗祠、族田和族规,用来维系家族制度。各家族还出钱集资在高椅村建设了一批公共设施,如杨氏一族出资修建的一甲、十甲凉亭,五通庙、罗星庵等宗教场所。清末至民国时期是高椅村发展最为迅速、经济最为繁荣的时期。这一时期杨氏一族人口占到了整个村落人数的一半以上,成为村中名副其实的大姓。杨家通过经商积累了巨大的财富,买下了村中大量的田产和屋场,村团的各种事务也由杨氏主掌。杨氏家族大小事务都会询问族长的意见,族长是杨家内部公认的人选,一般由德高望重的长者担任。由于杨氏家族经济实力最强,参与了村中的很多公共建设活动和公益事业,杨氏在村中的社会威望也最高。因此村中的大小事务基本由杨氏一族说了算,其他姓氏只会提一些意见给杨氏族长。村中的公共活动的经费基本上由杨氏家族支出,其他姓氏对杨氏的办事公道都很信服。

3. 家庭关系

高椅村家庭是传统的一夫一妻制度下的核心家庭,成员由父母及未婚子女组成,也有不少已婚子女和父母同居一处的家庭存在。一般子女成立自己的小

---

① 李立.乡村聚落:形态、类型与演变——江南地区为例[M].南京:东南大学出版社,2007:37.

家庭后，便从父系家庭中分居出去，家庭成员一般在五口左右。高椅村的家庭中，父亲主导着家中的重要事务，如掌家理财、安排全家的生活生产等日常事务。母亲则负责一些轻便的手工活和一家的饮食生活。夫妻不只是男女间的两性关系，而且还是共同向儿女负责的合作关系。在这个婚姻的契约中同时缔结了两种相连的社会关系——夫妇和亲子。① 家庭分工延续传统的男耕女织模式。个体家庭是高椅村最基本的劳动力，也是物质生产的基本单位，家庭之间的合作为高椅村提供了大量的公共财富，如道路、水井、坪场等基础设施的完成离不开家庭与家庭之间的通力协作。这也是地缘关系村寨的基本特征，社会成员共同建造和维护村落。

4. 邻里关系

高椅村民之间都相互熟知，村中家家户户不闭门，并且房屋与房屋之间院院相通、户户相连，这就极大地增进了邻里之间的感情。村寨内任何一个家庭有婚嫁喜事、修房造屋、添丁贺寿或老人过世、天灾人祸等事务，邻里亲友都会前来祝贺或慰问帮助，视同自己的家事一般。村中以地缘为依托的邻里关系十分密切，由于高椅村是姓氏之间组团居住，在邻里间同宗同族聚居基础上的血缘关系又会与地缘关系重合，村民既是宗亲又是邻居，往往杂姓之间的邻居也因结拜、婚姻等因素模糊了地缘和血缘关系之间的分别，从而形成了高椅村村民之间和睦相处、互帮互助的邻里关系。

(二)社会制度与乡规民约

高椅村虽然古老闭塞，村中缺少强制性的法律法规来规定村民的权利与义务，规范行为，但是高椅村内部成员间却有着约定俗成的行为规范，靠着村中的礼俗、习俗、舆论监督和道德实践等内在性的约束，确保村落的良好发展。村民凭借对共同利益的长远考虑，通过涵盖村落方方面面的礼俗来规约村民的行为，调节生活中发生的矛盾，从而维护家族和村落共同体的和谐秩序。

高椅村款约：

关于侗族习惯法的最早文字记载，见之于南宋时期《容斋随笔》："靖州之地（今天侗族聚居的湖南通道、靖州、会同及贵州黎平东部、天柱、锦屏等县），其

---

① 费孝通. 乡土中国·生育制度[M]. 北京：北京大学出版社，1998：69.

风俗与中州异。男丁受田于酋长，不输租而服其役，有罪则听其裁，谓之草断。"①《宋史》记载："辰、沅、靖三州之地，多接溪峒，其居内地者谓之省民……区处详密，立法行事，悉有定制"。可看出，靖州地区侗族的社会习惯法已经较为成熟。习惯法主要由社会习俗、村约族规、社会禁忌等内容构成，靠村民的自觉遵守来维护。村中有功能齐全、权威性较强的村落法，通过族规族谱的文字记载、汉文碑刻等保存和传承。

家训家规方面：

顺治九年（1652），清朝在全国颁行《六谕卧碑文》，后又设立"乡约"制度推行社会教化。康熙即位后，鉴于"至治之世，不以法令为亟，而以教化为先"，提出了"尚德缓刑，化民成俗"的社会教化方针。并在《六谕卧碑文》的基础上亲自拟订了有关齐家治国的《圣谕十六条》。以"上谕十六条"行世为界，将教化为治国重点之一。

雍正即位之初，便对《圣谕十六条》逐条进行训释解说，名曰《圣谕广训》，于雍正二年（1724）二月颁行全国。雍正的训释使十六条更加周详、显明、易懂，以期"使群黎百姓家喻而户晓也"。

《圣谕十六条》：

敦孝悌以重人伦　　笃宗族以昭雍睦

和乡党以息争讼　　重农桑以足衣食

尚节俭以惜财用　　隆学校以端士习

黜异端以崇正学　　讲律法以儆愚顽

明礼让以厚风俗　　务本业以定民志

训子弟以禁非为　　息争讼以全良善

诫窝逃以免株连　　完钱粮以省催科

联保甲以弥盗贼　　解仇愤以重身命

而下寨家祠内碑刻的杨氏祖训为：

明礼让以厚风俗　　诫匿逃以免株连

敦孝悌以重人伦　　尚节俭以惜财用

务本业以定明志　　完钱粮以省催科

---

① （南宋）洪迈.容斋随笔"四笔·渠阳蛮俗"[M].上海：上海古籍出版社，1987.

笃宗族以昭雍和　　隆学校以端士习
训子弟以禁非为　　联保甲以弥贼盗
和乡党以息争讼　　黜异端以崇正业
习诬告以全善良　　解仇愤以重身命
重农桑以足衣食　　讲法律以儆愚顽

　　这一祖训的内容正是朝廷颁布的圣谕广训翻版，并于族谱中内有详细记载（图1-40，图1-41）。家族权力的应用，必须以族规宗范为准则。族规的核心是"敬宗"和"收族"两大方面。"敬宗"是强调传统的追溯，旨在建立家族血缘关系的尊卑伦序；"收族"则着眼于现实，是寻求家族内部长期和平共处、聚而不散的途径。

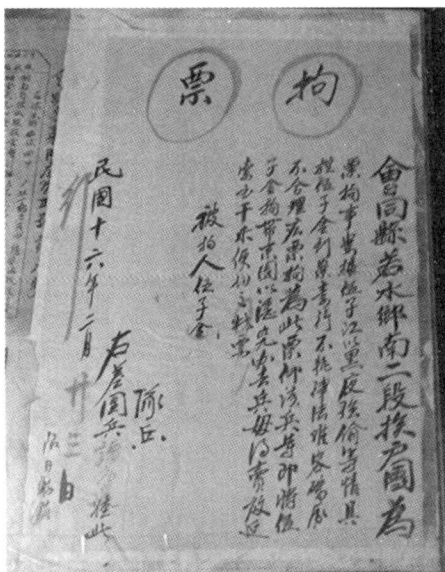

图1-40　拘票

图1-41　下寨家祠内杨氏祖训

族规方面：

　　现五通庙前坪还保留有一块原十甲家祠碑文，上面详细记载了高椅村内相关款约，碑文中部分内容如下：

　　一家祠每逢祭祀务需昭穆分明，礼文礼意周挚，毋许跛畸以临，至分胙饮福，坐次须序尊卑长幼不得僭越。又其甚者，挟憾诬言争斗，醉后发疯，俱在所禁。

　　一家祠原妥先祖之处，务需整齐清净。族内人不得堆放物件，以及匠人具工造作，并匪徒赌徒赌钱打牌掷骰等事。

一家祠桌凳什物等件，族内人不得任意搬取藏匿，即有事相借必须过问守祠者，即借不许迟延，如损坏照样赔补。

一家祠不论年幼子弟，或入家祠将神龛、戏台、墙壁、匾对、桌凳损坏污秽者，此不可之事，各家父兄须早训导吩咐，勿致有犯。

一家祠演戏敬祖，看戏男女须分，不得夹杂，小儿不许上台，并外姓痞棍亦不许上台。

一家祠祖灵所栖，读书虽系美事，然文武二师各有学馆，家祠之地不得坐馆教习，永禁之，以上违者公罚。

一家祠此碑与排位系通族所立，至各家照烟丁亩所捐之钱，或捐地基在外者，以及为首姓名，各公各房出钱刻碑。

一块载序分明，务须照实，不许诬冒载序，先祖默鉴之，使之不祀忍诸。

从碑文中可以看出，杨氏一族制定了很多行为准则用以约束和教化族人。首先是强制性的尊重祖先，其次是维护等级秩序，严格区分辈分、性别、年龄、地位的不同。可以看出族规中带有明显的儒家伦理教化思想，要求族人必须尊礼奉孝（图1-42，图1-43）。

图1-42　十甲家祠碑文局部1

图1-43　十甲家祠碑文局部2

村规民约方面：

村中的公田与私田：高椅村谷地有不少水田，当年，这些水田有的是家族的公田，有的是私人的农田。杨氏家族在村中经济实力最强，村内不少田地都被杨氏的大财主买下，由于这些大财主常年在外创业做生意，便将土地承包给村中的佃夫或者庄主管理。管理土地的佃夫或庄主将土地租给当地或者外地的平民、庄户耕种。平民和庄户丰收后留下一部分粮食自用，再上交一部分粮食当作租金和利息给佃夫或庄主，再由佃夫或庄主上交给土地持有者——大财主。高椅村的公田由家族统一管理，请家族成员耕种，收成一部分上交给家族用作祭祀、公共活动等集体开销，另外一部分可以供族人自己支配。

水井保护规约：高椅村中相传有 48 口水井。由于高椅村谷地高于巫水河面，无法直接引巫水来灌溉农田，村民就在村中挖塘挖井，用来灌溉农田并做日常生活取水。当地民谣："挖的池塘好救旱，结的富亲好救难。"说明了水井水塘在高椅村人生活中的重要地位（图1-44，图1-45）。

图1-44　井水甘洌可口，可直接饮用

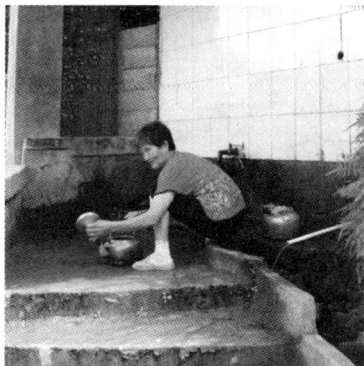

图1-45　经过修复后的古井

村民十分重视水资源的使用，乡约族规中明确规定了保证灌溉用水、饮用水、污水排放基本分开。村中大多水井都曾立有石碑，现在明家上井旁还保留有一块老石碑，上面刻满捐资修井人的名字。徐家上井也有一块碑，为2006年新立，碑文记载："徐家上井，始建于明朝末期，系高椅古村四十八井之一。"碑文中对水井保护有着明确的规定，严禁村民在井边洗衣、洗菜（图1-46）。

道路：村中所有道路都有着明确保护规定。通过立碑的形式将道路保护规约记录：父老乡亲创家容易，守家难！为大家和谐，世代和睦，不留隐患，特以碑文记载,故大家守约,立下条约保持道路通畅和清洁(图1-47)。

图1-46 记录修井人的功德碑

图1-47 村中道路的公示守约

严禁:堆放柴草、杂物和挖路毁路,占用大路。

严禁:在井水旁洗衣,修鸡鸭,保持泉水环境卫生。千秋万代永世福泽。

罗星殿(庵)规章制度(图1-48):

"文化大革命"后,罗星庵成了高椅村最重要的宗教活动场所,村民对罗星庵的管理制定了相关规章制度,如下:

我罗星殿是正宗的宗教活动场所,经过省、市、县、乡、村批准的。有法律、法规、教规、教义。有政策、法律保护的。任何单位及个人,不得侵犯和干涉。但一条必须做好听从党指挥,服从共产党的正确领导。

不准私自称王称霸,不准仗势欺人,打架斗殴,破坏宗教条律,违法乱纪。

公民有宗教信仰的自由,不信仰的自由,但在信仰的信徒,必须有组织的机构。

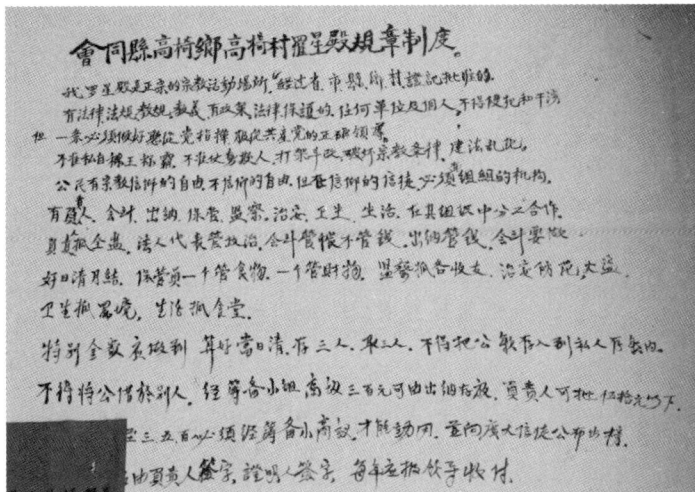

图 1 - 48 罗星庵规章制度

有负责人、会计、出纳、保管、监察、治安、卫生、生活,在其组织中分工合作。

负责人抓全盘,法人代表管政治,会计管账不管钱,出纳管钱,会计要做好日清月结,保管员一个管食物,一个管财务,监察抓各收支,治安防范,火盗。卫生抓环境,生活抓食堂。

文明公约:

本庙会是根据"中华人民共和国宪法"第三十六条规定,"中华人民共和国有宗教信仰自由"的精神下开展的。我们是在一定活动场地有正宗的《佛经》《道辑》等佛文化曲籍而进行的正规的宗教活动,为防止违法行为出现,特定本公约。

坚决反对装神弄鬼的"巫婆""神棍"等封建迷信活动混入。

道友们应慈善为怀,要做到既要爱教,更要爱国。祈保风调雨顺,国泰民安。

道友们,要力行善事,对修桥、建路、赈灾,要钱出钱,有力出力。

道友们,要劝化自己的亲人和芸芸众生,要遵纪守法,争当优秀人物。

道友们,要团结友爱,孝道为先,尊老爱幼。

我们劝诚前来参观庙会的人,在佛堂内外,要文明礼貌,和气为本,值道人行法事时，不得晒牙滥笑，恶语伤人。

经济管理方面：

圩场：圩场是杨姓的公产，由杨家统一收取摊位费并做管理。高椅村圩场按售卖种类划分了不同区域。20世纪40年代，由于高椅村圩场售卖物资丰富，远在绥宁、武冈、邵阳等地的人会前来赶集，人数最多一天可以达到上千人。

《杨氏族谱》对当年圩场的繁华景象进行了描写：

> 柳树荫浓溪岸遮，盐喧米闹市声哗。
>
> 几多抱布贸丝者，结伴归来日影斜。
>
> ——《杨氏族谱·高椅八景诗》
>
> 米闹盐喧处，青青柳色妍。
>
> 数间茅店月，几缕暮炊烟。
>
> 接踵如鱼贯，抛梭犹燕穿。
>
> 陈雷曾寄迹，莫道少高贤。
>
> ——《杨氏族谱·高椅八景诗》

圩场的繁华和安定离不开杨氏的管理，杨家十甲一房专门负责管理圩场事务。圩场内有长期和临时两类租铺，租金全部按照当时市场物价的高低灵活收取。位置好的摊位租金相对于位置偏僻的摊位高一些。长期租户租金一年交一次，租金10～30斤猪肉的金额不等，固定商铺也是一年收取一次租金，每年按10～20斤猪肉的金额收取。只有每年腊月春节前交齐租金的，来年方可续租。①所收取的租金归杨氏十甲祠堂的公产，用于清明扫墓、祭祖、组织各种文娱活动以及市场管理费用的开支。

（三）高椅村社会的经济形态

1. 历来主要经济与产业分布

高椅村是一个以小农经济为主，自给自足的农耕经济形态村落。农、林、手工业、畜牧业共生互补，总体经济形态是以一家一户农业生产为主体的农业自然经济。由于高椅村自然资源丰富，土地肥沃，气候条件优良，天然适合多种动植物的生长。优越的自然环境给世代生息繁衍在此的村民提供了基本的经济资

---

① 李秋香.高椅村[M].北京：清华大学出版社，2010：309.

源和主要的生产资料。宋代，"沅湘间多山，农家惟植粟，且多在冈阜，每欲布种时，则先伐其林木，纵火焚之，候其成灰，即播种于其间，如是则所收必倍，盖史所言刀耕火种也"。辰州"农作稍惰，多旷土，俗薄而质"，沅州"地界山溪，刀耕火种"。① 在这之前，农业耕作还属于典型的粗放农业。到了元明之际，沅水流域的经济仍以农业经济为主。沅水流域除中游的河谷和下游平原地区已经发展起稻作，而其他大部分地区的农业生产仍普遍处于较原始的粗放水平。

在长期自给自足的自然经济中，农业生产占据着特别重要的地位，农民被紧紧地束缚在土地上，世世代代从事农业生产活动。在高椅农业生产中，主要生产力为人力和黄牛、水牛等畜力，村民不分男女均参与到农事活动中来。此外，渔猎、林业、养殖业、手工业也是高椅发展之初的重要产业。在原始的高椅村寨中，侗族、苗族等少数民族原住民在半山腰上建寨，他们闭塞在这样一个物产丰富的小天地里耕田劳作，以狩猎捕鱼、采集山珍野菜来弥补生产不足。据《大明一统志》在风俗方面的引述："辰州府，'碧众偷生而无积聚，信巫鬼，重淫祀，少斗讼，寡盗贼，山谷间颇杂摇俗'。靖州，'州介山溪，俗杂蛮撩，以刀耕火种为业'。永顺司，'渔猎养生，刻木为契'；'土民裔出盘瓠，身服五色斑衣，刀耕火种，渔猎养牛'。保靖司，'喜食腥膻，淫祀邪鬼''土民服花衣短裙，露顶赤脚，被发椎髻，好持刀枪，喜食腥膻，不知五常，岁时杀牛屠狗，淫祀邪鬼，刀耕火种为业'。"

高椅村属靖州府，但是由于确凿史料的缺失，直接记载高椅村自然经济水平相关文字少之又少，只能从村民口述中得知过往高椅村的经济发展概况。但通过周边区域相关记载，对高椅村经济水平可能会有一个轮廓式的认知把握。从以上文字记载中可以看出，直到明代前期，高椅村的自然经济水平较差，属于粗放型农业生产，渔猎为辅，耕种为主。据《会同县志》记载，农业生产方面，村中森林资源丰富，境内林副产品繁多，盛产杉木、马尾松、桐油等物资。产品交换停留在以物换物的阶段，除了盐、铁等产品外，全部是自己生产、自己消费，这一时期社会财富累积不足且过程缓慢，有限的剩余价值更多用在祭祀和礼俗消费上。

高椅村民对土地的依恋，把稻田和林地置于同等重要的地位，建立起一种

---

① 罗运胜.明清时期沅水流域经济开发与社会变迁。[D].武汉：武汉大学，2010：38.

以粮为主，林粮并重的生产经营模式，这是其他地区所少有的。耕地的稻田以种植水稻为主，主打农作物品种有糯米、稻谷，旱地种植玉米、红薯等杂粮（图 1 - 49 ~ 图 1 - 51）。旧时村中有公田和私田之分，公田的收益主要作为公益事业、祭祀和招待外寨客人等的费用。从会同县的人口增长与耕地变化情况来看，虽然人们不断开垦出一些新的耕地补充耕地不足，但人口增长远远超过耕地增长。山地、丘陵、河谷组成以山地为主的地区，种子改良技术和耕作技术的落后，亩产粮食平均 100 ~ 150 公斤，若人均耕地少于 2.5 亩时，粮食就不能自给。因此，人们不得不另谋出路。死守土地并继续从事传统的小农经济方式，已经不能解决生计问题。由于高椅村举目皆山，除了村中的谷底外并无平地可以种植粮食，村民往往要步行几公里去另外的山头寻找耕地，据村民口述，几里之外的田地不仅面积较小，分布得也比较零散。

图 1 - 49　田间风光

图 1-50 田间风光

图 1-51 田间风光

总之，历来高椅村经济还是以农耕的自然经济为主，林业、畜牧业、渔业为辅，村民就这样生活在一个自给自足的小集体中，靠着物产丰富的大山和巫水，获得基本的生活物资。靠山吃山、靠水吃水，伐木建房、狩猎捕捞构成了高椅村悠然世外的自然经济基础。

2. 外来干预下产业转变与经济发展

在滇黔大开发时期，大批汉族移民的涌入且将先进的生产工具和生产技术带入巫水流域内，尤其是铁制农具和耕牛的普及，农耕效率大有提高。在自给自足的农耕经济维持村落人口的生活保障的同时，高椅村通过水运，利用森林资源发展以种树、采运、流通木材为主的比较成熟的商品经济，加快了社会财富的积累，带动了整个村庄的经济发展。

虽然一开始高椅村过着自给自足的小农经济生活，但在维持自身较低的消费外，仍然有剩余产品可以进行交换，进入市场流通。商业因此从农业生产中分离出来，高椅村也出现了交易的场所（圩场）。明清时期，商品经济在小城镇中发展起来，许多集镇市场的辐射范围扩大到了全国，洪江便是明清时期兴盛的商业重镇，这也带动了巫水流域高椅村的经济发展。杨氏与其他姓氏迁徙来此之后，高椅村经济逐渐得到发展，这些迁徙的居民拥有一定的经济基础，通过水运、驿道的便利，将高椅村的物资运输到外地。

高椅村有一条通往外界的"古烟土"之路（贵州—靖州—高椅—武岗—宝庆）。古时货物流通大多采用人背马驮的陆运，过程十分艰苦。在古代，人们发现水运比陆运更加便捷快速，便逐渐兴起水运。到后来，水运成为一个流域集镇形成、发展的重要条件。人类改造自然的能力是随着社会经济的发展而增强的，在元明清时，政府开始重视道路交通，投入了大量人力、物力和财力去进行改善。特别是在水路交通的连接上采用陆路沟通几大水系，使得沅水流域形成了水陆联运的交通网络，由此出现许多水陆交汇的码头，使得物资运输和商品贸易快速发展起来。

高椅村距沅水流域经营桐油、木材而闻名的重要码头——洪江古城仅二十五六公里，商旅们会在高椅村做短暂停留，从而渐渐形成有一定规模的驿站集镇。高椅村山多田少自然环境好，植被丰富，盛产竹木，其中杉木、马尾松、楠竹等竹木销往外地，成为村中重要的经济支柱。水蜜桃、药材、茶叶、桐油、茶油、土纸等特产也靠巫水的便捷销往全国各地。高椅村上至绥宁，下到洪江，经常德越洞庭、入长江，是通往沿海各地的水路驿站及流动商贩的物资中转站。

高椅村的经济结构转变不仅是因为便利的水运，一部分也归因于明代推行的管理政策。明洪武时，为了进一步管理湘西地区，曾调集江西籍官兵到侗区设立军事屯堡，并逐步深入武陵和苗岭山区腹地，他们带来了中原先进的生产技术，苗、侗族也开始接受汉文化，这就促进了高椅村的经济发展。在此之前，巫水河流域曾是苗、侗族的集中聚集地，经济相对落后。据高椅村清同治十一年(1872)《黄氏族谱》中记载："始祖龟年公由江左宰江做别金陵为六朝帝畿，衣冠人物甲天下，即运托异国，僻处苗疆，遗风不泯，科名官爵载在邑乘。"到了宋后期，王朝孱弱，对"五溪郡县弃而不问"。这一方面保存了该流域政治、经济、文化和民族乃至自然的原生性，另一方面也延缓了其政治、经济和文化的发展进程，带来了长期的封闭与落后，影响了集镇的形成与发展。①

　　元、明、清三代定都北京后，修建了运河连接江南的经济中心，南北的水上交通线便利了湘黔地区与江南和北京的联系，随即强化了沅水交通作用，带动了该流域上商贸的发展。清代中期，不少村民靠着水运经营竹木生意成为富户，高椅村逐步形成了以商业为主、农业与手工业为辅的产业结构形态。

　　清末民国时期，汉族政权和地方军阀势利完全渗入了侗族腹地，苛捐杂税、社会动荡及商品经济等外部政治、经济因素对高椅村产生了一定的冲击和影响，导致了村中小农经济秩序的破坏，土地买卖和典当行业开始流行。在汉族与当地原住民融合的过程中，高椅村出现了土地兼并买卖、雇工劳动、商品流通、货币交换频繁的现象。例如杨氏家族的大财主，购置了很多田地雇佣农户耕种，杨氏一族在外做生意，每年收取租金即可。富有阶级通过将土地出租，收取地租和利息等收入，形成财富积累的良性循环。高椅村社会分层逐渐明显，这也是由于经济实力的差异所致。

　　村民之间的贫富差距逐渐增大，富有的阶级通过放排等商业活动来获取丰厚的经济收益，并不断购置土地，扩大家族产业。杨姓正是靠着巫水流域上的商业活动兴旺起来。高椅村民在经营山林及为内地客商放运木材等物资的商贸活动中，赚取了比经营土地多得多的财富。正如杨耀文所说，高椅村先祖自己不耕田，都是外出做生意，良田租给外人耕种，到了民国时期水运衰败后，杨姓基本是守家业，巫水贸易中积攒的财富足以支撑杨氏一族的发展。这一时期高

---

① 余翰武.沅水中上游传统集镇商贸空间研究。[D].广州：华南理工大学，2015：91.

椅村通过放排等经济贸易往来与多民族、多元文化频繁接触，密切往来，村子内部经历了较为深刻的社会和文化变迁。从村中的建筑、装饰中都可以看出这种交流下的深刻影响。

从杨国大私人民俗博物馆中保存的买卖契约、租赁契约可窥见当地田地买卖、租佃关系以及村中商品经济发展的历史（图1-52~图1-56）。

图1-52　杨国大保存的卖田契

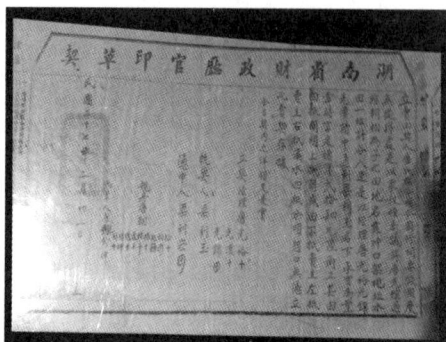

图1-53　湖南省财政厅官印草契——卖田契

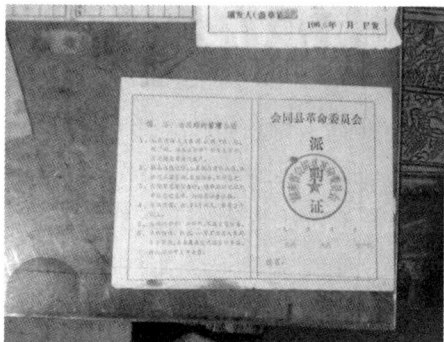

图1-54　会同县革命委员会派购证

图1-55　立卖田契

随着高椅村经济的好转，村民渐渐开始注重提升居住环境，为获得更加优良的青石板和青砖等建筑材料去往常德放排。流入高椅村的巫水河，河道宽五六十米，先民多用十来根木料扎成一个单木排，三四个单排串联在一起做成小河排，从事放排活动。这些小河排从高椅村码头经若水、洪江、酿口、渡头口等码头顺流而下，若要准备前行到常德、长沙，则要在洪江码头将小排编拼扎成横

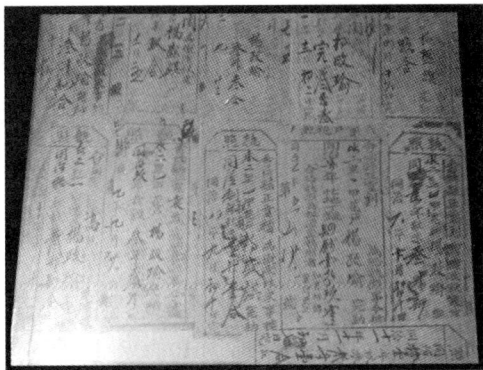

图 1-56　清代完税凭证

向由三四只并列，纵向由十来只串联在一起的"大河排"，场景非常壮观。"每逢三八客场，贸易从朝到夕阳，唯有渡口忙不住，来来往往水中央。"重赏之下必有勇夫，在利润吸引下，高椅产生了极具冒险精神的职业，山客和水客。村民放排时将木头一条一条用绳子捆扎结实，放排时主要靠人力，高椅村民邓昌友这样描述放排："后面的那个手要用力，要用全身的力气，要用劲。"高椅村民杨荣阶说："我从19岁就开始跑常德，从常德上来有桃源、天石、吉首、百荣、神州、辰溪、芦溪、溆浦、江口、铜湾、安江、洪江、黔阳、托口，到托口止，就是这条大河。"物资或从上游中转至高椅村、或从高椅村运输到外地。水客们把山客运下来的竹木扎成排，然后到巫水码头上放排，转送至利润更高的地方去交易。财富和风险是共存的，在山客和水客眼中，大自然丰富的资源为他们带来了发展财富的基础保障，但是每一次放排既可能赚足腰包，也可能葬身鱼腹，一切都是那么来之不易。现如今高椅村已经不再放排，村民杨耀文回忆，20多年前还能看到高椅村民在巫水旁放排，当初的山客水客现已逐渐步入耄耋之年。码头边上的热闹与繁华褪去，只剩下居住在河边的明姓老人日复一日地在巫水两岸来回摆渡。一段光阴，架于两岸，翘首遥望，人们习惯了乘坐渡船去往对岸，正如有些古老的信仰，始终坚守在高椅人心中。

　　过境商业为高椅村带来了前所未有的繁荣，村内修建起众多公共休憩点，一甲凉亭就是如今仅存的一个。据村民介绍，高椅村真正开始衰败是在民国时期，晚清辛亥革命之后古村落便受到战争影响了，动荡时期的战乱，对经商的很不利，许多人无法经商。此外，高椅村过去修建水电站，技术不像今天这么先进，可以开闸泄洪，采取的是堵坝形式，不能流通，下游无法通航，高椅村的物资也由于水路的阻断无法运出去，路不平，道不通，经济自然落后了。

高椅村目前的状况是，年轻人由于种田辛苦收入较少，都不愿意留在村里。当地流传一句老话——"高椅是个锅，要出远门就爬坡"，用来形容高椅陆路的不方便。高椅村田地基本为梯田，少有超过两亩的整片田地。耕地分为几等：一等田，人均七分地，离家近，土壤好；二等田，距离远些，土壤质量次之；三等田，位置偏远处于峡谷中，人均两亩地，但面积最宽。现在村里少有人种田，耕地只需要保证村民的基本生活，自给自足即可。如今高椅村主要有三个经济来源，第一，靠年轻人在外打工；第二，老百姓家中自给自足的农副产品，靠山吃水；第三，正在开发的旅游经济，如农家乐，农副特色产品的买卖。

如今，由于环境的闭塞，受制于农耕经济的产业范式，高椅村经济发展滞后，产业单一。与农耕经济的"血缘"关系使高椅村传统经济功能的社会实现受到了极大制约。但正因如此，村寨才免受外界社会的动荡带来的灾难，高椅村才得以保留如此之多的明清古建筑群。在新的村落经济规划中，高椅村将经济重心逐渐转向旅游业和乡土文化产业。村中古建筑保存较为完好，耕读传家、弘农望族的文化特质鲜明，民居建筑、祠堂、水体、植被组成了极具特色的乡土景观风貌。这些乡土文化景观中的非物质因素是不易为人直观感知的乡土思想意识、社会心理、生活方式、风俗习惯、宗教信仰、价值观、审美观等。[①] 就经济效益而言，高椅村文化景观中的物质因素的独特组合若能与本土人文活动相结合，将能构成一幅有吸聚力的乡土旅游景观。如今，高椅村有意识地宣传当地傩堂戏，扩大本土节庆活动影响，以此吸引更多的游客，创造更多的经济效益，同时树立起特色鲜明的高椅形象。

二、源远流长的民俗传统

（一）侗族风俗概括

每一个民族都有自己的特点。斯大林把构成民族的特征概括为四点，即共同的语言、共同的地域、共同的经济、共同的文化和心理素质。五溪地域为多民

---

① 朱方长，李红琼. 乡土文化传统的经济功能分析[J]. 求索，2005(12)：55.

族聚居的山区，世居民族主要有汉、侗、苗、土家、白、回、瑶等多个民族。中华人民共和国成立前，由于历代统治者推行歧视少数民族的政策，少数民族备受剥削、压迫和歧视，经济、文化各方面比汉族更加落后。侗族历史上自称"甘"，秦时称"黔中苗"，汉代称"武溪蛮"，三国称"仡"，唐称"僚"，宋代称"仡伶"，又称"侗蛮"、清称"洞苗"，或被统称为"苗"，新中国成立后正式确称为"侗族"。①

在隋唐以后，一些汉族官员被贬流放至此地，如著名的《闻王昌龄左迁龙标遥有此寄》一诗，便是李白写给被贬至五溪的王昌龄。这些流放的官员在被贬期间开办书院、讲学传道，或做官于五溪，管理治地，对这片区域的文化发展产生了重大的影响。因为他们的吟诗著文、传教授课提高了五溪的名气和当地原住民的文化水平，这片荒蛮之地逐渐得到进步和发展。

随着古代中原地区开始使用畜力开垦农业，汉族进入了高度的农耕文明时代。往后各朝各代的统治者开始着手对周围民族的传统生境拓展。原始侗族被称为"古侗水民族"，古侗水族进入五溪地区后，与五溪当地居民进行了长时间的文化交往、互动和冲突，吸收了大量五溪蛮文化因子。与此同时，在中原汉族的文化影响下，古侗水族与汉、苗频繁互动与交流，后因自然环境的变迁和农耕的发展与普及，侗族结束了原有的游动范围大的原始狩猎采集经济，由依树为巢而居转向"刀耕火种"这类相对固定的传统山地农耕模式，从而完成了向农耕文明的转型。怀化地区侗族散居在黔阳、芷江、会同、靖州、通道、绥宁等地，宋代时，杨氏、吴氏各霸一方，杨氏据靖州，成为今通道、靖州、会同、绥宁等地区侗族的主干。怀化地区内侗族源流复杂还有另外一种原因，即由于战争和自然灾害等，从外地陆续迁入一些汉人，他们大多充任土司官，入乡随俗，与侗人通婚，接受侗族文化，天长地久，即成为侗族的一分子。②

侗族在沅水流域聚寨而居，勤劳智慧的侗族在这样得天独厚的自然环境中，创造了丰富多彩的民俗文化，如"集体走寨""行年""行月""赶歌场"等，促使侗族民间文艺发展。侗族的民间工艺、民间舞蹈、戏曲都具有鲜明独特的民族色

① 湖南省怀化地区地方志编纂委员会.会同县志[M].北京：生活·读书·新知三联书店，1994：867.

② 湖南省怀化地区地方志编纂委员会.怀化地区志[M].北京：生活·读书·新知三联书店，1999：2129.

彩。侗族的宗教信仰，主要有图腾崇拜、祖先崇拜和万物有灵观念下的自然崇拜。侗族还有许多良好的风俗习惯。这些世代相传的传统习俗反映了侗族人民的审美观念和道德规范，蕴含着丰富朴素的精神文明内容。

其一，侗族是一个讲究礼仪的民族，尊老爱幼，亲密和睦是侗族传统美德之一。侗家村寨，凡有公务或矛盾必须征求老人的意见，或请他们评理调解。路遇老人，必主动招呼，让路让座，否则就被视为缺少家教。侗族儿童从小接受良好的道德教育，侗族村寨中极少有争吵打骂的情况发生。家庭成员之间亲密无间，和谐共处。另外，侗族素来热情好客，路遇行人，不相识也要主动打招呼。家里来了客人，不论远近亲疏，一律递烟倒茶，酒肉相待。其二，团结互助也是侗族的民风之一。侗族内部团结一致，崇尚集体主义，村中一人有难，众人都会前来相助。婚丧嫁娶，起房造屋，百家帮忙。寨上的鳏寡孤独和残疾人由全村共同负担，轮流照顾。如有人事不关己，自私自利，将众叛亲离。其三，侗族以助人为乐的美德著称，侗乡古道的风雨桥、凉亭、石板路是这种美德的具体体现。其四，植树造林。侗族有着种植风水林的习惯，侗族人家里有婴儿出生，家庭会为孩子栽种杉树，伴随孩子长大成才。在侗族如果不植树造林是会被看不起的。其五，制定乡规民约。这是侗族人民自我教育和管理的好方法。乡规民约就是村民行为的无形约束力。①

受其特殊的地理人文环境影响，侗族文化保留较多的原始宗教信仰和民风民俗传统。其一是巫风盛行，不仅体现在大型的民族祭祀中，而且表现在民间神秘的巫风巫术中。其二是民俗节日众多。侗族除了庆祝中华民族传统节日如春节、端午、中秋等节日外，还有许多具有浓郁民族特色的节日：侗年、花炮节、赶社、斗牛节、姑娘节、赶歌会等。在侗族传统节日里，大家尽情娱乐，既丰富了本民族人民的精神生活，又促进了民族之间的了解和团结。

(二)高椅村风俗概括

山如平翰水如弓，得住其间亦自雄。

好把眼前风景写，写来都付锦囊中。

此诗正是对如诗如画、风光秀丽的高椅古村的真实写照。走进高椅古村，

---

① 陆景川. 侗族风俗与精神文明[J].民俗传统与现代化, 1987(5)：14.

游人都会被它独特的民居建筑、多彩的民俗风情、深厚的文化底蕴深深陶醉和折服（图1-57）。

图1-57　高椅风光

本地的傩戏班子会经常性表演傩戏。傩戏的题材大多是驱鬼辟邪，除了在庙庆时表演，生老病死、丰收、祝寿、过年也都会有傩戏班唱戏，以驱除妖魔鬼怪，求吉祥平安。高椅村的傩戏演出一是为了娱乐；二是为了纳吉驱邪，祈求五谷丰登。整个过程充满着傩祭活动内容，包含着巫教久远漫长的历史，继承了远古图腾的崇拜，以及鬼神崇拜的种种传统文化。

村民一年四季都会晾晒冲油茶的米粳和黑泡茶（图1-58），遇到婚嫁喜事，还会制作彩色的红米饼（图1-59）。每月逢农历初二、初七村民便集中到圩场赶集（图1-61）；在欢庆春节时，当地也有许多传统习俗，如腊月里打糍粑、小孩上腊板唱歌、给树"拜年"（图1-60）、抢"头担水""点天灯""放生节"等。

过去还有习俗，每逢初一，村民为图吉利求财，通过两种方式：一是上山砍些柴火回来，"砍柴"便成了"求财"；二是左邻右舍为了相互祝愿，大年初一，将柴放到人家门口，主人打开大门，柴便倒入屋内，寓意"开门见财"；春节期间，村民在屋内生火故意将木柴大的一头朝内烧，小的一头朝外放，孩童见到后大声叫嚷"柴倒了""柴倒了"寓意财富到家"财到了"，通过童言无忌讨一个吉祥的彩头，这也成为村中一个传统。不少村民也会将木柴放倒在门边而不去扶起，柴倒了也成为新年求财的一个吉祥寓意（图1－62）。

图1－58 高椅当地特产——黑泡茶

图1－59 高椅特产——红米饼

图1－60 拜树神

耕牛劳作一年很辛苦，人们也会用菜叶包米饭，喂给牛吃作为犒劳，有时还会喂上米酒。可见高椅村人特别懂得感恩，即便是对待像牛这样的牲口，也心存感恩，每年都不忘用独特的方式表达对牛的一片心意。

图1-61　高椅村赶集

图1-62　门口见"财"(柴)

三、汉侗杂糅文化特征

　　民国时期大思想家梁漱溟先生曾说过："文化乃人类生活的样法。"诚如斯言，一个民族的文化是由该民族长期发展积淀而来，民族历史与文化发展历史相辅相成，民族的产生、发展、迁徙和融合，往往在其文化中留下深刻的烙印。而承载这些文化的基础是人类古老的生活方式——聚落。法国18世纪著名的启蒙思想家伏尔泰也曾在其著作中提道："文化是社会生活中物质与精神要素的统一。它持续向前发展，使人与社会不断完善。"对于高椅古村来说，文化绝不仅仅是尘封的成就，更是未来的指引和参照。高椅村特有的文化是汉侗两个民族跟随着其客观自然、经济、社会环境的变化而产生的。这种文化形态也与聚居在此地的人们价值观密切相关。受周边地区社会经济、文化的影响，高椅村原有的侗族文化习俗随着汉人迁徙，被汉文化所取代。因此村中的空间格局、簇群肌理、景观风貌也迎来了全新的样貌，这种全新的样貌犹如"分形"产生的差异细节。为了洞悉高椅村文化特征，应从非物质的文化层面对村落的文化内涵进行挖掘与解读，解读高椅村文化特征中的移民文化、道德教化、信仰崇拜以及侗族传统文化，从而进一步了解高椅村地域历史精神与文化特征。

早期聚落形成过程中，人们容易受万物有灵观念的支配，自然中与人们息息相关的天地、日月、风云都成为崇拜的对象，经过漫长的历史积淀最终构成民族的文化心理结构。到农业社会后期，形成了一种自然、经济、社会三者关系融洽的农业社会结构体系，并在这种体系下孕育成熟的一批乡村聚落，其空间结构、生活功能、民居型制、装饰艺术、营建技术都达到了一定的水平，在哲学上表现为天人合一思想，在民居村落建设和建筑活动中，则表现出重视自然、顺应自然、力求与自然融合协调和符合礼乐思想的营造理念。

侗族的文化具备"后喻文化"的特点，是一种由传统导向的文化形态。村民等各社会成员之间有着很强的凝聚力。社会的发展、社会秩序基本靠民间规约和道德来维持，而非依赖强制性法律法规。高椅村的侗族、苗族原住民在与汉族人口的相处交融过程中，继承并吸收了各自不同的多元文化，且深受汉族文化的影响，并未像通道等纯粹侗族村落一般，拥有强烈的传统侗族文化认同。文化学理论认为，文化的扩散会造成外来文化与当地文化的紧张，需要经过文化濡化的过程，即两种文化不断发生接触而扩散。从文化碰撞到文化认同到文化杂糅，高椅村经历了一个漫长的过程，在此进程中，形成了高椅村独特的汉侗杂糅文化，村中的建筑风格、礼仪制度、宗教信仰都能看出侗汉两种不同文化的影响。在当地特有文化背景映射下的历史与地理环境空间，孕育出了别具一格的公共文化与民俗活动模式。其中包括宗族祭祀、文化教育、节庆典礼、娱乐活动等。

其文化特征大致概括为以下几类：

1. 礼乐意识——忠孝廉节

古人认为，"礼"是人的道德、伦理、修养的体现，乐是人的情感、思想、欲望的体现。礼乐秩序是对宗法意识的强化。汉文化长期受着儒、道、释三种文化的熏陶，由此形成中国古代社会伦理的核心。与礼伴随的是"乐"，《乐记》中称"乐者，天地之和也；礼者，天地之序也。"这是社会文化的一种反应。以儒家思想为核心的社会人伦观念是支配传统社会中人们社会关系、行为方式乃至村落选址、空间布局的主导力量。高椅村因为汉族人口的迁入受到了汉文化的深刻影响，重视人伦中严格的宗法秩序。例如高椅人将住宅视为"田阳之枢纽，人伦之楷模"。任何住宅都是神圣的所在，不可触碰，这便是"礼"的要求。

一个家族的兴旺除了物质上能抵御天灾人祸外，更加需要能维系家族秩序、增强家族凝聚力，引导族人奋发向上的精神支柱和道德规范。礼乐意识是封建道德思想在伦理上的具体化，肯定了家族中的族权、父权、夫权的神圣。高椅村侗族的社会组织形式严格由个人—家庭—村寨组织联盟形成。家庭形式为一夫一妻制的父系家长制，全家经济和家庭事务一般都与家庭成员中的成年者民主讨论决定；儿女成家后要自力更生，"分灶"代表了家庭成员间的独立关系。礼乐意识以孝为先，对祖先要尊重孝顺，并由此派生出许多要求，这些要求往往反映在家规中，如祭祖宗、重纲常、孝父母、亲师友、睦邻里等，因此礼不仅是一种思想，还是人们一系列行为的规范。① 礼俗来源于村落地缘群体的共同生活经验和家族血缘群体的宗法规范，重视和讲究人情构成了礼俗的主要内容，是村民之间日常交往的基本法则。

高椅村的传统文化是一种典型的伦理型文化，村民对道德伦理、家族家庭观念、个人行为十分重视，将生活的方方面面用道德来评价，尊老爱幼、忠孝廉节、正义勇敢、勤劳行善都是高椅村伦理实践中的重要原则，并世世代代相传将其发展成为家风。

此外，村中的建筑从形制到空间布局的功能体现，忠实地遵循着传统汉族文化的礼乐秩序，甚至制度文化意义重于实际居住功能的需求。

一方面，各种昭显孝悌人伦的宗族祠堂、节孝牌坊以及其建筑细部的雕饰与刻文作为这种人类观念的直接空间载体，集中投射、反映了传统社会的宗法伦理道德。另一方面，受宗法制度和文化信仰的影响，民居建筑中逐渐衍生为一种"中正不偏""尊卑有序"的空间布局原则，并在整体格局、街巷空间以及建筑组群的布置上起着结构性的主导作用。

高椅村各个姓氏宗族间组团而居，由一个个独立的住宅建筑彼此连接，整体上形成气势恢宏的村落建筑群。在民居窨子屋的内部空间布局中，又或者火铺屋的座次顺序讲究，既显示了尊卑等级秩序，又体现了大家庭的和谐。每一个建筑单体体现着礼乐秩序的传统精神，从大的格局上来看，单个建筑虽然独立，但是仍处于整个建筑群的大框架中，与祠堂、公墓等公共建筑相匹配。

村中宗族观念根深蒂固，祖宅作为家族的向心力所在，位于姓氏组团建筑的中心，祠堂分布在祖宅附近。例如杨氏一族在高椅村有两个房派，高椅村住

---

① 赵之枫.传统村镇聚落空间解析［M］.北京：中国建筑工业出版社，2005：14.

宅不仅分为几房，还分为几甲，甲的单位要比房的单位高一个等级，比如一甲，十甲。高椅村杨氏属于廷茂公廷秀公的后人，廷茂属于一甲，廷秀属于十甲。因此村中设有一甲家祠、十甲家祠，可以看出同宗不同族的杨氏深受宗族礼制观念的影响。这种强调"慎终追远、长幼有序、尊卑有别、等级分明"的空间秩序，充分体现了汉文化中的儒家传统伦理思想。

这种礼乐意识不仅体现在空间序列上，也反映在建筑装饰题材上，如壁画。据村民口述，高椅村的民居建筑中曾有不少装饰壁画，绘画主题有严肃的人伦秩序化题材，如家训、家规等。这些绘画题材作为绘画艺术本身已经超出了自身的审美功能，而上升到了一种伦理教化的高度。也有自然山水、花鸟虫鱼等以自然为主的审美主体，凸显的是高椅村文人的意趣与雅致，往往令人赏心悦目。

高椅村自始祖盛隆公迁徙至此地历经了几代人的心血，在与侗族人民的融合过程中，杨氏一族始终不忘忠孝廉节的家风家教，告诫自己的子孙后代勤劳致富不忘本，不要忘了自己的根。当年杨氏家祠就用两副对联"天道源源弘正气，杨门世世颂清廉""忠孝传家国，诗书训子孙"来教育自己子孙后代。匾额和楹联，是汉族民居中不可缺少的建筑装饰，它对院落文化起着点睛的作用。在高椅村中，家家户户都能看到匾额或者楹联，内容涉及节庆、婚丧嫁娶、历史政治、行为规范、学问修养、家庭传统等，这些楹联与匾额透露出来的信息丰富而庞杂，主导内核即为儒家思想，成为村落中的一大人文景观。①

村中水井口、古树下、凉亭内等形成联系邻里之情的公共空间，营建出相对宽松的人际关系和生存理念。这些由村落构建的精神化、伦理化的环境体系，为开展礼仪文化及教育活动提供了场所。诸如此类的教化场所具有极强的包容性，它承载了延续乡村民俗和礼制的功能，又包含了侗、汉两族双重特色的复合文化。譬如五通庙是提供宗教信仰的场所，主要供奉五通神，兼有佛教、道教的神像。而五通庙前的巫傩表演，是侗族人民世世代代传承下来的巫傩文化，充满了原始的侗族风俗气息，表演傩戏的公共场合又兼具有交往、休憩的多重性质，充分体现了汉、侗两族人民对不同文化的包容。

高椅村的礼乐意识表现的是一种精神，一种对家族和祖宗至高无上的崇拜和服

---

① 中国民居建筑丛书.广西民居[M].北京：中国建筑工业出版社，2009：42.

从，成为左右聚落空间形成的基础，长期影响高椅村人的生活方式和社会行为，成为稳定村落发展的无形法则。讲究礼制秩序的传统民居在内部环境上追求儒家的教化性空间，而在聚落外环境中以老庄思想为主，强调对自然环境的尊重。

尽管汉文化的礼乐意识主导了高椅村文化基调，原住民侗族却也悄然保存了自己的文化特质。例如侗族特有的火铺屋内的座次讲究以及堂屋祭祖风俗习惯，便是侗家人世代相传，具有较大的稳定性的侗族文化特质。

2. 耕读意识——弘农望族

自古中国传统村镇就盛行耕读之风，"诗书以课子孙，耕植以治生理"的耕读文化是人们不变的追求。耕读文化是我国封建社会早期的产物，钟情于耕读文化，东汉已见雏形。其内涵是将田园生活与耕读生活相结合，期望达到寄情山水、通达义理的境界。无论是儒家的"穷则独善其身、达则兼济天下"、道家的"复归于自然"，还是陶渊明笔下的"世外桃源"都是一种钟情山水的进退态度。择高椅村这样一个山水明丽、有耕田的地方居住，耕而食、织而衣，置功名于度外，付理乱与不闻，历经几代繁衍生息终形成高椅耕读传家的优良传统。

"朝为田舍郎，暮登天子堂。将相本无种，男儿当自强。"这种取仕不问家世的社会背景下，封建教育深入到各个角落。耕与读的传统意识既强化了伦理道德又满足家族生存，正所谓"耕可致富，读可荣身"，由此见得，耕读思想是中国传统聚落的一种理想和境界。在古代的高椅村，人们通过读书积极地获取功名，学而优则仕，光耀门楣，即使未能金榜题名，亦以田园之乐为志趣，一生寄情山水诗书自娱；而功成名就之后，则隐逸山水，告老还乡，过上安逸的田园生活。高椅村移民多来自中原，例如杨氏一族为官宦门第出身，随家族南迁后仍然以读书为本，带动了高椅村的耕读文化。清后期杨姓成为高椅村的大姓，村中人口一半以上都姓杨，杨氏一族的不断发展壮大，给高椅村的经济和文化都带来了新的风气，村落发展建设以及公共事务多由杨姓来执掌，尊德重礼、崇尚教育的思想使整个村落的社会文化风气变得积极向上。

杨氏在与当地少数民族不断融合的过程中，时时不忘"弘农望族，传清白芳名"的祖训，始终保持尊礼重教的传统儒家文化。"弘农"即杨姓的"郡望"，为了弘扬家族，在杨姓住宅中常可看到堂屋匾额、院门门额题有"关西门第""清白传家"等字样。高椅村人十分尊儒重教，杨氏家族始终恪守着"子孙虽愚，书不可不读"的祖训。重文兴教的传统一直流传至今，村中私塾、学馆最

多时曾有十余家共存。其中清白堂
又称为文学馆，嘉庆年间，老屋街
的贡生杨盛文将自家住宅改为学馆，
最初只教育自家子弟习字读书，后
来他家 3 个儿子同时考取了功名，
长子耀楚得进士，次子焕楚及三子
焜楚得拔贡。湖广教谕为表彰清白
堂的教风，赐了一块"名魁三楚"的
匾额。又过了三年，杨盛文的 3 个
侄儿、超南、芥南、玿南又同时进
学，湖广教谕又赠了一块"美尽东
南"的匾额。清白堂由此而远近闻
名，附近村团慕名前来求学的学子
络绎不绝(图 1 - 63 ~ 图 1 - 68)。

图 1 - 63　清白堂

图 1 - 64　耕读传家

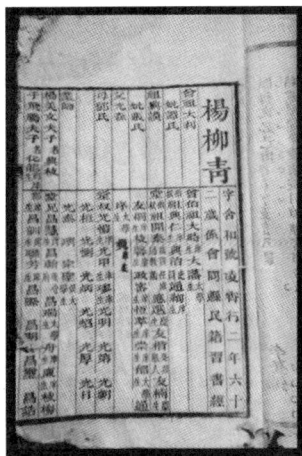

图 1-65　本族名人杨柳青，
道光进士

图 1-66 杨国大保存的毕业证书

图 1-67　由杨国大保存的湖南考试试卷、
贡卷 1

图 1-68　由杨国大保存的湖南考试试卷、
贡卷 2

清代文人的七绝二首，以记其盛：

村童入学（七绝）

一村几座读书堂，为国储才族有光；

苦读寒窗人不寐，五更犹听诵文章。

——清代拔贡樵云山老人杨树旗

七绝（步前韵）

清清白白一书堂，多士藏修国有光。

朝夕功夫何处下，唐诗晋字汉文章。

——清代廪生吟香草堂主人杨秉璋

为提高村民的文化修养，乡绅还曾办过孔圣会，村民聚集在一起写诗填词、吟诗作赋，寄情自然山水。书香的沁润使高椅村的生活变得雅致，走在高椅村街巷中，家家户户的墙壁上都保留有壁画，古韵清风四处流淌。如今在码头的凉亭中，还可以看到村民在黑板上题写的对联，这种风雅之事想必已经深入高椅村人的骨髓，成为当地居民生活的调味品（图1-69~图1-77）。

图1-69 高椅渡口凉亭内的对联

图1-70 村民下山棋

对文化学习的重视，使高椅村代代出人才。明清时期，获取功名的文武人才共计293人。民国时期，会同县总共出了10个大学生，其中有4个学生出自高椅村。现在全村有大中专毕业生180余人，其中博士2人，硕士1人。

图 1-71　高椅外墙上的壁画 1

图 1-72　高椅外墙上的壁画 2

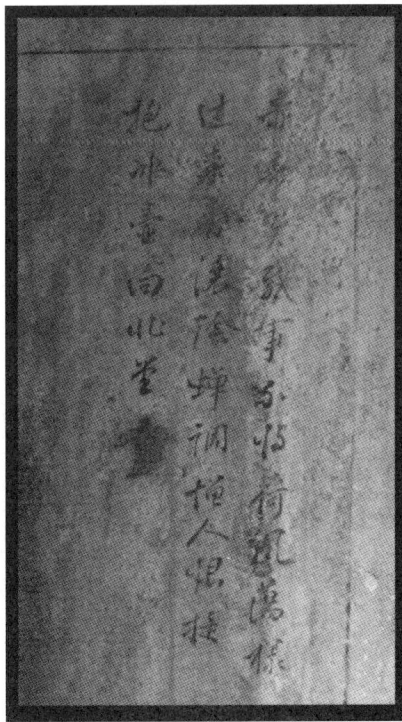

图 1-73　高椅外墙上的壁画 3

图 1-74　高椅外墙上的壁画 4

图 1-75　高椅外墙上的壁画 5

图 1-76　高椅外墙上的壁画 6

图 1-77　老师在五通庙坪前给儿童讲学

另外，高椅村素来有习武之风，村中关于习武健身的故事也不少。高椅村古钱庄就是和武举人有关的一个古宅。杨宏诩到湖南省会长沙比武夺冠中了武举人，当时县太爷十分器重他，题了一块"盛世鸿儒"匾为贺。

高椅村曾受到土匪的侵袭，村民自发组织习武健身，团防人数最多时有一百多人，各个武艺高强，农闲时就聚集在一起进行拳脚、棍棒的训练，用来抵御土匪偷袭。崇文善武的文化特征培育了内外兼修的高椅人。这是留在高椅村的独特文化印记，也是逐渐消逝在时间中的印记。

3. 堪舆意识——趋利避害

高椅村的选址和村落整体布局受到了风水堪舆学说的影响。过去高椅村属于生产力低下的农业社会，人们认识自然、改造自然的能力有限，自然条件的优劣对农业生产起着决定性的作用。在选择居住地的时候人们往往倾注趋利避害的风水思想，从最初的安全性、实用性需求逐渐扩大到精神上、心理上的需求，并与周围环境相和谐。高椅村山环水抱，当地流传一段话："阳地不过金子坪，阴地不过将军勒马行，要想真富贵，离不开高椅行。"正是描述高椅村的好风水。高椅村为谷地，群山环绕的谷底可以抵御恶劣的气候，提供农作物生长的自然条件，相对闭塞的谷地能增强人们心中的领域感和安全感。群山带给高椅村民丰富的森林资源，人们在择地选址时往往喜爱临水建村立寨，巫水也为高椅人提供了畅通的水运和丰富的渔业资源。

但巫水河的反弓之势是风水中的大忌，反弓水长期冲击驳岸会减少土地面积，在古代土地是人们赖以生存的空间，更是人们财富的直接来源，好在高椅村的反弓水在上游多转了几个弯，缓和了水流的冲击速度，同时减少了对土地的侵蚀作用。村民为趋利避害，化解这反弓水，在梦云山和岩山头种植了大片风水林，清代又在罗星山上修了一座罗星庵，临河建有几座土地庙共同化解反弓水的不利。

高椅村选址和村落布局受到风水学说中趋利避害的思想影响，但是与典型儒家文化影响下形成的中轴对称、有明显宗族关系的张谷英村等汉族村落布局有明显的差异，虽然村落以五通庙为中心，但是各个姓氏片区的布局相对自由，这是由于受到本土侗族文化的影响使然。

4. 宗教意识——信仰多元

高椅村的信仰多元，既有建立在"万物有灵"泛神论上——原始侗族的巫傩信仰、民俗众神崇拜，又有伦理意蕴中慎终追远的祖先崇拜，也有道教、佛教杂糅的宗教崇拜。村中现存的罗星庵以及历史中的五通庙就是佛道教神灵供奉的场所。村中的精神信仰对象自佛教、道教传入后，出现多元化和复杂化的特点，村民对不同的信仰体现了极大的包容性，各类信仰杂糅且不分教派。例如，高椅村村民多信奉道教与佛教，所崇拜的神祇中有观音菩萨、太上老君、释迦牟尼以及山神、土地公婆等。遇上各种神祇诞辰或节庆活动，村民都会前去寺庙等敬神场所上香祭祀，而在道教各类法事活动中，道士所念经书也是道佛经文兼备。现村中唯一的庙宇罗星庵是一座包含佛教、道教神祇的庙宇，庙宇内挂有南海观音、十八罗汉等神像画作，作为村中主要的信仰空间，许多信仰仪式都在此处完成，每年农历三月初三敬祖师爷菩萨，农历六月十九日和九月十九日敬观音菩萨，农历九月二十八日敬五通老爷，仪式在大殿中举行，道士站在殿中央做法事。村民要在庙前举行隆重的祭神活动，祭神包括祭祀仪式和敬神演戏两大内容，敬神演戏请村中的傩戏表演艺人表演传统的侗族巫傩艺术——傩堂戏。

在佛、道和侗族巫傩文化等信仰的合流中，村民只需要对神灵抱有虔诚的敬畏之心，祈祷神灵能护佑家园和人民，并不会计较自己信奉的是何种教派遵循的是何种教义，抱着"信神神就在，各路神仙一起拜"的思想，高椅村的民间信仰出于人们的需要而存在，有什么样的精神需要就会有什么样的神灵存在，所以供奉神灵随着时间的推移不断叠加，从而造成了信仰的杂糅，体现了民间信仰的生命力。各类信仰不是浅表层面的杂糅，而是深层次的会通；不是生搬硬套式的拼凑，而是水乳交融式的融合。

高椅村原始的风俗习惯、生活禁忌等内容经过长期的积累构成了村落早期的道德规范和伦理意识。随着社会文明的进步，这种伦理传统逐步发展成为今天高椅村的精神信仰体系——多元化的信仰杂糅。总体来看，这种多元的信仰文化离不开高椅村独特的自然环境和人文环境共同作用，其信仰内涵主要体现为传统的孝礼文化、天人合一思想和趋吉意识。

高椅村文化形成与村民日常生活习性息息相关，在保留原始文明的自然需求后，加上了繁复的礼仪，满足了高椅村精神需求与人文内涵。其中，村团与建筑在形成的过程中，体现出明显的主位选择性、文化主导性、系统性和相对稳定性。高椅村在侗、汉民族的融合发展中，既保留了侗族的生活传统，又兼容并蓄了汉族的礼仪与文化。不同民族在这片土地上相互影响、和谐共处，正是在文化的不断选择与融合中，形成了高椅村特有的汉、侗民族习俗糅合的多元文化环境。

第二章
精神家园和村落信仰

第一节　高椅村精神信仰类型

一、自然崇拜

人类社会早期，生活资料全靠自然界的恩赐，面对变幻莫测的大自然，人类在与之适应和抗争的过程中，对其产生了依赖和恐惧的双重情感。

随着新石器时代的结束，社会经济生活的转变使人的社会意识进一步变化，萌芽于旧石器时代的万物有灵观念和各种精灵观念得到迅速发展，自然精灵演化为自然神，成为人们崇拜、祈求的对象，与之相关的祭祀仪式也开始形成，从而产生了自然崇拜①。根据侗族《起源之歌》和《侗族祖先哪里来》的文献资料记载，侗族所崇拜的对象包括虎、蛇、太阳等自然神。

高椅村为侗族村寨，据高椅村《杨氏族谱》载："……落诞高椅，仰而观其基址，俯而视其垣墉，云山耸拔之区，应钟特出，浪花澄清之地，定毓非常。"又载村景诗："构地非同仅一弓，山团水聚气偏雄；天然一幅丹青里，楼台烟云万木中。"②可见高椅村的宁静隐秘。山清水秀的自然环境给村落带来丰富的自然资源的同时，也使其社会生产力和经济受到了生态环境的制约。历史上，会同境内曾发地震、大水、大旱等自然灾害。高椅村谷地临巫水河，三面环山地理条件使泥土在雨水的冲刷下不断堆积，使得高椅村多次遭受洪水灾害，冲毁田地房屋甚多。

最早的时候，高椅村民坚信，依靠信仰的力量便可以打破自然界对于人的束缚，从而获得精神支持。所以他们相信"万物有灵"，当自然界飞禽走兽、山川河流在与人类的基本生存发生碰撞时，便产生对生命的感悟与理解，因此形成了高椅人对山、水、太阳、牛等的崇拜，并通过栽"子孙树"、拜"土地庙"、跳斗牛舞、放生节这些崇拜仪式，表达对风调雨顺的生活希望与农业收成的渴望。

二、民俗众神崇拜

高椅人对其他民俗众神的崇拜也建立在"万物有灵"的有神论上，其他众神

---

① 徐红.论中国早期的自然崇拜[J].吉首大学学报(社会科学版),2000(2):38-40.
② 引自光绪三年(1877)《杨氏族谱》。

是指古人对人造物或对幻想出来的超自然力的灵魂、偶像的崇拜。高椅人认为村落和家庭当中的路、门、灶等均有神灵庇佑，从而产生了对财神爷、门神、灶王爷等神灵的信奉心理，逢年过节也有相应的祭祀仪式。这种神灵崇拜一般有具体的偶像，一般以现实存在的历史人物作为原形，或为幻想中的神灵，因而民俗众神崇拜比自然崇拜更为具象。

高椅人对其他民俗众神的崇拜还表现为家家户户都在院门上贴尉迟恭、秦叔宝画像和春节祭灶送"灶王"升天、迎送财神、唱傩堂戏等习俗，这些习俗都是用来驱鬼辟邪，祈福平安。

三、祖先崇拜

祖先崇拜是高椅村中一种最为重要的崇拜形式，其重要的特点是宗族意识，即后人对前人的追忆和敬仰。

据《史记·卷十三·三代世表》载："黄帝生玄嚣，玄嚣生蛟极，蛟极生帝告（喾），帝告生后稷，是为周祖"。氏族谱系的存在说明人们对祖先崇拜的观念根深蒂固，在此基础上，后人认为人是有灵魂的，人死只是形体的消亡，而灵魂是不灭的，因此在对祖先亡灵的怀念中，产生了愿祖先能保佑子孙后代平安的观念，才会建立起祭祀的制度。[1]

祖先崇拜是子孙表现对祖先尽其孝道的一种信仰和行为，在伦理上具有慎终追远的意义。[2] 随着社会生产力的发展，阶级社会的出现使人的社会身份逐渐等级化，反映到祖先崇拜的信仰上即为出现了对氏族首领和英雄人物的崇拜。

高椅村的祖先崇拜大致可归类为对远祖、宗祖和家祖的崇拜。高椅村为侗族村寨，远祖崇拜是对侗族创始祖"萨岁"的崇拜，宗祖崇拜是对宗族祖先的崇拜，可视为对氏族首领和英雄人物的崇拜，如对高椅村始祖杨再思的崇拜。家祖崇拜则是对已故的直系亲属的崇拜。高椅村的祖先崇拜最初表现为在住宅内设香火堂供祭祀之用，后来由于村落的发展，人丁繁衍，经济兴旺，不同姓氏各自建有祠堂供奉先祖。

---

① 孟慧英.中国原始信仰研究[M].北京：中国社会科学出版社，2010：143.
② 陈国强.简明人类学词典[M].杭州：浙江人民出版社，1990：388.

四、佛、道教的杂糅

元代以后，佛教、道教先后在会同县境内传播。经过长时间的传播，于是有了很多信奉佛教与道教的会同人，对县内的信仰产生了一定影响。佛教中轮回生死的因果观念、众生平等的慈悲观、孝亲观和道教中的阴阳观、神仙观等，都与原始民间信仰的万物有灵观有共通之处，因此更加易于相互融合，高椅村村民的精神信仰文化也受到了佛教、道教的影响。

佛教由中原传入，因此侗族接受的是汉传佛教的影响。佛教传入会同县的时间较早，据史书记载，明嘉靖三十五年（1556），县城西郊建有崖屋寺。万历四年（1576），慧海和尚来洪江修建嵩云山大佛寺……此后，县内佛教迅速发展，寺庵日增。至民国初期，全县共有寺庵445座，教徒873人。① 每逢佛祖诞辰，佛教徒会聚集于寺庵进行佛事活动，而寺庵内的僧人每年也会外出"化缘"，进行各种祭祀活动。至民国时期，由于战乱，寺庵所剩无几，新中国成立后，残存的寺庵部分倒塌，剩下的被拆后用于公益建筑。

高椅村历史上修建过一些庙宇，大多数由于年代久远已毁坏，只能从村民的记忆中和族谱中得到了解。从可考据的历史年代看，在清光绪时期，文献《杨氏族谱》记载："（杨）文灿派名盛儒，字席珍，案首，武庠生。生性耿直，仗义疏财，热心公益，倡首修祠堂、罗星庵、文塔等处。"②原来的罗星庵中供奉了观世音等菩萨，庵里香火不断，信佛的村民常到庵里念佛。族谱中还有对罗星庵的美景进行的描写，载有《兴庵丹枫积雪》诗："枫叶红如染，如何白似梅？只因寒最重，却被雪相堆。我羡琼楼好，人将玉树猜。寺僧煨芋否，樽酒喜追陪。"③而兴隆庵中也曾住过佛徒尼姑。民国初年，罗星庵、兴隆庵均被拆毁。近年来，罗星庵重新修建，每年观音菩萨生日（成道日为农历六月十九日）以及每月的初一、十五，村民们都会在家或前往罗星庵拜观音（图2-1，图2-2）。

道教于元代至正年间（1341—1368）传入会同县，村民曾建"隐贞观"，并且有道士和道姑居住其中。道教对高椅村的精神信仰的影响主要表现为道教中的玄学与巫术渗透入民间信仰，在宗教祭祀和人生仪式中形成了如占卜、祈祷、驱

---

① 湖南省会同县志编纂委员会.会同县志[M].北京：生活·读书·新知三联书店，1994：893.

② 引自光绪三年（1877）《高椅·杨氏族谱》。

③ 引自光绪三年（1877）《杨氏族谱·高椅八景诗卷》。

图2-1 高椅村民们在罗星庵1

图2-2 高椅村民们在罗星庵2

鬼等信仰行为。如在丧礼仪式中会请道士做道场,为死者开冥路、诵经、超度亡灵,在太上老君、五通神等神灵的诞辰日会有道士到寺庙中画符念咒,为村民祈福消灾。

高椅村的精神信仰对象自佛教、道教传入后,呈现出多元化和复杂化的特点,它们相互结合相互吸收。例如村民们的信奉不分教派,在他们所崇拜的神祇中有观音菩萨、太上老君、释迦牟尼以及山神、土地公婆等;庙宇中也出现各神灵杂居一处的现象;凡遇到各种神祇的诞辰或各种寺庙活动,村民们都会前去上香祭祀;在道教各法事活动中,道士所念经书兼有佛经且庙宇内挂有佛教的南海观音、十八罗汉等神像画作。

五、精神信仰的伦理意蕴

高椅村原始的风俗习惯、生活禁忌等内容经过长期的积累形成了村落早期的道德规范和伦理意识,随着社会文明的发展,这种伦理传统逐渐成为如今的精神信仰体系。在高椅村独特的自然环境和人文环境的共同作用下,其精神信仰体系的伦理意蕴主要表现为传统的孝礼文化、天人合一的思想和趋吉意识。

1.传统孝礼文化

祖先崇拜是中国最为重要的原始民间信仰,传统孝礼文化以祖先崇拜为主要文化内涵。高椅村为少数民族杂居村落,其中以侗族人口为主。高椅村侗族受到了汉民族文化的影响,尤其是汉族儒家文化的深刻影响,形成了以血缘关系为纽带的,带有浓厚民族特色的家族组织和宗法制度。这种制度强化了后人对于祖先的崇拜,也宣扬了忠、孝、仁、义、礼的道德观念,使后人自觉遵循以"孝"和"礼"为核心的伦理秩序。

2.天人合一思想

"天人合一"思想中的"天"代表着自然界及其规律,"天人合一"即意味着人与自然建立的和谐关系。高椅村位于深林之中,在其精神信仰中,村民将山、水、树等一切自然物视为神灵的庇护,并认为个人、家庭和整个村落的祸福都与自然神灵密切相关,从而在人与自然之间建立起了一种情感和道德上的依存关系,产生了对自然的崇拜。在"天人合一"思想的引导下,侗族人尊重自然,顺应自然,并将人与自然融为一体作为理想和追求。

3.趋吉意识

在高椅村,民间信仰是制度性宗教的基本内容之一,趋吉意识是人们为心灵寻求寄托，对安定、祥和、富裕的生活的一种主观愿望的表达。这种对吉祥的追求始于社会发展的初级阶段。在侗族社会，这种意识贯穿于整个社会观念与村民日常生活当中。

精神信仰的伦理意蕴也作用于建筑当中。一个好的建筑应该有一种精神，不但能看到表面的形象，还能够看到精神里面的灵魂。后面的章节会讨论到高椅村的建筑，高椅村建筑之所以是有灵魂的，是因为精神层面的东西渗透其中，并且对建筑空间的布局产生深远的影响。

道家"天人合一"的思想，不仅限于人与自然的关系，也适用于建筑与自然的关系，第四章节中所提到的风水说便是从建筑选址、布局等方面阐述了建筑与自然环境如何达到统一与融合；而趋吉意识则主要从建筑装饰等方面显现出来。

第二节　神秘的高椅傩戏

一、高椅奇艺古朴神秘

沅水上游是五溪的腹地，侗、苗、瑶等少数民族聚居于此，历史上此地巫风盛行。高椅村就位于五溪中的巫水流域，所以高椅村早期的先祖深受五溪文化中巫傩文化的影响。

巫傩文化作为一种早期的宗教形式，给予人们精神上的寄托，抚慰人的心灵与缓解恐惧，也是早期人类尝试与自然对话的一种方式。"杠菩萨"就是由巫师演唱的古老傩戏中的一种。"杠菩萨"分布广泛，集中于方县、洪江市、洪江区、会同县、靖州苗族侗族自治县、绥宁县等地。

巫傩文化分为巫文化与傩文化，两者都是在鬼神观念支配下的一种生存方式与行为方式。巫文化中崇信鬼神，并通过职业巫师进行人与神的沟通。傩文化继承了巫文化的基本特征，表演形式上却又高于巫文化。它是在傩神观念支配下以敬奉傩神为主神的多神论观念体系，是人们在农耕生息过程中一种祀奉傩神的综合性活动。

高椅村的巫风文化经过发展，逐渐构成自己独特的巫傩文化体系，形成了以杨公为河神的观念体系，这与沅水中下游以伏波将军为河神的观念体系不同。

高椅村的傩教分为"内教"与"外教"，巫师将行傩作法称为"内教"，将扮演傩戏称为"外教"。乾隆《黔江县志》最早对于傩戏"杠菩萨"进行了文字记载,其中写道"凡酬愿,巫神戴假面歌舞"。相比于历史文字的记载,这种宗教形式历史更为悠久。高椅村的山民将一切的神都敬称为"菩萨"。他们所说"杠菩萨"或"降菩萨"的意思就是以人表演的形式请神,请菩萨降临傩坛之意。"杠菩萨"这种表演形式为沅水上游汉族、侗族、苗族和瑶族等各族人民所喜爱。

傩戏在高椅村拥有200多年的历史,据高椅村年长的村民介绍,傩戏是在清乾隆时期由他们的先人杨光召从现今洞口县溪瑶族乡铁山村引入高椅村的。20世纪50年代极为流行,"文化大革命"时期傩戏一度停锣歇鼓,直至80年代末才逐渐恢复活动。[①]

高椅村尽享得天独厚的地理条件。村子三面环山,一面临水,使村中拥有冬暖夏凉的气候和山明水秀的环境,沅水的支流巫水河带来的商业贸易还让高椅村成为远近闻名的富裕村。在丰裕的物质基础上,居住于此处的人们构建起相对发达的上层建筑,其中就包括宗教艺术文化——高椅傩戏。高椅村的傩戏由"傩"发展到"傩舞",再发展为傩堂戏,这种变化不仅反映出生产力水平的发展变化,同时也反映出傩堂戏逐步脱离原始宗教,由最开始的"娱神"向"娱人"过渡。它既是一种原始的宗教活动,又是一种包含多种文化因素的古老艺术活动。

(一)关于高椅村傩神的传说

傩戏是侗族世世代代身传口授下来最古老、最朴素、最神秘的民间原始艺术。直到今天,傩戏仍旧在高椅村广泛流传。秋冬季节来到高椅村很容易看到戏班子头戴木雕脸壳,身着戏装,背插雉尾,连跳带唱的表演,这就是被戏剧界称为"中国戏剧活化石"的傩戏。

傩戏起源于驱邪酬神、冲傩、还愿和消灾纳福的原始请愿形式,是一种富有宗教色彩且具有研究价值和观赏价值的民族戏剧雏形。傩戏也称为"杠菩萨",也就是请菩萨之意,但是傩戏中所祭拜的菩萨或者说要请的菩萨又是从何而来的呢?

原来在傩戏仪式中需要供奉神灵,这些神灵也称为傩神,就是所要祭祀的菩萨,而在高椅村傩戏中的傩神则为傩公和傩母,傩公和傩母是傩坛中的标志象征,举行傩戏祭祀仪式时,巫师要将这两尊神像供奉于神坛前。传说傩公和

---

② 会同县文化馆,会同县民族宗教事务局.傩戏"杠菩萨"多面的巫傩文化祈福[J].民族论坛,2013(5):54-55.

① 会同县文化馆,会同县民族宗教事务局.傩戏"杠菩萨"多面的巫傩文化祈福[J].民族论坛,2013(5):54-55.

傩母是人类的起源，不过他们其实是兄妹，原本不能通婚，于是他们想到个办法，让两个磨从山上滚下来，如果两个磨合在一起，就可以结婚，如果不能合在一起，就不能结婚，最后两个磨合在了一起，二人结婚，于是有了人类。高椅村侗族傩神的这些传说由当地村民口口相传而来，并无文字记载。但其实这种传说不仅仅在高椅地区流传，在其他地区也流传相似版本。

我们可从女娲伏羲兄妹结合再造人类的神话找到傩神共同的身影。女娲伏羲是华夏民族重要的神话之一，侗乡人将女娲伏羲视为其祖先，唐人李冗的《独异志》记载了这个传说故事，"昔宇宙初开之时，止有女娲兄妹二人，在昆仑山，而天下未有人民。议以为夫妻，又自羞耻。兄与其妹上昆仑，咒曰：'天若遣我二人为夫妻，而烟悉合，若不，使烟散。'于烟即合，其妹即来就是兄，乃结草为扇，以障其面。"

傩公（图2-3）、傩母（图2-4）也是傩戏中傩坛的主神，也就是传说中洪荒之后再造人烟的始祖伏羲与女娲。明人史惇所著的《痛饮亲录》载"俗供神像，有头而无身者，曰'傩神'。一于思红面，号东山圣公；一珠络窈窕，号南山圣母。两人兄妹为婚，不知其所治，楚黔皆祭祀之"。

图2-3　傩公头像（杨国顺藏）

图 2 - 4　傩母头像(杨国顺藏)

东山圣公就是指的傩公,而南山圣母指的是傩母,傩公、傩母既是高椅村人的保护神,也是生育崇拜的神。

(二)傩神的帝王之身

傩神除了傩公和傩母外还有许多其他的称谓,这些称谓大都是根据外来的道教以及高椅地区当地人们对山的崇拜而得来,譬如在傩神中有"五天五岳圣帝"和"五宫五盟皇后夫人"的称谓,五岳圣帝分别是指东岳天齐仁圣帝、南岳司天昭圣帝、西岳金天顺圣帝、北岳安天玄圣帝和中岳中天崇圣帝。[①] 而且傩神中"五天五岳圣帝"还有专门的手诀分别来代表这五岳,我们在后面部分会进行介绍。

五盟皇后分别是指淑明皇后、景明皇后、肃明皇后、静明皇后、正明皇后。[②] 我们不难发现,无论是"五天五岳圣帝"还是"五宫五盟皇后夫人",他们的名字不是跟帝王挂钩就是跟皇后挂钩,难道傩神的前身确有显赫之身?其实不然,

① 李怀荪.五溪地域巫文化的变迁和傩神东山圣公[J].民俗曲艺,1997(106):142.
② 李怀荪.五溪地域巫文化的变迁和傩神东山圣公[J].民俗曲艺,1997(106):142.

在傩神的命名中是试图以"帝王"或"皇后"这种高高在上的称呼，来加强巫傩的群众基础，提高巫傩的社会地位。

除了"五天五岳圣帝"和"五宫五盟皇后夫人"的称谓外，还会听到"国祖开皇五岳东南二圣陛下"这种称谓，"国祖开皇五岳东南二圣陛下"是在"五天五岳圣帝"和"五宫五盟皇后夫人"基础上简化的一种称法，"东山圣公大帝"代表"五岳圣帝"，而"南山圣母娘娘"则代表"五盟皇后"。"东山圣公"和"南山圣母"的原型则是我们在上文中提到的"傩公"和"傩母"，因此，对于更为简化的傩神称号如"双皇""二皇仙家""君王""国母""圣帝""圣母"这些称谓，我们就不难理解了。①傩神的称谓往往是巫师根据一些古老传说来命名，譬如汉族的伏羲、女娲与神农也被当地人敬奉为傩神，统称为"三皇"。

除了上述称谓外，"师爷""师娘"也是傩神中的一种常用叫法，这是因为主持傩戏中的巫师将他们的教门称为"巫教"，所以也称傩神为"师爷""师娘"。有甚者称为"娘娘""爷爷"，这样的称谓听起来更接地气。由于巫傩以傩神作为灵验无比的神，在一些仪式中，傩神还有"灵王""灵娘"的称谓。②

（三）傩神的造型艺术

如图2-5所示傩公和傩母的一些神像造型中，我们会发现傩公和傩母的肤色并未相同，这是源于传说中傩母作为妹妹比作为哥哥的傩公更为主动和大方一些，没有过多儒家礼教的束缚，且充满着原始的野性，是一位白脸的"珠珞窈窕"之神。他们成婚之时，较之妹妹而言哥哥更为害羞，并羞红了脸，于是便成了一位"于腮红面"之神。正是这种传说，成就了傩神神像造型的依据，通过一白、一红脸堂的对比，体现着远古时代母系氏族社会的印记。③

除了肤色之外，傩公的神像还有另一番讲究，这种讲究也与傩公"五岳圣帝"的称谓相吻合。即傩公的头脸，要突出八个部位，这八个部位就是巫傩中的"三山五岳"。三山分别为明月山、须弥山（须弥山来自佛教的典故，在这里为巫傩所吸收）和太罗山，在造型中分别用突出的眼珠、突出的眉毛和突出的头顶来表示；五岳分别为东岳、南岳、西岳、北岳、中岳，在造型中分别用突出的下颚、突出的右颊、突出的前

---

① 李怀荪. 五溪地域巫文化的变迁和傩神东山圣公[J]. 民俗曲艺，1997(106)：142.
② 李怀荪. 五溪地域巫文化的变迁和傩神东山圣公[J]. 民俗曲艺，1997(106)：144.
③ 李怀荪. 五溪地域巫文化的变迁和傩神东山圣公[J]. 民俗曲艺，1997(106)：143.

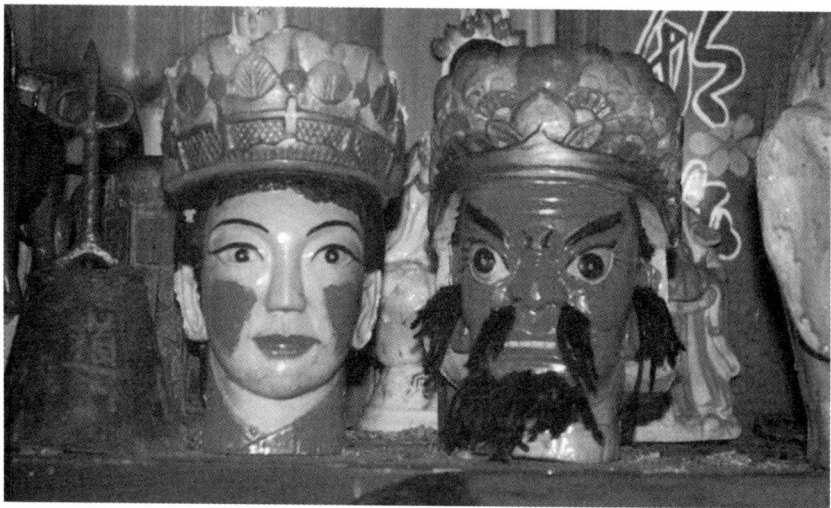

图 2 - 5　傩母傩公造型像

额、突出的左颊、突出的鼻子来表示。这种把"三山五岳"的神像造型通过傩公脸部突出的各造型来表现,实属一种有意识的附会,是一种巫术行为的表现。

傩,驱逐瘟疫魔鬼之意,但傩神并没有真正意义上的祠朝,只有在外出庆朝、冲傩、还愿时,才会在挂有神像祭坛的厅堂演出,也就是"傩堂"的来历。而傩神即傩公和傩母则为傩戏班子随时携带的。因为经常性的外出祭祀,所以一般的傩公和傩母都不会太重,但也不可能太矮小,这样就不能够显现出傩神的尊贵而且也不能够压住邪恶。于是他们创作出傩公、傩母的傩面具,只有头没有身子,用篾圈支撑,这样不会使得傩神的身价降低,同时也方便了祭祀活动。

(四)庇佑众生的傩神

1. 傩神地位显赫

在举行祭祀仪式的时候,会提前设好傩坛,傩坛其实就是傩家诸神聚会的一个场地,又称为"桃源洞"。而在傩坛中有实物的傩神造型仅有傩公和傩母两尊,他们身着黄蟒服饰,脸部彩绘,显得格外神圣而尊贵。在行傩之前还需上一道"申文"科目即向东山圣公(傩公)、南山圣母(傩母)上一道"五岳表",奏明酬神缘起,恭请圣驾光临,并充满着对傩公和傩母的赞颂之辞。①

---

① 李怀苏. 五溪地域巫文化的变迁和傩神东山圣公[J]. 民俗曲艺, 1997(106):144.

其他的傩神则用一副"统坛图"来表示。"统坛图"中有许多神像。神像分为三层:上层为正神,包括三清、玉皇和天、地、水、阳四府诸神,东山圣公、南山圣母亦在其中;中层为傩坛先师,通常会有出法师、度法师、引坛师神像,巫师学成,是通过这三位先师度法的;下层为亡灵之神,有梅山、五猖等。

傩坛除了傩神外还有拱门。用花彩纸缠绕的竹篾扎出三道拱门,表示傩神宫殿之门,拱门上的坛额上写有"迎銮接驾""酬答圣恩""华山宝殿""桃园仙境""金阙云宫""五岳中宫""庆贺鸿恩""旌节远临""神赐无疆"[①],这些坛额表示迎接傩公、傩母的意思,可见傩神在傩堂戏中的地位。

非常有意思的是,每个巫师班子都会有一幅彩绘的长达十余米的人物长卷来叙述傩坛祭祀的情形,高椅村的傩戏班子也不例外。这幅人物长卷称为"柳",也称"菩萨图",是一种用于驱邪的工具,上面绘有一百多个菩萨。整个柳长10米,作法时,把"柳"摆在长凳上从堂屋傩坛向堂屋外一字排开,象征傩家众神是通过这座"仙桥"进入傩坛的。长凳的一端,要放上一盆洗脚水,并要放男鞋、女鞋各一双。这便是为东山圣公(傩公)和南山圣母(傩母)打的洗脚水,准备的洗脚鞋。在傩堂众多的神仙中也只有傩公和傩母能够享受此待遇。高椅村傩戏班子的这幅《柳》(图2-6)由杨国顺老先生收藏,据说这幅《柳》是祖辈一代代传承下来,是明代时期的一幅长卷图,因时间太过久远,上面的图像已经斑驳不清,杨老先生出于爱惜还在原有的纸质长卷上用纱布进行了装裱。据杨老先生口述,这幅人物长卷上画着列队前往傩坛的傩家诸神,或骑马,或乘轿,或步行,浩浩荡荡,为首者便是东山圣公、南山圣母。

最后,傩仪中还有"迎圣""下马"两个科目。傩家众神在东、南二圣的统领下,进入傩坛。巫师要宣诵神辞,迎接东、南二圣以及二圣率领的诸神降临傩坛,还要宣诵"下马疏",让一路辛劳的二圣和诸神下马,进入傩坛。

2. 傩神 = 生育神

高椅村三面环山,唯一的交通就是靠前面的巫水,以及一条崎岖的古驿道,因此这个地区较为封闭,生产力也不高。高椅村最为原始古朴的一种崇拜即对生殖器官的崇拜,由此便产生了掌管生育的大神,而历来傩公和傩母在众多的巫术活动中其地位居高不下,并且据说傩公和傩母的结合之后才有了人类,故

---

① 李怀荪. 五溪地域巫文化的变迁和傩神东山圣公[J]. 民俗曲艺,1997(106):144.

图 2-6　柳（杨国顺藏）

此生育神同傩神的形象合二为一也是理所当然。当然在这里生育神的名称不尽相同，故另有九子太婆、送子娘娘、送子土地、送子观音、花林姐妹、送身父母等名称。当然，地位最高的傩神东山圣公（傩公）和南山圣母（傩母）也成为最重要的生育之神，其也被称为"喜乐神"，即指他们的男欢女爱人类才得到繁衍。

特别指出的是，在傩戏中无论是冲傩、还愿还是任何一堂傩仪，皆对"生育"之事有所体现。据巫师们介绍，这样是为了尊重傩神，避免傩神不高兴。

3. 傩神＝保护神

当傩神的地位日渐提高，人们已经不再满足于他的特定的保护意义如掌管生育等，而是有了更加广泛的大众精神需求，人们心目中自然希望他能成为庇护众生的神灵，也就是通常所说的"社会神"，逐渐地，巫傩开始从自然的宗教范畴向社会性的宗教范畴递进。

作为傩神中地位最高的东山圣公（傩公）和南山圣母（傩母），更是成为人们所顶礼膜拜的保护神。傩神已经不仅仅为昔日的"驱瘟逐疫"，而是扩展到更广泛层面的用途即对民间一切愿望的祈求和对民间一切灾祸的消解。傩神已经俨然成为一副灵丹妙药，人们所需要的一切，都可由傩神慷慨赐予，芸芸众生都将在傩神的羽翼下得到保护。

据杨国顺老先生口述，每当高椅村民家中有任何不顺之事或者有血光之灾时，傩戏班子便会前往其家做法事，这样的傩仪也称为"傩娘探病"。相传法事过后此家便可平安无事，由此可见傩神对于善男信女的保护，是那样直截了当。①

二、傩戏技艺　承古至今

(一)傩戏的表演与艺术

1. 傩戏的仪式及步骤

由于地理环境相对封闭，高椅村的傩戏仍旧停留在较低层次的发展阶段。例如演出中，至今仍保留着许多原始宗教观念及信仰遗俗，演出一般分为三个阶段，即：开坛、开洞、闭坛。开坛闭坛为酬神及送神，表达对祖先、神灵、先师的祈求与忠诚。

开坛之前要进行布坛，即设置香案，上面供奉傩公傩母，请各路神仙上坛镇邪。其目的是求神仙降福驱灾，求功名利禄、六畜兴旺、人寿丰年。布坛之后才能开坛演戏，首先唱的是《灵公踩台》即把晦气都踩走的意思，最后唱的是《杨公扫台》。在傩戏的开坛、开洞、闭坛仪式上，傩戏舞和祭祀的气氛很浓厚。傩戏艺人在开坛仪式上身着法衣，头戴法帽，肩搭五彩布条牌带，右手摇师刀，左手执牛号吹奏，在烟雾缭绕的神宗前塔轻摇慢舞。

傩戏内容也分为私傩和公傩两种。村民个人的祛病驱邪、冲傩还愿为私傩，乡民共同筹办的庆庙称为公傩。"杠菩萨"在"冲傩还愿"和"庆庙"演唱中有所差别。私傩"冲傩还愿"在私家的堂屋布置傩坛行傩作法，在傩坛前，或在门前的空坪表演"杠菩萨"，若这家人讲究的话，则会在门前空坪扎制戏台，这种傩戏表演一般在一天左右。我们把主持庆庙的人称为"头工"。"庆庙"的时间一般为 3 至 5 天，高椅本村有自己的巫师组班，一般负责本村的行傩事物，当然在有些场合和时机，也会邀请外村的巫师。傩戏在人数安排上也各有不同，俗话说"七紧八松九快乐"，顾名思义，表演人数一般在 7～9 人之间，若是遇上规模盛大的傩事，巫师人数可至 12 人，所以民间也有"十二个老司还堂愿"之说。

高椅村傩戏的表演不受时间、地点的限制，演出场地可以在主人家的堂屋进行，人多时也可以在屋外场坪演出，不用布景，更不需要幕布，保持了我国民间小园场地演出"百戏"的特点(图 2 - 7)。

---

① 李怀荪. 五溪地域巫文化的变迁和傩神东山圣公[J]. 民俗曲艺, 1997(106)：144.

在户外进行傩戏表演时会穿插演出巫术活动，有的节目是十分惊险。如"上刀梯"，由巫师手执牛角，口念咒语，背着过关童子，赤着脚爬上由七到十把利刃分别组成脚踏的刀杆之上，即使刀锋锐利无比，表演者也毫无惧色。而"滚刺筒"则是将刺树捆扎在门板上，门板平放在地上，巫师脱光上衣，然后在刺树板上滚来滚去。

图 2-7　傩堂戏表演

（图片来源：中华网论坛）

2. 傩戏的配乐与动作

傩戏演出配乐简单，以地方语言演唱为主，配以锣鼓响器伴奏。表演的核心是"冲傩还愿，酬神娱人"，紧紧围绕"神—鬼—人"这一轴心展开。傩戏表演动作夸张、豪放，变化性强，神秘又神奇，常以兵器辅助动作。如图2-8展示的是武将大神手持的兵器——大小锤子和利剑，图2-9是土地公或土地婆杵的拐杖，图2-10是法师表演上五岳山时吹的号角。

相较于整体的肢体动作，傩祭与傩舞中巫师的手势则较为古朴。手势是无声的语言，充满了神话色彩和宗教意识，也被傩戏巫师称为"手诀"。手诀有大天门、小天门、四角天门、大金刀、小金刀、左金轮、右金轮等36诀。在傩戏仪式中，手势表演是作为人与神、神与鬼、鬼与人之间相互沟通的媒介，是表情达意的表象标记。各种手势表演的难度较大，要做到心想、口念、手做、脚盘，一招一式都有路数。手势在变化过程中，一般有勾、按、屈、伸、拧、扭、旋、翻等八个环节。其实这些手势大部分是接近生活的，近似哑剧。

图2-8　锤子和利剑　　　图2-9　拐杖　　　　　图2-10　号角

高椅村傩戏传人杨国顺老人表演的手诀主要包括大金刀（图2-11）、小金刀（图2-12）、两箱明月（图2-13）、五岳山（图2-14，图2-15）、三元将军藏弟子（图2-16）、九个五龙藏弟郎（图2-17，图2-18）、八大金刚（图2-19）、四大天王（图2-20）、左金枪（图2-21）、右金枪（图2-22）、灵官（图2-23）、莲花（图2-24）、八龙轿（图2-25）、高头大马（图2-26）几种。其中大小金刀以及左右金枪是法师作法时候的一种防身武器，两箱明月则表示神灵的霞光能够照亮世间的一切，五岳山表示法师上五岳的场景，三元将军藏弟子则表示法师在作法时所有邪恶的鬼魂都不能够看到，九个五龙藏弟子也是法师在作法时候维护法师的安全之意，灵官和莲花表示保护众弟子，有避邪驱邪维护之意，八龙轿是用来请女神仙的，而男神仙则坐高头大马前来。

图2-11　大金刀　　　　图2-12　小金刀　　　　图2-13　两箱明月

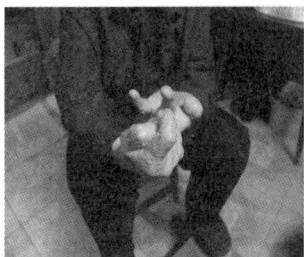

图 2 - 14 （东南）西北岳　　　图 2 - 15 　东岳　　　图 2 - 16 　三元将军藏弟子

图 2 - 17 　九个五龙藏弟郎（一）　　　　　图 2 - 18 　九个五龙藏弟郎（二）

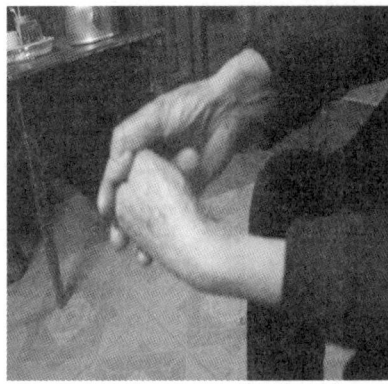

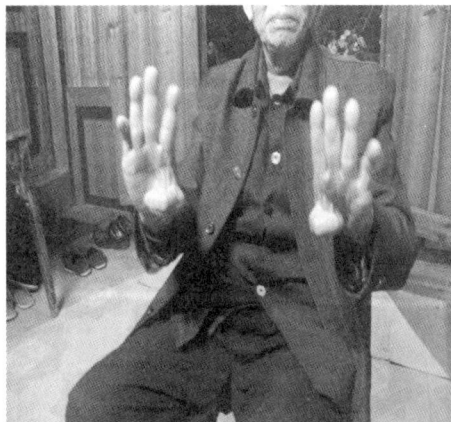

图 2 - 19 　八大金刚　　　　　　　图 2 - 20 　四大天王

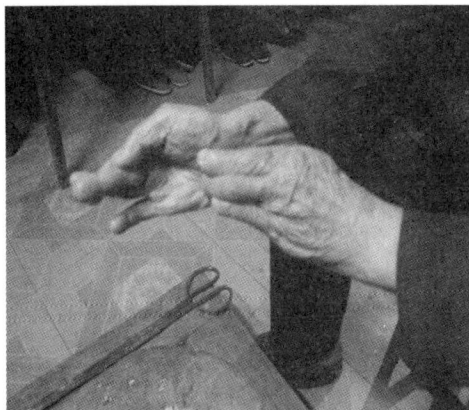

图 2 - 21　左金枪

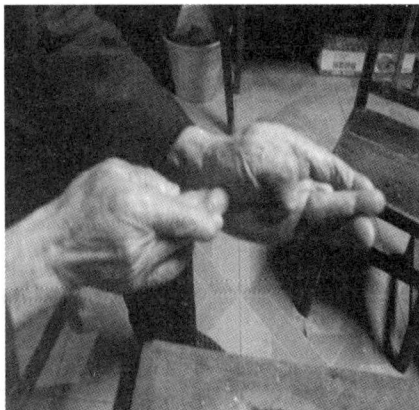

图 2 - 22　右金枪

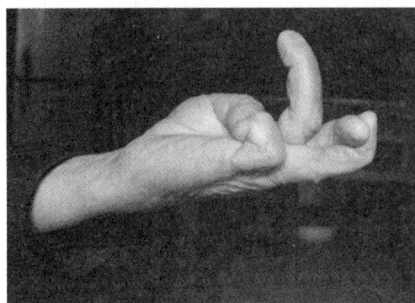

图 2 - 23　灵官

图 2 - 24　莲花

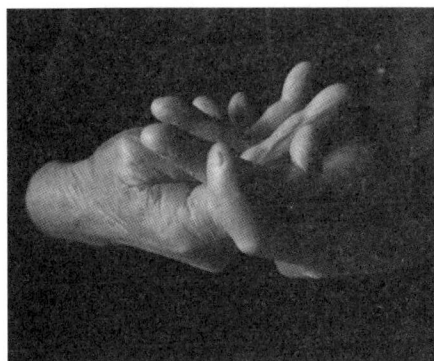

图 2 - 25　八龙轿

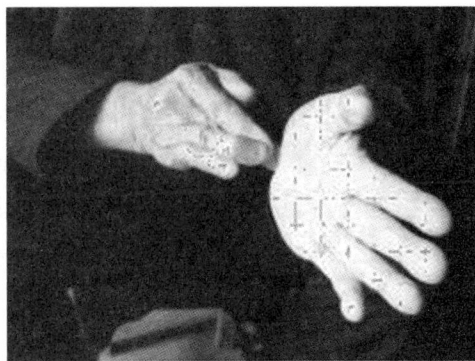

图 2 - 26　高头大马

（杨国顺老人手诀示范）

3. 傩戏的戏剧剧目

高椅村傩戏剧本大多数都是说唱文学剧本，是叙事体而不是代言体，内容借鉴民间传说故事、民间叙事诗歌。傩戏班子能演出的剧目有30多个。其中常演的剧目有《郎军杀猪》（图2-27）、《和神》《送下洞》《划船求子》《秦和利》《扛梅香》《裁缝偷布》《灵官踩台》（图2-28）、《答华山》（图2-29）等。这些戏的内容，有的宣扬忠孝节义和歌颂劳动人民勤劳善良的美德，有的宣扬惩恶扬善，还有的寄托了五谷丰登的愿望和对平安生活的追求。剧目整体短小精悍，生活情趣浓郁，剧场氛围浓厚。

郎军杀猪

杀气昂昂出洞中，

手提钢刀逞英雄。

杀猪斩羊敬上圣，

才是郎军第一功。

在下：杀牲蛮十七郎，

今日某处四值功文书相请，

要我前去杀猪斩羊。

今日天色晴和，

往前走呀！

唱：起程起程三起程……

唱：驾祥云（东南西北中央）

灵官踩台

威风柄柄志气昂，

降魔除妖我为王。

上帝特封我为首，

玉帝特封我为王。

吾神：九天都察育民帝君，

昨夜答睡牙床四值功曹文书。

相请美笔相迎某处酬还良愿，

我驾着祥云走。

唱：取休亭来慢休亭，

吾下马了良因。

吾神不是别神降，
都察灵官到坛前。
荣煌宝烛我领受，
一切供果我领成。
保你老的添福寿，
保你少的永青春。
男的出门捡财宝，
女的扫地捡黄金。
你把吾神请过后，
千年发达万年兴，
借动法门三通鼓。

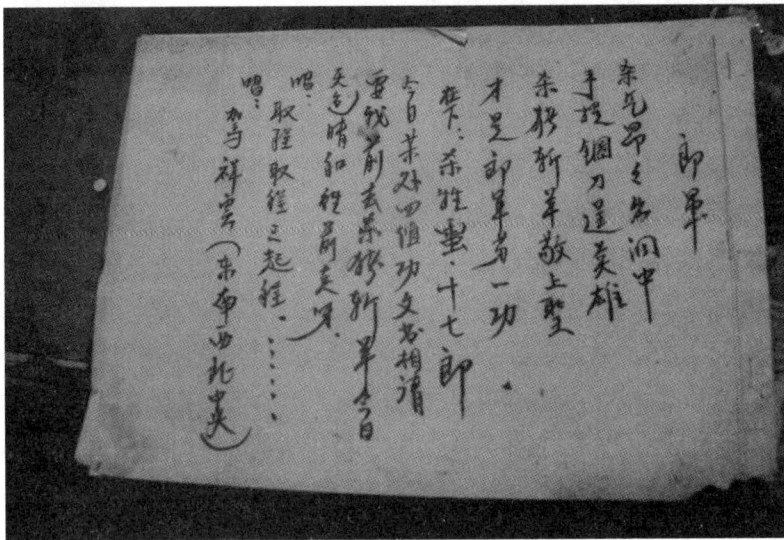

图 2-27 《郎军杀猪》（杨国顺手稿）

《答华山》说的是胡子公的两个没有生育孩子的老婆争着服侍胡子公的故事。高
椅戏班唱这场傩戏需要 3～4 个小时，由四人共唱一本戏。角色有胡子公（由杨运炳
饰）、细妹子（由黄有饰）、大妹子（由黄杏饰）、杨橙同（由杨国再饰）。唱的时候需要
每个人先戴上黑色帕子把头罩住，然后再戴上傩面具。不过以前演唱傩戏的都为男
性，即使角色中有女性，也是男性所扮。到了后来，戏班子里才逐渐有了女性演唱者
（图 2-30）。

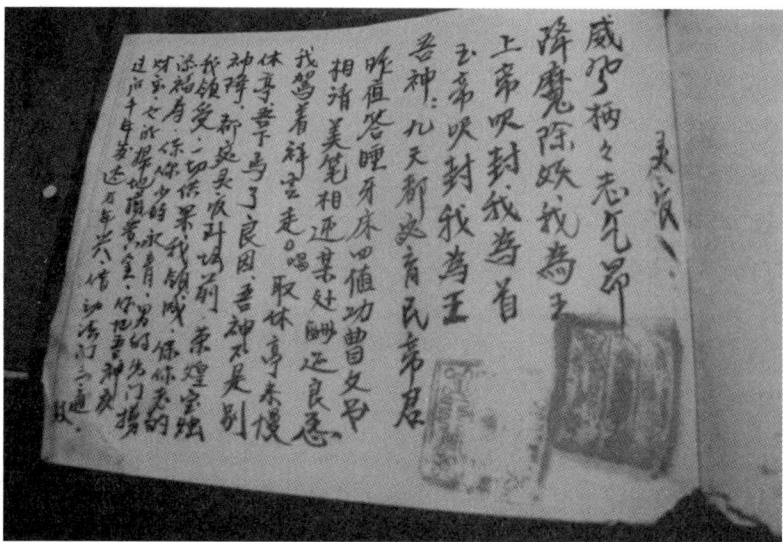

图2-28 《灵官踩台》（杨国顺手稿）

4. 傩戏的唱腔

傩戏唱腔粗犷、热烈，常为一人唱完四句唱词后，其他演员或乐队合唱最后一句，形成"一人唱，众人和"的宏伟气势。这种人声帮唱传声甚远，嘹亮而高亢，再加上大锣、大鼓以及土长号和牛角的伴奏声，整体音效铿锵、雄健，气氛热烈，颇有远古时期围猎的气势。

5. 傩戏中的傩面具

高椅傩戏最大的特色是演员需佩戴木制面具进行表演。这种木质面具（图2-31）被称为"脸子壳"，其质量的好坏及多少在很大程度上影响着戏班子的声望。面具数量多则表示戏班子的剧目多、阵容大，招来的观众就会多，巫师的声望就会高，戏班子的事业兴旺。高椅的傩戏面具有专用和通用之分，其中专用的有杨

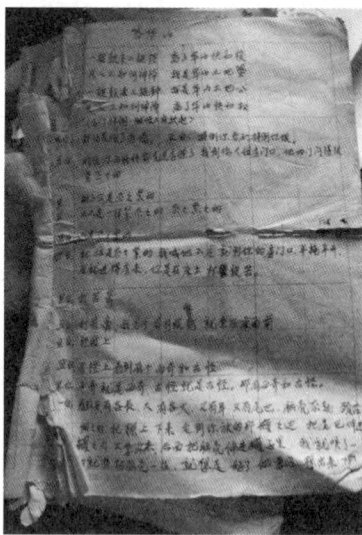

图2-29 《答华山》手稿 （黄杏藏）

四、杨五、傩公、傩母等30具面具。通用的面具有生、旦、净、末、丑五类。

图 2 – 30　高椅村傩戏表演人员合影

（图片来源：照片翻拍）

图 2 – 31　傩戏面具　（杨国顺藏）

高椅傩戏面具共可分三类：人、神和鬼。人物类主要有首婆(图2-32)、商人(图2-33，图2-34)和罗汉(图2-35)。首婆指的是掌船的婆婆。商人的主要寓意是发财，其中有一个有名有姓的商人叫作秦和利，他虽然长相奇怪，嘴角歪裂，但是却口若悬河，能说会道。罗汉面具主要为套头面具，其他人和神面具如图2-36~图2-43所示。

图2-32　首婆

图2-33　商人

图2-34　秦和利

图2-35　罗汉(小人物、大人物)

图2-36 六顶子

图2-37 郎军

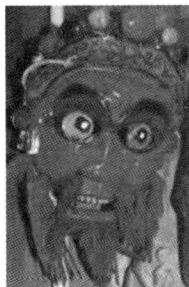
图2-38 灵官

图2-39 盘古王

图2-40 杨公

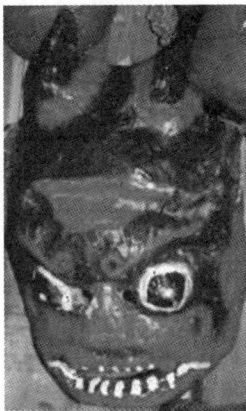
图2-41 财神爷

图2-42 土地公

图2-43 土地婆

鬼魅类中所说的"吞口"是去邪的意思,主要是对付、吞噬一切有血气的东西(图2-44)。

(二)杨国顺老人与傩戏

1.杨国顺与徒弟

杨国顺老人,侗族,从6岁开始跟随父亲杨宏泽参加傩戏表演活动,从小便为傩戏耳濡目染(图2-45)。8岁时,杨国顺父亲去世,他便尊从父亲之意跟随杨宏远学艺。通过不断的学习,勤奋努力的杨国顺掌握了内教和外教的精湛技艺,表演愈加娴熟,生、旦、净、丑均可胜任。随着傩戏表演经验的积累,杨老对傩戏的表演、唱腔以及

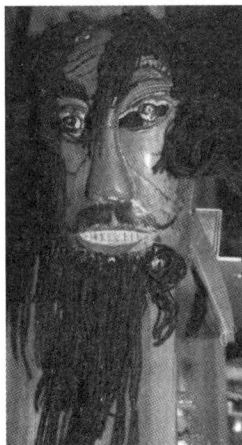
图2-44 鬼魅

各种技巧都有了颇深的造诣，多次参加全县民族艺术会演。杨国顺老人还致力于傩戏的传承，收藏有巫傩法师法器、画具、总坛图、坛匾、符书以及《秦和利》等 20 余本剧本。2005 年他指导徒弟杨迎春，恢复了失传多年的上刀梯、口咬脚踩火犁、捞油锅、放油火等傩戏技艺。他授业的弟子一共四名，分别为胡荣彪、杨迎春、杨燕中、明永田。这四个徒弟主要作为唱内傩戏时候的法师。徒弟拜师需要提香、纸、烛、肉、酒五样东西来见师父，还需要举行神圣的拜师仪式。拜师弟子需要跪拜师父及师

图 2 - 45　杨国顺老人（右一）

祖，仪式过后才正式成为弟子。每逢村里需要做法或唱傩戏时，师父杨国顺会把所有徒弟都叫上，让他们边看边学，直至完全掌握要领。（当然某一次的做法一般会有几场，每一场由一位徒弟跟随师父进行，直至这一场结束由杨老的另外一名徒弟进行，如此反复交替。）

2.自创字体与当地方言

在高椅傩戏剧目中，为了符合当地乡土口音的唱腔，杨老以及当地人自创了一些字体，譬如，在一众唱的手稿中（如图 2 - 46 所示）有一个字为 ![字](当地人发音为 liú)，上部首为一个"不"字，下部首为一个"直"字，意思为歪歪扭扭的意思，即不直，这个字在整个的众唱的手稿中都有，非常浅显通俗、言简意赅。

除此之外在傩戏曲目《答华山》第一场中有一段是这样的：

……

丑白：昨夜你两姊妹都先进房睡了，我到你大姐房门口，她的门闩得很紧亦

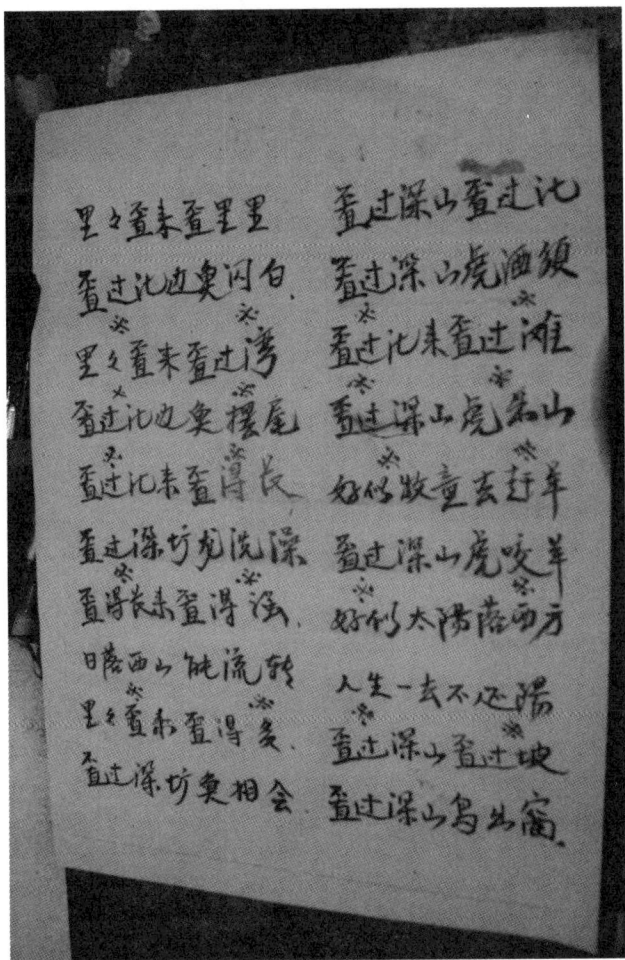

图2-46 众唱手稿 （杨国顺藏）

夯的。

……

我们采访曾唱过此剧目的黄杏老人，她说在这场戏中出现的"夯"这个字，当地人发音为"bāng"，上部首为一个大字，下部首为一个小字，就如人钻进了一个罐子，因其头大罐口小而被卡住的意思就称为夯(bāng)起。

不仅如此，傩戏歌词中还掺杂了许多便于演唱时更加押韵的当地方言，譬如在《答华山》第二场剧目中：

......

细妹唱：老者今年七十七，好比红日落了西

......

结交外面甫蜡的，都是一些滚倒皮

每日来在你家里，冇是杀鸭就杀鸡

......

在此剧目中细妹唱词中"甫蜡的"指的是外面的一些普通人，而"滚倒皮"则指的是一些二流子的坏人，"结交外面甫蜡的，都是一些滚倒皮"全句的意思是大妹子在外面结交的都是一些二流子一样的坏人。

三、傩戏的现状及发展

（一）高椅村傩戏现状

因无史料记载，故对高椅村侗族傩戏产生的年代无法做出精确判断。但据傩戏艺人杨宏远学艺经历记载，大致可知傩戏已经在高椅流传两百余年。

傩戏现在仍旧是高椅村最重要的传统民间表演。傩戏演员都是当地农民，现在高椅村会唱傩戏的村民平均年纪 60 岁以上，他们农忙时种田，农闲时候唱戏，深受当地村民们喜爱。书中第二节所提的杨国顺老人现已 78 岁，是当地傩戏的权威艺人，居住在高椅村下寨区域，村里的傩戏表演者基本是杨老教会的。每当要唱傩戏时，杨老会给每人发一份各自部分的手稿，村民自行回去练习，熟练之后便可出演。

村中真正能够掌握傩戏精髓的人不多，仅有杨国顺和他收的弟子几人。傩戏表演的手诀、傩面具、傩戏剧目等，大都为代代相传，口口相授。因此外人对其了解甚微。譬如手诀部分，杨老传授时会有所保留；至于祖辈所保留下来的傩面具，现由杨老保管，只在要唱傩戏时由杨老亲自分发给各村民。现如今，若要补充傩戏面具，杨老会请当地的竹雕大师杨国大来制作。

傩戏剧目大部分为手抄稿，而老一辈傩戏艺人在字体的书写规范上有一定的局限，若不能及时做出解释说明，其对字的理解便显得茫然，有些甚至百思不得其解。

（二）对高椅村傩戏文化保存的建议

我们知道所有的文化都有一个确定的特征。傩戏在国内流传广泛，虽然不同民族和地域的表现形式也有所差别，但一个关键的分形特征是它们通常都具有随机的自相似性，这就意味着他们本身类似。

由于高椅村傩戏本身具有浓厚的神秘感，因此，揭开这层神秘的纱衣也并非易事，如果不能够及时地了解以及深入探究傩戏的文化内涵，那么傩戏的传承发扬便会受到阻碍。因此我们要怀着谦虚敬畏的心去了解傩戏、宣传傩戏。由于高椅村傩戏融入的是当地的乡土情结，是由高椅人自己创造并继承的文化，譬如表演傩戏所用的手诀，做法事时所念的经文，以及唱段中自创的字体等，因此，我们需怀着敬畏之心去聆听他们，尊重他们。

第三节　道德教化　世代流传

高椅村祖先是从北方迁徙至此的汉族，在历史发展中不断与侗乡原住民结合，形成独特的侗汉杂糅的民族文化。侗族有"北侗"和"南侗"之分，高椅村的侗族为"北侗"，在风俗、饮食等很多方面与"南侗"相似却又不同。高椅村人继承吸收了许多侗族传统，尤其在道德伦理方面，高椅村伦理文化体现在社会主体重视伦理和道德，将村落、家庭、个人行为等方面道德化、伦理化，将道德视为村落发展的终极目标。村民间的各种矛盾可以用"以德为本，以德为美，以德为善，以德服人"的思想观念来调节，高椅人继承了侗族文化中的"孝、正、勇、勤、善、慷慨"等品质，发展出"清廉""与世无争""感恩"等自己的道德准则。高椅的很多故事中都体现出高椅人的家风家训，如歌颂廉节的故事，劫富济贫的英雄故事，还有在近代面对侵略者，同仇敌忾，保家卫国的故事。

历史上高椅村的繁荣也得益于这些道德教化和淳朴民风。

一、高椅村杨氏、宗族家风

杨氏家族是高椅村最为兴盛的家族，这与杨氏家族道德教化和家风有很大关系。可以说，杨氏家风影响了高椅村的发展，与此同时，高椅村也成就了杨氏家族。

杨氏家风与杨氏家教可以用四字概括——"忠孝廉节"。在高椅村，许多杨氏家族古民居的横匾或窗花上写着"清白传家""清白堂""耕读世家"等字样，写的就是家风。而杨氏民居门上对联则充分体现了"忠孝廉节"家风。如清白堂老屋对联"永迪前光，传家清白；长流世泽，报国文章"，一甲祠堂的门联"天道源源弘正气，杨门世世颂清廉"。十甲祠堂大门写下"忠孝传家国，诗书训子孙"。若在高椅村看到宅子上写有"清白世家"，这家原本的主人一定姓杨，院门门额写上"关西门第""关西世家"以及"清白堂""清白家声"都是杨氏家族警示子孙要"清清白白做人，清清白白做官"的一种庭训。

杨氏家族提倡尊儒重教，通过这种方式提高文化素质，最终达到"忠孝廉节"的目的，这四个字也是杨氏的家风。

高椅村杨氏始祖杨再思，是东汉时期"清廉使"杨震的28代后裔子孙，杨震曾在朝廷为官，史称"关西孔夫子""四知先生"，关西门第由此得来。

(一)关西孔夫子

"清白堂""关西世家"这些形容词汇，都与东汉时期的清官杨震联系在一起。他为官清廉，两袖清风，其不贪赃不受贿的作风受世人所敬佩。《杨震传略》记载道："杨震，字伯起，弘农华阴人。震少好学，明经博览，无不穷究。诸儒为之语曰：'关西孔子杨伯起。'大将军邓笃闻其贤而辟之，举茂才，迁东莱太守。"史书中也有记载杨公身在朝堂，心系百姓的故事。

《后汉书·卷五十四》中记载道：杨震性刚直，被荐为太仆、太常。永宁元年(120)，任司徒时，安帝乳母王圣受宠，其女伯荣出入宫内，任性狡诈，后从故朝阳侯刘护从兄刘瑰为妻，竟承袭刘护的爵位，官至侍中。杨震上书备陈利害，皇帝竟然将上书示给王圣、伯荣，杨震遂遭忌恨，伯荣骄淫更甚。延光二年(123)，杨震任太尉，帝舅耿宝荐中常侍李闰之兄于震，震不从，宝亲访震，说："李常侍国家所器重，让你推荐其兄，我只是传达圣意。"震坚不许，宝愤恨而去。皇后兄阎显荐亲厚，震回绝，司空刘授闻知立即推荐，旬月提升，杨震又蒙宠臣忌恨。皇帝下令为王圣大修宅院，樊丰、周广、谢恽赞助，杨震多次上书劝阻，皇帝不纳，于是各大臣俱起舍、建园、修池、筑亭，耗费亿万。河间赵腾上书，也陈述得失，皇帝发怒，赵被拘捕，杨震恳求皇帝免赵罪，反遭皇帝厌恶。适逢杨震属将丰等伪造诏书，修宅第，王圣、樊丰、周广、耿宝等联名上奏："震对皇帝有怒恨。"皇帝连夜遣使者摘回太尉印绶，遣归乡里。杨震行至阳亭慨然对左右说："死是人间常事。我受恩官至太尉，可恨奸臣骄横，而未得诛；嬖女倾乱，而不能禁，我有何面目见日月!"遂饮毒而亡，时年70余岁，棺柩于河南省陕县路旁。诸子被贬为邮驿，顺帝(125)即位，诛樊丰、周广等，为杨震鸣冤，赠钱百万，以礼葬于潼亭(今高桥乡亭东堡，渭河塌岸，墓已无存)。

杨震五十为官，位至三公，受人尊敬，一世清白，颇有威望。高椅村杨姓都为杨震后代子孙，其"清白传家"的家训自祖上继承下来，祖先如此清廉做派，后人怎敢有辱祖先？

（二）杨震拒金故事

杨震在任靖州刺史时，昌邑县县令王密深夜登门拜访，怀揣十斤黄金欲贿赂杨震，杨震婉言决绝道：老朋友知道你，你为什么不知道老朋友呢？表明自己从不受贿原则。谁知王密道："夜已深，只有我们两人，没人会知道。"可是杨公严肃地说："这事天知，地知，你知，我知，怎么会没人知道？"于是再次生气地拒绝，王密感到羞愧难当，匆忙离开。这事最后还是传开了，根据这个故事大家给杨震起了个"四知廉史"的名字。杨震虽身为高官，其子孙却布衣素食，生活俭朴。乡邻、知己劝其广置田产留给子孙，杨公说："能让后世人称为是清白官吏子孙，这难道不是一份很厚的遗产吗？"

（三）清白家风　后人继承

杨氏后人遵守祖上家训，后代为官清廉。例如杨震之孙杨赐、曾孙杨奇、杨彪继承清廉祖风，世人称他们为"清廉吏子孙"。还有明代杨开泰以及清代的杨春生为官清廉的故事都被传为佳话。

杨家在如此家风家训熏陶之下，形成了一些不成文的规定：第一条是，若在外为官，无论官至几品，都要与高椅村断绝联系。高椅村家乡人民虽会将在官场飞黄腾达的同乡放在心中，但绝不会宣扬出去，同乡人更不可攀附。做官人即便告老还乡，后人也不在碑文上和族谱里有半点其为官记录。这其中的原因为：高椅村民风淳朴，本是与世隔绝的世外乐园，先人辛苦发现此地，自然不愿意官场上的斗争波及于此。

第二条重要的不成文规定，高椅人在外为官，若两袖清风，归乡受到尊重，晚年生活得到无形的保障，但如果在外的名声是贪得无厌，为官腐败，高椅村则不欢迎其归乡，更不会接受这类同乡的一分钱，有甚者甚至从族谱上被除名。

有记载，明初人士杨再舟，科举后任湖广都史抚院宣官廉学政，后官拜一品，在朝为官，上任后携全家离开，三年不回高椅村祭祖、祭祀，结果受到除名制裁。可见族规和祖训在当时起到了很重要的规范和约束作用。

二、三品御医、悬壶济世

相传在清代乾隆时期，高椅古村曾经出了一位远近闻名的三品御医叫杨球。关于他当年行医获朝廷重用的故事也广为流传。

杨球，生于乾隆年间，系会邑高锡人（今会同高椅村）。他自幼聪明好学，医术高明，颇有名望。杨球进士出身，曾在山东潍坊一带任县令，为官清廉，刚正不阿，深受地方老百姓的爱戴。他平时喜欢为穷苦大众义诊，据说他医术精湛，药到病除，还特别擅长医治一些奇难杂症。而且他的医术得到当时朝廷的认可，被誉为"再世华佗"。

据说有一年，乾隆皇帝的爱妃即嘉庆生母——孝仪纯皇后，不知何故得了一场怪病，皇后生命危在旦夕，朝廷内所有太医都束手无策。乾隆皇帝见自己的爱妃遭受如此病痛折磨，无奈之下只好下令贴告示聘请民间神医，若哪位医者能把皇后的怪病治好不仅重重有赏，并且还封官晋爵。

可告示张贴出来许久，也不见有民间神医敢去揭榜。他们生怕自己万一治愈不了皇后的病，却犯下欺君之罪，招来杀头及灭九族之祸。无奈之下朝廷大臣和珅向乾隆皇帝推荐杨球为皇后治病，乾隆皇帝听闻有人能治爱妃怪病，满怀欣喜，于是请杨球即日进京。所谓"君有令，臣不得不遵"，何况是皇上亲自下令请自己前去给皇后治病的。杨球不敢有丝毫怠慢，火速赶往京城。来到京城皇宫时，孝仪纯皇后已病重到卧床不起，面黄肌瘦，茶饭不思。于是他赶紧把脉就诊，找出病因，开了一服特别的药方。皇后服用一段时间的药后，病情竟然奇迹般的好转了。不久皇后身体痊愈，也恢复了昔日容颜。

治愈孝仪纯皇后的怪病后，乾隆皇帝龙颜大悦，以重金赏赐杨球，并官升四级，位居三品，令其留守太医殿。据说这是当时太医的最高头衔，仅次于宰相地位。杨球治好孝仪纯皇后怪病的事情，一时在民间传为佳话。

后来，杨球告老还乡时，受到了当地文武官员及地方百姓的热烈欢迎，据说朝廷还下拨一批银两，派能工巧匠为杨球在高椅村修建了一座豪宅，赐匾额三块。可惜的是因年代久远，杨球当年的宅院没能保留下来。

虽然杨球是高椅村有史以来最大的一个官，但由于他不注重名利，于是根据他的要求，杨氏族谱上没有注明他当年为官一事，现在杨氏族谱上仅可以查阅到杨球的名字及年龄。

杨球衣锦返乡后，还一心行善，为广大百姓义诊看病，深得民心和族人的爱戴。特别是他精心研究，编著了两本价值不凡的医药书籍。可惜后来这两本医药书籍不慎流失，书本具体内容已不得而知，不过他的后人还是得到了杨球的一些医学方面的真传。

三、高椅学风见证：醉月楼与清白堂

尊儒重教一直是高椅村的传统，高椅村虽然以农业和水运中转为主，但对教育一直十分重视，所以素有"耕读传家"之说。高椅村人才辈出，元代第三代高椅人中就出了两位举人。高椅村在明清时期就有五所学堂，即清白堂、敦本堂、王家学堂、伍家学堂和醉月楼，其中最出名的要数清白堂和醉月楼（图 2 - 47 ~ 图 2 - 52）。

清白堂因培养文士最多，又称文学馆，始建于清代乾隆年间。主人杨盛文在嘉庆末年将住宅改为学堂，命名为"清白堂"，取家训清白世家中"清白"两字。在科举制度尚存的年代，学馆主人一家成员频频考起功名，学馆自然也获得当时湖广学政的嘉奖，有美誉"名魁三湘""美尽东南""百年树人"，更有诗歌赞颂"村中此座读书堂，多士藏珍为国光。朝夕功夫何处下，唐诗晋字汉文章"。

醉月楼修建于清代同治初年，最初为文人相聚、赏月饮酒作诗之风雅之地。后来清末在妇女解放运动影响之下，主人将此地改为女子学馆，供女子接受教育。民国三十二年（1943），醉月楼被租为中心小学。抗战期间，青华中学流亡于此，醉月楼又被租为自习室与宿舍。

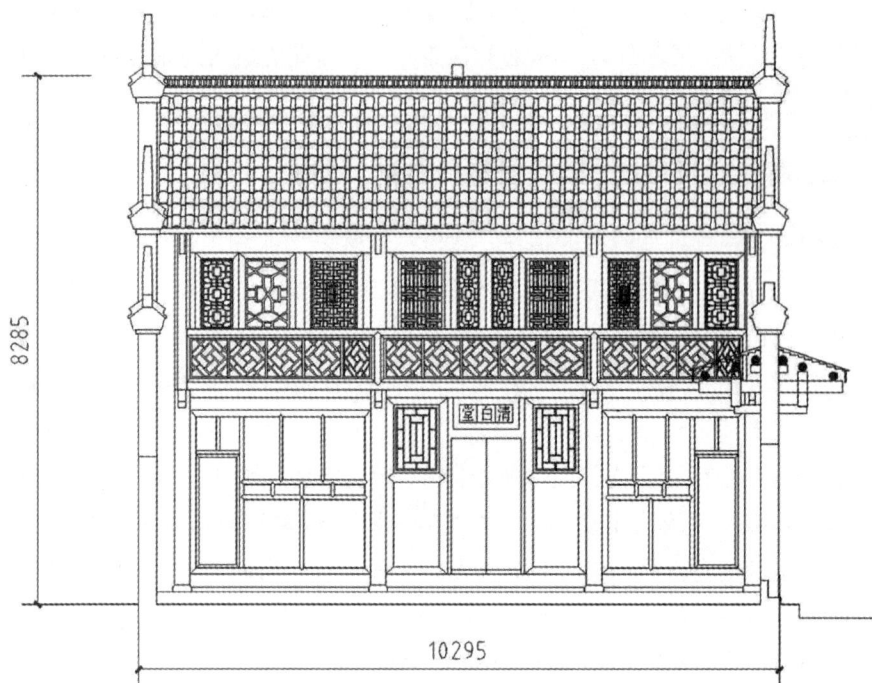

图 2 - 47 清白堂正立面 （作者自绘）

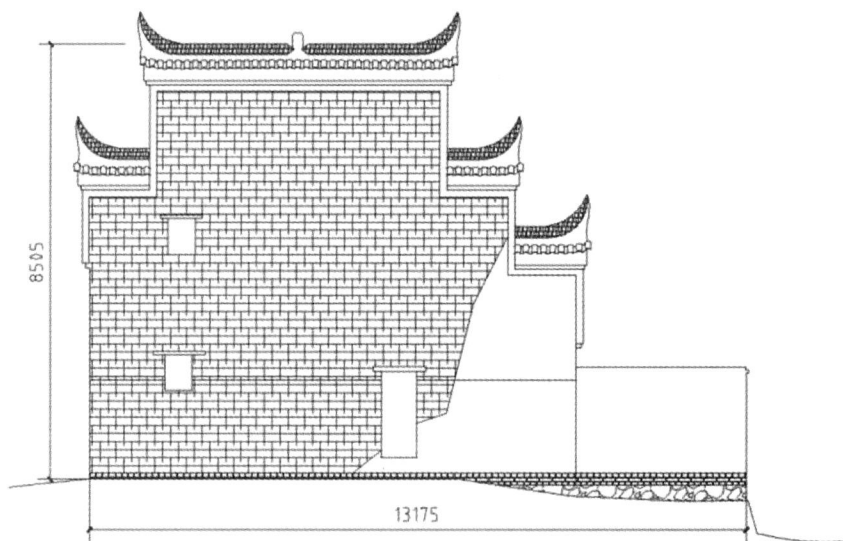

图 2 - 48 清白堂侧立面 （作者自绘）

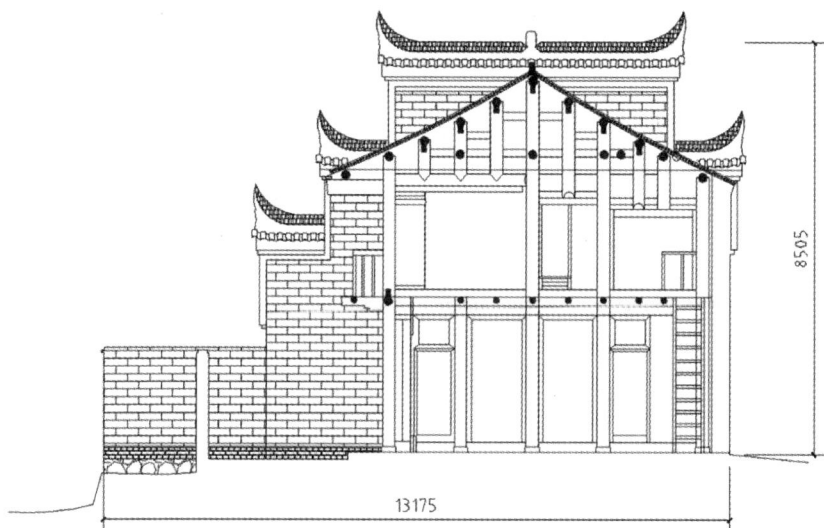

清白堂纵剖面

图 2 - 49   清白堂纵剖面 （作者自绘）

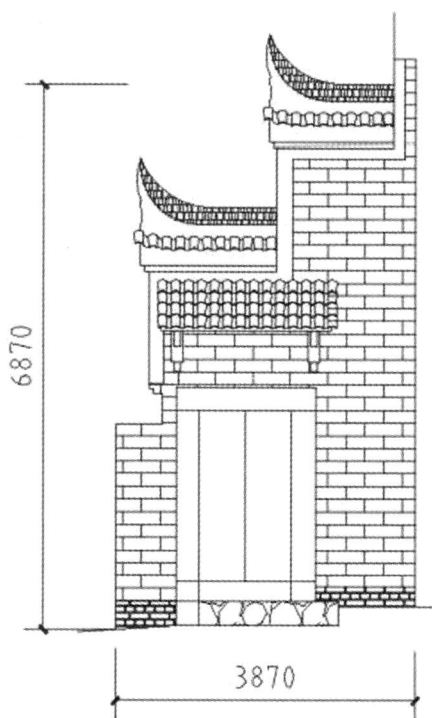

图 2 - 50   清白堂门头 （作者自绘）

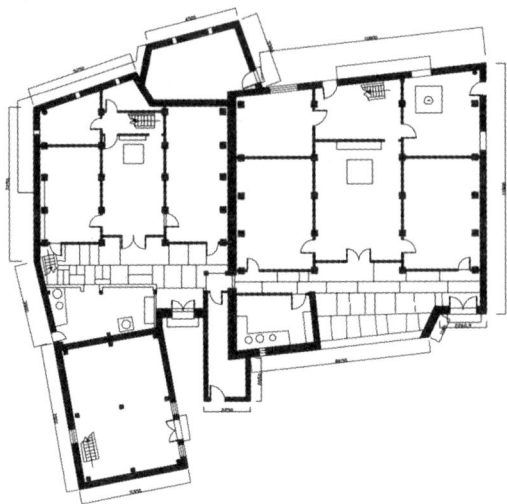

图 2-51 醉月楼立面及紧邻住一层平面 （作者自绘）

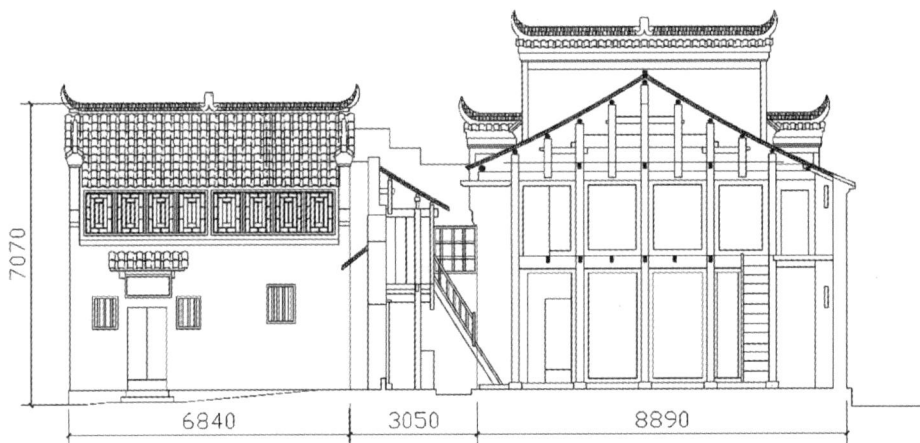

图 2-52 醉月楼立面及紧邻住宅剖面 （作者自绘）

四、匠心独运的建筑装饰艺术

在中国乡土建筑里，建筑的装饰艺术是当地文化思想、自然环境和精神信仰等多种因素的重要表现。湘西古建筑装饰于清朝雍正年间"改土归流"后逐渐兴起。土司制度瓦解后，不少汉人南下辗转迁入，政策的变更和民族的融合使高椅村建筑形成了独特的装饰风格。

在建筑装饰艺术中，自古中华民族传统文化崇尚吉祥、如意及圆满，这一特征在湘西地区的建筑装饰中也得到充分体现。由于湘西地区崇山峻岭，底层的劳动人民在较为封闭的自然环境和较为落后的人文环境中，对幸福生活有着更为强烈的向往。因此，中国传统的吉祥意象贯穿于整个地区的装饰艺术当中。其中，大部分湘西苗族、侗族公共建筑在梁枋、屋檐、柱础等处刻有绮丽的雕饰，其他居住建筑则相对朴实。一些经济条件较差的家庭，其房屋几乎无特殊装饰。而高椅村位于大山深处，有"广木之乡"之称，且临巫水，当地建有多处码头，水路便利。附近又有如洪江等重要商埠，互通往来，商贸发达。较于其他村落而言，高椅村曾经较为富裕，所以几乎每栋建筑的梁、枋、门窗等部位都雕刻了精致的、有浓郁地方特色的装饰。高椅古村建筑装饰艺术的题材包含两大类，一类是以现实生活题材为主，如花鸟鱼兽、人物故事、亭台楼阁等，这类题材源于村民的日常生活世界，和村民日常接触的人、事、物紧密相关；另一类则是虚拟题材，包含了戏文小品、神仙故事、典故传说等，这类题材间接地映射出我国传统文化的人文内涵和理想追求，是对日常生活更深层次的总结与升华，饱含了高椅村民对美好生活的向往与希冀。

（一）建筑装饰艺术的题材

高椅村建筑装饰艺术是传统文化中道与器的结合，高椅村人将日常生活的审美与功能技术完美融合，在壁画、石雕、窗花纹样、家居摆件中倾注了奇思妙想，形成今天我们所见到的精美装饰艺术。高椅村的建筑艺术装饰题材中有一部分是直接取自于现实生活的实体之物，比如人物故事、亭台楼阁、飞禽走兽、牡丹月季、文人雅集等，可将其分为动物类、植物类、器物类3种。

1.动物类

高椅村以动物类为题材的建筑装饰艺术居多，其内容以龙、凤、蝙蝠、狮子等具有吉祥寓意的动物为主。装饰注重动物神韵的表达，并通过不同的组合形式表现出个性化的造型。

（1）龙

龙是中华民族的象征，崇龙是汉族文化的精神信仰。在古代，"龙"作为神化物，象征着地位与权力，一般用于皇家，普通百姓不可随意使用。而寻常人家为了使龙这一元素通过变化细节后用于恰当位置，常对"龙"进行细节和形态上的调整。与皇家不同的是，在古代湖湘地区，"龙"饰形象的运用，也饱含着少数民族的文化意义，即龙并非权贵的象征，而是一种原始祖先的象征。

在高椅村的建筑装饰中，"龙"非南方常称的"水龙"，而是北方的"草龙"。

民间认为草龙能大能小，且能驱邪避灾。"草龙"的运用也是北方人口迁徙，民族互相融合的结果。而其样式和形态追求写意，行龙皆由灵动的曲线组成，具有生命力和韵律感。行龙多以两条相对作为装饰，龙呈水平状态的正侧面（图2-53）。若以单条出现，则头部常为回头状（图2-54），也有仅以龙头为装饰的其他构件。除此之外，在村中被称为"中华第一缸"的太平缸上，也刻有一组"鱼龙变幻"的纹样，鱼是未化成身的龙且二者可相互变化，以此告诫当时中举、升官或经商之人要有远大的抱负和"危机"意识（图2-55）。

图2-53　双龙雕饰

图2-54　独龙雕饰

图 2 - 55　鱼龙变幻

（2）凤

"凤"多作为女性的象征。春秋战国时期，湖南是楚国的中心区域，而武陵郡是楚国首封地。在巫楚文化中有"尊凤抑龙"的传统，加之高椅地区大部分为侗族，有尊崇女性的传统。因此，在高椅村的建筑装饰中，以"凤"为题材的装饰也比比皆是，其形象较"龙"也更阴柔妩媚，多与龙组合在一起，表达"龙凤呈祥"的寓意（图 2 - 56）。

图 2 - 56　龙凤呈祥

（3）老鼠

在整个湘西地区以"鼠"为题材的装饰都不多见，但在高椅村却存在不少以鼠为内容的窗花雕刻，甚至在神龛这种神圣的地方也不忌讳。这是由于在高椅村侗族先民的精神信仰意识中，老鼠是"子神"。古语有云："自混沌初分时，天开于子，地辟于丑，人生于寅，天地再交合，万物尽皆生。"民间俗称"鼠咬天开"，鼠成为开天辟地的英雄，也象征着太阳和光明，这也正符合高椅村人对太阳的崇拜。因此，高椅村以鼠为题材的装饰表达的是农耕时期人们对于宇宙起源的探索和对子孙绵延的期望。

在装饰中，雕刻多以两只老鼠的造型出现，少以单只老鼠的形式出现。两只老鼠呈对称均衡的构图形式，因石榴、葡萄同为"多子多孙"的符号，因此老鼠纹样主要与石榴、葡萄或喜鹊纹样结合在一起。据说，老鼠除了是对生殖观念的表达以外，两只老鼠一齐出现的另一种解读为谐音"数一数二"（图2-57），意思是以此告诉众人，主人家的财富在当地都是屈指可数的，如家中有读书人，也望其在学业上有所成就。

图2-57　鼠一鼠二

图2-58　蝙蝠纹样

（4）蝙蝠

蝙蝠作为吉祥图案是一种谐音取义的运用，"蝠"是"福""富"的谐音，"蝙蝠"谐音"遍福"或"遍富"（图2-58）。另外，古人认为蝙蝠形似老鼠，但比老鼠多了一对翅膀，因此也将蝙蝠称为"飞鼠"，寓意为"福从天降"。由于蝙蝠的纹样复杂，费工费时，因此在高椅村，只有富贵人家才采用蝙蝠做花窗装饰。蝙蝠作为吉祥雕饰主要有倒挂式和斜飞式两种，一般与其他图案组合形成深刻寓意。如与多只寿桃组合，意为"多寿多福"，与古钱组合，意为"福来财到"。高椅村最为珍贵的窗花由蝙蝠、古钱、万字符、寿桃构成，意为"福寿吉庆"，惟妙惟肖的蝙蝠装饰被专家称为"中华第一蝠"（图2-59）。

（5）狮子

狮子作为中国传统文化中尊严与威严的象征，多用于公共建筑当中。在高椅村，按照不同类型的建筑需要，狮子具有不同大小、不同姿态的形象，有很强的装饰性。如在五通庙正门前安置的一对石狮，高大威猛，用以守护庙宇、辟邪。其内部还有一组石像雕塑，两只生动灵活石狮，小巧玲珑，狮子戏绣球，意为"好事在后头"（图2-60）。在民居中，最为特别的当属一民宅前的"四不像"，它以狮子为原形进行形变，成为另一种神兽，其前后脚分别抓有一条蛇，因为蛇神也是侗族人民的祖宗家神，所以构成了高椅村独具

图2-59 中华第一蝠

特色的"狮蛇"造型。此外由于高椅地区在明清时期农、商业发达，在其农耕文化当中的"学高为师，德高为范"的理念与附近商业重镇洪江的商道文化中"舍利取义""乐善好施"的理念的共同影响下，形成了"施舍"的处世原则，"狮蛇"谐音为"施舍"，因此造就了这一独特的装饰形象（图2-61）。

图2-60 石狮

图 2 - 61　狮蛇纹样

除此之外，高椅村还常用仙鹤、猴子、鹿、鱼等为装饰题材。其中，"仙鹤"与"显赫""猴"与"侯""鹿"与"禄"，"鱼"与"余"谐音。它们常常又相互组合在一起又形成了双关的图画，如"仙鹤延年""封侯挂印""年年有余"等。

2.植物类

植物是大自然给予人类的恩赐，它们往往有顽强的生命力。当古人将其人格化、理想化后，它们也象征着高尚品格以及对生命的歌颂。高椅村以植物为题材的装饰，主要以莲花、菊花和梅花为主。

（1）莲花

一方面是"莲"谐音"连"，莲花在古人眼中不仅是"多子"的象征，还代表着人"清净超然"的品格，另一方面是侗族信仰中的自然崇拜与佛教文化相融合的结果。在侗族的萨岁崇拜中，先民认为人死后会进入"阴间"，人生在世就应当多做善事以积阴德，从而好重新投胎做人，这与佛教中的慈悲精神和轮回转世的因果观念相契合，并且莲是佛教八宝之一，而"薏藏生意、藕复萌芽、辗转生生、造化不息"是莲的自然生态特征，两者相结合形成了古人对莲花的崇拜。

高椅村皆以写实的手法对"莲"进行描绘。莲花的大小、朝向均有变化，或为含苞待放状，或为怒放状。部分装饰将其根茎与叶片进行简练地描绘，与花朵形成繁简搭配，有时以仙鹤配之，取其绵延之意（图 2 - 62）。

图 2 - 62　莲花纹样

（2）菊花

菊花是花中四君子之一，是中国人感悟喻志的象征。它隐喻着人劲节、淡然的双重性格，又被赋予了长寿、吉祥的含义。高椅村的装饰中，菊花常作为配饰出现在窗花雕刻中，其花瓣朝上，带有根茎和叶片，造型饱满，呈现出生机勃勃的状态（图 2 - 63）。

（3）梅花

梅花是中国的传统之花，象征着隐逸淡泊、坚贞自守的人物性格。它又被称为花中寿星，寓意美好。同时"梅"与"眉"谐音，所以常与喜鹊组合成"喜上眉梢"（图 2 - 64）。喜鹊与羊组合成"喜气洋洋"。

图 2 - 63　菊花纹样

图 2 - 64　梅花纹样

3.器物类

　　器物类装饰图案主要来自佛教的"八吉祥"和道教的"暗八仙"。佛教"八吉祥"藏语译音为"扎西达杰","扎西"为"吉祥","达杰"为"八标志"之意。在高椅村中,"八吉祥"中的莲花、宝瓶和盘长运用最多。"宝瓶"中常盛有甘露和宝石,插有如意树,象征着聚宝无漏和心想事成(图2-65)。"盘长"即为吉祥结,佛说回环贯彻一切通明之物,象征着长命百岁。由于道教是中华民族土生土长的宗教,加之湘西地区巫楚文化浓厚,因此"暗八仙"的运用多于"八吉祥",其中又以芭蕉扇、剑、葫芦和箫居多。"芭蕉扇"和"葫芦"分别为钟离汉、铁拐李的法宝,能让人起死回生。"剑"为吕洞宾的法宝,作为镇邪之用(图2-66)。"箫"为韩湘子的法宝,相传能使万物生灵(图2-67)。

图2-65　宝瓶纹样

图2-66　宝剑纹样

图2-67　箫剑纹样

在高椅村中，器物类的装饰图案通常与飘带或植物花卉互相搭配，使图案在层次和寓意上更为丰富，也偶与仙鹤、文字图形相组合，使原本单调的器物在视觉上变得丰满。这些形式的组合同时也体现出人们对平安长寿、万事如意的精神渴望。

4. 其他

高椅村的建筑装饰艺术图案纷杂，除了以上几种以外，还有许多其他如自然景物、几何形和文字为内容的图案。自然景物则多为山水云石，以刻画湖湘地区的青山绿野为主；几何形多为方格、水波；文字多为汉字纹、回纹和万字纹，其表现形式多样，都具有传统的吉祥、喜庆、教化之意。

(二)建筑装饰艺术的主要类型及手法

高椅村所在的湘西南地区，群山绵延，森林茂密，地质构造极其复杂，正是这样的自然环境为村民建造房屋提供了相当丰厚的原材料，也影响着其装饰艺术的类型。高椅村的建筑装饰艺术主要分为木雕、石雕和壁画三大类。

1. 木雕

高椅村被称为"广木之乡"，盛产楠木、杉木、马尾松等植物，这些木材坚实耐用，纹路清晰，有些自身还防潮防虫，因此大量运用于建筑和家具当中。在装饰艺术中，木雕的运用以小木作装饰为主，如对门、窗、栏杆、隔扇、挂落等构建进行装饰。在大木作中，则是对柱、梁、枋、檩等构件的加工，如在梁的两端雕刻有龙头、鱼等具体形状，或在垂柱的末端雕刻出形似灯笼的造型。大木作的雕刻较小木作来说更为古朴、简洁，所有的木构件，除祠堂和寺庙以外，都不施油漆，木材表面用桐油防腐，露出本色。即便是祠庙建筑，色彩选取也较为简单，以传统的红色、中黄和黑色装饰，与周围环境相融合(图2-68)。

2. 石雕

湘西南地区天然石材丰富，因此有灿烂的石雕文化。高椅村不产石料，村民靠巫水河水运从事木材生意，将大部分木材售至洪江、常德，继而从常德买入砖石材料建房，尤其是青石板和青砖。旧时，青石板是财富的象征，家中门前的青石板越大，家庭就越富足。石材既能作为建房的基础，又常通过能工巧匠的加工而施以雅趣。

在村中，凡柱础、石门槛、台基、栏杆等处，多为经过雕饰的石材构建。石雕的种类多样，大至祠庙建筑中的石狮、神兽、石台、太平缸，小至民居中的门当、窨井盖，均可雕刻。这些纹样也灵活多变，多为花鸟虫鱼、蔬菜瓜果、宗教人物及器物。这些装饰在体现对理想田园生活向往的同时，也能彰显出建筑的地位与象征(图2-69)。

图2-68　木雕

图2-69　石雕

3.壁画

高椅村崇文重教风气盛行，培养出一批文人和居士。他们对书画等艺术兴趣浓厚，并将其装饰于建筑表面。村中保留至今的明清时期的建筑壁画，成为村中一道亮丽的人文风景。高椅村古建筑中，不论是祠堂、庙宇、墓室等公共建筑还是居民住所，都绘制有大量壁画。壁画所使用的材料主要为墨汁、植物颜料和矿物颜料，其中以单一墨汁所绘壁画为主，这些壁画多绘于石墙上和屋檐下，马头墙的外墙上和个别木板墙上，其内容多为山水风光、渔樵耕牧等自然风景，表达了对乡土生活的赞美(图2-70，图2-71)。

村中的壁画以表达山水风景为主。正所谓芙蓉国里尽朝晖，由于高椅人生于斯，长于斯，从小就在这般风日里滋养着，感受着绿水青山的恬美，玩味着田园山林的野趣，他们被高椅村的湖光山色熏陶浸润，从而不遗余力地将此情此景记录在自家墙壁上。在不少壁画中可以见到"渔樵耕读""禾场乐舞"等画面，都是农民乡间劳动生活的真实写照。

图2-70 花鸟壁画

图2-71 人物壁画

高椅村建筑装饰艺术的手法也多种多样，除绘画以外，以雕刻为最主要的形式，分为浮雕、透通雕和线刻3种。其中浮雕的形式大致分为"独立式"和"依附式"两种，独立式浮雕可单独作为空间中的装饰，能自由放置。依附式浮雕主是用于装饰门窗等空间的浮雕，这类浮雕雕像高于底面较多的称作高浮雕，略微高于底面的称作低浮雕。浮雕层次感和立体感丰富，繁而不乱。透通雕类似于窗花剪纸，大量运用于窗花与隔扇的装饰上，通常是将浮雕周围的底部镂空，这类技艺难度较大，需融合各种手法来表现所雕之物的通透清晰与虚实相间的艺术效果。线刻则主要在建筑的梁、柱、门窗等部位使用，多以线条的刻画为主，以阴刻的手法描刻出花鸟草虫等图案或云纹装饰；阳刻难度虽大，但却能充分体现工匠的技艺水平。

无论木雕、石雕、堆塑，还是壁画，其布局之合理、构图之和谐、匠心运用之精到、用刀运笔之老辣、形韵之优雅，皆令人拍案叫绝。有的则让多种祥鸟瑞兽与朱门楼阁共处一图，显然是古代湖湘艺人们不碍于物、不滞于胸、无拘无束、无挂无碍的审美观照方式的体现。

(三)建筑装饰艺术的文化解析

首先，高椅村的建筑装饰艺术蕴含着浓郁的精神信仰内容。在不同的自然环境和人文环境的影响下，建筑装饰呈现出多样化的面貌，成为当地文化的符号缩影。高椅村位于巫水(雄溪)中游，山林文化所孕育出的精神信仰都具有神秘色彩。远古时期，这片土地上人们的宇宙观与生命起源意识体现出了对自然、祖先以及鬼神的崇拜与敬畏，这些信仰后来也形成了高椅地区人们独特的审美情趣，使建筑装饰艺术充满着精神信仰的风韵。村中曾有许多神性意识的纹样和构件，如五通庙戏楼前檐柱子上的盘龙雕饰与戏楼顶内百鸟朝凤的藻井、十甲家祠中"鲤鱼跳龙门"的石饰子以及民居大门上刻有的八卦图（图 2－72）、暗八仙（图 2－73）、八吉祥等装饰，它们无不是意蕴深刻而绵长，充溢着神秘浪漫的巫楚文化气息。

图 2－72　八卦图图案

图 2－73　暗八仙图案

其次，高椅村的建筑装饰艺术表达了丰富的民俗与社会意义。建筑建造的主要目的是在于满足居民的日常生活所需，因此，高椅村民建造房屋时以经久耐用为前提，因地制宜选材建造。但经过时代变迁，不同的生活习俗和精神意识使得人们追求一定的情感需求，这一点则通过建筑装饰表达出来。如建筑的梁、柱等主要构件中刻有龙、凤、鱼等吉祥图形，窗花上雕有"封侯挂印""一帆风顺""天官赐福"等纹样，墙壁上也常写有家规家训或绘有壁画，还有部分装饰中刻有劳动场景……这些装饰一方面刻画了高椅村人民特殊的生活环境，体现着底层劳动人民祈求风调雨顺、家族兴旺以及对幸福生活的向往；另一方面，最具地方特色的则是"狮蛇""鼠一鼠二"的窗花装饰，它们都有着弘扬"仁义""感恩""耕读为本"等教化意义。

第四节　高椅的历史人物

一、查盘官张崇桂

高椅村张姓人士张崇桂，因为科举考试落榜，没考上秀才，辍学后经营文房四宝生意。明朝万历二十三年(1595)，麻阳县学童满朝荐被误会偷了水星阁学馆石公子的狼毫笔，张崇桂出面帮助学童，赔给石公子一支狼毫笔，赠送给学堂师傅一支狼毫笔，随后又送给满朝荐两支狼毫和两绽徽墨。

得到张崇桂好心帮助后，学童满朝荐怀着感激之心发奋读书，后来高中进士，仕途风顺，官拜太仆寺正卿，为报答张崇桂赠笔之恩，并于万历三十三年(1605)主动登张崇桂柴门拜访，并请张崇桂上京做客。张崇桂随满朝荐治理镇江，深夜张崇桂肚痛腹泻，便准备上岸，因夜色已深，看不太清，误将船上火炮弄响，惊动了主事之人，追问缘由，张崇桂只好撒谎说："发现岸边有情况，没来得及禀告，故此开炮。"于是主事之人便上岸查明情况，果然发现几个蒙面人，手持刺刀，倒在血泊中。而这几个死者正是此次闹事的肇事者，因此镇江之乱，很快平息。

随后满朝荐将此事禀告皇上，皇上感到高兴，随即召见了张崇桂，并册封其盘官之职，也就是检察官的意思。在张崇桂任职八年中，为政清廉，恪尽职守，后因其老母重病才返老还乡。

皇帝对张崇桂十分赏识，赏赐其稻田百亩，并在高椅乡为其修建了一栋四合大院，满大人还题赠"彩焕三湘"四字大匾。

张崇桂告老还乡后，为民办了不少好事，受到百姓爱戴，后人题诗赞曰：

清泉石上忽然坤，不意流源出直龙。

先祖至今存古迹，后昆何不咏重重。

二、机智多谋杨有荣

(一)巧断沅水木洲案

光绪二十年间，杨有荣曾任会同、绥宁、靖州、通道、黔阳、辰溪竹木帮即辰洲会馆的"六帮总管"。

沅水的下游有一口黄泥井，上游排筏下来赤膊的排筏汉子，到此井喝水会被下游富豪的手下们用鞭子抽打，排筏之人常被抽得皮开肉绽。这件事激起了很大的民愤，于是杨有荣着手调查此案，并且想到一个好的计策，他了解到会同境内青朗河段有一个木洲，也有这样一口水井，他便借此做文章。命人刻一块石碑投入此井，碑文如下："大明洪武三年，沅江暴涨，大闹水灾，青朗木洲遭雷击为两截，末截漂流数百里，到常德府河伏始定，渍涨为下沅木洲"。落款为

"大清道光十八年三月。"与此同时，杨有荣还修改了《会同县志》在其空白页上附加"木洲井下有石碑为据"的字样。

杨有荣为了进一步证明黄泥井属会同，请人编写歌谣到处传唱，并在当地流传。歌谣内容如下："天皇皇，地皇皇，洪武三年遭水荒。青朗木洲遭雷击，飘飘荡荡下沅江，流下沅江八百里，河伏地段把身藏。木洲本是会同地，却被霸占逞强梁，强迫交租又交税，挥起皮鞭打善良，如今若有王法在，何不为民作主张。"有了这些舆论之后，沅水上游排筏之人理直气壮地去下游放排，并抗交租税给当地富豪。

为了早日了结黄泥井之事，在有了证据、舆论、民愤之后，杨有荣便故意制造了一个事端，请了十名彪形大汉强行在黄泥井放排，于是和当地官府起了争执，闹上了衙门。由于证据确凿，衙门大人只得大笔一挥，"经过本府查证，木洲原先由会同县管辖，这以后便共同治理，合理使用，废除以前自行定下的地方租税的规定"。几经折腾后，会同木帮胜诉。

（二）巧占生姜码头

生姜是清末年间十分畅销的商品之一，常德有一座生姜码头，会同、洪江、黔阳一带木商和姜商都途经于此，但此码头却不准运姜的商船轻易停靠，运姜商人一路上被当地的恶霸二道、三道层层盘剥，最后才可能到达生姜销售点，这让商人们做生意的成本巨大。

杨有荣得知后，下定决心要解决此事。他假装喝醉酒领着仆人上街闹事，看到大铜锣便买大铜锣，看到水果、香糖便买，毫不计较其价钱，并把买来的好吃的分发给周围看热闹之人，用来壮大声势。

杨有荣亲自手拿铜锣和锤子故意来到此生姜码头，不停地敲打，大声地宣布要买这一锣之地使用三年五载，给他三千两白银。掌管这生姜码头之人心喜不已，以为自己今天会捡个大便宜，便与杨有荣立下了字据并画押，其字据如下："具契约人莫某，原以姜码头一锣之地卖给六帮总管杨有荣，双方凭中人言定，价款为白银三千两，一次付清，日后双方决无后悔，空口无凭，特立字为据。"

随后杨有荣便着手修建辰州姜行，却受到卖地老板和地保们的阻止，双方争执便闹上了县衙门。双方拿出了共同立下的字据，府台觉得契约一锣之地，显然不止两尺，但要实际论起一锣之地也占据有大半个辰溪，而给三千之数显然太少，后杨有荣说只要整个生姜码头即可，于是府台便判决杨有荣获生姜码头，其他等人不得滋事。

三、侗族英雄杨国雄

在杨振刚写的歌唱高椅村的快板中，其中就有介绍杨国雄的一段唱词：

还有那杨国雄、杨国强，招兵买马换朝纲。

一个要抗日倒蒋，一个要反清灭洋。

到头来一个是英雄悲葬，一个是烈士豪放。

古今多少事是非成败总难量！

杨国雄当时被有些人误认为是土匪，其实他是真正的英雄，现在老一辈的高椅人对杨国雄仍然是赞颂不绝。听当地一位黄姓老人的叙述，说这位英雄总共生了两个儿子，在长沙生的儿子叫长生，学名杨运权；在天津生的儿子叫天生，学名杨运炳。然而后来这位英雄为躲避官兵的追剿，最后都不知葬身何地，真可谓是英雄悲壮。但他留下的许多豪迈事迹至今被人们所津津乐道。

（一）奇袭高市乡公所

民国二十七年（1938），日本帝国主义已经开始全面侵略中国，当时南京政府坚持"先安内而后攘外"政策，所以无论在关内还是关外都有民间的抗日游击组织，杨国雄组织了湘黔边区抗日后援自卫游击队。

当时高市乡乡长黄大同是一位"先安内而后攘外"的激进分子，他视杨国雄为匪徒，一心想消灭杨国雄组织的湘黔边区抗日后援自卫游击队。黄大同在杨国雄的家乡高椅村胡作非为，组建了"自卫队"，使当地民不聊生。

民国二十七年（1938）十二月二十四日夜，杨国雄闻讯回来保卫家乡，途中遭到了邓家冲自卫队的阻击，杨国雄的部队勇敢作战，击溃邓家冲自卫队，随后又奇袭高市乡公所。杨国雄从不滥杀无辜，饶了黄大同等人的性命，返回邓家冲后，黄大同及其自卫队成员立刻被释放。

（二）摧毁洪江渔梁卡

巫水河出口处有一处关卡名为洪江渔梁湾卡，路过这里的商贾必须要交钱、开票、帖花，否则会被开枪射击。

关卡的设置不但是在榨取人民的血汗，而且在战争时期对于武器弹药的运输极为不利。民国二十三年（1934），杨国雄和黄百川、伍荣理等五名彪形大汉假装放排途经渔梁卡，借口停排纳税事宜挑起争执，将税官和枪兵全部用斧头砍死，并把关卡的一切字据、账簿烧毁。

（三）火烧李三军

由于杨国雄被国民党政府视为土匪，因此他一直受到政府的围剿。民国二十七年（1938），杨国雄的部队遭到重创，只剩下一个卫戍营的兵力了。

当时联乡自卫队李三军请战，野心勃勃地想消灭杨国雄的剩余部队，在民国二十八年（1939）正月初四，杨国雄部队与李三军率领的230人激战，采取敌进我退的战术。因为二人曾为同学，杨国雄念在昔日同学之情，想放李三军一马，无奈李三军的部队穷追猛打，步步紧逼，于是杨国雄利用地形优势，埋下伏兵，放火烧敌，背水一战。最终联乡自卫队无路可退，李三军也在战役中被活活烧死。

四、劫富济贫杨国强

高椅村民杨国强，是一名普通的农民，家里有一位老母亲。因自幼练得一身好的拳脚功夫，遂前往绥宁县青坡里打零工养家糊口。在前往绥宁的路上，却遭到当地一兰姓恶霸财主的挑衅，杨国强失手将其杀死。无路可退的杨国强联络了一些兄弟，奔向梦云山，为抵抗追剿，他招兵买马、锻造兵器、训练壮士，干起了"劫富济贫"的事，当地土豪劣绅非常害怕，主动送物资上山求和，以换取和平相处的局面。

后来名声大噪的杨国强前往罗口，在洞口挪溪不幸遭官兵伏击，部队受到重创，杨国强及其残部转移贵州黎平鳌鱼寨，杨国强的人与当地人和谐相处，最终在鳌鱼寨安家立业，在当地教百姓练武，保护一方，还被推选为寨主。

第三章

风土人情源远流长

在汉侗民族共处的高椅村，两种不同形态的文化相互交流与碰撞，构成了当地精神文化与物质文化方面的性质和特色——杂糅。汉侗民族的风俗、礼节、习惯共存于高椅村中，其形态别具一格。诸如既过汉族的春节、重阳节，又过侗族的侗年、黑饭节；汉族的说唱艺术——快板与少数民族所特有的说唱艺术——"扛土地"并存，等等。正如人文社会学者司马云杰所说："当有不同文化的族群杂居在一起时，他们的文化必然相互吸收、融合、涵化，发生内容和形式上的变化，逐渐整合为一种新的文化体系。"①

第一节　秀丽乡村美食多

正所谓一方水土养一方人。地域、风俗习惯、气候特征及食材来源的不同造就了各个地域不同的饮食习惯。高椅村自不例外，也拥有自己舌尖上的美食。

一、高椅侗家黑饭

农历四月初八是高椅村杨姓人家的黑饭节。节日当天，各家各户都会制作黑饭。中午时分，全家人（将出嫁的姑娘也接回家中）围桌而坐，配着另外置办的酒肉，一起大口地吃着黑黑麻麻的黑饭团，其乐融融。

黑饭实为黑色的糯米饭，制作流程并不繁复（具体参照下文黑米饼制作过程）。姑娘们相约上山采摘乌树叶；将乌树叶洗净舂烂浸泡，浸泡出的深蓝色水过滤去渣，浸入白糯米；浸后的生糯米入锅煮熟。黑饭不但清香可口，据说还有祛风败毒、延年益寿的功效。事实的确如此，黑饭中用来上染黑色的乌树叶的药用历史悠久，中医认为，"其性平、味淡，其叶汁含有名贵的天然黑色素，有松弛血管、改善血液循环的作用，也可以预防动脉硬化、糖尿病等，还可以治疗牙龈腐烂，食用和药用价值高"。这也正是黑饭的清香中蕴含着一股淡淡草药味的原因。②

有关高椅村黑饭节，村里流传着这样一个传说：北宋名将杨文广被奸臣陷害入狱，奸臣更是一心要致其于死地。狱卒不仅每天对其严刑拷打，而且还将其妹妹杨九妹每天送进牢里的饭菜也抢走，让他饿着。妹妹得知此事后，为避免狱卒抢饭便想出了妙招：从山上找来草药捣出黑汁泡糯米蒸熟，做成这种会

---

① 司马云杰. 文化社会学［M］. 太原：山西教育出版社，2007：24.
② 陈涵贞，苏德森，李文福. 乌饭树叶和乌饭营养成分的分析与评价［J］. 福建农业学报，2008(4)：392.

让人误认为是脏饭、霉饭的黑饭送入牢中。狱卒果然中招，不再抢饭。而杨文广天天吃着这黑饭，竟越发有力气，从而为兄妹俩约定的越狱提供了可能性。四月初八约定之日当天，杨文广挣脱锁链，带着其他被关押的穷苦之人一并逃出监牢，尔后他与前来接应的妹妹一起骑马逃亡。不料，坐在哥哥身后的九妹在途中被追捕的人用利箭射伤身亡。为了纪念杨九妹，此后杨氏家人在每年的这天(农历四月初八)都吃黑饭。黑饭节也由此而来。

黑米饼的形式是黑饭节的衍生物，优点为便于存储。其原材料与黑饭一样：糯米、乌树叶，以下是其具体制作过程(图3-1，图3-2)：

(1)将糯米用水浸泡一晚，乌树叶舂烂泡制一晚；

(2)再把泡好的乌树叶水倒入糯米里浸泡一晚；

(3)后将其搅拌均匀后上锅蒸熟，盛入容器中；

(4)准备多个直径约为10厘米的圆形竹圈，将黑饭放入其中，压紧成饼状；

(5)将饼有序地排放在上面撒着干净草秆的竹篮中，至太阳下充分晾晒。一般两至三天即可(图3-3)。

晒干后的黑米饼，可存储起来(图3-4)。待到吃时，入油锅里炸至酥脆便可食用(图3-5)。

图3-1　黑米饼制作场景

图 3 – 2　黑米饼制作过程

图 3 – 3　黑米饼晾晒过程

图 3 – 4　黑米饼成品

图 3 – 5　油炸后的黑米饼

二、高椅侗乡粑俗

说到高椅村，不可不提糍粑，这里的一年四季几乎都和糍粑有着紧密的联系。村中的各种节日或场合，如年夜饭、祭祖宗、接龙灯等都会出现糍粑的身影。高椅村的糍粑不仅种类式样繁多，而且与之相关的风俗习惯也独特且多样。其中，"送糍粑"最具代表性。

在高椅村，几乎家家户户都会做糍粑。女人们已经把做糍粑当成生活中必不可少的事情，而男人们习惯通过女人做出的糍粑的好坏来衡量她们的本事，常常以自己的老婆能做出一手好糍粑而引以为豪。

(一)制作糍粑流程

先将雪白的香糯米簸干净，用冷水浸泡若干小时后放入甑内蒸熟；再将热气腾腾的、适量的糯米饭迅速倒入糍槽，由两位壮汉各持一根木棒对其进行交替槌捣。一槽糍粑大抵要舂两分钟，其中搓、揉、扭、挤、拽、舂、旋、起每个动作都得下猛力，直至糯米饭成泥状，糍粑便制成了。

通常，为了便于存放，刚打制好的糍粑又会被姑娘、嫂子们飞快地抓成糯团后摔向桌面，拍上几巴掌，再翻入手中，盘旋成又圆又薄的、便于叠放的糍粑饼。高椅人选择在气温低、食物不易变质的春节时分打糍粑，并将制好的糍粑饼摊放五至七天，至冷硬状后用山上挑来的、立春前的清泉水浸泡。这样，糍粑便可以放至立夏也不会发霉变味。

(二)高椅糍粑的种类

根据个头大小的差异，高椅村的糍粑被形象地分为"糍粑仔""糍粑娘"两种。其中，"糍粑娘"一般供奉于桌上，用于祭祀祖宗，也有说法为"糍粑娘"是回礼给前来拜年的外甥或女婿用的。"糍粑仔"个头较小，用作平常食用(图3－6)。

高椅村的糍粑还有色彩上的差异。糍粑通常都为白色，而高椅村除了白色糍粑外，还有用蒿叶掺入糯米打成的青色糍粑(图3－7)，以及使用红色素将糯米染色制成的"红糍粑"。其中最富地域特色的为象征着喜庆吉祥的红糍粑，在拜年时送上四对，寓意"四季发财"。

图3－6 糍粑仔

图3－7 白糍粑与蒿叶糍粑

在形态上，高椅村的糍粑有圆形和方形之别。《孟子》的《离娄章句上》中有曰："不以规矩，不成方圆。"这方圆形态的糍粑，是山里人清清白白过日子，规规矩矩做人的高尚情操的象征。

（三）高椅糍粑的风俗

1.糍粑装饰图案的寓意

高椅村民常常以印在糍粑上的、纷繁多样的装饰图案作为传达自身对生活美好向往的媒介。例如，有的在用于回礼的"糍粑娘"上面印上大红"喜"字，寓意喜气洋洋；有的在糍粑上点四个小红点，寓意"四季发财"；有的印上小红梅，预示年尾岁首，冬去春来。此外，还有"双龙夺珠""鲤鱼跳龙门""孔雀开屏""吉祥如意"等寓意吉祥、幸福的文字式样和其他独具高椅地域特色的图案。

2.吃糍粑的讲究

高椅村民不仅做糍粑很有讲究，吃糍粑也不例外。例如，春节舂好的第一槽糍粑要用于祭祀：女主人会从舂好的糍粑坯中掐出碗口大的一块放在瓷碗里，端端正正摆在神龛上，然后燃纸、烧香、作揖，敬天地神灵，祭列祖列宗，祈求来年风调雨顺、五谷丰登、全家福寿安康。舂好的第二槽糍粑才供人食用。主人会让大家在停槌小憩时，每人用筷子夹一块热糍粑。此时，女主人通常还会捧出一罐自家蜂儿酿的蜂蜜，供大家配着热乎糯软的糍粑食用。在吃糍粑的过程中，村民敬天地、尊祖宗的伦理道德观念显露无遗。再如，大年三十守岁时，各家各户团聚在火塘旁，一口糍粑，一口酥糖，一口甜酒的搭配着来吃。凡春节期间来了客人，首先就要烤糍粑，开甜酒盛情款待。此外，高椅村民在每年立夏的时候也非吃粑不可。一方面有句俗语曰："立夏不吃粑，老虎要挟他妈。"另一方面，据说立夏这日吃糍粑，出门就可以避蛇，俗称"踏蛇孔"。这种说法或许并无科学依据，但却是当地独特的风俗习惯。

3.关于"耳朵粑粑"

高椅村民的生活中还有一种形态较为特殊的、大小与酒杯相差无几的糍粑——"耳朵粑粑"。一方面，它是定亲礼的一部分。高椅村的男女青年相爱并得到父母许可后，男方方可带着"耳朵粑粑"和其他礼物到女方家提亲，拜见未来的岳父岳母。另一方面，它充当着结婚喜讯的"传递者"。当未来岳父岳母收了定亲礼后，便会找来"传喜人"让其再将"耳朵粑粑"分别送给有关亲戚朋友，俗称发"请柬"。不过此时一般不告知婚礼时日，仅用于知会亲戚朋友预先做好将有喜酒喝的准备。在结婚当日，相关的家庭会再收到两个"耳朵粑粑"，这时，全家老少便要更换新衣，带着提前备好的贺礼去喝喜酒了。

4. 送粑传情

高椅村还有着送粑传情的习俗。姑娘们和后生玩山赶坳结成朋友后，便以糍粑作为表达情感的媒介。约会时，姑娘会用精致的细篾篮子装着糍粑，送给喜欢的后生伢子。与此同时，姑娘要唱《送篮歌》："三月栽花四月发，九月重阳妹送粑，舂得粗糙捏得丑，吃起来好像嚼岩砂。"后生伢子接到心仪的姑娘送的糍粑时，便唱起《夸赞歌》："姐姐手巧粑粑香，做得粑圆赛月亮。粑上印起红花朵，吃在口里像蜜糖。"这样，送粑传情的过程便完结了。

之所以送"粑"，是因其蕴含着深刻的寓意。一方面，糍粑黏性很强，寓意日后有情人越"粘"越紧，感情亲密无间，白头偕老。另一方面，姑娘送给心上人的糍粑共有12对，寓意一年12个月相思不断，情意绵绵。在这之中，"粑"不再是一种食物，而是姑娘们对爱情、婚姻生活美好向往的寄托物，也由此，她们在做糍粑时才格外用心。

三、侗家花醮粑

淡淡的野草香味中夹着甜甜黄豆香的侗家花醮粑集香、糯、软、甜于一身，味道好不诱人。自古以来，它既是高椅村红白喜事的必备之物，又是佳节时分馈赠亲朋好友的最佳礼品。

(一)简易花醮粑的制作工艺

花醮粑的简易做法要经过上色、滤水、调馅、包馅、搓团、捆扎、蒸煮等环节。

(1)上色：把糯米与切碎的水丽花一起泡入适量的水中，使糯米浸上水丽花的颜色(图3-8)。

(2)滤水：捞出糯米与水丽花，放入机器内绞碎后装进布袋，用石头压干水分，以备作花醮粑的青色糯米外皮用(图3-9，图3-10)。

(3)调馅：将适量的黄豆粉与白砂糖搅拌均匀，其配比为4:1(图3-11)。

(4)包馅：把搅拌均匀的馅儿包入适量的、滤水后的青色生糯米团中(图3-12)。

(5)搓团：把带馅儿的青色糯米面团搓成鸡蛋状。并将其放在后续用于捆扎的、涂抹上菜籽油的粽叶上滚动，使糯米团表皮全部粘上菜籽油，以防与粽叶粘连(图3-13，图3-14)。

（6）捆扎：将附着上菜籽油的青色糯米团包入粽叶中（图 3 – 15）。

（7）蒸熟：入蒸笼蒸熟。待凉透后即可进行真空包装，并放入冰箱急冻存储（可保存 10 天）。食用时把其从冰箱中拿出蒸透即可（图 3 – 16，图 3 – 17）。

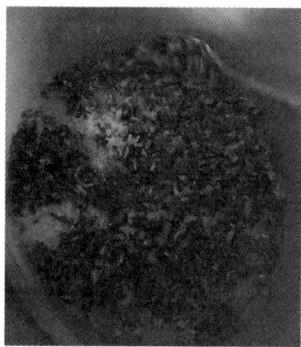
图 3 – 8　上色

图 3 – 9　滤水 1

图 3 – 10　滤水 2

图 3 – 11　调馅

图 3 – 12　包馅

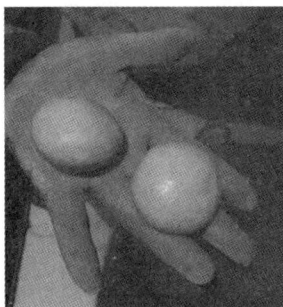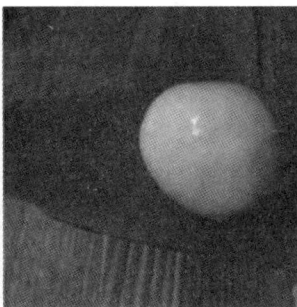

图 3 - 13　搓团 1　　　　　图 3 - 14　搓团 2　　　　　图 3 - 15　捆扎

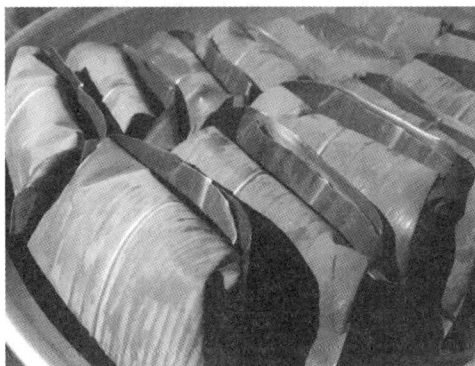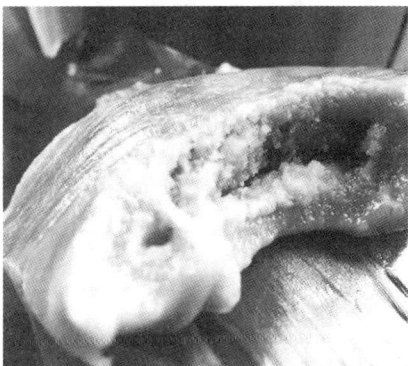

图 3 - 16　蒸熟　　　　　　　　　图 3 - 17　食用

（图 3 - 8 至 3 - 17 来源：微信公众号"忆乡"，寻味怀化湘西第一古村的风味 NO.1 竟然是它！）

（二）复杂花醮粑的制作工序

在高椅村，花醮粑还有一种制作工序较为繁复、造型十分精巧的做法。每当婚丧等重大节日来临时，侗家姑娘、嫂子们便用此法制作。具体流程如下：将优质的生糯米研磨成细粉，加水搅拌并分制成大小不一的糯米坨，用于制作不同的造型；两只灵巧的手在糯米坨上捏、捻、滚、压、打，做成生动有趣、栩栩如生的小鸟、小鱼、青蛙、兔子、小猪等动物形态；后将其放入锅蒸熟，晾干；再绘色、贴金、点睛。

除了花鸟虫鱼等简单造型外，手艺高超的姑娘、嫂子还可制作有戏剧人物的、用料多在五斤以上的盆式造型的大醮粑，诸如《梁山伯与祝英台》《刘海戏金蟾》《八仙过海》《孟姜女寻夫》等。

复杂形态的花醮粑绚丽鲜艳，有的形态逼真，鸟似飞，鱼若游，有的形态介乎"像与不像"之间，任你的想象力自由驰骋。

(三)关于花醮粑的习俗

高椅村的花醮粑千姿百态，且内涵各异。走亲访友时，用斗笠形的彩色图案粑；白喜事时，多用花板模型印制的白色粑；婴儿三朝满月时，用球形彩色粑；清明扫墓则用动物形彩粑；祝贺老人寿诞，必须要用有戏剧人物或楼台亭榭、丛山飞鸟等图案的盆式大醮粑，以示隆重祝贺。

由于花醮粑的制作需要一定的技巧和功力，所以与做糍粑一样，形成了以做花醮粑的好坏作为衡量姑娘们是否心灵手巧的标准的风俗习惯。因而，姑娘们通常把做花醮粑看作是充分施展自身才能的大好时机，往往趁这个时候在众人面前一展自己的技艺。

四、柚子蜜饯

在村中，几乎每家每户都在自家院子里种有柚子树，既可作为家中的风景树，又可采摘柚子来吃。其中，用柚子皮制作的柚子蜜饯是高椅村世代相传的、由妇女制作的美味。与通常的蜜饯不同的是，高椅村的蜜饯为雕花蜜饯，形态各异，极具艺术价值。而且，柚子皮由于具有理气化痰、润喉暖胃、润肺清肠、补血健脾等功效，深受高椅人喜爱。

具体的制作方法如下：

（1）准备：菜刀、柳叶刀。

准备好锋利的菜刀和柳叶刀。其中，柳叶刀具有尖、细、薄的特点，用来在柚皮上雕刻图案。

（2）选材：青柚。

选用青而嫩的柚子，并把柚子用清水洗净，取出果肉后仅留皮备用（图3-18）。

（3）切片。

由于柚子尚未成熟，其皮较厚（附带有内瓤），所以要进行横向剖切，去除内瓤部分，将整体的柚子皮仅保留一到两厘米的厚度即可。

（4）雕刻。

雕刻图案：高椅妇女可以用柳叶刀在青柚子皮上雕刻出丰富多彩的图案。

图 3 - 18　青柚

(图片来源：微信公众号"忆乡"，寻味怀化湘西第一古村的风味 NO.1 竟然是它！)

仿佛自然界一切美好的事物，她们都能行之于刀、跃然于手，赋予在这柚子皮上。其中较为简单的图案有花、鸟、鱼、龙、凤等，相对复杂的图案有"鸳鸯戏水""丹凤朝阳""春兰秋菊""喜鹊含梅""南山不老松"等。这些图案通常具有美好的寓意，诸如"喜鹊含梅"寓意来客生活幸福美满，"鸳鸯戏水"暗示两情相悦，"南山不老松"寓意老人健康长寿。

握刀方法：用食指和大拇指夹紧柳叶刀，用中指抵在柳叶刀刀尖后一公分处。雕刻时将刀略微倾斜，适度用力并控制走刀速度，避免伤及手指。如遇花纹雕错的状况，可将错就错，顺势雕出另一种花纹。

雕刻方法：有平雕、浮雕、通雕（透雕）三种。其中，平雕法是雕花蜜饯的基础，适合在平整的、弧度较小的柚子皮上进行雕刻。浮雕法（图 3 - 19）分为阴文浮雕和阳文浮雕两类。主体图案部分通常采用阳文浮雕的方式（图案部分呈凸出状），图案的细节部分则用阴文浮雕（凹型）的方式。通雕法，是将所要雕刻图案之外的部分镂空，可以从正反两面欣赏作品（图 3 - 20）。但要求雕刻时要一刀一刀的进行，速度不可过快，否则会破坏图案的细节部分。由于这种雕刻方式受柚子皮弧度的限制较小，所以采用通雕方式雕刻制作柚子蜜饯的较多。

图 3 - 19　浮雕法

（图片来源：http://blog.sina.com.cn/s/

blog_4953cb3c01015mfi.html）

图 3 - 20　通雕法

（图片来源：http://blog.sina.com.cn/s/

blog_4953cb3c01015mfi.html）

（5）加工。

漂洗：将 20 克石灰混入约 5 千克的水中（此时水略带涩味），搅拌均匀后把雕刻好的柚子皮倒入，浸泡 3 小时左右，再用清水洗净。其目的是为了让柚皮肉质紧凑，不易煮烂。

煮熟：在铁锅中加入适量清水，并放入黄铜（加入黄铜能够使柚子皮保持原青绿色，此做法在民间称为"返青"）。待水煮沸时，将雕刻好的柚子皮放入锅中，煮约半小时后捞出。

糖渍：将捞出的柚子皮放入盆中，按照柚皮与白糖 1∶1 的比例加入优质白糖，并反复搅拌约半小时，使柚子皮充分吸收糖分。

晾晒：把糖渍好的柚子皮摆放在铺着纱布的干净竹篮上，每片之间保持约 2 厘米的距离，以免结块。摆好后再盖上一层细细的纱布，以防灰尘落入。在晴朗的天气下晾晒 2 ~ 3 天，直至水分脱干。

制作完成后的柚子蜜饯洁白如玉、清香扑鼻。通常作为茶点招待客人，或赠送亲友，或拿到市场销售。

五、血粑香肠

每年腊月，是灌制"血粑香肠"的最佳时节。其制作流程如下：先在适量的糯米中加入少许食盐,泡制后滤干水分;杀猪,把猪血将流尽时的尾血用盆子盛取,并取猪大肠洗净;将尾血倒入糯米中,并佐以葱、姜、五香粉、酱油等,搅拌均匀后装入猪大肠中,用绳子捆扎成一节一节状;在每节猪大肠上扎若干小孔,挂在火塘旁晾干即可食用(图3-21,图3-22)。

每次食用时取下一节,洗净后切成圆片,用茶油(菜油)、干辣椒、大蒜等爆炒即可。血粑香肠吃起来不油不腻,口感舒适,令人回味无穷。

图3-21 血粑香肠1

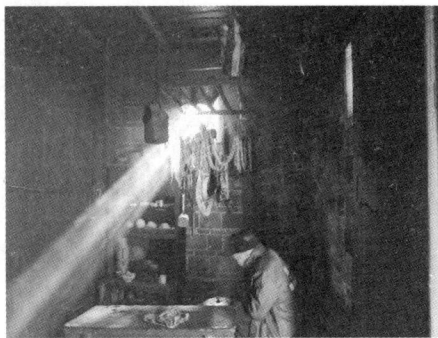

图3-22 血粑香肠2

第二节 文武之乡才人出

一、剪纸艺人黄杏

> 我老婆婆年纪一大把,但是眼睛不太差,
> 每天无事闲在家,戴上眼镜剪窗花。
> 我们高椅真不差,已经旅游搞开发,
> 修马路来搞绿化,进来的小车是奔驰和宝马,
> 还有那腾空的大铁塔,信息传遍千万家。

正在唱快板的是性格开朗活泼的黄杏老人。她多才多艺,同时也是高椅村的一位民间剪纸艺术家(图3-23)。

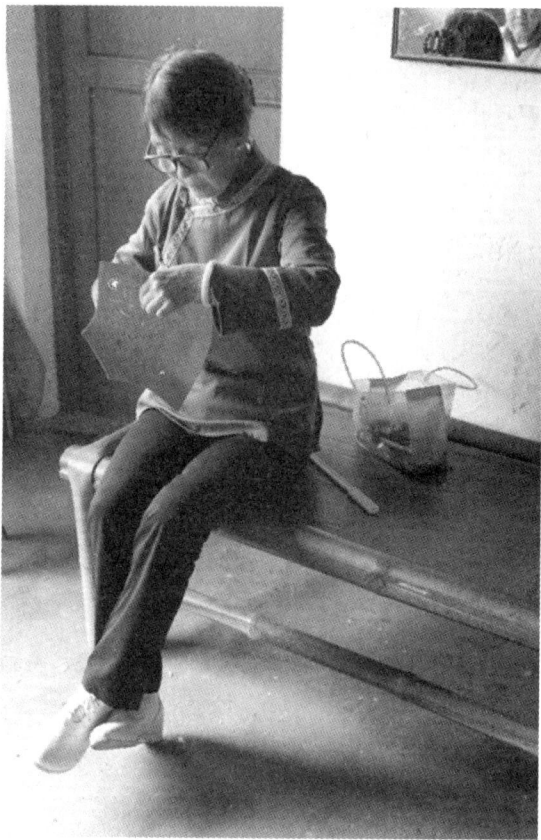

图 3 - 23 黄杏

(一)关于黄杏老人的故事

　　黄杏老人现已有 80 岁高龄,但剪起窗花来动作却依旧熟练灵活。从 8 岁起,她便开始接触这门手艺并研习至今,功底十分深厚。据说,当年粟裕大将军的妹妹嫁到了黄家,成了黄杏的嫂嫂。嫂嫂心灵手巧、多才多艺,绣花剪纸,样样精通。于是,黄杏就跟着嫂嫂学习,也由此深深地爱上了剪纸。

　　黄杏对剪纸的感情,与其成长经历不无半点关系。她出生于地主家,算得上是大户人家的女儿,自幼便接受了良好的教育。一方面自幼熟读三字经等古代经典书籍。另一方面,其父时刻教育她要遵循如"笑不露齿""话不高声""站有站姿、坐有坐相"等规矩礼仪。然而,在"文化大革命"期间,由于成分不好,生活大不如从前，吃尽了苦头。直到二十几岁，嫁给一位部队的文教军人后，其生活境况才发生了些许好转。在那个艰苦的年代，剪纸成了生存的手段。老人就是靠卖剪纸供自己的五女一儿去读书。直到女儿们都读完中专、儿子读完大学后，黄杏才又将剪纸作为一种爱好来丰富自己的生活。她说："剪纸是我一生中最喜欢做的事情，是我生活的一部分。平日里，只要一得闲，我便坐下来开始剪纸。"

如今，黄杏老人吸引了许多外来的采访者、仰慕者，彼此之间也发生了一些趣事。

湖南卫视乡村发现栏目的记者李兵来采访时，看到老人的剪纸作品如此精美细致，竟怀疑是机器和模具制作出来的，便询问她是否能当场表演一下。于是，黄杏老人便当众剪出一只老鼠(李兵的属相)，并赠予他，还说道："李兵同志是个好艺人，能说又能唱，一定会纳金。你过来宣传高椅村是做好事，所以不收你钱。"

吉首大学的一位教授一直无儿无女，十分喜欢剪纸，曾求黄杏老人赠他一副剪纸。老人得知后，便为他设计了一张儿女双全的剪纸，并对他说："尊敬的教授您最贤良，今日来到我们高椅乡。待你生得龙凤胎，聪明伶俐状元郎，龙子龙孙出福将，将来出国去留洋。"神奇的是，教授回去后不久便喜得一儿一女。去年，教授还带着孩子专程来看望黄杏老人。离别之时，黄杏老人还不忘唱上几句："现在的日子太好过，莫要辜负好时光，老人们越活越年轻，七老八十变姑娘，还穿着花衣花裤来跳舞。"

由于年岁已高，黄杏老人迫切地希望能将剪纸这门手艺传承下去。因而她不仅曾接受山东一所高中的邀请，去教100多位学生如何剪纸，而且专门招收徒弟。由于老人技艺精湛，仅是在众多的采访者中，就不乏专程来拜师的学徒。

1. 剪纸的图案

黄杏老人常剪的图案可分为两大类：传统类和创新类。传统类延续了以往的内容与主题，主要有十二生肖、花卉、人物、动物、文字等。创新类的剪纸结合了当下的内容与题材，将传统与现代完美地融为一体。

（1）传统类

十二生肖：十二生肖剪纸是由黄杏老人自己设计(图3-24)。平时老人喜欢让拜访者猜谜语，并以此生肖剪纸作为回答对者的奖励。

图 3-24　十二生肖剪纸

花卉如图 3-25、图 3-26 所示。

图 3-25　荷花剪纸

图 3-26　《清廉莲花》迎接十八大胜利召开

　　人物：选材多以传统的神话人物为主，如观音菩萨、如来佛等。受"男戴观音女戴佛"的传统文化观念的影响，黄杏老人曾赠观音剪纸给出国留学的男孩，赠佛像剪纸给女孩（图 3-27~图 3-30）。

图 3-27　福字剪纸

图 3-28　童男童女

图 3 - 29　如来佛剪纸

图 3 - 30　观音剪纸

动物见图 3 - 31 ~ 图 3 - 34。

图 3 - 31　双鱼剪纸

图 3 - 32　老虎剪纸

图 3 – 33　喜上眉梢

图 3 – 34　比翼双飞

文字见图 3 – 35 ~ 图 3 – 40。

图 3 – 35　囍字剪纸 1

图 3 – 36　囍字剪纸 2

图 3 – 37　囍字剪纸 3

图 3 – 38　福字剪纸 1

图 3 – 39　福字剪纸 2

图 3 – 40　福字剪纸 3

剪纸作品虽用材简单，但其内涵及价值却十分丰富，是优秀传统文化以及剪纸人情感世界、技艺的物质体现。如图3-41所示的"福"字剪纸，由多种寓意丰富的传统纹样构成，其组合搭配的方式是剪纸人对"福"独到理解的体现：葡萄、石榴多籽，寓意多子多孙；莲花、莲子寓意连生贵子；一对鱼，有年年有余和鲤鱼跳龙门之意；牡丹，寓意牡丹伴福，花开富贵；蝴蝶，象征蝴蝶采蜜，十全十美。仅仅一个简单的"福"就包含了六种美好的寓意。

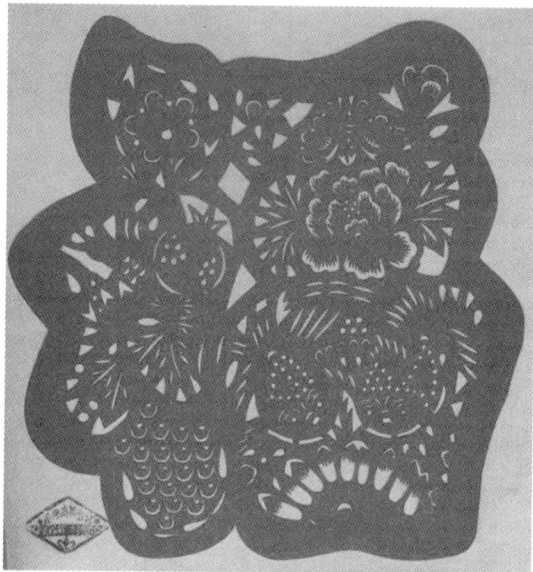

图3-41　福字剪纸4

(2)创新类

创新，才能让传统文化活起来，让其历久弥新。黄杏老人也深谙这个道理，因而她在传统剪纸的基础上，结合新的内容创作出了多幅剪纸作品。例如，图3-42中由外圆内方的井形钱币轮廓与当下题材"互助共赢"融合的剪纸；为海外华人互助中心设计的包含传统石榴、蝙蝠、福字纹样的剪纸(图3-43)；为摄像师专门设计的"青年映像"剪纸(图3-44)；给湖北电视台王静、徐梅夫妻设计的由二人名字合成的爱心状剪纸(图3-45)；为高椅当地新人喜结连理设计的剪纸(图3-46)。

黄杏老人对剪纸的创新不仅体现在剪纸的内容上，而且还表现为对其形式的创新。她将剪纸艺术简单化、生活化，奇思妙想地把剪纸与鸡蛋融合在一起，用彩蛋为平淡的生活增加一抹色彩(图3-47，图3-48)。

图 3 - 42 "互助共赢"剪纸

图 3 - 43 "海外华人互助中心"剪纸

图 3 - 44 "青年映像"剪纸

图 3-45 "梅静"剪纸

图 3-46 "水妍"剪纸

剪纸图案的创作往往是剪纸人经验"自在"的一种体现,表现为一种近乎恒定的心理状态。无论剪纸在时间、空间、方向、角度、距离等存在关系发生怎样的变化,剪纸人经验感知中的客体形象始终保持着恒定的状态,即它们"就是那样的"。剪纸人把对生活的直观体验剪进图案,同时把他们认知外物的心理结构嵌入纹样中,通过"以形含意"表达情感。意、形也罢,意、象也罢,都是在剪纸过程中瞬间合体的显现,形意不分,意象浑成。① 黄杏老人平时走门串巷、在别人家做客时,只要见到好看的图案,她都会仔细瞧瞧,记忆于心。之后凭着记忆以及自己主观想象的发挥将其剪出来(图 3-49)。她的五色茶花剪纸也是其对生活感知的体现,是以当地盛产的茶花树为原形而创作的。高椅村的茶花树非常奇特,一棵树种会有多个茶花的颜色,有大红、玫红、粉红、白色,还有半红半白,黄杏老人对其格外关注和喜爱。于是她日夜观看,最终创作出五色茶花这精美绝伦的茶花形象的剪纸(图 3-50)。

对于剪纸艺人们为何选择这些生动具体的事物作为其剪纸的形象,其实我们也可从更深的文化意蕴来探究,这种文化意蕴就是指中国民间剪纸的主要意象。其中"象"主要有三种:自然物态的,如自然界各种花卉、鱼虫、鸟兽等;民事生活的,如植桑养蚕、采莲划船、务农耕织等;虚拟构想的,如各种神话传说

---

① 王贵生.剪纸民俗的文化阐释[M].北京:北京大学出版社,2009.

和民间信仰等。而"意"则指的是我国民众文化心理中根深蒂固的思想情感,如团圆和睦、吉祥如意、多子多孙、富贵长寿等,是在华夏民族数千年道德观念引导下,在传统社会经济刺激和宗教精神浸润下,经由社会成员世代传承,不断获取新型认同群体,最终形成的意义凝定,而这种基于随机因素而构成的意向关联,经过民俗历史的不断连缀与缝合,逐渐演变成民众精神的凭依,我们把这种现象称为集体表现。① 很显然黄杏老人的剪纸意象,也是受到这种民俗文化群体的集体表现的结果。

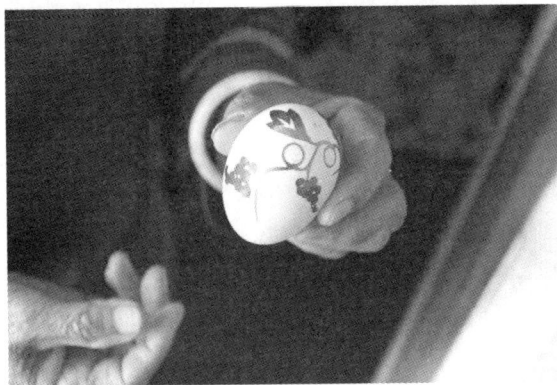

图 3 - 47　彩蛋贴花

图 3 - 48　贴花剪纸

图 3 - 49　龙凤呈祥剪纸

图 3 - 50　五色茶花剪纸及五色茶花

① 王贵生.剪纸民俗的文化阐释[M].北京:北京大学出版社,2009.

2.剪纸的工具

黄杏老人的剪纸工具主要是托女儿在上海、重庆等地所购买的多种大小不一的剪刀(图3-51,图3-52)。其中,嘴儿长的剪刀如2号,主要用于剪外轮廓形状,其余嘴儿短而小的剪刀主要用于剪镂空的细节部分。而由于4~6号剪刀握刀部分的空间较大,比较适合老人家剪纸时对力道的把握,所以在刻画细节部分时最为常用。

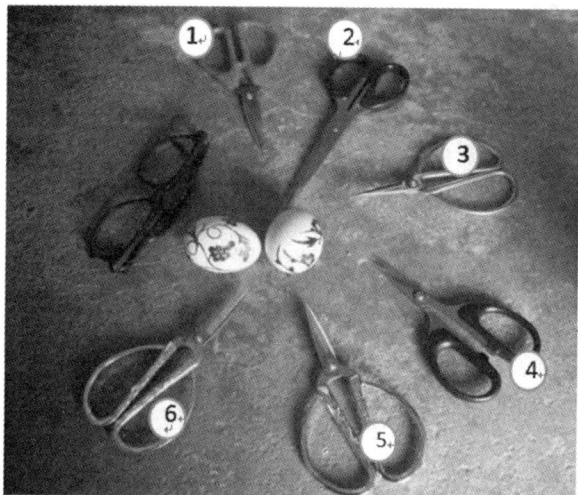

图3-51 剪纸工具

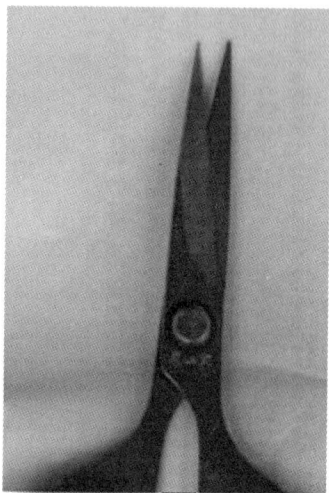

图3-52 剪刀细节

3.剪纸的工艺

剪纸的工具材料:除了上文提到的剪刀外,还有彩纸。传统剪纸的色彩主要有红、白、黄三种,而黄杏老人主要采用红纸。因为她认为红色代表向南、阳气,是随着四方、五行观念形成的吉瑞之色,象征吉祥幸福。

剪纸的基本纹样:如果将复杂的剪纸图案分解开来,实质上是由锯齿形、月牙形、三角形、圆形、云勾子等这些基本的纹饰符号有机组合而成。因而只要掌握和遵循其造型技法与组合规律,便可循序渐进地、自如地进行表达与创作。

剪纸的视角:黄杏老人剪纸采用的是中国传统散点透视法中的"全视角"方式,跟中国传统叙事文学的视角关系一样,通过在二维平面上无所遮拦地设置各类视图,构成大小、内外、有无、虚实等"非逻辑"的、"超时空"的、"超现实"的布局样式。这种布局样式有如下特点:首先,所表现的剪纸图形没有大小、长短、远近比例关系,完全按照自己心像构图进行创造,完全顺乎心意,发乎性情；其次，把不同视觉角度的片段加以组合，在二维平面上构建三维景象，即指把所有要表现的物象，一个不漏地平铺在画像上，并让其互相不遮挡。[①]

剪纸的构图：热爱生命、追求和美的中国剪纸人素来以圆形构图为主，黄杏老人也不例外。圆形又分为正圆、椭圆、半圆、变形圆等几种，以适应各种各样的图案。在黄杏的剪纸中，圆形的构图多用于表现作为婚礼之用的"喜"字图案，以此来表达圆满之意（图3-53~图3-56）。

图3-53 正圆形

图3-54 椭圆形

图3-55 半圆形（国宝熊猫扇）

图3-56 "国宝熊猫扇"获奖奖牌

剪纸的流程：剪纸通常从图案的局部入手，逐渐向外扩展至整体。具体的流程以剪花朵作为示例。首先，用剪刀轻轻地戳穿红纸，剪出正圆形的花蕊部分。其次，是剪一个花瓣。在适当的位置上剪出月牙形，后沿月牙剪出锯齿状。最后，用同样的手法剪出剩余的四个花瓣（图3-57~图3-62）。

① 王贵生.剪纸民俗的文化阐释[M].北京：北京大学出版社，2009.

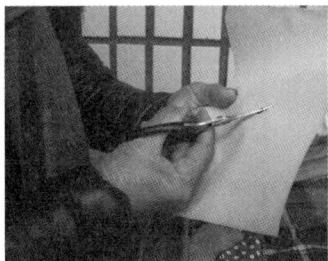

图3-57 花朵剪纸步骤1

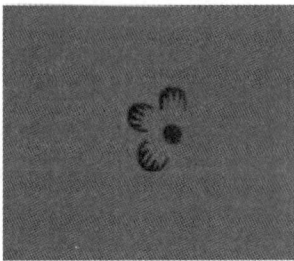

图3-58 花朵剪纸步骤2

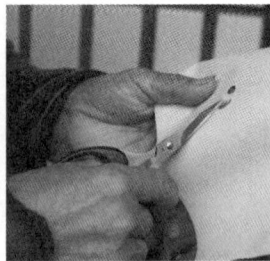

图3-59 花朵剪纸步骤3

图3-60 花朵剪纸步骤4

图3-61 花朵剪纸步骤5

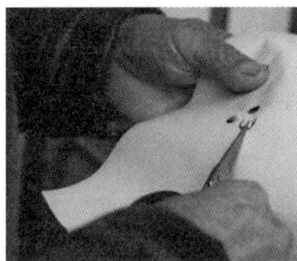

图3-62 花朵剪纸步骤6

(二)黄杏老人的快板

除了剪纸外，黄杏老人还热衷于快板这种传统的汉族说唱艺术，曾多次参加村、县以及怀化各地的比赛(图3-63，图3-64)。高椅村的快板的文稿多由杨国峰以及已经去世的杨振刚老人等编写，但目前已无文字记录，仅靠口头流传。值得引起社会关注的是，由于村内热衷快板的老人不多，这门艺术面临着消失的境况，现仅黄杏和村内另外一位老人梁淑瑶还能够朗朗上口地打起快板。

为了使这门传统艺术能够传承下去，本书将其以文字的形式记录下来。

图 3 - 63　黄杏老人唱快板　　　　　　　　　图 3 - 64　竹快板

1. 迎客快板(唱给来自香港、澳门的客人的快板)

　　　　　竹板一敲呱呱叫,香港澳门的客刚来到,

　　　　　来了专家和记者,又有学者和文豪,

　　　　　更有亲朋和好友,敢问领导你辛苦了,

　　　　　尽情做批评,做指导,希望对我有促进,有帮助,

　　　　　祝福领导万事好,工作顺利步步高。

2. 结婚祝福快板(给干女儿的结婚祝词)

　　　　　竹板一敲呱呱叫,四方的客人都来到,

　　　　　恭喜新郎官,贺喜新娘,

　　　　　天生一对,地上一双,

　　　　　郎才女貌,一对好鸳鸯,

　　　　　新郎官就是个美男子,找了个漂亮的新娘子,

　　　　　我就跟你说个"步步高";

　　　　　漂亮的新娘子穿着红鞋子,

　　　　　穿起红裙子,扣着红扣子,

　　　　　包里就背满了红票子,

　　　　　手上戴起金镯子,还戴起项链和耳环,

　　　　　优美的嗓子,挺挺的鼻子,

　　　　　最漂亮的是新娘子的眼珠子,

你头上别的花夹子，恭喜你们两个早生贵子。

3．九月九重阳节快板

九月九，是重阳，乡村遍地菊花黄，

幸福老人庆佳节，红红火火喜洋洋，

金秋九月桂花香，山清水秀好风光。

我们的老人来享福，一生辛劳是为粮，生儿育女多辛苦，

养起儿女一大帮，吃不饱来穿不暖，

又恨爹来又怨娘，听老人言勿冻饿。

一夜腾虹花满树，改革开放到三湘，

分田到户家家乐，一代脱贫奔小康。

养鸡养鸭能致富，儿孙个个是好儿郎，

有的读书上京城，当官那就做高党，

有的是经商当老板，肥头大耳好福相。

老人的衣食不用愁，健康齐乐保安康，

女人跳起扇子舞，扭着身子玩花样，

幸福的日子快乐过，不要辜负好时光，

老人越活越年轻，七老八十变姑娘。

说重阳，道重阳，幸福生活是万年长。

祝福老人万事愉快，四季安康，

祝福青年人，工作顺利，步步高升，

祝福孩子们，聪明可爱，长大成才。

4．介绍高椅村的快板

竹板一敲响叮叮，大家听我说家常，

说家常呀道家常，雪峰茫茫梦云苍。

若问江南何处美，都称高椅好地方，

好地方是我家乡，巫江缥缈落前方。

五龙戏珠在中央，四十八口龙泉井，

四十八口荷花塘，不是水乡变水乡。

村头巷尾水汪洋，苍龙本在云中舞，

来到人间变水乡，语如亲替模山子。

花落荷池水也香，最是村中那大塘，

千家为了共阴阳，吞吐一村污废水，
扬清搅浊替前光，江南好，好风光。
三座小桥锁宝藏，小桥流水风光美，
锁龙锁穴保安康，保住古村八百载。
明砖清瓦吐芬芳，现存古寨百余栋，
高耸龙云马头墙，石砖艺术为门柱，
云腾图案作门窗，壁画丹青谁处有，
还有那中华第一石鱼缸！
高椅的确风光好，
水样的楼群、路样的娇乡，梦样的温存、云样的迷望。
醉月楼、清白堂，是仅存的两座读书堂。
全村五百户木窨房。
家家勤劳耕种，户户报国文章。
文武人才辈辈出，耕读传家有书籍。
男人笔下精英武，女人落笔飞凤凰。
百代风流，锦绣天堂，
江南才气，万丈风光。
曾有那杨再周，官封一品当朝堂，
还有那杨再高，官封南京任洲堂。
杨委员主学政，坐镇扶乡，
还有那杨国雄、杨国强，招兵买马换朝纲。
一个要抗日倒蒋，一个要反清灭洋，
到头来一个是英雄悲葬，一个是烈士豪放。
古今多少事，是非成败总难量！
常言道，
上有天堂，下有苏杭。
咱高椅自有民居忠堂，
再看那庵堂小雾文塔夕阳，
三开锦运，八景共辉煌。
这里没有尖兵封守，也绝无久冻延疮，
这里没有高温好水，热浪骄阳，

却有那龙老板巫水漂流飘征，

三十里，如仙如梦，如空降，飞流直下最雄壮，

还有那国大和国章，把古色古香全传上。

让你看到古代的俗景乡，历史的风光，

让你看到千百年前的生活现场。

上溪浪电站已修成，高椅完全是人间天堂，

更加美好，更加辉煌。

欢迎大家来招资上香，

祝你财源广进，利达三江！

欢迎您来休闲度假，

祝您心身愉快，四季安康！

5. 歌颂社会主义的快板

一字写来像条龙，伟大领袖毛泽东，

从小一心干革命，打下江山为人民；

二字写来一横长，莫把党的恩情忘，

三座大山全推倒，全国人民喜洋洋；

三字写来三层街，总理就是周恩来，

井冈山上来集合，打的是蒋匪垮了台；

四字写来不留门，朱德亲自来带兵，

长征二万五千里，南征北战为人民；

五字写来排五方，林彪本来在中央，

他有野心搞政变，害人害己把命亡；

六字写来迎春风，新任主席华国锋；

七字写来一个勾，新民社会乐悠悠，

三个伟人一连死，全国人民个个忧；

八字写来两边分，新任主席江泽民，

领导人民搞开放，指挥还是邓小平；

九有买来又有卖，修行拜佛上灵山；

十字写来一笔拖，现在的社会好得多，

这是党的政策好，全国人民跳舞又唱太平歌。

6. 庆祝港澳回归快板——《祖国长春》

香港归来，澳门归来，香港澳门归来，台湾，快归来，团结起来，把祖国，推向一个文明的青春时代。风，你小心一点吹，不要把这花吹坏。现在桃花也正开，李花也正开，圆圆的花，万紫千红一齐开。桃花红，红艳艳，多光彩，李花白，白媛媛，谁也不要采，多可爱。我们走向新时代，全国人民富起来，那么，真开怀！

7.《十个月唱包公》快板

> 正月古人唱包公，出身年幼家贫穷；
> 天上文曲星下降，住在江西伟城中。
>
> 二月古人唱包公，命中算来是富翁；
> 幼年时运不凑巧，于人做事去奴工。
>
> 三月古人唱包公，多被为难去山东；
> 学堂读书不用意，暗地反对不相容。
>
> 四月古人唱包公，出身黑脸面侧红；
> 里法不认亲和戚，皇上加官坐开封。
>
> 五月古人唱包公，忠心耿耿扶仁宗；
> 铁面无私掌帅印，上皇宝剑拿手中。
>
> 六月古人唱包公，调查审案在梦中；
> 查实案子无差错，先斩后奏不能容。
>
> 七月古人唱包公，他予春天坐朝中；
> 七十二件无头事，件件落实有虚空。
>
> 八月古人唱包公，世美欺君害朝中；
> 世美不认亲儿女，包公查实罪不容。
>
> 九月古人唱包公，郭怀设计害正官；
> 整得半死不承认，理法一到自招供。
>
> 十月古人唱包公，贫婆被害坐冷官；
> 洛阳桥下多受苦，包公接待入朝中。
>
> 贫婆哭得双眼瞎，用口嗟光是仁宗；
> 原来仁宗不认母，包公讲清又依从。
>
> 仁宗不肯嗟娘眼，半空云中响雷公；
> 只把娘眼嗟光爽，身坐朝中才想中。

图 3 - 65 为《十个月唱包公》快板手稿。

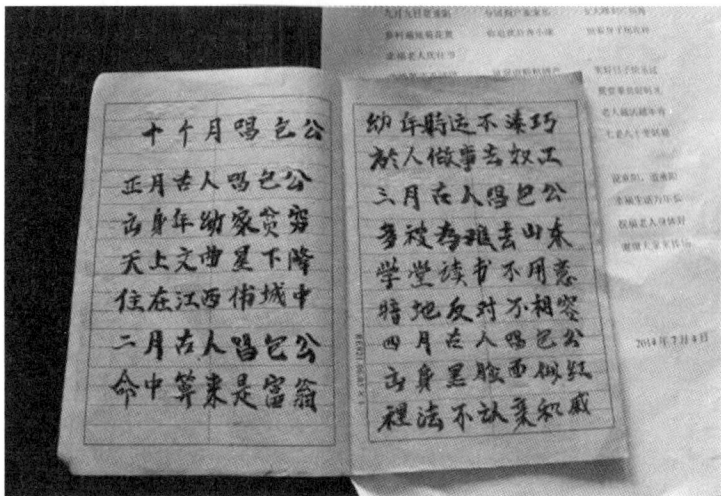

图 3 - 65 《十个月唱包公》手稿

二、竹雕艺人杨国大

杨国大出生于 1953 年，现已 60 余岁。他既爱好古玩，又喜欢竹雕、根雕。在他自己创办的高椅博物馆中，不仅收藏着万余件元、明、清各时期的古玩，而且自己创作的品类繁多的竹雕、木雕作品也展于其中。

(一)爱好古玩 自办馆藏

最初，杨国大并未有收藏古玩的爱好。直到 1988 年，在他承包了高椅村的 600 亩荒山培育用材林、经济林，在林中种植了大量的农经作物如板栗树，并取得了良好的经济效益后，才突发奇想地开始了收藏本村古董的生涯(图 3 - 66，图 3 - 67)。

而在当下传统村落文化遗产亟待挖掘与保护的背景下，杨先生意识到自己的肩膀上也担负着一定的责任，也应为此献出一份力量。于是，他将自己近 4000 余件藏品捐献给了国家，而国家表彰其爱国之心，奖励其 12 万元。[1]

---

[1]　摘自《第四届湖南省工艺美术大师申报评审资料附件》。

图 3-66 杨国大(1953—)

图 3-67 朱力教授与杨国大

在当地有这样一种说法:"洪江的银子、高椅的顶子(官帽)",意思是说高椅村是一个文化宝库。捐赠藏品之后,杨国大凭借之前的经验,又重新开始收藏古玩。虽然这个时候人们已经对古玩收藏的意识有所提高,收藏的难度有所增加,但是杨国大对其的热爱却丝毫未受影响。自 2001 年起至今,馆内的古玩已达上万件,品类高达上百种。2002 年,杨先生自己在高椅村主街道的一端开办了"民间个人民俗博物馆"(图 3-68,图 3-69),并于同年 5 月 1 日正式向游人开放。该博物馆在为藏品提供存储空间的同时,也为公众提供了一处欣赏文化艺术的公共空间。为了维系博物馆的基本运转,向参观的游人每人每次仅收取 10 元参观费。[①]

(二)就地取材 巧夺天工

除了热衷于古玩收藏外,杨国大在雕刻艺术上也颇有造诣,其竹雕、根雕作品十分精美。其实,他在小学时便因家境贫寒辍学在家跟父母务农,直到快 50 岁才开始把玩竹雕、根雕。杨国大喜欢上这门艺术,原因有三。其一,1998 年 10 月,在上海市城隍庙古董市场内游逛时,杨国大看到了不少竹雕作品,很受

---

① 摘自《第四届湖南省工艺美术大师申报评审资料附件》。

启发。其二,竹雕的原材料为楠竹。而高椅村三面环山,竹木资源非常丰富,是著名的"楠竹王"之乡,可就地取材。有资料显示,高椅村所属的怀化市是湖南省竹林资源较丰富的地区。全区有竹林69.1万亩,6441万根。其中楠竹65.2万亩,6322万根,竹径2～4厘米的有79万根,4～6厘米的有885万根,6厘米以上的有5009根。小径竹386344亩,散生竹118万根。全区竹林分布面积20万亩以上的有会同、黔阳两县,万亩以上的乡镇有20个。其三,其本人也有一定的雕刻基础,倘若能将竹雕与当地的巫傩文化结合起来,肯定非常美妙。于是,在这三方因素的共同作用下,杨国大研究起了竹雕工艺。没有师父教他,对于这门技艺的掌握全靠自己不断地钻研与反复的尝试。同时,为了使作品具有民族特色,他还潜心研究当地的巫傩文化。如今,我们在他的民俗博物馆中所看到的各种匠心独运、栩栩如生的作品都是他自学的成果。为了雕好每一件作品,他时常废寝忘食。用其自己的话来讲:"我不是在山上挖笓笓(挖树根的意思),就是在河里摸石头;不是在河里摸石头,就是在工作室搞竹雕;不是在工作室搞竹雕,就是在陪同客人聊天。"

图3-68　高椅博物馆招牌

图3-69　高椅博物馆入口

这些竹雕作品最终形态的产生,全然来自杨国大对原材料原始形状的尊重、理解与创作。他认为,选材的大小与形态并不重要,不会影响其创作的根本,因为他会根据材料的实际情况创作出不同的作品。但是,竹材的品质十分重要。一般而言,他会选用在寒冬腊月里成熟的、朝南当阳的竹材,一方面,这样的竹材会更坚挺。另一方面,阳面的竹材含水较少。相比之下,当阴的竹材特别是山窝窝里的饱含着大量水分且糖分较多,易遭虫蛀。所以,每年只有到了合适的季节,杨老夫妇俩才会上山采挖竹材。

杨国大的天赋与勤奋造就了他如今的艺术成就。其所创作出的大量精湛的竹雕作品，主要分为以下几大类。

1. 人物表情类

在杨国大的竹雕作品中，其最钟情、影响力最大、最具民族特色的便是傩堂面具竹根雕。傩堂面具是当地傩堂戏演出时演员们所佩戴的面具，不同的面具分别代表着不同的人物角色，其品类纷繁多样。杨国大以傩堂面具为原型所创造出的竹根雕作品"喜、怒、哀、乐"曾荣获湖南省第三届旅游商品大赛银奖，其特点是善于通过楠竹的根系形态，以及夸张、丰富的面部表情直观地塑造和表现人物的性格特征与内心世界。此外，其中所蕴含着的文化底蕴更为耐人寻味。此作品现由湖南工艺美术馆收藏（图3-70，图3-71）。

图3-70 "喜、怒、哀、乐"竹雕作品

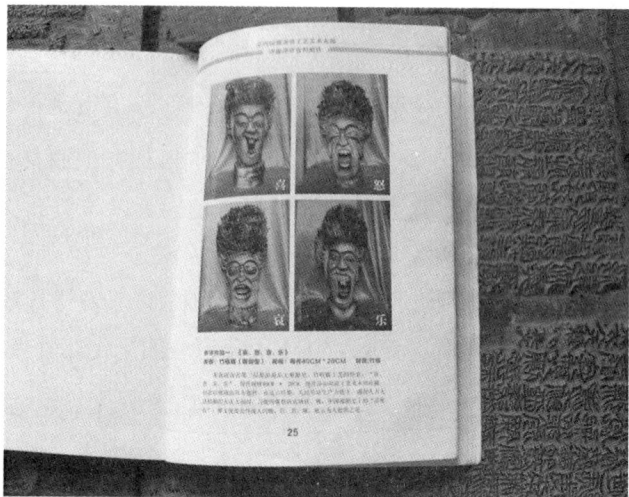

图 3 – 71 "喜、怒、哀、乐"作品简介

2. 僧佛类

僧佛类竹雕作品如图 3 – 72 所示。

图 3 – 72 僧佛类竹雕作品

3.牌匾类

牌匾类竹雕作品如图3-73所示。

图3-73　牌匾类竹雕作品

4.文房四宝类

文房四宝类竹雕作品如图3-74所示。

图3-74　文房四宝类竹雕作品

(三)简朴工具妙手生花

每每与他人谈论起这些作品,杨国大总是滔滔不绝,感慨良多。这一切皆因其所有的作品都是完全凭借他那两双勤劳且灵巧的双手制成,每一件作品背后都倾注了他大量的心血与情感。无数个日日夜夜,他埋身于博物馆对面的个人工作室中,将一件件精美无瑕的工艺品创作出来。

大多数工艺精细的民间工艺品,其实都是使用极其简朴的工具,以及在条件十分简陋的环境中完成的。在杨国大工作室入口的工作台上,摆满了各种雕刻用的工具(图3-75,图3-76)。这些工具大部分是他根据个人的雕刻习惯及实际雕刻所需,由自己亲手制作而成,很难在市面上见到。主要分为大器具和小器具两类:大器具(图3-77)主要为斧头、锯子,用来塑造大的形体轮廓;而小的器具(图3-78)主要是各种锉刀、锤子、砂纸等。其中,锉刀用来雕刻细节;锤子是锉刀的辅助工具,用以对其施加压力,可以看到所有锉刀的木把顶端都被锤子敲开了花;砂纸用于打磨,塑造光滑的表面。除了这个工作台外,工作室其余的空间被杨国大收藏的以及挖掘的竹木材料所占据。

图3-75 雕刻工作室

图3-76 杨老的工作台

图 3 - 77　大器具

图 3 - 78　小器具

竹雕工艺品的最终成型,还需要在雕刻完后经历两道工序。首先,煮竹子。把竹雕作品放置大锅内煮 3 ~ 4 天,被煮过的竹子硬如铁,经久耐用。其次,熏竹子(上色)。将煮后的竹子架置在火上方熏制几个月。为了色泽均匀,还需要把控好火候以及不停地翻动竹子。

杨国大的竹雕工艺品不仅为高椅村增添了一抹亮丽色彩,吸引了众多的外来游客前来参观,而且让独特且灿烂的巫傩文化广为人知(图 3 - 79)。一些爱好者也慕名而来拜师学艺。许多学徒与杨国大同吃同住,潜心学艺。这也使得这项非物质文化有了传承下去的可能。

图 3 - 79　杨国大第四届湖南省工艺美术
大师申报材料

图 3 - 80　杨耀文
(图片来源:杨耀文)

三、古村导游杨耀文

　　杨耀文是高椅村的村民，也是一位多才多艺的、关心家乡旅游事业发展的80后年轻小伙子。自2000年就一直在外打工漂泊的他，在听说深山之中的家乡高椅村要进行旅游开发后，便毅然决然地辞掉了工作，并报名参加了会同县旅游局主办的导游知识培训班，最终通过考核成为高椅村的一名导游（图3-80，图3-81）。

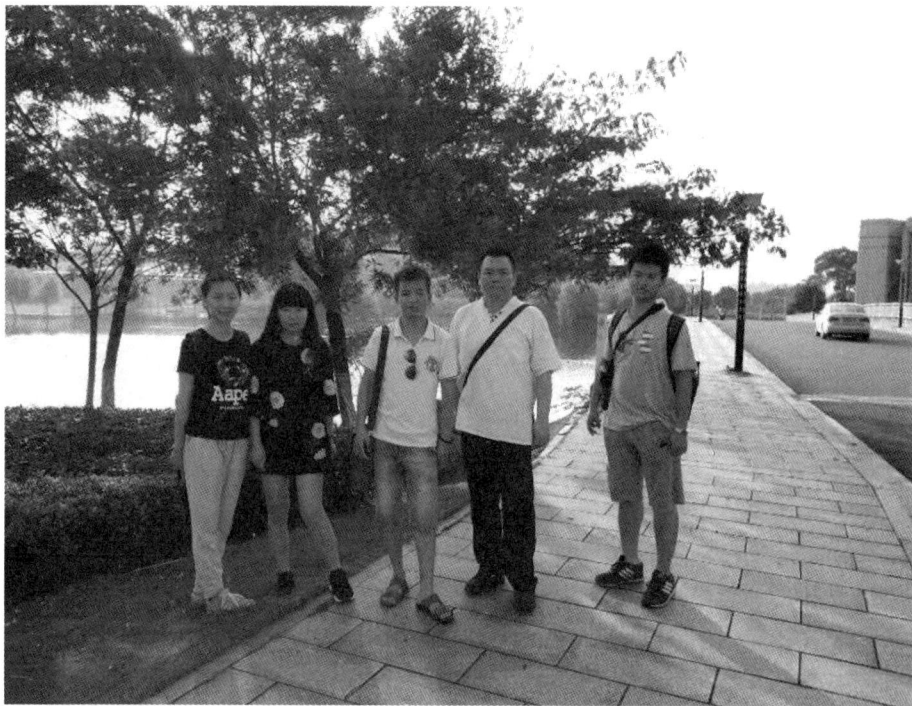

图3-81　杨耀文（左三）在中南大学与朱力教授合影

　　从小，杨耀文就对高椅村的历史文化充满了兴趣。如今，为了宣传家乡，为了让人们更充分地了解高椅村，他不仅对村落文化进行更为深入、系统的研究，而且将这些内容编成快板、写成诗文、拍成照片，通过微信等网络途径进行广泛传播。在这之中还发生了不少趣事。杨耀文先生曾在孙晓阳女士（北京绿十字主任、湖南农道基金会理事长）所组建的高椅村微信群里发了一张从高处拍摄的高椅古村全景图,并配上了这样一段文字:"阳地不过荆紫坪,阴地不过将军勒马形,若想真富贵,离不开高椅行(形)。"其意思是过去高椅村是有名的一块风水宝地,凡是到过高椅村的人们,都会沾上一些仙风神气,并带给大家吉祥富贵的好运。叶榄被这张高椅古村全景图所深深吸引,而又为了活跃群内气氛,便以高椅村为内容做出上联:"高人做高椅高椅坐高人高椅高人高高高",并以10万元(这里10万元指的是10万元印尼盾)征集下联。为了增加难度,不允许下上联有雷同的字,且下联中与"高椅"二字所对之词也必须为语义双关词(上联中"高椅"既指高椅古村,又指一把真正的高椅子)。在一番热论后,最终,上海浦益生物的陈豪先生以"低眉居低谷低谷举低眉低谷低眉低低低"获特等奖。而杨耀文以"古寨访古屋古屋放古寨古寨古屋古古古"获得一等奖。

此外,他还捡垃圾,进行垃圾分类,帮老人,帮助病患。杨耀文尽力帮助患病女孩杨金玉的事迹感人至深,被誉为业界中的"湘西最美导游"。

第三节　有趣的礼仪习俗

一、生育习俗

1. 催喜

女子怀孕俗称"有喜"。在高椅村,妇女头胎生育时有"催喜"的习俗,即在分娩之前,娘家父母须择吉日,携带婴儿衣服、鞋袜、帽子、鸡、糯米等礼物,以及一碗用糯米掺粳米煮成的"催喜饭",到女婿家为女儿"催喜"。以这种方式为媒介,表达对女儿平安分娩的期望。

2. 报喜

在高椅村,生了儿子称为"弄瓦之喜",生了女儿则为"弄璋之喜"。而不管如何,新生儿一出生,便要立刻传达此喜讯,即"报喜"。

一方面男方须马上到岳父岳母家中"报喜",因为他们对女儿的生产状况尤为牵挂。去时还要携一只煮熟的鸡和一罐甜酒,另带一只活鸡(俗称"引笼鸡"),并以活鸡的公母表示新生儿的性别:若是公鸡,则表示生的男孩;若是母鸡,则表示生的女孩。此外,女婿进门时,须先放上一挂鞭炮,再进屋说:"母子平安,请两位老人家放心!"之后,岳母将熟鸡与活鸡一并送进厨房,岳父则把甜酒壶放在神龛上。此后三天内,岳父母会将此喜讯告之邻里乡亲,并请乡亲来家中喝甜酒。如果女婿是使用甜酒壶的方式来表示婴儿的性别时，那么当客人前来贺喜的时候，一见神龛上的酒壶，就知晓是添男还是添女了。

另一方面，当天要宰杀一只大公鸡(俗称落地鸡)敬奉祖宗，向祖宗"报喜"。

3. 三朝

婴儿出生的第三日，称为"三朝"。在侗族传统习俗里，"三朝"被认为是婴儿踏上人生旅途的第一站，因而要在这一天举行盛大的"三朝礼"，宴请宾客并接受亲友庆贺。

在当地，此举称为"三朝酒"。因亲朋好友需于此日前往放炮贺喜，又名"打三朝"。为了有充分的时间做宴客的准备，"三朝酒"一般延至于婴儿出生后的9～11天后举行。其具体的日子还需请算命先生依婴儿的生辰八字来择定吉日。"三朝"这天，父母须用艾叶煮水给婴儿洗"三朝澡"。之后，用一个煮熟的鸡蛋，在婴儿头上盘旋三圈，并把此蛋分做几份给在场的其他小孩吃，表示其今后相互之间团结友好，不吵嘴打架。岳父岳母则要在当天送来一笼鸡(四只以上)，一些鸡蛋、红糖、糯米，以及婴儿的衣物等。宴请时，客人至家，主人要把赠送给婴儿的衣物摆出来给大家看，俗称"见百家"。宴请中，家中长者要抱婴儿拜见客人，客人则往往要塞给婴儿一个红包，称作"抱身钱"。

4. 周岁

婴儿满一周岁时，同样要置办酒席以宴请宾客。客人则备办礼物，前来给婴儿"做周岁"。

这天，最为重要的一项礼仪活动是"抓周"：由父母抱着婴儿一一向长辈认亲磕头，继而设案祭祖。之后，将文具、算盘、钱物置于桌上，抱周岁婴儿任其抓拿，并以此预测婴儿长大成人后的志趣及前途。[①]

二、婚嫁习俗

在"父母之命，媒妁之言"的传统婚姻中，从接触到订婚有着烦琐的礼仪习俗。高椅村也不例外。

1. 访人家

首先，由亲朋好友(媒人)牵红线。其次，待两家有联亲之意后，由女方姑

---

① 会同县志编纂委员会编. 会同县志[M]. 北京：生活·读书·新知三联书店，1994：914.

嫂或姨婶到男方家去了解其家境、人品、为人处世的口碑如何等。此举称之为"访人家"。如今，姑娘也会一同前往。待女方到达后，男方要热情接待并主动介绍自己的家庭情况，以使女方更加了解自己。此外，为了给女方留下好印象，男方还会请来能说会道的邻居或亲友前来作陪，以更好地回答女方提出的各种问题。

最后，在女方临走时，男子往往要馈赠一两件礼物给姑娘，若姑娘收下，则表示接受男子，也预示着二人的婚事基本确定。

2.合八字

俗话里说："八字不发真，日子不顺心。"婚事能否最终确定，还要依据男女双方的生辰八字是否匹配。合八字也称合婚，其实质是借助"天意"预测婚姻的成败与祸福。

访人家后，男方即请媒人携带着写有男子生辰八字的"鸾书"以及礼物到女方家，去求得姑娘的生辰八字。这一仪式称之为"发八字"或"讨八字"。如若经八字推算相和，便可以为婚；若八字相克，且双方又执意联姻，则需按照规矩更改生辰八字，即将出生时辰改动。

3.下定

"下定"指男方到女方家下聘礼的行为，又称"打等子"或"号妹子"。

聘礼的内容与形式也极为讲究。一方面，聘礼主要包括酒、肉、糖果、鸡、鸭、鱼、糍粑，以及姑娘的衣物等几类。其中，食物的种类必须为六或八，寓意着六六大顺或恭喜发财。此外，还须备"挂礼"，即为女方家的每一户亲戚都准备的礼物。另一方面，这些礼品要装入"台式"内，上披红彩，并由男方亲戚抬着送去。

下定即意味着双方订立婚约，女方要请亲友、邻居吃酒，俗称吃"耳朵尖"。凡受了"挂礼"和吃过"耳朵尖"的，在姑娘出嫁时以及婚后生育时，都要赠送礼物。

4.讨日子

"讨日子"是指男方到女方家商讨并确定婚礼的具体时间。在下定之后过上一段时间，先由男方提出结婚并预设大致的婚期，再由媒人携带礼品到女方家商讨具体的婚期。一般以女方所定日期为准。

5.迎娶

结婚之日的前几天，男女双方家便会组成多对人马，准备迎娶新娘的各项事宜。婚礼当天清晨，男方便备花轿、请乐师、喊轿夫等，组成迎亲队伍，由主事人和媒人带领，一路吹吹打打，前往女方家迎娶新娘。图3-82为高椅村的一对新人迎娶的场景。

图3-82　杨远龙迎娶杨利艳场景

(图片来源：微信公众号"影像怀化"，高椅古村传统婚礼)

6. 离娘席

在高椅村，姑娘出嫁当天娘家还要置办一桌"离娘席"，作为新娘上花轿前向其家人，尤其是生她养她的母亲告别离家的礼仪。离娘席的菜品及数量皆有规定，形式十分讲究，只设"三菜六碗"。其中，"六"代表吉祥如意，且参与吃席的人也只有六个，除母亲外，一般还有家中年长的妇女如外婆、姑母、伯娘、嫂子等。而"三菜"也各有寓意：第一道菜以猪肝作为主要食材，寓意心肝宝贝。第二道菜为鸡肉，寓意吉祥如意。第三道菜为鱼，"鱼"与"余"谐音，寓意年年有余、吃剩有余、享用不尽。

离娘席上，母女二人早已哭成泪人，其他姊妹也哭哭啼啼，难舍难分。饭后，新娘的同胞兄弟或者堂兄弟会将她背送进花轿。此时，女方家人还要在花轿内放入火笼，挂上镜子。其中，火笼意指姑娘从此成家立业，家庭兴旺；镜子可驱邪避祸，保护新娘一路平安。花轿启程时，还有一项仪式，即男方迎娶的人扶着花轿向前走，而女方亲友则拖着花轿慢点行，忽前忽后，一进一退，反复三五次后再放手，俗称"游轿"。此外，如果在迎亲路上遇到两支迎亲队伍迎面相遇的情况时，双方花轿须保持在同等高度，并停下待双方新娘出轿，互换手帕等礼物以示友好后，方可继续前行。若一方花轿落地则代表其有意高于别人的花轿，为欺人之举，易生械斗。①

7. 传火种

在新娘的轿子去往新郎家的路上时，队伍中会有人手持火把，称为"传火种"。究其来源：一为高椅村三面环山，新娘若嫁到异地或远嫁而来时，队伍必定途经山路、树林，而此时火把具有驱赶山中野兽毒虫的作用。二为火种是传宗接代的象征，寓意着新娘将来必定能给男方家添子添孙。

8. 周堂

新娘被迎娶到家后，要在中堂门外出轿。而且轿前会放一竹筛，新娘必须踏竹筛而出，意为筛掉一切肮脏，干干净净入洞房。新娘进屋时，婆婆必热脸相迎，以表日后婆媳相和。新郎此时要站在屋内的高处，以示来日不受妻子欺负。有趣的是，有的新娘不服便顷刻跳上中堂的凳子，高过丈夫一尺，而新郎见状则要抢登高楼。此举往往可惹得观众捧腹大笑。

晚上，是在神龛上燃有龙凤蜡烛的、灯火辉煌的堂屋中举行"周堂"仪式的时刻。屋内，礼师(司仪者)头戴礼帽，身着长衫，立神龛一侧，循规喊礼。新郎新娘则随着礼声一拜天地，二拜祖宗，三拜父母，再拜舅舅、伯叔等长辈，最后夫妻相拜。其中，在叩拜父母和长辈时，受拜者都要赠予新郎新娘"白头到老"等佳言以及红包。

待周堂礼毕，新郎新娘进入洞房。随之，闹新房的热闹场面便开始了。

侗族人爱饮酒，酒在其生活中扮演着重要的角色。比如，一天劳作之后喝上一碗，活血解乏；遇上喜事，喝酒助兴。而在自古汉侗民族混居的高椅村，酒在家宴及大小节庆中也不可或缺，正所谓"无酒不成宴席"。除了喝酒，高椅村的人还自己酿酒，其中最出名的要数杨梅酒和烧酒。

---

① 会同县志编纂委员会编.会同县志[M].北京：生活·读书·新知三联书店，1994：911.

与此同时，也形成了诸多与喝酒有关的习俗。

（1）喝团团杯

在高椅村，喝团团杯是一种增进友谊、交流感情的礼仪与方式。其形式为：喝酒的时候全体起立举杯后，自一人始，依次将右手中的酒杯递向右边人的左手中，且不放手。等到大家全部手连手且杯子成圈后，一同将各自左手中接过来的酒一饮而尽。紧接着，再进行一轮，但这次为反方向传递。其中，左手递杯是"左兴左发"，右手则是"右兴右发"。而这一左一右寓意团结和睦，左右皆发。

（2）喝交臂酒

喝交臂酒与我们通常所说的喝交杯酒的不同之处在于共饮的对象不同。交臂酒是亲密朋友之间的一种饮酒风俗，尤其适用于老友久别相逢的时候。相同之处在于同是斟满酒，举杯起立，两人右臂穿叉相勾，仰首一饮而尽。

（3）喝较量杯

酒量好的人之间在酒桌上的较量称之为"喝较量杯"。在高椅村，喝较量杯的数量也颇有讲究。通常在较量刚开始时，双方先对饮二十四杯（代表二十四节气），寓意来年丰收好兆头。接着，再喝十二杯（十二个月为一年），预祝对方来年喜事连连，月月有喜事。饮酒至此，双方若仍无醉意，可将盛酒的容器从酒杯变为饭碗，或直接用钵子，直到一醉方休。

（4）揪耳朵喝合心酒

只有亲密无间，情同手足的人才会"揪耳朵喝合心酒"。这种喝酒礼仪十分独特：双方各自揪住对方耳朵，酒杯也递向对方嘴前，并一齐饮尽。紧接着，还要再夹起一块丰腴肥美的肉送入对方口中。

（5）喝酒禁忌

喝酒的过程中还有许多禁忌，不可不知。例如，斟酒的次序忌讳不分尊卑。八仙桌的座序与落座者身份地位的高低密切相关，斟酒的次序要按此依次斟酌。再如，你若不能再喝，而掌壶者又为你斟酒时，只需做出将酒杯藏起的动作并谢绝倒酒即可，千万不可抓取掌壶者手中的酒壶，否则将被罚酒三杯。

三、春节习俗

在侗族没受到汉文化影响之前，根据侗历来确定的新年——"侗年"是侗族最大的节日。由于侗族人民十分好客，所以侗年没有统一的日期，各个地方都不一样。因为将侗年错开来过，便于亲戚朋友之间的互相走访。不过时间限定在农历十月底到十一月初之间，通常为 1 ~3 天。

受到汉文化的影响，各地的侗族除了过侗年之外也过春节，并且春节成为一年中最隆重的节日。在汉侗民族文化融合的高椅村，春节也就过得与众不同了。高椅村的"春节"具有与汉族相同的时间，某些形式和内容既具有相似之处，又独具地方性特点，形成了多种内容复合叠加的状态。过春节时抢"头担水"、喝油茶、给果树"拜年"、开财门、点天灯、年庚饭吃长条菜等，都是侗族独特的庆祝春节的形式，而过春节本身以及守岁、张贴春联及门神等是汉族春节的习俗。

1. 吃长条菜

除夕之夜，年庚饭席上的第一道菜便是一碗长条青菜。之所以称之为长条青菜，是因为其保持了青菜原有长长的形态，不能横向切短，只可竖向将其用手撕成条状。这道菜端出时，必须先由年幼者将菜夹给长辈后，他人才可食用。此外，夹菜时还得说些吉利话，如"祝全家青青（亲亲）热热""祝您老人家常青长寿"。

在这种利用食物的形态以及名称的谐音来讨口彩的习俗中，蕴含着高椅村民对家庭和睦的美好期望。

2. 点天灯

从大年三十夜起到元宵节止，家家户户的堂屋门前都会竖着一根约十米高的、顶上悬挂一盏明亮油灯的竹竿，俗称"点天灯"。其中，油灯的灯架为木头所制，呈方形，表面糊着绘有彩色花鸟的皮纸，内点有蜡烛或茶油灯。据说，此举是为了显示村庄的兴旺，也有的说是为了迎接祖宗回来团圆。

3. 抢"头担水"

抢"头担水"，顾名思义就是争抢着打新年的第一担水，是侗家汲取吉祥的一项活动。年初一凌晨头遍鸡叫时，姑娘媳妇们就开始准备抢水的器具——缠着红布条的扁担水桶。只等迎春鞭炮一响，她们便挑起水桶，举着火把像箭一样冲出大门，朝井边跑去。据说抢到"头担水"的人，在新的一年中便可事事顺利。而且在他们眼里，"头担水"是吉祥之物，可给全家带来幸福。因而，这"头担水"在挑进家时，家里人不仅要放鞭炮迎接，而且不能倒入水缸，要单独存放，也不许拿来清洗东西。

"头担水"通常被主妇用来给家里人、客人制作醇美可口的甜酒，以及清香四溢的油茶,吃下也预示着全年消灾保平安。

4.开财门

侗家人信奉"开门见财(柴)",于是"柴"成了亲友之间相互赠送的礼物。除夕之夜,亲友会偷偷在主人的大门边放上一块木柴。初一清晨,当主人打开大门,木柴便顺势倒进屋内,惹得主人满心欢喜,此谓之开门见柴(财)。村中的一些人家,在日常生活中也会将木柴堆放在院落内正对大门的墙面上,或是放置在门的一侧,也谓之"开门见财(柴)"(图3-83)。此外,许多村民还会将家中常年堆放成捆的木柴在春节期间放倒在自家门口。当小孩子经过时,便会大喊"柴倒了""柴倒了",从而寓意"财到了"。

图3-83 开门见"柴"(财)

5. 给果树"拜年"

每逢大年初一，起床后的第一件事就是全家人恭恭敬敬地来到预先选好的高大果树前，给果树拜年。拜年时，主妇需在果树前摆上着酒和食物，男人则负责持刀在树干上轻轻砍三刀。

此外，在砍之前，家里的孩子会问："果树结不结？"一家人要齐声回答："结，结，结。"砍下第一刀后，孩子接着问："结得多不多？"一家人继续回答："结的多，三担两大箩。"砍第二刀后，再接着问："果子落不落？"家人回答："不落。"最后砍上第三刀。之后将糯米饭、肉、酒依次喂进在树上所砍出的像嘴巴一样的刀口处。这就意味着果树已经酒足饭饱了。接着，贴上一张红纸，意在祈求果树生长茂盛，果实丰收。最终，用锄头在果树周围除去野草，培一下泥土，整个仪式才告结束。

6. 舞龙灯　草龙舞

相传，龙能行云布雨、消灾祈福，象征着祥瑞，所以以舞龙灯来祈求平安和丰收的形式便由此衍生了出来。在高椅村，除了祈求风调雨顺外，舞龙灯还是一项深受人们喜爱的集体性的传统民间娱乐活动。

图 3 - 84　舞龙器具

春节前，人们就开始忙着扎龙灯，描龙头，龙尾（图 3 - 84）。每逢初三初四，一支支生龙活虎的舞龙队便涌向村中。草坪空地，中堂屋，晒场都成了他们的大舞台。舞到哪里，那里便是人山人海、锣鼓齐鸣、鞭炮喧天，热闹一片，给古村春节增添了一层喜庆热闹的气氛。

当地人民对接龙敬龙十分虔诚，迎龙进寨，接龙进屋，都要煨茶鸣炮、焚香点烛。龙灯进屋表演，灯头便领唱起龙灯歌，顿时偃锣息鼓停止呐喊。开始唱："青龙头上三点花，龙来恭贺主人家，主家接龙有诚意，又燃鞭炮又敬茶，今日龙来贺过后，吉星高照主人家。"如此唱一段，舞一段，舞一段又唱一段，越唱越高兴，越唱越精神。

龙灯舞到正月十五日圆灯后，还要举行烧龙仪式。它象征着送龙王回龙宫。先由灯头将龙头放到指定的河边，其余舞龙者将龙身、龙尾和各式花灯堆积在一起。这时，周围狂欢的人们，或朝龙灯燃放鞭炮，或用松柴点火扔向龙灯处。于是，一年一度舞龙灯，便在熊熊的火花中结束了。

四、重要习俗

既过春节又过侗年的高椅村向我们展示了其习俗杂糅的特性。其实，从整体来看，高椅村的整个节日体系都是由汉侗节日体系融合而成。既吸收了汉族节日：春节、端午节、中秋节、重阳节等，又吸收了侗族的传统节日：侗年、黑饭节、送火神节等。如有在时间上重合的，则将其合二为一，呈现共存的状态，比如重阳节与送火神节的融合。此外，节日的具体习俗，也在这种交融中发生了地域性的改变。

1.五月五　过端午

中国不少地方的端午节又分为"小五节"和"大五节"：农历五月初五为"小五节"；五月十五为日"大五节"。在高椅村，大多数村民都过"小五节"。这天，家家户户门头上挂菖蒲艾叶，以驱毒辟邪；食粽子、饮雄黄酒；在巫水河畔开展龙舟竞赛活动，引得四面八方的群众前往观赛。[①] 此外，民间的中医多在这天上山采草药，认为其药效会高于平日。

2.九月九　重阳节

农历九月九日，是汉族的重阳。古人认为九为阳数，九月九日，两九相重，故谓之"重阳"。汉人庆祝重阳节一般包括登高远眺、观赏菊花、遍插茱萸、

---

① 湖南省会同县志编纂委员会编.会同县志[M].北京：生活·读书·新知三联书店,1994：914.

吃重阳糕、饮菊花酒等活动。而对于部分地区的侗族而言，这是送火神的日子，即要在野外盖一间禾草小屋，祭礼后将草屋焚烧，意在祈求免除火灾。

在汉侗民族文化杂糅的高椅村中，两者融为了一体，但内涵则发生了细微的改变。例如，相较于汉人，高椅村民在这一天会采摘桐叶包糯米粑以过节，而非吃重阳糕。当地俗云"重阳不踏粑，是个野人家"。此外，高椅村民应时的酿制米酒、甜酒(此酒味道醇厚且出酒率高，俗称"重阳酒")，而非饮菊花酒。与此同时，还杀鸡、扭秧歌、唱快板、起高脚、下象棋，以庆祝此节。①

3. 扛土地

土地神源于远古人们对土地权属的崇拜。我国的汉族以及许多少数民族都信仰土地神。而"扛土地"是少数民族所特有的说唱艺术，也是他们对土地神崇拜的衍生物。受侗族文化的影响，高椅村自古就有这种习俗。其表现形式为：逢年过节，村中就会有唱戏班子扮上土地公、土地婆，走家串户，以求祛灾避邪，祈祷丰收。只可惜如今这种表演越来越少见了。

五、高椅牛俗

1. 给牛喂饭

侗族较为完整地保留了巫傩文化，其信仰也处在较为原始的万物有灵的多神信仰及图腾崇拜阶段。因而，仍留有牛灵、树灵等崇拜及相关的祭祀行为。这种侗族文化的影响，使高椅村仍保留着强烈民族气息的风俗。

对于以农耕为主的高椅村来说，牛在农耕生产中承担了犁田和驾车的重任，一年到头不懈耕耘，正如诗中所说"但得众生饱，不辞羸弱病卧残阳"，其奉献精神和高贵品质为世人称道。加之高椅村村风淳朴，村民都怀有知恩图报的心，所以耕牛不仅被他们视为神灵，更被视为"恩人"。于是每逢岁末时，主人会用菜叶包裹米饭和米酒，喂给牛吃，作为对其辛勤作业的犒劳，而且在喂食时还要对牛念"老牛，老牛，感谢你这一年的辛苦让我们得以顺利丰收"之类的感谢话语。

2. 斗牛舞

庄稼收割时，村民往往以斗牛舞这种舞蹈形式来庆祝丰收以及慰藉自己过去一年的辛苦劳作。一些人穿上"斗牛服"，扮作耕牛，在收割后的一片片庄稼

---

① 湖南省会同县志编纂委员会编.会同县志[M].北京：生活·读书·新知三联书店，1994：915.

地里欢喜地奔跑。另有人带上棕榈帽子，扮成赶牛汉子，与庄稼地里乱窜的"耕牛"一同构成了这独具一格的庆丰仪式。

六、爱树习俗

对树灵的崇拜使得高椅村形成了爱树的风俗习惯，并以"神树"作为其信仰的载体。在高椅村村口，有棵枝繁叶茂、直径约三米的古樟树。它历经千年，见证了高椅村曾经的起起落落，仿佛就是一位守护神。因而，这棵千年古树便成为村民所信仰的"神树"。有时，遇到调皮的小孩子围绕古树玩耍，老人们便会笑呵呵地对小孩说："细伢崽们，你们莫在这千年老树下打闹呀，莫嘻嘻哈哈的惊动了树神，它是会作怪的，要肚子痛哟。"

在神树的树干上，贴有许多写有字的菱形红纸符。这是村民祈福、许愿的物质媒介（图3-85）。例如，刚出生的婴儿或小孩如果在夜晚哭闹，且大人哄也不是抱也不是时，她们会认为小孩可能命犯关煞，要祭祖过户认干爹。于是，她们便带上香烛纸钱及贡品，让巫师卜卦默念请求树神做小孩的干爹，保佑这个小孩能长命富贵，并将写有"天皇皇，地皇皇，我家有个哭儿郎，过路君子念一句，一夜睡到大天光……"的菱形红纸符贴上树干。据说只要认了这棵千年古树为干爹，它就会保佑这个小孩与一家人的健康与平安。再如，高椅村当地的一些单身汉，也会来古树面前贴红纸符许愿，希望树神赐他良缘。

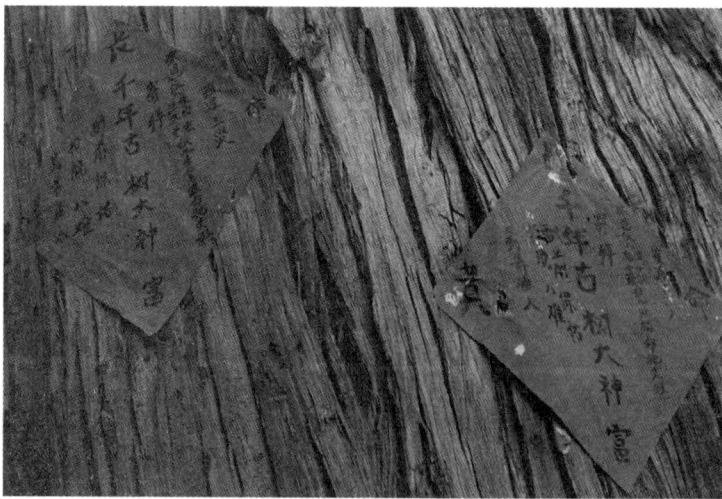

图3-85　拜神树

七、立屋习俗

"立屋、娶媳、送老"是高椅村村民一辈子的三件大事,而"立屋"(即建造房屋)位于三大事之首,足见其重要性。立屋包含诸多仪式,尤其是"上梁仪式",寄托着人们对美好生活的无限向往。

1.偷梁木

偷梁木是正式立屋之前最为重要的准备工作,也是侗族等少数民族独有的建造风俗。之所以称之为"偷",一方面是由于行动的时间为凌晨。另一方面所砍的树木不能是自家山上的(除自家山外的村内或邻村任意一座山上的树都可以)。树木扛回来后,需削皮加工做成梁木,待到房屋立好架子时安放。

高椅村人崇拜自然,因而不仅在偷梁木之前敬神祈福,而且在梁木砍下后,在砍树之处做好标记,并在树苑上放上红包。目的是告知山头的主人,这棵树是被"偷"做梁木用了。如此,被偷树的主人不但不生气,而且还会以此感到荣幸。

2.喊号子

在正式立屋的时候,为起到鼓舞和指挥的作用,领号人会带着立屋人员喊号子:

"齐着力呀——嗬嘿——"(领号人喊)

"嘿!"(立屋人齐喊)

"前边的再着一把力呀——嗬嘿——"(领号人喊)

"嘿!"(立屋人齐喊)

"后边的快攒劲呀——嗬嘿——"(领号人喊)

"嘿!"(立屋人齐喊)

领号人实际上就是立屋的总指挥。他不仅要对房屋的建设步骤了如指掌,还要具备随机应变的能力,以应对建设中各类突发事件。随着他的号子声,立屋人员将一扇一扇事先用柱子、方片穿插组合成的排扇竖起来。之后,又将每扇排扇用方片连成一个整体,房屋的架子便搭建成了。

3.上梁

上梁是立屋过程中最为神圣且最为重要的步骤。因而,上梁之前要先祭梁:摆上猪头等供品,并杀鸡敬神,以此祈福。随后,包梁:在梁木正中间用红布包裹毛笔和墨块等象征书香门第的物件,用硬币钉紧;梁木双端写上"人丁兴旺"

和"万事其昌"祝福话语。最后，将梁木其中一头用背带捆住，另一头捆在从屋顶垂放下来的绳索上，并吊至屋顶安放于上。

4. 丢抛梁粑

梁木被安放好之后，掌墨的木匠不仅要围绕着梁木祝福屋主，而且在唱祝福歌、说祝福语的同时，要站在屋顶上向人们抛撒之前准备好的糍粑、糖果等，以寓意房屋主人将会在新屋子里生活得平平安安、健康快乐。此时，众人则在地上开心地、争先恐后地争抢。抛下的糖果与五颜六色的糍粑，尤为吸引小孩子。

第四章

兴衰变迁中的村落景观

聚落景观形态的空间演化有其规律，但就其实质而言，是复杂的人类政治、经济、社会、文化活动在历史发展过程中交织作用的物化。

广泛流传于民间的风水思想影响着高椅，其在一块符合左青龙、右白虎、前朱雀、后玄武的理想风水格局的风水宝地上生长、发展，风水观念可视为决定高椅村整体风貌的主导因素。

汉人重视教育的思想也随汉族人口的迁入带入高椅，崇文重教是高椅的特质。在这样的文化氛围下，一批村中的文人墨士常以村中美景作诗，在高椅《杨氏族谱·八景诗》中，就收录着许多这样的诗作。随着"八景诗"风气的盛行，高椅八景成为当地崇尚文学风气的体现，同时也诉说着高椅的自然景观与人文景观。

正是由于思想观念、自然地理条件、文化、经济的交织作用，高椅呈现出其独有的村落景观形态。

高椅村内部空间演变有三个明显特征，第一，是因汉侗文化的杂糅及村落地势原因所致的高椅呈现由少数民族的"寨"到杂姓聚居的"村"的发展演变过程。第二，具有内向的聚集性。深层次的社会文化因素即宗族思想，导致各姓氏以最初的祖屋为中心环绕建房，经济发达后在祖屋附近建设祠堂，房屋继续围绕祠堂向外扩展。于是，逐渐形成了明显的团块式布局，构成了五瓣"梅花"的格局。宗族的关系决定了村落内部结构与整体格局；第三，商业空间是高椅不可缺少的部分。高椅所处的地理位置使其发展起商业，从早期河边场坪上散落的摊位，逐渐变为正式的商铺。规模也逐渐变大，方圆几十里的人都来此赶场。在人为因素的推动下，村落景观不断得到优化，更加适宜人们居住，且更加适于村落的发展。

由于下文会提到很多当地特有的对某一地段、街巷的俗称，所以为了便于读者的理解以及更清晰的表述，在论述之前，将高椅村整体布局做一个概况。

高椅村的西北部即杨氏一甲房派居住的地方俗称"老屋街""老屋巷"，紧挨其左侧为"张家寨"；北部（现十甲房派居住）俗称"坎脚"；东部红、黑鱼塘周围俗称"大屋"；西部十甲房派居住的地段被称为"田塅"；"田塅"再往西为"上寨、下寨"，原为杨氏盛隆公一支居住区。东部伍家居住的地方是"伍家巷"。村子北面的山脉被称为"鸠背"（图4-1）。

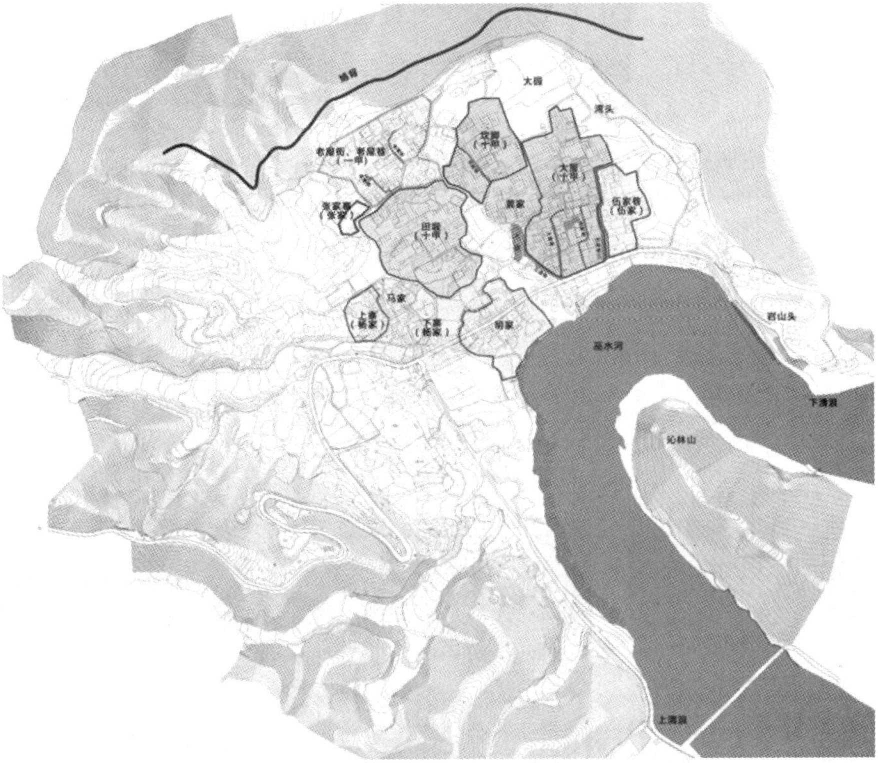

图 4-1　高椅各地段俗称　（作者自绘）

第一节　风水观念下的村落选址

风水择地是那个时代非常盛行的选址方式。据记载，高椅先祖杨再思的三代通碧公辞官不做，从南宋隆兴元年（1143）便踏上了寻找"风水宝地"的道路，先后搬了六处居住地，直到元代至元四年（1267），其后人历经124年才最后决定定居高椅。

关于杨氏迁居于此还有个小故事。话说杨家人乐善好施，当时盛隆公、盛榜公住在瓦窑坪的时候，恰遇闹饥荒。有一天，一个白发老人来到他家门前乞讨吃的，当时二公就动了恻隐之心，不是按常理打发些吃的就行了，而是盘问了老人家的情况。由于看他是从很远的北方逃荒过来的，就把他留在家里跟客人来了一样，给他好吃好住。所以经过一段时间之后，老人家被二公的行为所感化了,他就跟二公说:"我从北方过来,对风水略有了解,你二人如果信得过我的话,我就给你指点个好地方,这个地方绝对让你人财兴旺。那个地方就离瓦窑坪不远(就是高椅这个地方)。"于是杨氏就来到了高椅,发现这里确实是块宝地,便从此定居这里。

在民国十七年(1928)《杨氏族谱·高椅地图说》中也对此有描述:"徙来开百代之基,绵千秋之绪,使子孙承承继继,如葛藟如瓜瓞,星罗棋布,烟火数百,丁财两盛者……秀茂二公自豫章以发源,由渠阳而分派始焉,则迁居瓦窑,终焉则迁居高椅。相传茂公得前人笃松之法,择隣择地,爰居爰处,以高椅为落诞之地。"①(图4-2,图4-3)

那么高椅是何以被先民称为风水宝地呢?具体是因什么吸引杨氏祖先的迁入呢?

图4-2　高椅地图说1

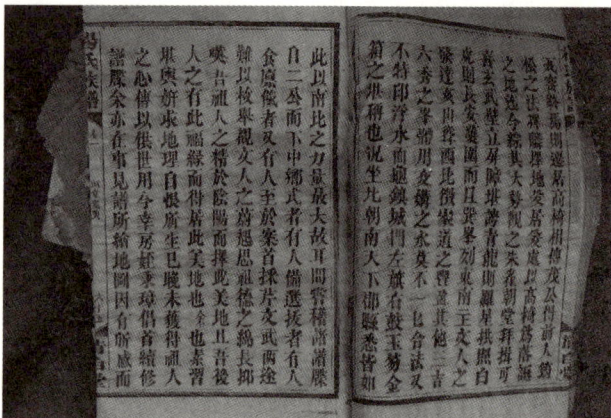

图4-3　高椅地图说2

一、五龙来势、朱雀朝堂

风水书云:"子癸来龙出亥宫,子孙发达永无穷""东方来龙朝朱雀,内气包藏万垂绿""青龙抬头,万事不愁"在信奉风水的杨氏祖先眼中,高椅具备这些特征。

在风水学中,山脉被视为龙脉。在高椅村庄的背面,有两方龙。一方"子癸来龙"起源于云贵高原,经过靖州,落穴于高椅村西面的大禁山。另一方龙为

---

① 引自高椅村民国十七年(1928)《杨氏族谱·高椅地图说》。

"子癸来龙"在这里产生的幼龙，紧挨其东侧。这两方龙是高椅村的后脉。其中，幼龙经过分水坳朝北过小鸠时，产生两条小幼龙，一条落穴田墩，一条落穴老屋街。再往前走过大鸠时，又产生一条小幼龙，此龙落穴较大，奠基大屋、十甲、坎脚的地面。幼龙再往东为青龙山。高椅村的前山也可称之为"东方来龙"，起源于东部雪峰山脉主峰——高登山南麓，到了梦云山开始分支，其中一支正好落穴于高椅村的正前方，龙头即山脉尽头的位置被称为沁林，另一支落在了南侧的唐家村(图4-4)。

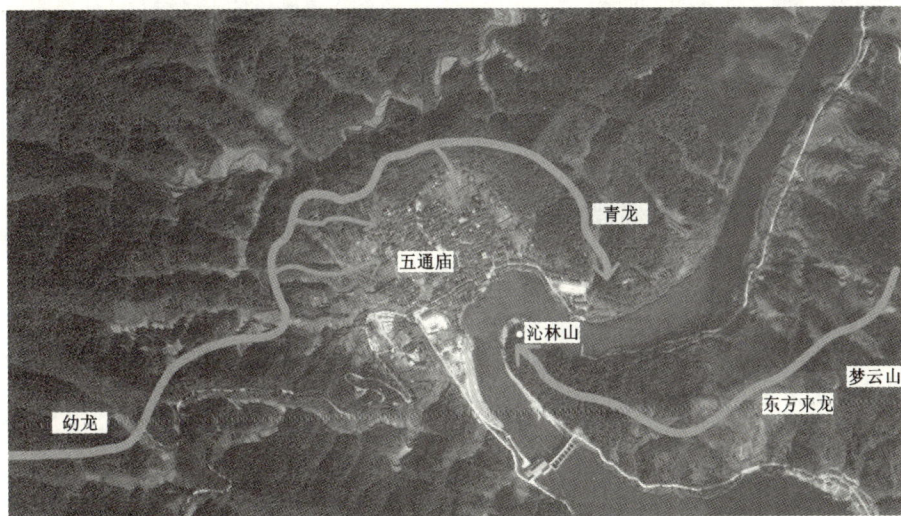

图4-4 五龙来势 （作者自绘）

从龙的形态与数量的来说，后脉的四条幼龙加之前山的东方来龙，五龙来势且五条龙的龙头均指向村落中心的五通庙，形成"五龙聚首"之态，又称为五龙归位。

若以"四灵之地"的理想环境即左青龙、右白虎、前朱雀、后玄武来看，"东方来龙"恰好凑成了朱雀朝堂。

此外，还有"二龙戏珠"的说法。这二龙一条就是从梦云山方向来的"东方来龙"，另一条是左方的青龙。两条龙的龙头在巫水河相会。"龙珠"则是浮在水中的一块石头，在现高椅村码头的一旁，当地人称之为"猫岩"，高椅古八景之一"碧石浮水"的碧石也是指这块石头，于是二龙戏珠的格局便形成了(图4-5)。不仅如此，第一章说到的"五龙戏珠"以及"九龙之地"都是形容高椅村风水极好的说法。

图4-5　二龙戏珠　（作者自绘）

二、太师椅（龙虎椅）

以立体的视角看，三面环山一面临水的高椅村宛如一把高高的太师椅，背后山脉山顶较平，起伏较小，远看像一把太师椅的靠背，又有左右山脉作为扶手，由此村名由"高锡"改为"高椅"。

民间也有称高椅为"龙盘虎踞，水聚风藏"（清光绪三年（1877）《杨氏族谱》）之地的说法，左方有"青龙山"，右方即西南有"白虎山"，形成了藏龙卧虎之地，因此高椅又被称为龙虎椅。其实"青龙山""白虎山"并不是今天当地所真实存在的山的名称，只是因"左青龙，右白虎"的四灵说而赋予了左右山脉这样的俗称（图4-6）。

综上述可见，高椅的自然格局符合了众多村落选址的风水之说，这些"五龙聚首""二龙戏珠""朱雀朝堂""青龙抬头""九龙之地"等都表示风水观念是决定村落选址的主要原因。

但是，风水只是对这一择地行为的最简单、最表层的释义。这种理想风水模式由何而来？去除风水学说中混杂的非科学的、神秘的内容和外衣，这种风

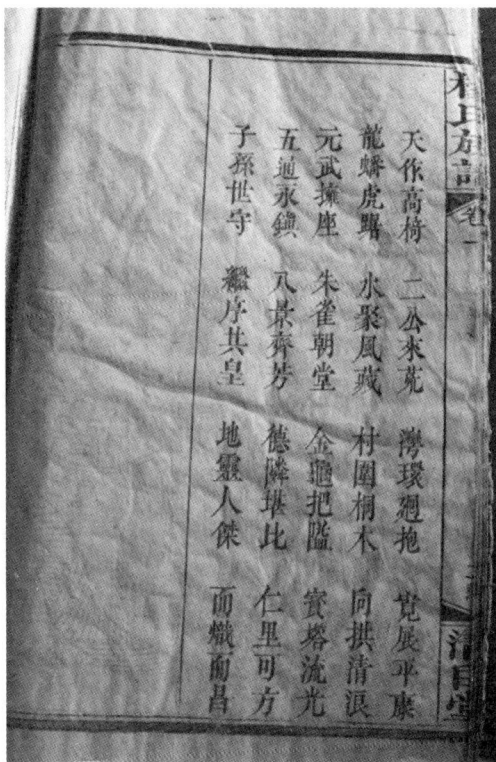

图 4 - 6　龙盘虎踞的高椅

水模式中不乏合理的成分。

三、风水格局的空间构成解析

自古以来，无论是阳宅还是阴宅，风水学说中始终强调一种理想的风水模式，即"左青龙，右白虎，前朱雀，后玄武"。《阳宅十书》说："凡宅左有流水谓之青龙；右有长道谓之白虎；前有污池谓之朱雀；后有丘陵谓之玄武，为最贵也。"《葬经》也说："夫葬以左为青龙，右为白虎，前为朱雀，后为玄武。玄武垂头，朱雀翔舞，青龙蜿蜒，白虎驯頫。"

就村址而言，何晓昕在《风水探源》一书中将这种空间模式概括为"枕山、环水、面屏"，并指出在风水的长期熏陶下，该模式仿佛嵌入人们的思维深处，无论普通百姓还是文人隐士，抑或达官贵人，都有意无意地陷入对此模式的热烈追求之中。① 俞孔坚也认为这种理想风水模式深存于中国人的内心深处，是构筑在中国人生物基因与文化基因上的图式。②

那么将高椅村杨氏家谱中记录村落概貌的里居图(图4-7)与图4-8相对照，便可知高椅先祖大致是按照这种"枕山、环水、面屏"的理想风水模式来选择村址的，小鸠、大鸠及夹在二者之间的"背后山"充当"枕山"的角色，"沁林山"则为"面屏"，巫水河虽未形成"环水"(玉带水)之势，但被化解之后，仍是一块理想的风水之地。

图4-7　高椅村《杨氏族谱》里居图

一些学者从生态学角度、心理学角度、社会学角度对风水的生态功能、心理和社会学功效进行了研究和论述，这些研究和论述也为许多学者所认可。俞孔坚从生物和文化基因上的图式来解开风水和理想景观之间的关系，以探寻风水之说的深层含义。他将中国原始人类满意的栖息地与理想风水模式及其他理想景观模式做了比较，发现他们之间存在着同构现象，并认为风水不过是对景观理想的表达和解释，理想风水模式是解释、设计和创造自我景观的模板。不是

---

① 何晓昕.风水探源[M].南京：东南大学出版社，1990：72.
② 俞孔坚.理想景观探源——风水的文化意义[M].北京：商务印书馆，1998：18.

图 4 - 8　村落最佳选址　图片来自侯幼彬《中国建筑美学》

风水说导出了中国人的理想模式（景观模式），相反，是中国人内心深处和文化深处的那种理想景观模式，引发了风水说关于风水理论的直观思辨。[①]

　　作者结合这些研究，透过对高椅村景观格局的空间构成解析，结合心理学、生态学从多个角度分析和阐述这一理想风水格局的合理之处及意义，探索隐藏在风水说背后，影响人们择地行为的深层原因。

　　1. 围合结构——谷地、环山

　　上述高椅村是按照"枕山、环水、面屏"的理想风水模式选址，这种模式的具体构成是：明堂宽大居中，背枕主山龙脉，面临曲水环抱，砂山左辅右弼，前方朝案屏照，水口夹砂收闭。[②]从空间角度来看，这一模式构成了一个多重围护与屏蔽的围合结构空间。

　　从村落防御的角度来看，山脉、水体这种景观具备较强的隔离性，形成了一个天然的庇护所，因而被人们所选择。由于人类视域的局限性，他必须确定其看不见的背后是安全可靠的，并能根据情况进行有效的攻击或逃避。背依崇山俯临平原的山麓正是"看别人而不被别人看到"，易攻易走的最佳地形。这种围

---

①　俞孔坚. 理想景观探源——风水的文化意义[M]. 北京：商务印书馆，1998：5.
②　侯幼彬. 中国建筑美学[M]. 北京：中国建筑工业出版社，2009：202.

合结构及背山临水构成了整体上的隔离景观。① 而在中国漫长的封建社会中，战乱不断，盗匪猖獗，因此防御是影响村落选址不可忽略的重要因素。于是我们就不难理解高椅杨氏先祖选择这样一块以四周的山脉、巫水河作为边界的谷地来建村的原因了。

以生态学视角来看，枕山，既可抵挡冬季北来的寒风，又可避免洪涝之灾，还能借助地势作用获得开阔的视野；面水，既有利于生产、生活、灌溉、养殖甚至行船，又可迎纳夏日掠过水面的爽爽凉风，调节村落小气候；坐北朝南，既有利于位处北半球的中国村落民居获得良好的日照，又有利于南坡作物的生长；深厚的土层，有利于耕作和植物生长；良好的植被，既有利于涵养水源、保持水土，又有利于调节小气候和丰富村落景观，还能为村民生活提供必要的薪柴。从整体上来说，围合谷地形成了良好的小气候，不管是对于植物的生长还是人类的心身健康都非常有利。高云飞利用计算机技术和计算流体力学理论，用真实的实验数据验证了这一理想风水模式（理想景观格局）的生态合理性。通过对具备理想景观格局村落的生态物理环境进行的模拟计算分析，认为：左右的辅弼山脉（枕山）与远处的案山（面屏）之间形成开敞的东南风通道，使得整个村落可在山势的环抱下获得均匀的风场。在夏季，由于村落入口面积改变，风速提高从而保证了空气的流动与变换，使村内凉爽舒适。同时，山脉植被也可有效缓解村落夏季高温；在冬季，山脉形成的围合结构为村落冬季保温做出了贡献，因为风经过北面高山阻挡，势力大大减弱。此外山脉也可为村落提供热量，改善村落的热环境。②

此外，不可忽视的是这种自然风貌对人们心理层面产生的作用。山环水抱、层峦耸翠、青山碧水、鸟语花香的和谐景观，可以在居住者的心理上形成美好的景观画面，让人心旷神怡。进入高椅村，眺望云雾缭绕的远山，波光粼粼的水面，郁郁葱葱的树木，宁静感便会油然而生（图4-9）。

2. 豁口结构——水口

令人满意的围合空间并不是绝对封闭的。在这样层层围合的理想景观格局中，都会有尺度较小的豁口（水口）存在。究其原因，可从以下两方面的分析

---

① 俞孔坚. 理想景观探源——风水的文化意义[M]. 北京：商务印书馆，1998：84.

② 高云飞，程建军，王珍吾. 理想风水格局村落的生态物理环境计算机分析[J]. 建筑科学，2007（6）：21.

图4-9　层峦耸翠的高椅

得知。

从功利的角度讲，村民需要保证聚落内部与外界进行物质与能量的交流，从而满足多种需求，而豁口正是物质、能量和信息的内外交流通道。高椅村有两个水口，上水口位于上游约0.5公里的位置，称为"上清浪"；下水口在村子下游约1公里处，称为"下清浪"。两者是高椅村这样的谷地结构与外界联系的主要入口。村民就是通过豁口与沅江、长江乃至京城取得联系，将满山的竹木资源、桐油籽及山货销售出去，获得经济收入，从而成为历史上经济实力显赫的村落(图4-10)。

从防御战略上讲，豁口尺度较小，不易被发现。即使被入侵者发现，这个位置也具有"一夫当关，万夫莫开"的优势。平时，这里又可作为窥探外部情况的观测口。

除去影响择地的上述因素之外，豁口(水口)在人们的空间认识上，也起着村落标识的作用，导向性强。

3. 走廊结构——巫水河

高椅村的上下水口与巫水河共同构成了一条自然走廊。在理想风水模式的

图 4－10 高椅村的上下水口 （作者自绘）

背后，这一走廊结构所具备的现实功利因素是村落最初选址的重要原因。水源不仅是人得以生存的最基本的条件，也是植物、农作物生存的必要条件；此外，河里有丰富的水产资源，可以提供充足的食物，从而使人们的生存得以保障；在过去，水运是最便捷、最主要的交通形式，通过河流，才能方便地与外界产生交流。

在村落的发展中，这样的走廊结构也逐渐表现出其合理性的一面。在高椅村，巫水河可以说是整个村落的生命之河。河水利于植物的生长与水土的保持，也保障了农业的灌溉和村民日常生活用水。凭借着巫水河的便捷，村民发展起竹木等贸易，使村落逐渐富裕起来，成为当时有名的商贸集散中心。守着丰富水产资源的巫水河，人们饭桌上的菜品也丰富了起来，同时还养育了一些专门靠打鱼为生的渔民，他们一天可捕获十到二十几斤的水鲜，拿到圩场换取各种日常生活用品。

第二节　文化杂糅下的"寨"到"村"

高椅是在汉族与苗、侗等少数民族的错居杂处、文化的杂糅中渐进融合的。在元代以前，这里居住着侗、苗等少数民族，为了避免洪水的淹没，他们在谷地四周的半山坡上以"寨"的形式居住，如上坪寨、下坪寨、长安寨、石榴寨等。后来汉人迁入之后，为了防洪水、防野兽、防土匪，就仿效高椅原居住民的防范方式，在谷地与山地间选址，也建起了寨子，如杨氏最早迁入此地时在西南侧建起的上寨，张氏迁来时在西北侧建的张家寨。

随着人口不断增长、汉人不断迁入和壮大，居住地范围由谷地周边逐渐向谷地内部发展，原有各个散落的小寨子最终汇聚在了一起，形成一个大团。由此，高椅由"寨"发展成为杂处共居的"村"，汉文化占据了主导地位。

可以说，高椅所呈现的由少数民族的"寨"到杂处共居的"村"的发展演变，充分体现了高椅村少数民族与汉族文化间的融合。

一、外来人口的不断迁入

在汉人尚未迁入之前，这里原始的侗族、苗族的寨子大概有四五个。谷地西面的白虎山顶上，有"长安寨"，东面青龙山的岩山头上，是"石榴寨"的旧址，西偏南的山冈上即现乡政府的附近有"上坪寨"和"下坪寨"（图4-11）。现在这些寨子早已不见踪影，如"上坪寨"和"下坪寨"已变成了稻田，只留下这些寨名。但族谱中的记录以及后来在其遗址上建房时挖出来的寨墙痕迹和建筑基础可以证明这些古老的寨子之前是真实存在过的。例如，高椅《杨氏族谱·八景诗》中《长安晓雾》描述的就是长安寨的景色：

> 晓起看山雾未开，长安洞异众崔嵬。
>
> 欲窥面目从何得，直待烘晴赤日来。

《杨氏族谱·序》中也有用"苗裔繁昌，烟户稠密"描述定居之处的记载。后来，在长安寨的基址上挖出了一段清晰的寨墙。

从宋代开始，为了控制少数民族地区的动乱，许多镇守军队被派到会同一带，由于被高椅这块风水宝地吸引，便落居于此。

据说最早迁入高椅的汉人是黄姓。民国时期高椅《黄姓族谱》载，黄氏先祖"龟年公原籍出自江西，于南宋淳熙年间（1171—1189）奉旨征苗，坐镇边疆"，后落籍靖州。接着，黄氏裔孙"黄公芳由靖州牙骨团迁至高椅"。相传黄姓来的时候选在了高椅现在大塘的北侧，且一直居住至今。

高椅《伍氏族谱》载："宋嘉定十四年（1221）迁高椅定居"，据传比黄家晚来两三代人的时间。距离高椅5公里的网塘《伍家族谱》载："予始祖自江右吉安而来"；"祖四公后，茂黄至再荣公，所生五子，长显云生子郁"；"子郁公徙高锡（高椅）前山……郁公为一带基祖"至"惟我子郁公生四子……次荣驷卜筑高锡

图 4-11　早期高椅周边散落的少数民族的寨子　（作者自绘）

（高椅），丕振家声，传及进兴"。[1]高椅村《伍氏族谱》载："我鼻祖荣才公（子郁公长子）约600年前自高锡迁杨柳居住，后裔明卿公移住坳背开基创业，至今二十二代约五百余载"（图4-12）；"自高锡前山青山坪徙居水一里杨柳坳背开基，原系树林伐术耕地创业，无杂他姓，至三世与覃姓结亲，因以住处为邻，明末有黄姓迁入"（图4-13）；"前山是我村（坳背村）西北之屏障，山形突兀阻使巫河，蜿蜒回环，我村成为山环水绕藏风养气的佳境，故老谱记载，此山属我祖祖兴公之基业"（图4-14）。[2]

---

① 李秋香.高椅村[M].北京：清华大学出版社，2010：55.

② 引自2008年高椅村新编《伍氏族谱》。

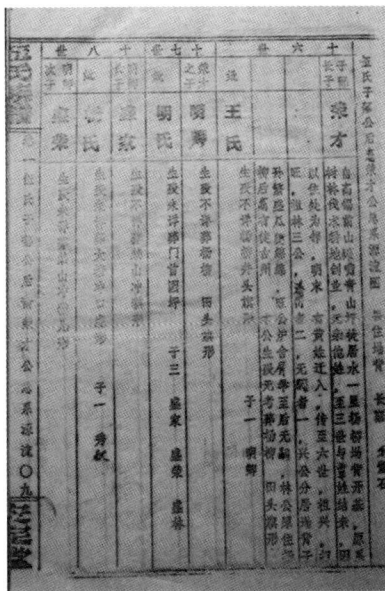

图4-12 《伍氏族谱》对坳背村介绍

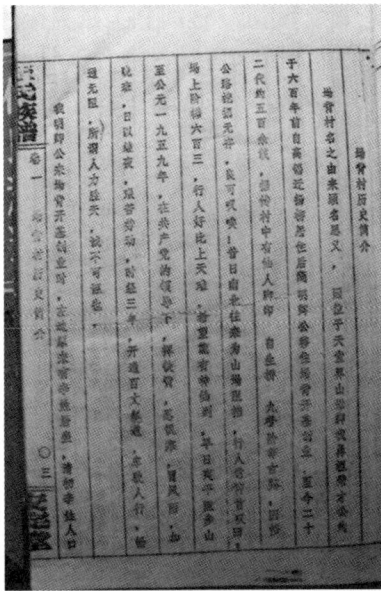

图4-13 《伍氏族谱》坳背村始迁祖荣才
公介绍

从这些族谱中可知，子郁公在高椅的前山落脚，生了四个孩子，其中长子荣才从前山迁到了长寨乡的坳背村，另一个儿子荣驷则来到了高椅村，在谷地内东侧（现伍家巷）居住。后来又有伍姓子孙从高椅迁往网塘村。

南宋咸淳乙丑年（1265），杨盛隆、杨盛榜二祖迁徙会同高椅，行至若水瓦窑坪的时候，盛榜公因被瓦窑坪山清水秀的环境所吸引，于是留居在那儿。盛隆公则直接来到高椅。清光绪三年（1877），《杨氏族谱》中也记载："二公者水之源木之根也，原籍江西吉安府太和县鹅颈大坵中排屋基，宋末时因祖父南迁，始靖州，继瓦窑，聊为税驾之所，择高椅处渡轮，永作驻足之乡，忠厚以开基勤俭而创业，谊笃友恭诚哉，难兄难弟甲分一十……"（图4-15）①。由此可知，瓦窑坪是他们暂时居住的地方，而高椅村是它们最终落脚的地方。

盛隆公首先从瓦窑坪先来到高椅村，与他的长子廷尊在谷地西面建起寨子，也就是今天"上寨"的位置。所以盛隆公是上寨的始迁祖。

在盛隆公迁到高椅十几年以后的大元至元二十年（1283），暂住在瓦窑坪的

---

① 引自高椅村清光绪三年（1877）《杨氏族谱》。

盛榜公去世之后，他的长子廷秀带着弟弟廷茂从瓦窑坪迁到了高椅。两兄弟到了谷地中间（今五通庙）位置开出了一块地，搭起了草房安顿下来。之后两兄弟商议在这块风水宝地建房。但由于五通神托梦告知这里是龙居住的地方，并非凡人居所。于是二兄弟便搬到村西北鸠背下（现老屋街、老屋巷）居住。由于子孙越来越多，他们分出了一甲和十甲房派，廷秀为"一甲房派"，居住在原居住地即"老屋街、老屋巷"区域，弟弟廷茂为"十甲房派"，则迁到"坎脚"建房、发展。

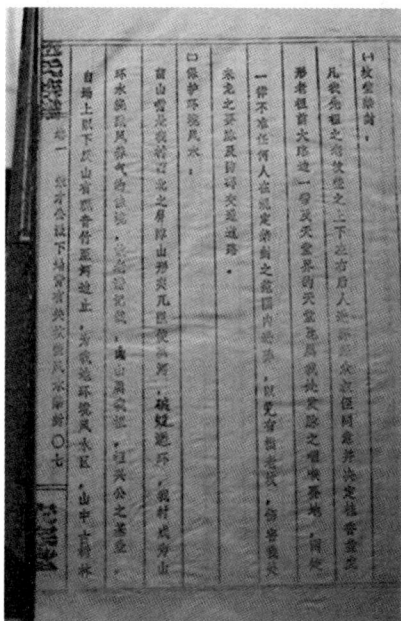

图4-14　高椅《伍氏族谱》保护环境风水

图4-15　高椅《杨氏族谱·秀茂二祖记》

据村民说，明姓也是较早来到高椅村定居的。但因村中现有的《明氏族谱》是在2007年根据明姓从靖州带来的明氏通谱的残本重修的，里面只记载了谱系，没有关于宗族的其他史迹。而且高椅村的这一支明氏始终没有修撰谱牒，所以其具体迁入时间无从考证。明姓选择了巫水河畔的一个岗坡上居住且至今未改变居住地（图4-16）。

图4-16　高椅明姓迁入居住地　（作者自绘）

　　明洪武年间，张姓迁往高椅，在高椅谷地北偏西的山冈上，以"寨"的形式居住，建有寨墙和寨门，称作张家寨（图4-17）。张家人将祖上的事迹写成条幅挂在中堂上，内容如下："明万历二十三年（1595）六月，桂公挑起货郎担，行至麻阳水星庵学馆，帮助一名受罚跪的穷孩子满朝荐解除了冤屈，并资助他读书求学。十年后满朝荐高中进士，官拜太仆寺正卿。为了报答桂公仗义助学的事情，特差人把桂公接至京城，奉为上宾。翌年，朝荐奉旨前往镇江平乱，带桂公随往（图4-18，图4-19）。"今天的张家寨寨门已不在了，仅留有部分寨墙。不过，高椅村现张姓新建的大门是按照原来张家寨的大门所建（图4-20）。

　　清代中期，马姓的宁蛟、宁国两兄弟来到高椅，为杨姓人家做长工。杨姓主家因两兄弟干活勤奋，人也厚道，便借给他们一间房子住。由于他们长时间的工作积累了一定资金，便在这里娶妻定居，繁衍生息。据说清中后期，马家家族逐渐壮大，家族经济条件也渐渐变好。之后随着下寨部分杨姓的衰落与迁出，马姓便逐渐买下下寨的房子（图4-21）。

　　此外，还有一些杂姓也曾在高椅居住，不过大多驻留时间较短，仅为过客而已。村内人口较多的"六大家"为杨、黄、伍、明、张和马姓，"村"也主要因这六大姓氏的人口发展、居住地的不断扩大而形成。

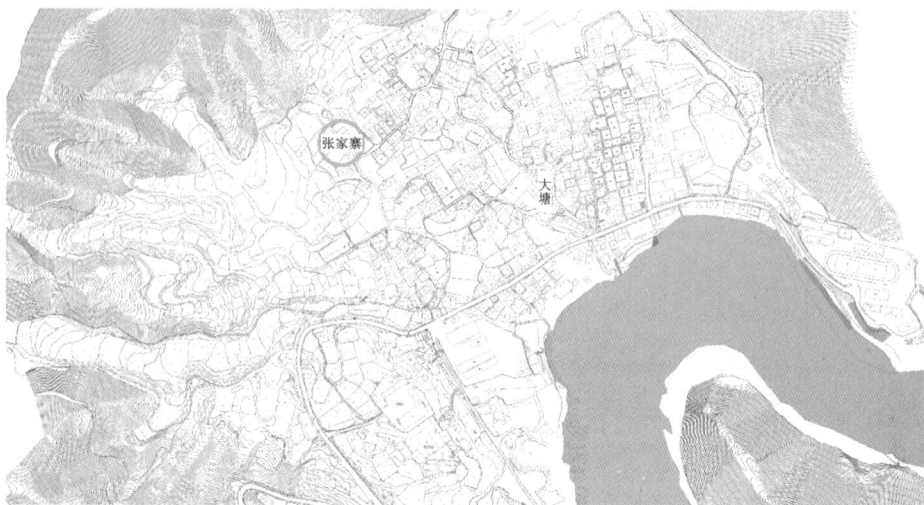

图 4 – 17　高椅张姓迁入居住地　作者自绘

图 4 – 18　张家祖先事迹 1

图 4 – 19　张家祖先事迹 2

图 4 – 20   现高椅村张姓按照原张家寨的宅门所建的大门

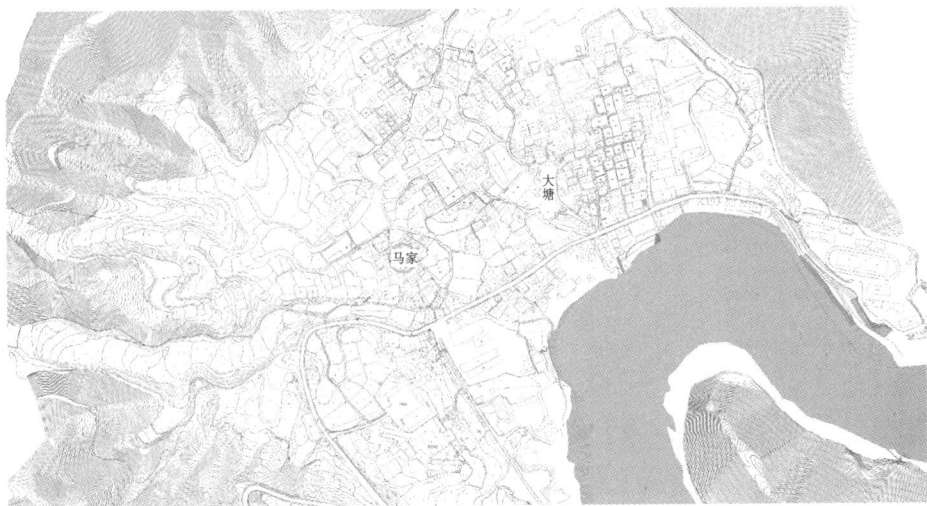

图 4 – 21   高椅村马姓居住区域   （作者自绘）

二、以庙、祠为中心的组团发展

起初，村民按不同姓氏、围绕祖屋建房。随着人口的增多、高椅村经济实力越来越雄厚，各个姓氏的房屋逐渐向外围扩展，形成"花瓣"状的村团。与此同时，他们会在祖屋的附近修建祠堂，以祭祀祖先。当不同姓氏的房屋逐渐挨在一起时，没有多余的发展空间，他们便会开发临近的新土地，例如发展最快、人口最多的杨氏十甲房派即是开新地而形成。

明代初年，盛隆公一支人丁兴旺，居住的上寨土地吃紧，于是向南发展为"下寨"。繁盛时期建有"下寨家祠"。明代末年，盛隆公一支的上下寨开始萎缩，到清中后期，人口外迁较多。下寨的场屋被清中期迁入的马家逐渐买下，直到今天，下寨家祠周围居住的都是马姓（图4-22）。

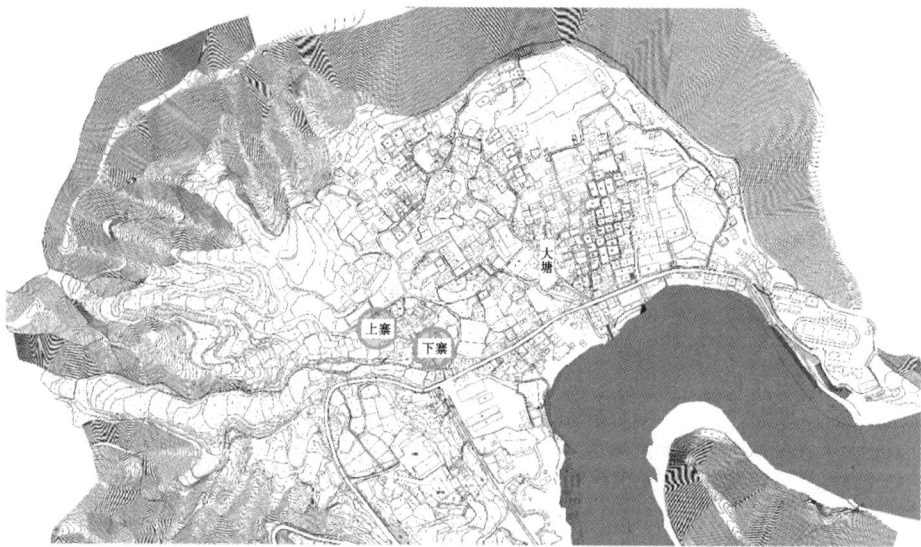

图4-22 杨姓盛隆公一支扩展图 （作者自绘）

清代，盛榜公一支的一甲、十甲都发展不错。其中，十甲的人丁、经济实力都强于一甲。家祠建成后，十甲房派人丁越来越兴旺、越来越殷实，于是便买进更多的场屋和田地，从坎脚又扩展到大屋，后来又到田塅（图4-23）。

相比于杨姓十甲房派，其他姓氏如黄、明、张姓包括杨姓一甲由于人口没有那么多，所以一直在迁入时的位置向外侧扩散，形成团状。

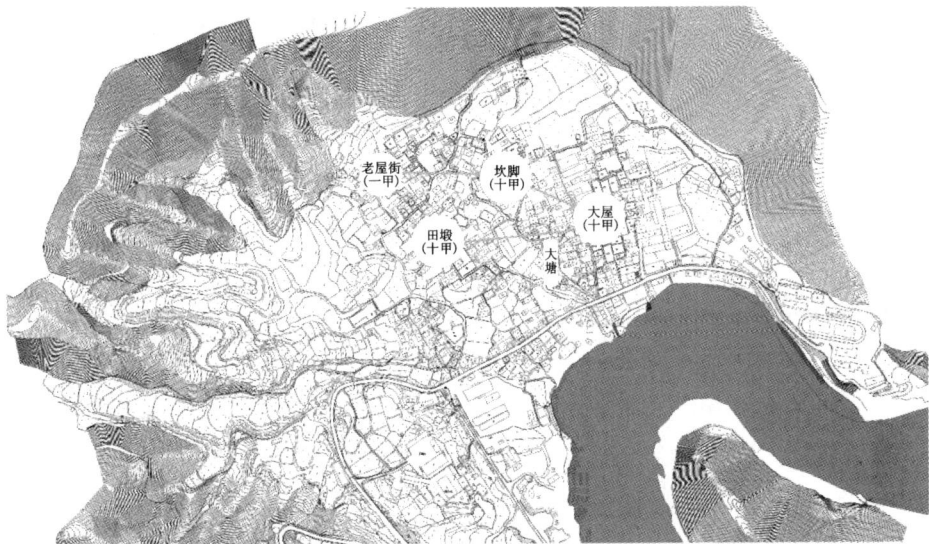

图 4-23　杨姓盛榜公一支扩展图　作者自绘

无论各姓氏的组团如何扩散，都始终围绕着一个大中心——五通庙（包括大塘）。因为按照当地风水师的说法，高椅谷底的水塘是"五龙戏珠"之地，是整个村落的风水宝地，只能建庙宇，留住龙、养好龙，才能保佑村落。据2001年《神奇村落高椅古民居》载，明嘉靖十二年(1533)村人将湿地开挖成水塘，这是村中最大的水塘，因此称"大塘"。之后塘边建起一座规模不大的五通庙，即成村落的中心，各姓住屋都在周边建设。[①]

从各个组团来看，由于祖屋、祠堂是村民心目中的政治、文化、精神的中心，是这个村落中宗族关系的节点，所以各姓氏多围绕着公共建筑——祠堂而建。而杨家一甲、十甲所占人口、土地最大，加之一甲家祠与十甲家祠在五通庙附近，所以整个村团呈现出以杨氏血缘族群为主的核心群体。

三、"梅花状"村落的最终形成

经过时间、空间的演变，各个姓氏的村团最终汇聚在了一起，形成了以五通庙作为花蕊的五瓣梅花。这五个花瓣分别是老屋街、坎脚、大屋巷和伍家巷、田垅、上下寨和明家。

---

① 李秋香.高椅村[M].北京：清华大学出版社，2010：108.

为了建设好这一片"梅花"，高椅的先民花了500多年的时间。元代至元四年（1267），杨再思的五世孙杨盛隆、杨盛榜落居高椅村。明洪武十三年（1380）前后，杨盛榜的后裔在北墙山脚下兴业建房，逐渐发展成现在的老屋街。明代中叶（1450—1465），修建了全村最中心的一处建筑"五通庙"，此庙在"文化大革命"期间被毁，1980年又在原地上修建高椅村文化活动中心。明代晚期（1506）之后至清代乾隆年间，杨盛榜的后代又向村东、北方向发展，在田垄里占地建房，形成了"坎脚""大屋巷"两个建筑群落。清中晚期，随着人口的繁多，建筑继续增多，形成了"田墈"建筑群落。至此，高椅古村这朵盛开的古建"梅花"才最终形成（图4–24）。

图4–24　高椅村"五瓣梅花"的组团格局　（作者自绘）

第三节　人工优化下的村落形态

在长年累月的生活中，村落形态不断在人工的作用下逐渐呈现出如今的面貌。一方面，村民为了满足自身的需求和发展，不断地对村落空间进行着改造，村落空间形态演变和当地人们的行为活动总是相辅相成。另一方面，由上述可知，理想风水模式是对人们内心深处存在的理想景观模式的表达。但与阴宅相比，阳宅的选址和构筑则明显地受到功利性的约束(如交通条件、邻里关系等)，自由度当然也不及阴宅大，理想风水模式的实现程度自然要比阴宅低。① 为了使现实与理想取得一致，对于村落选址中的不理想地形，往往通过人工力量巧加调整。例如常常采用挖塘蓄水或种植树木等措施来弥补山形地势不足，使自然风水结构达到理想化，水口林、风景林就是起着这样的作用。

一、划定内外的村口与村界

高椅村是古驿道的必经之路，又有巫水河环绕经过。古驿道东段从绥宁、武冈方向来，到高椅村水口下清浪的位置需乘船渡过巫水河，到渡口(现高椅码头)上岸，然后沿河边向西，过明家、下寨，沿山路去洪江。返回时，从西村口进村，行至渡口，过渡到河对岸沁林山下，到绥宁、武冈方向。由于这样长久的古道往来及河上的过渡，高椅村自然就形成了两个划分村内外空间的村口，即西村口和东村口(图4－25)。

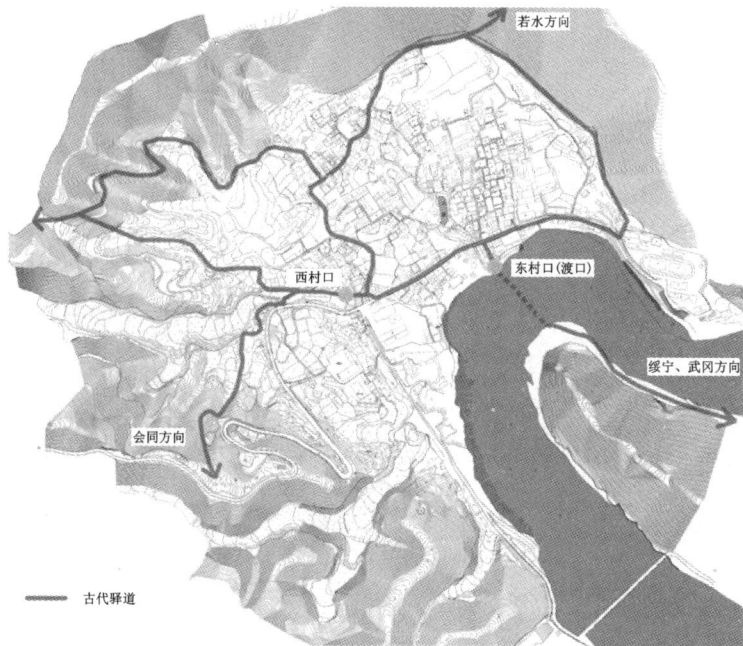

图4－25　高椅古道驿道及村口　(作者自绘)

---

① 俞孔坚.理想景观探源——风水的文化意义[M].北京：商务印书馆，1998：28.

村口不仅起着界定村内村外的作用，而且作为一个村落的标志而存在。东村口其实就是渡口及码头，因为要进入高椅村或出高椅村都是在这里靠岸之后，方能进入村内（图4-26）。以前在离渡口不远的明家码头周围的场坪，形成了圩场，许多人都会在这里出售或交换所需的用品，十分热闹。渡口及码头还专门建有供往来人休息的凉亭（图4-27，图4-28）。不仅如此，以前记录功名的石碑、牌坊也都会建在码头或巷口附近供往来的人观看。来往经过的船只很远就能看到这里，就知道高椅到了。因此渡口（高椅码头）及码头成为村落的象征，是高椅的东村口。在清光绪三年（1877）的《杨氏族谱》（图4-7）以及民国十七年（1928）的《杨氏族谱》里居图中，都将渡口的位置标注了出来（图4-29）。

西村口位于高椅村最西侧的石板桥处。这里有一条"下寨溪"，石板桥就架在上面，任何人进出村子都要经过这座桥。溪边原有座小庙作为村口标志，可是在"文化大革命"期间被拆毁。不过在石桥的路边还留有几块为路人指示交通的石碑。

在古代，由于人口少，土地资源并不紧张，加之人们的田地多是开荒得来，所以尚未有村界的概念。只有从旧时的田契上，我们可以得知具体哪些田是属于高椅，从而大致知道村落的边界。如今，高椅分为高一、高二村两部分。由于行政区域的划分，高椅有了明确的村界。

图4-26　在渡口等待过渡的村民

图 4 - 27　渡口、码头旁专门供来往的人休息的凉亭

图 4 - 28　凉亭内休息的人

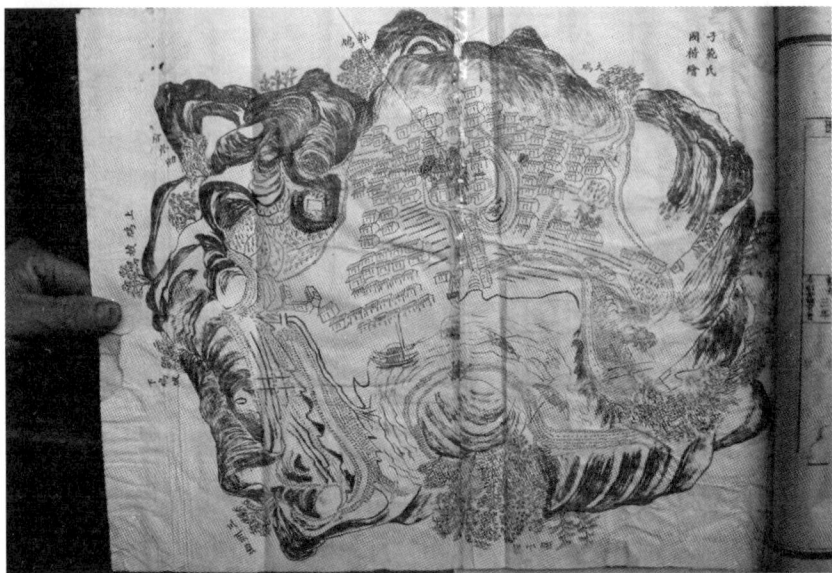

图 4 – 29　民国十七年(1928)《杨氏族谱》里居图，可看到渡口的位置

二、群龙栖息的水世界

按照风水师的说法，高椅处在"五龙戏珠"之地，只有造就一片水的世界，才能使群龙安居。于是，便不难解释为什么高椅村团内会有48口水塘、48口水井、48丘水田了。

在诸多水塘之中，大塘与红、黑鱼塘最为显眼和重要。其中大塘位于高椅村团的中央位置，是"五龙戏珠"风水格局的中心，又是五龙的须鼻接触之处，同时充当着"五瓣梅花"的花蕊的角色。先祖们开发了高椅之后，在明代万历四十二年(1614)修复村中五通庙时，同时修建了紧靠庙宇的大塘，并按风水，将整个高椅村中五个自然村落的水"顺龙势"引到大塘统一处理。在高椅村人看来，他们的富足生活与这一聚水聚财的大塘的修建有着直接的联系。

红、黑鱼塘，位于大屋巷的中心，周边是团团围合的建筑群。鱼塘开凿于清朝嘉庆末年，其名字来源于两个鱼池的不同的功能。左塘喂养的是观赏鱼，故名红鱼塘；右塘喂养的是食用鱼，即鲫鱼草鱼之类，故名黑鱼塘。这样，休闲可观鱼，客至好添菜。两个鱼塘中间留出一条通道，周边用木质栏杆包围着供人通行、观赏；其上空有葡萄架，有的人家把丝瓜藤也牵上了葡萄架。红、黑鱼塘除了在景观空间方面起着丰富内部空间形态、缓和密闭压抑空间的效果之外，也起着重要的消防作用。因其位于中心地带，发生火灾时，村民取水应急十分方便（图4－30，图4－31）。

图4－30　红鱼塘

图4－31　红鱼塘与黑鱼塘

这两个重要的鱼塘在村中分别扮演着不同的角色。大塘被村中许多重要的公共建筑所包围，由于周边五通庙、一甲家祠及十甲家祠的存在使其成为承载日常及节日期间不间断的仪式活动的重要空间，因此这片区域是村中最为重要的节点。相比之下，红、黑鱼塘的功能主要是调整风水、组织排水、消防灭火、创造景观，是村落东侧组团的中心。可见，塘成了高椅村不可取代的公共空间（图 4 - 32，图 4 - 33）。如今大塘和红、黑鱼塘也成为高椅村旅游的两个重要景点。

图 4 - 32　荷花盛开的大塘

图 4 - 33　冬季的大塘景色

除了这两个塘以外，高椅村还存在多处水塘。其实，相传的"48 口水塘、48 口水井、48 丘水田"并不是真的指其数量确有这么多个，而是取了四十八"世世发"的谐音。村内现保存完好的水塘有 21 处(图 4 − 34 ~图 4 − 36)。

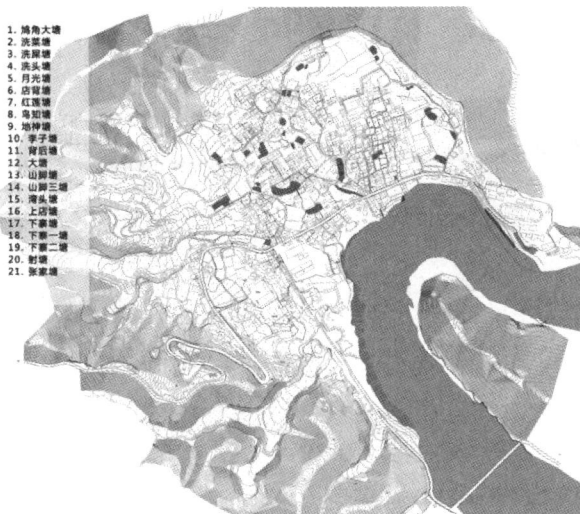

图 4 − 34　高椅水塘分布　（作者自绘）

图 4 − 35　月光楼前的月光塘

图4-36 水塘中戏水的鸭子

　　高椅村住宅区内的水井也有很多,村边路旁各处皆有散布。村民们往往会精心修饰水井周边的环境,特别是村民共用的水井。人们找上等的青石块,铺于井底及四壁,水井四周砌上石砖,形成四方水池,井面再盖上石板。井旁种植青乔木或者修造亭阁,遮阴蔽日,避免井水水质遭到环境的破坏(图4-37~图4-41)。

图4-37 石头围绕着的水井

图 4－38　树下石板遮盖的水井

图 4－39　形式多样的水井

图 4 - 40　徐家下井

图 4 - 41　在井边打水的村民

在众多水井中，诸公井很有名，它位于高鲁公路边，庵堂坳下首拐弯处，井水清澈如镜，夏日冰凉，水味甘甜，凡是过路行人，都要停下来喝上几口，据说喝了此水可保平安。关于其由来还有一个故事："汉后主建兴四年五月，诸葛亮孤军度过湖南泸溪，进巫水，到若水后，士兵不服水土，痢疾横行。诸葛亮认为是南蛮投毒，便禁止乱饮河水、井水，并令士兵用刀剑凿井而饮。次日，兵到鲁冲，围堵老寨却久攻不下。后来又行至瓦窑坪、转兵高椅，攻打孟营。"在诸葛亮的"孤军渡泸"之行中，为了防饮水中毒，在若水一带开凿了大大小小许多水井，但保存至今的仅有高椅村的诸公井、团河镇的诸葛井。两口井千百年来未曾加工修复，如今原来的刀剑痕迹清晰可见。

除了离得较远的诸公井，村团内有18口水井现在依然在使用，是村民日常生活中不可缺少的基础设施（图4-42）。另外，高椅对水井的保护也有着严格的村规，即严禁村民在井边洗衣洗菜（图4-43）。

其实，我们只单纯地从风水角度认识这一片水的世界是比较片面的。这样一片水的世界与其说是让龙群安居，还不如说是让人安居。高椅处在群山之中，举目皆山，这样的环境如果缺少了水，会使人心理上感觉压抑。而通过修水井、挖水塘、开农田蓄水，就可以使山与水达成平衡，让人的心宁静。

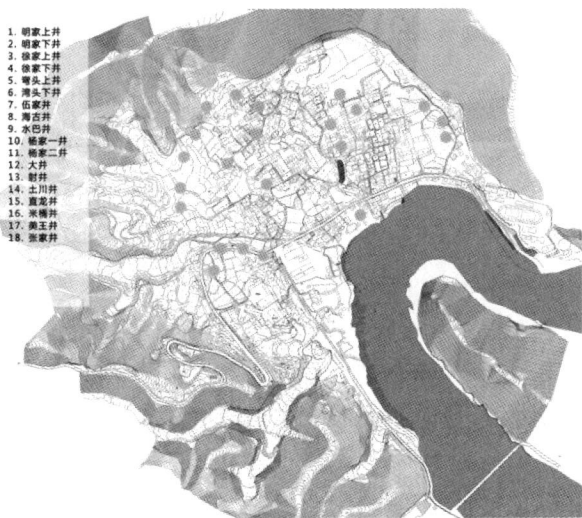

1. 明家上井
2. 明家下井
3. 徐家上井
4. 徐家下井
5. 弯头上井
6. 湾头下井
7. 伍家井
8. 海古井
9. 水巴井
10. 杨家一井
11. 杨家二井
12. 大井
13. 衬井
14. 土川井
15. 直龙井
16. 米桥井
17. 吴王井
18. 张家井

图4-42　高椅村现水井分布　（作者自绘）

图 4 – 43　徐家上井功德碑，上面有"严禁在井边洗衣洗菜"
的水井使用公约

三、五龙抱珠的街巷格局

由于高椅村呈"梅花形"布局，相应地，村内主要道路自然就呈现由大塘向外延伸的放射状。其中，第一条道路为从大塘进入田垅(杨家一甲房派居住)再过下寨、明家，至西村口。第二条从大塘向北偏西过坎脚(杨家十甲房派居住)、老屋街(杨家一甲房派居住)直至古驿道。第三条从大塘进老屋(黄家地段)，向北也同样可通到古驿道。第四条是从大塘向北偏东进大屋(杨氏十甲房派居住)，过坎脚、山脚，与古驿道相连。第五条从大塘往东至巫水码头，再向东至岩山头(图 4 – 44)。据村民称，这五条道路都是顺着龙势而建，所以也被称为"龙"。这五条龙从外聚向大塘，形成"五龙抱珠"的格局，大塘则是"龙珠"。

村落初建时，五条主路还是土路，至清朝嘉庆年间，村民集资为路上铺上了石板，因为主道路是"龙脉"，所以这些一块一块的石板被村人形象地称为"龙鳞"。这些石板都由外地的常德水运而来，石板的大小也能看出集资人的富裕程度(图 4 – 45，图 4 – 46)。

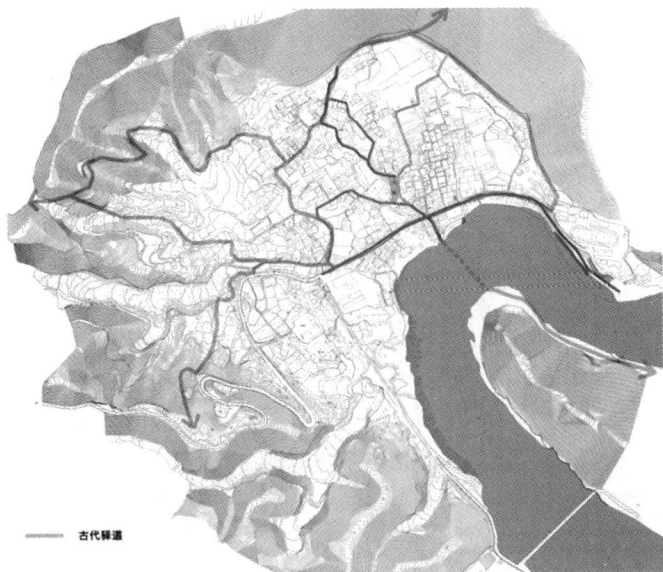

古代驿道

图4-44　高椅五条放射状主路　（作者自绘）

　　为保护村路，高椅村旧时有严格规定：任何人不得破坏路面，不得挖路上的石头。如果非人力造成了路面的破坏，要及时修补，以免坏了风水。因此，高椅村的这些路至今保存完好。

　　村内的道路不仅起着连接交通的作用，而且形成了一些与之相关的习俗。早期祖上就定下规矩，只要是举行红白喜事，均要在五条主道路上走一次。只有经历这样的活动过程，新人的结合才能被整个家族以及村落的村民所共同见证并祝福。若是在春节舞龙时，舞龙人也要依次走遍这五条"龙路"，才算完整。在这些特定的公共活动中，村中道路起到了开展公共仪式活动的作用，这样的公共活动使道路成了聚落居民生活中离不开的一部分。

　　除了民俗活动外，街巷承载更多的是村民日常生活中的活动。高椅村民日常生活习性：除开农忙时期，农闲时村民在街巷空间下棋、喝茶，在街道边聊天、制作喜饼等。可见，基本生活行为都发生在街道中（图4-47～图4-49）。

图4-45　石板路1

图4-46　石板路2

图4-47　巷道中洗衣、乘凉的村民

图4-48　巷头凉亭下娱乐的村民

图 4 - 49　街巷中乘凉、聊天的村民

　　在街巷空间中行走时，不同的 D/H 比值（D/H 为街道宽高比，D 为街道宽度
H 为沿街建筑高度）会给行人不同的空间感受。D/H 值是影响这种空间尺度并
且和人的步行感受联系紧密的一个重要因素。当 D/H > l 时，人们在街巷中行走
感觉宽阔、有距离感。当 D/H < 1 时，人们在街巷中行走产生接近感、亲切感，
但是随着 D/H 比值的缩小，会使人们逐渐产生一种不安定的感受，过于狭小的
街巷空间会给人一种压迫感。但是狭小、短小的街巷空间使整个街巷的气氛变
得活泼热闹。① 而高椅村街巷最宽处不足 3 米，最窄处仅为 0.7 米，街巷狭窄短
小，其 D/H 比值大部分小于 1，街巷小而紧凑，这也是高椅街巷的一大特点。高
椅的街道比例使人感到亲切而有活力，街道的气氛热闹而充满人情味
（图 4 - 50）。

① （日）芦原义信.街道的美学［M］.尹培桐译.天津：百花文艺出版社，2006：47.

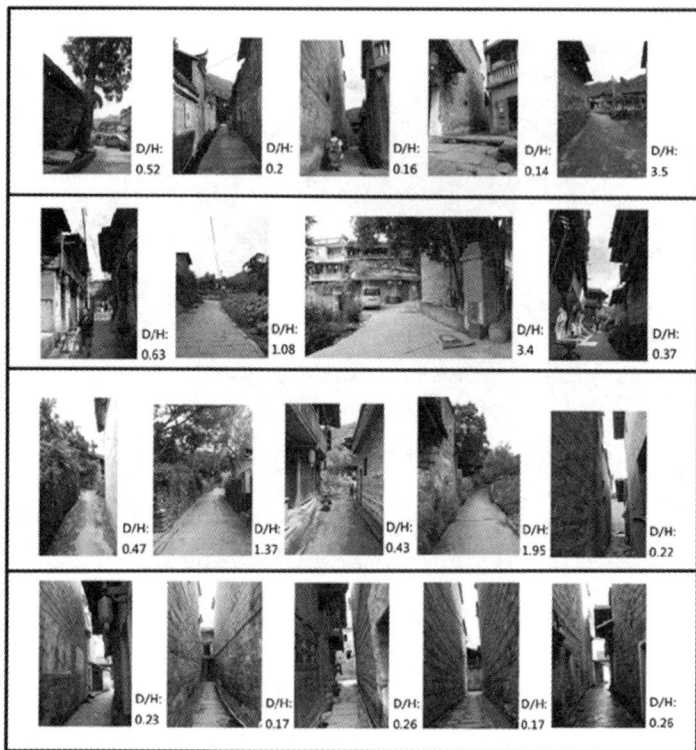

图 4-50 高椅村街巷 D/H 值 （作者自绘）

四、生态理智的村落理水

高椅村构成了溪—渠—塘三级水系框架，其中渠分为明渠和暗渠。

由于高椅村四周高，中部底，所以周边山脉发源的小溪会顺势流向村中。为了满足日常生活用水，村民便设法使小溪水流经门口。于是沿街巷的一侧修建宽30~40厘米的小沟渠，用青石板、碎石块砌成底部和驳岸（图4-51）。街巷稍微空旷之处还会修建一个半圆形的小蓄水池方便村民涮洗。我们可以看到的这些室外的沟渠是明渠，渠内的活水都是相互连通且流遍村内，大致呈平行状（图4-52）。另有一套排污水系为暗沟。在各家建房子的时候就已经设计好了下水道，家家户户的生活污水，通过天井、厨房的下水道直接排到暗沟。暗沟顺龙势建造，将五个村团的污水引入村中心的大塘做统一处理，即经过沉淀后再流经锁宝、锁龙、锁元三桥（桥今毁）（图4-53），及至到了巫水边，并不是径直流入，而是又绕了一个"S"形的弯，在明家码头的位置最终流向巫水。这便是村内溪—渠—塘三级水系的框架，其中四条主要溪流为桐木溪、下寨溪、山脚溪、坎脚溪，现在仅保留桐木溪、下寨溪。

图 4-51　道路一侧的沟渠

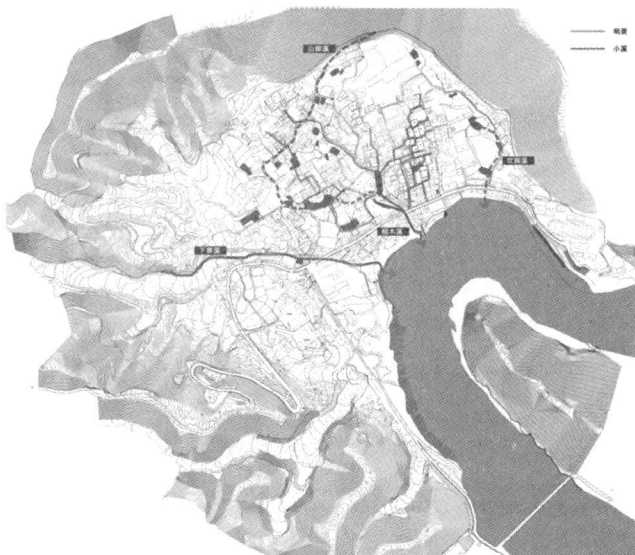

图 4-52　高椅现有明渠　（作者自绘）

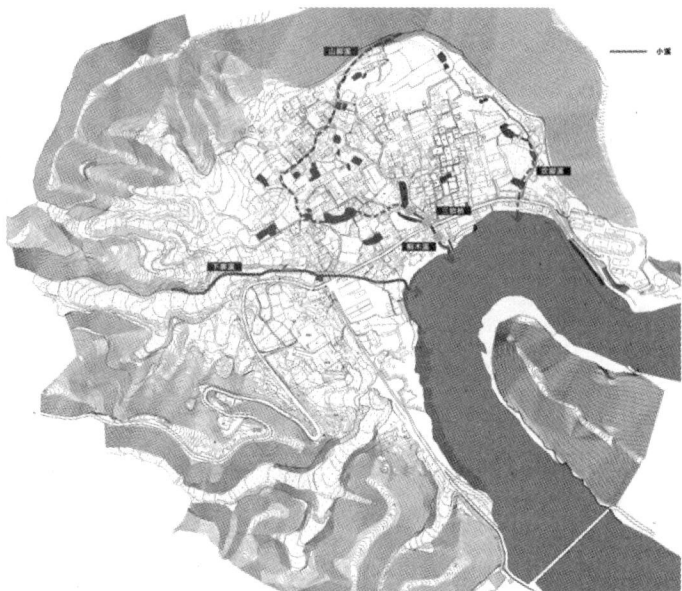

图4-53　四条溪流及锁宝、锁龙、锁元桥位置　（作者自绘）

　　村民对这些沟渠爱护有加，并在古时候对污水处理有着严格的规定："左边村团的污水一定要向右汇入大塘，右边村团的污水一定要向左汇入大塘。"如此办法能有效避免上水与下水可能引起的交叉污染以及各家各户开沟排水的混乱局面。另外，大塘水位保持在一米以上，塘内种植的荷花能起到沉淀净化的作用。如遇暴雨，建筑周围的水渠能对雨水进行有效的收集与引导排放，减轻了雨水对房屋根基的冲击，雨水顺着水渠排放到巫水河中，从而解决了排水问题。这种以全面治污、净化环境、消防为目的的生态理水理念可以称得上是古代污水分级处理的优秀案例。

　　此外，开凿于清朝嘉庆末年的红、黑鱼塘，两池塘与村内的排水系统相通，是村落理水系统的一个蓄水池，也有着沉淀去污、蓄水排放的环保作用，以及雨水通透作用。

　　如今，每年村委都会组织村民对大塘进行清淤与疏通，村民对家门口的明渠也会进行清理，以保持水流通畅，整个村落的排水系统有序不乱。

　　高椅村独特的理水系统体现了前人的生态理智。

五、风水林、风景树

(一)风水林

高椅村的风水林有两种,一种是水口处的水口林,一种是龙脉上面积较大的风水林。

在高椅村的下水口下清浪的位置,就种着一片水口风水林。古人认为只有在水口处种植大片"风水林",才能保护一村生民之命脉,抵挡煞气(东北风和北风)的侵入。故水口林又有"抵煞林"之称。[①] 高椅村的水口林还起到层层关锁、镇守下水口的作用,达到了"两山排闼水流东,松柏森森水口封"的效果。[②]

高椅村对岸的沁林山是高椅的龙脉,这条"东方来龙"树木茂密,郁郁葱葱,山上的森林被视为高椅的风水林(图4-54)。这座山也被称为大禁山,关于这片风水林还流传着一个故事:相传三国时期,孟获在高椅村隔水相望的孟营山曾经安营扎寨,人们把孟获驻扎过的地方称为"孟王冲""孟王盘"等地名,而且这些地名至今还在延续使用。明代时,这里还修建了一座孟营庵,庵里的神"真武祖师"一直护佑着高椅村的平安。传说后来,不管是兵还是匪,他们只要向高椅村方向走来,就被"真武祖师"阻挡,要么是绕道而去,要么就是折返而回。高椅人把这片树林看成是维系村寨命运的禁地,认作是他们的"风水林",视为他们的保护神,严禁任何人去扰动。[③]

于是,村中自古便定下了规矩,任何人不能上去砍伐树木。"蓄禁碑"上就有保护风水林的明确条规:不准对风水林乱砍滥伐;不准用风景树建房滥用;不许放牛放羊啃伤风水林等。村里若是有谁破坏规矩砍伐或毁坏风水林,就会责令其宰猪杀羊,全村人到其家中大吃大喝3~5天,还要按照"毁一补十"的条规罚补栽树。如今这种规矩已经形成为"封山护林公约"(图4-55)。

---

① 关传友.风水景观——风水林的文化解读[M].南京:东南大学出版社,2012:209.
② 引自高椅村民国十七年(1928)《杨氏族谱·八景诗》。
③ 吴声军.人地和谐相处的典范—高椅古民居的生态人类学考察[J].鄱阳湖学刊,2012(2):120.

图 4 – 54　沁林山上郁郁葱葱的风水林

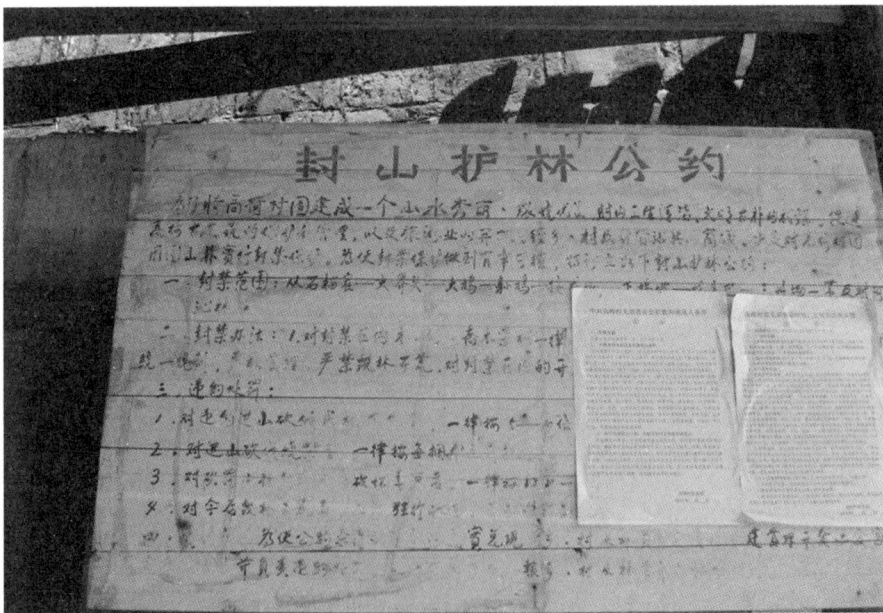

图 4 – 55　封山护林公约

在风水林的树种选择上，村民们喜植松树、柏树。究其原因是在于人们将树的自然生态特性赋予了人格意义，借以表达人的思想、品格和意志。对于松树来说，因其苍翠挺拔的形态，常绿、抗旱耐旱的生物特性，被人们作为坚强不屈、保持本真的象征。其树龄长逾百年，木质不易遭虫害和腐烂，又象征着长寿和不朽。总之，松树是美好、幸福与吉祥的象征。对于柏树来说，它是人们所认为的驱邪树种。古人为求得心灵的安宁、生活的平顺，借用这些具有驱邪作用的树木以达到避凶驱邪的目的，实现吉祥。因此，风水林是村中能够镇住凶邪、保佑平安的风水宝地。

其实，这些水口风水林、风景林表层的风水意义是聚气、藏风，而现实的生态意义则是水土保持、防风蔽日、调节小范围内的生态环境，丰富村落植物景观。此外，更深层的意义是它们在居民认知图中作为空间标识物的作用，以及起到的空间屏蔽效应。同时，风水树、林本身可以作为潜在庇护所而存在，这些功能显然都超出于它们的现实的生态功利性。①

(二)风景树

侗家山寨的人们十分爱树、植树，形成了种植风景树的风俗习惯，比如种"子孙树""儿女杉""养老树"。在汉侗杂糅的高椅村，自然也保留了这些相同的习俗。

栽种"子孙树"即指无论谁家生了孩子，都要全家出动在房前屋后栽上十几到几十棵杉树幼苗。等 18 年后这些树成材时，子女也长大成人，在结婚时这些杉树可以作为他们的财产。因此，这些树又叫"儿女杉"。在侗族民间也流传着一首歌谣："十八杉，十八杉，姑娘生下就栽它。姑娘长到十八岁，跟随姑娘到婆家。"

"树"与"富"是侗家人爱挂在嘴边的两字词，因而也流传着许多植树致富的谚语："要想富，多栽树""家有千棵棕，养老又送终"。正因为如此，村民们在自家的门前屋后均会栽种或多或少的果木树，这些树俗称"养老树"。关于"养老树"，高椅村还流传着一个故事。很久以前，有一位侗家老人在临终前，把三个儿子叫到床前分配家产。老人将 60 块银元和所住的木房作为两份家产，将后

---

① 俞孔坚.理想景观探源——风水的文化意义[M].北京：商务印书馆，1998：91.

山的 50 棵油板栗作为一份家产，分别让三个儿子选择。于是，老大老二争先恐后的将钱和房分去，老三只分到剩下的 50 棵板栗树苗。由于老大老二生性好吃懒做，没过多久，老大把钱花光了，老二因没钱也把房子卖了，两个人只好出外乞讨过日子。但是勤劳的老三通过自己的努力，将这 50 棵板栗树苗培植而结果。慢慢地，老三反而过上了有房且吃穿不愁的日子。后来，他依靠自己的力量坚持种植培育板栗树，所得的收益足够他自己养老送终了。

村中，那些特别引人注目、苍劲挺拔的百年古树也被称为"风景树"，侗话叫"美烘除"。他们认为这种"风景树"能使山寨五谷丰登，人畜兴旺。

在高椅村的五通庙前，就有一株参天的"风景树"，全村敬之为神树，时逢节日、祭祀日，树下满是香烛，烟雾弥漫，树上也会挂满红绸写下自己的美好祝愿，以此来拜祭、许愿。村中还有多处"风景树"，且不同的树有不同的功能：在夏季燥热时，种植在村路旁的"风景树"供过路的行人休憩纳凉；种植在水井旁的"风景树"能让井水清亮润喉；种植在圩场边的"风景树"为载歌载舞的年轻男女遮荫。

六、因水而兴的码头和商业街

在没有现代交通工具的年代，人们沿巫水河去洪江做生意。从大的范围来说，高椅村可以被看作是巫水沿途一个重要的中转码头。而从小范围来看，在高椅的内部，同时存在着多个小码头，只是有些已经荒废，看不见昔日的面貌。据村民说，原来码头有三个，即杨家一甲(现高椅码头)、杨家十甲和明家码头。伍家塘码头以及柿子塘码头是后来新建的。

在过去，山区中陆路交通修建十分艰难，因而水运交通显得尤为重要。一直到解放初期，该流域的主要交通方式仍是水运。随着沅水水运的兴起，巫水河旁的高椅村落集散中心的沿河码头也逐渐发展成形，并将巫水河和高椅村这两个相互关联的个体紧密地联系在一起。

在高椅村的孕育期，码头仅起到单纯的运输作用，服务于外界对村落物资的转运，同时也满足高椅村内的物资交流需求。这些码头位于巫水河 200 米左右的河岸边，依次由上游向下游排列为明家码头、杨家十甲码头、杨家一甲(现高椅)码头。

最早建造码头的是明家。由于明家的地理位置有优势，其住宅和农田都靠近平坦的河岸，而且河滩较宽，有利于堆放和编排需要运输的木料，所以很早就在这里建造了码头。而杨氏家族在逐渐发展兴旺起来后，也开始利用巫水做起了木材生意且生意蒸蒸日上。于是杨家十甲在明家码头东几十米处建起了码头，便于放排。再往东二三十米又是杨姓一甲所建的码头（现高椅码头）。明家码头在 20 世纪中期被洪水摧毁。

一甲码头上供人休息的凉亭迎风阁在 1996 年也被洪水冲毁，所以如今看到的凉亭是重新整修后的样子（图 4-56）。

图 4-56　现高椅码头后来重修的凉亭——迎风阁

船若要上下货物，或竹木排发运货物，都会停在码头。为了便于人们的使用，上下码头的台阶会一直通到河水里，石阶一般宽为一米。码头石阶在靠水一段，也特意向左右展宽，形成水埠，为村民提供浣洗的地方。若天晴，村中的妇女会在水边边捣杵洗衣边互相开心地交谈着，气氛十分融洽（图 4-57）。

在高椅商贸繁荣时，三个码头都会发运单排或小河排，有时甚至会在河湾排起长队。尤其是在夏季时，河湾里的小排可能还会排上一个小时。码头之间都有河滩空坪，是各家堆放竹木的用地。到了放排的季节，沿河的场坪上到处都是来来往往忙碌的人，都忙着在河边编扎小排，先是将竹子或木料用竹索绑

图 4-57　在高椅码头洗衣洗菜的村民

扎成单排，再将单排串连成四五片或六七片，一条小排便形成了。码头边因靠近巫水且树木茂盛，景色优美，不仅是大人们谈天说地的聚集地，也是孩童们的乐园。到了夏季，村里的许多男孩儿们，会到河里洗澡嬉戏玩耍，或抓小鱼或翻螃蟹，十分欢乐(图4-58，图4-59)。

巫水不仅促使了码头的产生，而且促使了如今较大规模商业街的形成，给高椅村带来了财富。但是，高椅村最初商业的产生，却得益于古驿道。后因水运兴起，规模逐渐扩大，位置也几经变更。现在，虽然水运衰败，但高椅村的商业街仍热闹非凡。

高椅村早时是邵阳、武冈至若水的重要交通枢纽，古驿道直接从村中经过。过去为了便利商旅，会修建许多凉亭供人休息、避雨。原来在高椅村的西村口就有这样一处凉亭。据《高椅村》一书中介绍："高椅村西一公里处驿路边也有这样的凉亭，往来时间长，凉亭边开了小店，卖茶水和糍粑等，大约在清中叶以后逐渐发展成为一条疏疏落落的小街，经营者多为高椅人，称为'上店街'。兴旺时，上店街有 100 米多长，吃饭、安宿的火铺（客栈）有十余家。"①

图 4-58　在高椅码头洗澡嬉戏的儿童

图 4-59　巫水河上摆渡的人

---

① 李秋香.高椅村［M］.北京：清华大学出版社，2010：302.

上店街的繁荣带动了另一块叫"长头坪"的长方形的空坪，又称"长场坪"，位于鸠坡下。一开始，长头坪上只是有少数人摆摊，随着摆摊人数的增多，便逐渐形成了真正的集市，而且规定了固定的赶场时间。长头坪多从事农副产品的买卖，集市虽不大，但也能满足村民们的日常生活需求。高椅及附近村寨的人们每逢圩日就去赶场，很是热闹。在长头坪赶场的人也会顺便去距离不远的上店街逛逛。

清康熙二十六年（1687），位于高椅巫水河下游的若水巡检司迁至洪江，因此许多商人可从水路乘船到达洪江，不用绕到高椅村内走古驿道，因此驿路由于经过的商人急速减少而就此萧条下来。于是，随着水运的兴起，清后期曾在长头坪和上店街做生意的商家便开始在巫水河边摆摊经营。再到后来，由于在长头坪赶场的人越来越少，圩场被迫停圩（图4-60）。

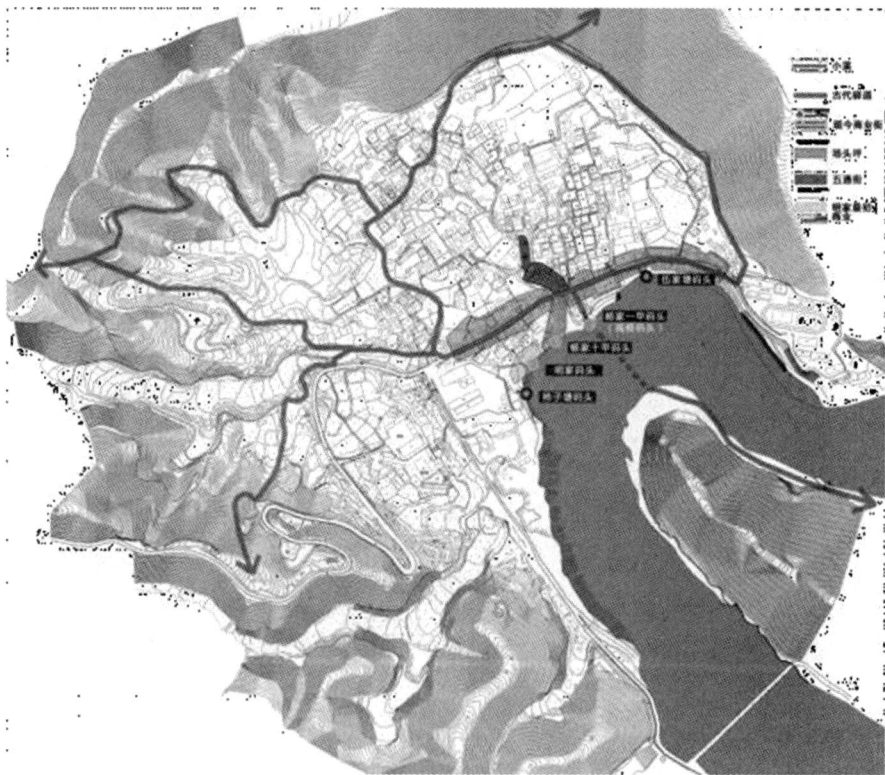

图4-60　高椅村商业街的变迁及码头的分布　（作者自绘）

清代末年，明家因靠近巫水河码头，带头在河边做起生意，商旅在此处交谈买卖，跑排在此处休息充饥，生意逐渐蒸蒸日上。此时，杨家在五通庙的南侧也有一排七八间的商铺，直通锁龙桥，称为"五通街"，其经营对象主要为村内的村民。但由于规模小、种类不全，村民仍旧喜欢到河边码头买东西。所以，后来杨家十甲又出资在巫水河边称"场坪"的一块河滩上统一建起商铺，从场坪一直向南到锁龙桥，形成一段小街，现称"场头坪路"，与五通街相接。整条街的商铺经营种类繁多，有杂货店、建材店、药店、茶馆、理发店、米粉店、猪肉铺、裁缝店、漆匠店、冥纸店、木匠店等。民国以前，逢农历初三、初八、十三、十八、二十三、二十八都要赶场。民国十七年（1928）《杨氏族谱·八景诗》《溪岸柳场人贸》一诗载："青匕溪岸柳，一度一番新。三八场期候，殊多贸易人。"

后来，水运衰败以后，五通街、场头坪也逐渐萧条了。现在，修了村中沿河东西向的主路后，在主路两侧新建了商铺。赶场也改为了二七，即每月农历初二、初七、十二、十七、二十二、二十七赶集（图4-61~图4-74）。

图4-61　现今商业街赶集时的热闹场景

图 4 - 62　商业街上的猪肉摊

图 4 - 63　商业街上的水果摊

图 4 - 64　修伞、修鞋的老人

图 4 - 65　商业街上的铁具摊

图 4 - 66　卖鱼的商铺

图 4 - 67　商业街上的点心摊 1

图 4 - 68　商业街上的点心摊 2

图 4 - 69　雨天依旧赶集

图 4 - 70　卖炸食的奶奶

图 4 - 71　卖豆腐的奶奶

图 4 - 72　蔬菜摊

图 4 - 73　卖手工馄饨的摊

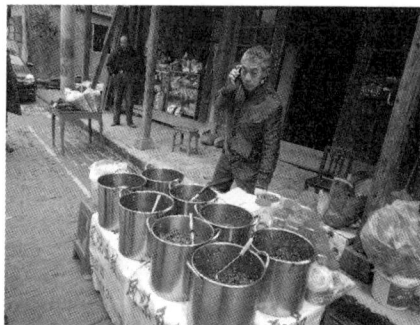

图 4 - 74　卖自制辣椒酱的摊

七、从外到内的多重防御系统

600年来高椅村从未受到匪患的骚扰侵袭，这都受益于高椅村的多重防御体系——外围防御和内部防御。

由上述对村落风水格局空间构成的解析中可知，理想风水格局这样的自然环境本身就形成了村落最外围、最大的第一重防御。刘新德也认为，"为了抵御外敌和天灾人祸，中国传统民居选址非常重视地理环境，背山面水的择地模式就包含了很强的防御意识。湖南地区多以丘陵为主，俗有七山一水二分天之称，因此古代村落的选址布局大都因借起伏变幻的丘陵地貌和丰富的水资源或依山建村或临水建院，不仅聚居环境优美而且防御功能显著。高椅村有巫水绕于村前，有青山作为天然屏障，选址于群山之中，整体地势平坦有一定坡度，东低西高，便于隐匿，据险扼要易于防守"。① 对于高椅来说，当遇到外敌入侵时，村民便向山上疏散转移，利用天然的地形地势优势来对抗外敌、掩护自己。万一作战也能避免四面受敌，村寨的选址也在一定程度上保证了高椅村相对稳定的生活。

高椅村的内部防御依赖于街道。上述村内五条从大塘中心向四周呈发散状的主要街道，加之横向连接这五条主路的密网小路，将整个村落织成了一张密网。道路纵横交错，且曲折迂回，宛如迷宫。不熟悉高椅村的人如果没有村内人带路很容易找不着方向。正如高椅导游杨耀文的顺口溜："高椅地形八卦在，地形复杂出不来。若是没有导游带，你会感觉很无奈。"即使是村子里的人也一般只走几条主要的路，那些小路虽阡陌相通，但无人敢行，就是当地上了年纪的人也不一定能知道村里的每条小道通向谁家。可见，这种连自己人都搞不清楚路伸向何方的网状巷道，又怎能不让不熟悉地形的土匪、强盗望之却步，不敢轻易进入村中作乱呢！

此外，梅花形的民居群落也起到了村落防御的作用。村民聚集而居，可共同御敌，从而大大提高了村落的安全性，而后期又在村东石榴寨沿山脊修建了一条环村山路，每隔几十米修有一处工事，供站岗和御敌用。

另外，从较为微观的角度来说，村落的建筑本身，又构成了一重防御。首先，高椅村的房屋都首尾相接，住宅都设有前后门，门门相通，因而民居天井院落相通。其次，高椅村的建筑为"窨子屋"，这种建筑高墙密封，对于防火、防盗具有特殊的功能。高大的马头墙能阻挡火势，避免一家失火殃及四邻的情况发生。建筑单体外围有厚厚的围墙，为了增强安全性，围墙上只设有少数几个非常小的窗洞。进户门也特别重视安全防范功能，修得非常坚固。

除了这些之外，过去还有很多人家中放置监听缸——一种原始的探听器。有的人家在院落的角落处埋上一口陶缸，有的人家在屋内厨房的位置埋上一口

---

① 刘新德. 湖南古村落安全防御研究[J]. 中国安全科学学报，2009(2)：6.

陶缸,缸口都略微高出地面一寸。将头伸进缸内能清楚地听清屋外的脚步声和马蹄声。有的还在屋外巷子里做一个踏石板,石板上有一个小孔,通过地下水道传音。只要晚上有人踩上松动的石板,声音就会传进屋里,让人提高警惕(图4-75)。

图4-75　埋在地下的防盗监听缸

在年代久远的封闭环境中,监听缸对村落的防御起到过重大作用。现如今村中还保存着一口监听缸,缸口直径60厘米,深55厘米,缸口与地面持平,平时盖上一块木板,并用碗柜遮掩,别人不易发现。据专家考证,这口缸是我国最早的一种防盗监听装置。它主要是利用了地面传播声音速度快、音量大的原理来进行监听的。

八、公共基础设施的现状

(一)给排水系统

高椅村地处内陆深山,却享有"多水之乡"的美名。村内号称有48口水井,48池水塘,48丘水田,水成为村中的重要元素。来自周围山上小溪的水顺着村落街巷的沟渠,流经各家各户,因四周高、中部最低的地势最终汇聚到村中心的大塘,主要满足村民的日常生活用水。后来村民逐渐使用井水。据记载,"民国时期,农村居民多饮用沟、塘、溪、河水,水质污染严重,肠道传染病经常发生和流行。1950年后，人民政府重视农村饮用水管理。初期，倡导分段使用河水，上游做饮用水，洗菜、洗衣等放在下游。20世纪60年代起，注重改井，即改大口井为有井台、井裙、井唇的新井式。1971年，推行'两管五改'，新建水井1248口。1972年，全区新建和改建水井2404口"。[①] 水井的使用让村民摆脱了对巫水、对泉水的依赖，有了干净的饮用水。

农田耕地主要依靠河水和水塘的水进行灌溉。高椅村的农田分了三类：一类农田较为肥沃，因其大多紧挨着水塘、巫水河，有充足的水源，浇灌十分便利（图4-76）；二类农田离水源稍远；三类农田基本没有水来灌溉，十分贫瘠，几乎无法种植。

图4-76　与水塘相邻的一类田

高椅村原始的理水系统十分巧妙，我们在前面第三节的第四小节生态理智的村落理水中做了详细的解释。如今，为了更方便村民的生活，直接引水入户。各家各户都接入了自来水，给水线依照原有村落理水的格局，将给水管顺着村落街巷的明渠接入各家各户，污水同样直接排入到门前的明渠中（图4-77，图4-78）。

---

① 湖南省怀化地区地方志编纂委员会. 怀化市地区志[M].北京：生活·读书·新知三联书店出版社, 1999：2041.

图4－77　自来水的接入与
　　　　 污水排出

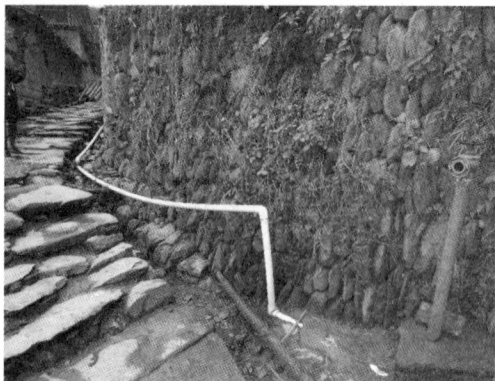

图4－78　按小沟渠布置的给水管

（二）消防系统

　　由于村落中有许多木建筑，因此，高椅村对于消防十分重视。村中的各处水塘不仅起着调节微气候、景观观赏、方便生产生活的作用，还起着消防的作用，可提供就近消防用水。各家各户的太平缸，也是重要的消防设施。这种多以陶制、石材铸造的水缸位于各家各户的院子中（图4－79）。其最大的作用在于储水防火，同时也物尽其用，用来养鱼、观赏。高椅村雕刻精美的中华第一鱼缸，就是集装饰庭院、养鱼欣赏、蓄水消防于一身的太平缸（图4－80）。

图4－79　放在院中的太平缸

图4－80　装饰、消防一体的太平缸

在没有电且封闭性强的村落中，引起火灾的因素较少。而随着电的接入，家用电器的增多，以及越来越开放的发展，防火成为保护高椅村的重中之重。现消防系统已经接入高椅村。2006 年配合高椅村改水工程，政府投资 80 万元，铺设消火用水管道 1500 米，安装消火栓 12 个，配置 2 根消火水带、1 支水枪。给古村落安全防火，提供了有力保障（图 4–81，图 4–82）。此外，可看到各家各户都配备了灭火器，各种防火灾的标语遍布每个角落（图 4–83，图 4–84）。

图 4–81　消防栓

图 4–82　消防设施

图 4–83　各家各户的灭火器

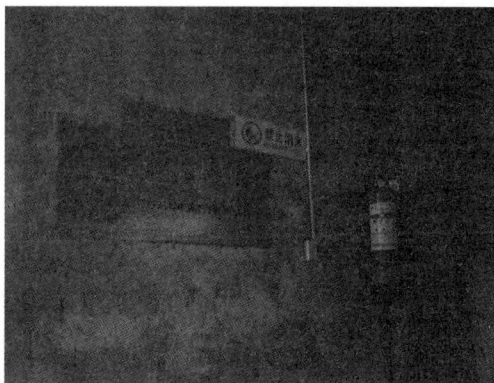

图 4–84　防火宣传标语

(三)垃圾处理系统

村落垃圾清扫、搜集、清运和处置十分重要。高椅村过去对于生活垃圾的处理方式是将其就地焚烧。这种方式不仅会增加房屋失火的概率,而且对环境的危害十分严重。

如今,村中各处已经配备了垃圾桶等公共卫生设施(图4-85~图4-88)。定期会有垃圾车将这些生活垃圾清理并运送出去。在今后的不断建设中,新的垃圾回收站也将落成。

图4-85 村中的公共垃圾桶

图4-86 每家每户的垃圾桶

图4-87 卫生设施1

图4-88 卫生设施2

(四)电力系统

变压器、配电箱、各家各户门前装有的电表、架在空中和爬上墙面的电线，为高椅村带来了光明、带来了便利。高椅村告别了没有电的时代。电的接入改善了屋内的光线环境，也为电器的使用提供了可能。许多村民已经用上了电饭锅、洗衣机、热水器、电视机等家用电器。这些极大地方便与改善了人们的日常生活，也为发展旅游业提供了最基本的条件(图4－89，图4－90)。

图4－89　村中的变压器和配电箱

图4－90　电器的使用

(五)其他配套设施

高椅村医疗设施现有三处，高椅村卫生室、会同县百信大药房和位于码头的一处药店(图4－91，图4－92)，基本满足了日常的看病需求。当地也流传着一些祖传的治病秘方，在集市上，也可看到各类中草药的身影(图4－93)。

图4－91　高椅村卫生室

图4－92　商业街上的大药房

图 4 - 93　集市上的中草药

　　高椅村在民国以前，都是以传统的学塾、家塾、学馆的方式进行启蒙教育，如醉月楼、月光楼、清白堂等。清代中期，村民便集资创立了高椅村中心小学。抗日战争时期，武汉失陷后，长沙、衡阳相继陷入危机。1940 年，青华中学从衡阳迁来高椅，学校设在东岳庙的庵堂里，借用小学的课桌和教具开展教学活动。青华中学的战时迁校对高椅村的教育产生了重大影响。1943 年，高椅新校舍建成，即现在的"高椅乡学校"。后来，在旁边建立了高椅乡中心幼儿园，满足了不同年龄学生的教育需求（图 4 - 94，图 4 - 95）。

　　村中其他各种配套设施也都相继完善，为了旅游开发的需要，几处公共厕所现已落成（图 4 - 96 ~ 图 4 - 99）。湖南会同农村商业银行高椅支行、邮局、手机营业厅等也极大方便了村民的生活（图 4 - 100，图 4 - 101）。

图 4 - 94　高椅村的中学

图 4 - 95　紧挨中学的幼儿园

图 4 - 96　村中的公共厕所 1

图 4 - 97　村中的公共厕所 2

图 4 - 98　村中的公共厕所 3

图 4 - 99　村中的公共厕所 4

图4-100　村中的商业银行

图4-101　邮局和手机营业厅

第四节　人文内涵下的高椅八景

自北宋宋迪时，"潇湘八景"问世，被认为是开启了中国"八景"文化之先河。它出现之后便诱发了积淀在人们理想中的关于人与自然关系的情感，引起了天下文人们的普遍向往，各地八景如雨后春笋般，霎时间遍布东南西北、大大小小的历史城镇。高椅村也不例外。

高椅八景不仅是中国传统"八景"文化这一文化现象的固化与折射，而且也是高椅崇文的社会风气的折射。高椅是汉侗文化杂糅的村落，外来汉族人口迁入后，一直保持汉民族的传统习俗，重视农耕和教育。从高椅的众多学堂(醉月楼、月光楼、清白堂)及文教建筑(文峰塔、文昌阁)便可看出村中文风盛行。由于民风崇文重教，所以村中人文勃兴，拥有一定数量的士人阶级，他们常以八景吟诗作赋。正是在这样的氛围下，这些景致融入了人文的内涵，包含了人的思想感情、精神寄托及审美取向，由此才使高椅八景之风日盛。

杨姓是村中最注重教育的家族之一，在《杨氏族谱》中，有专门记载八景诗的章节。

高椅八景的出现，还有一个不可忽视的因素是村落本身拥有如诗如画般的秀丽风光。在民国十七年(1928)《杨氏族谱》中便记载了许多描写村落风景的诗句(图4-102)：

> 山如平翰水如弓，得住其间亦自雄；
>
> 好把眼前风景写，写来都付锦囊中。

构地非同仅一弓，山团水聚气偏雄；

天然一幅丹青里，楼台烟云万木中。①

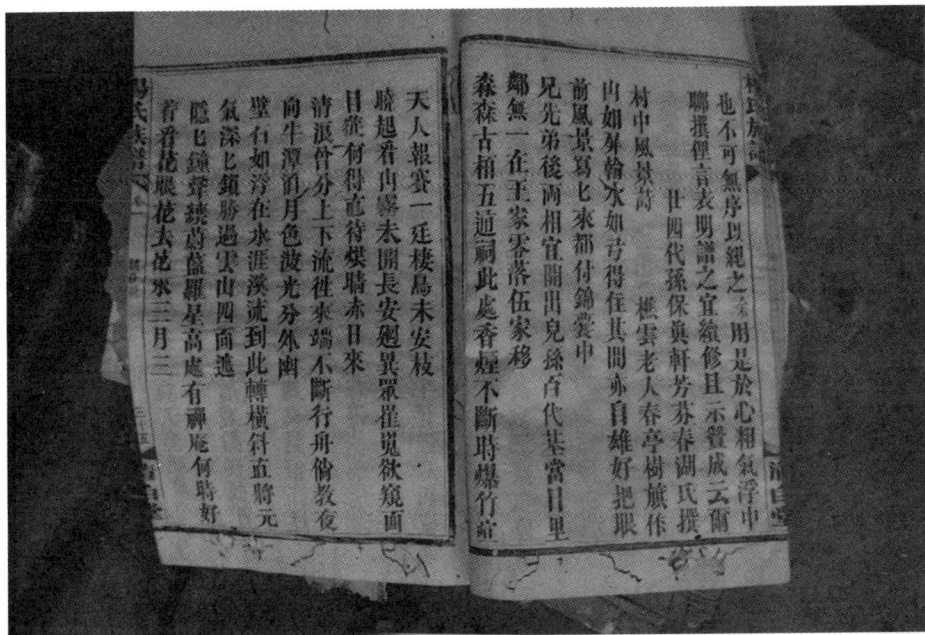

图 4-102　民国十七年（1928）《杨氏族谱·村中风景诗》

一、高椅八景

据清光绪三年（1877）《杨氏族谱》的记载，云峰晚翠、牛潭印月、长安晓雾、碧石浮水、松林鸟语、红岩映川、寺莲呈瑞、罗星耸秀是高椅的古八景（图 4-103 ~图 4-105 为咏颂古八景的诗词）。

高椅古八景历经数朝数代，到了民国时期，八景改用六字命名且景点发生变化。据高椅民国十七年（1928）《杨氏族谱·高椅八景诗》记载，八个景点分别为：牛潭清秋夜月、显庙柏翠归鸟、罗星烟寺晚钟、兴庵丹枫积雪、密岩清浪春涛、溪岸柳场人贸、江边渔火船归、巽峰文塔夕照（图 4-106 和图 4-107 为咏颂新八景的诗词）。通过表 4-1，我们可以发现古八景与新八景描写相同的地

---

① 引自高椅村民国十七年（1928）《杨氏族谱·村中风景诗》。

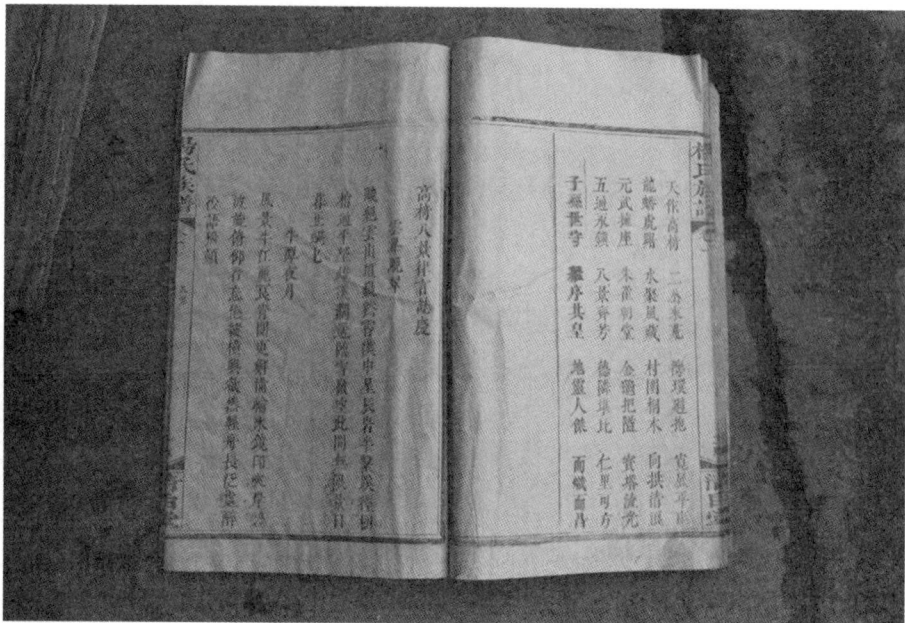

图 4 – 103　高椅清光绪三年（1877）《杨氏族谱·高椅八景律言志庆》1

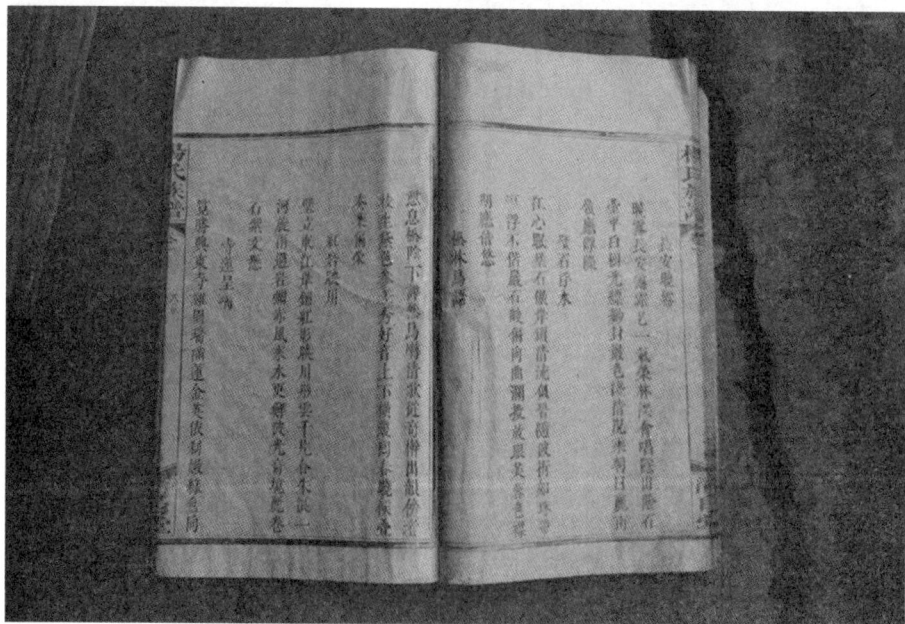

图 4 – 104　高椅清光绪三年（1877）《杨氏族谱·高椅八景律言志庆》2

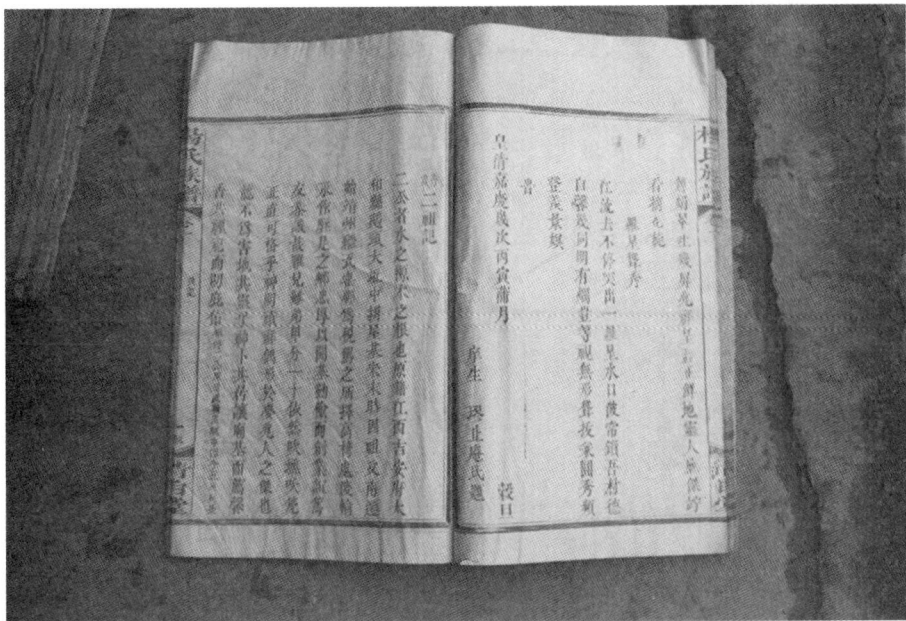

图 4 – 105　高椅清光绪三年（1877）《杨氏族谱·高椅八景律言志庆》3

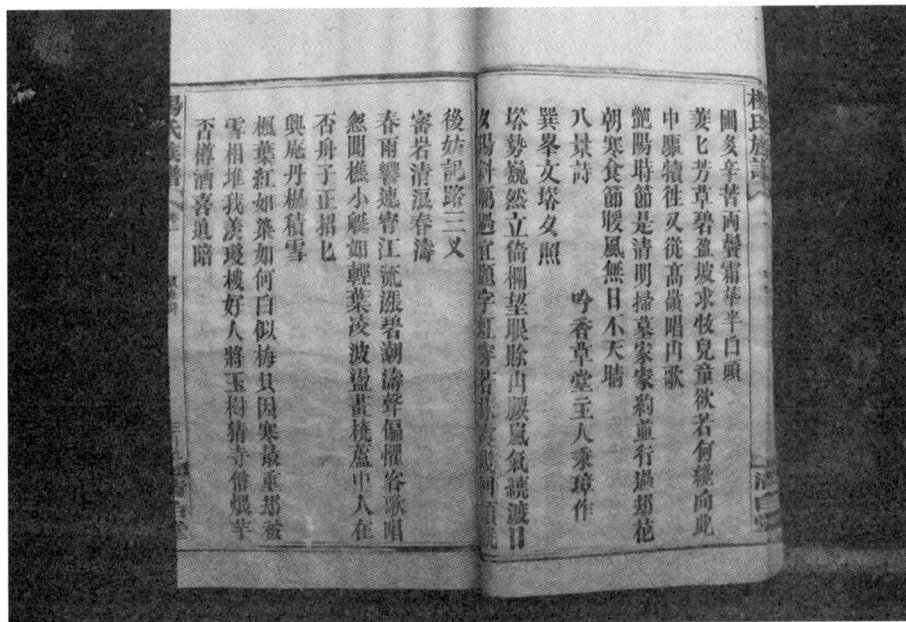

图 4 – 106　民国时期杨氏族谱中的新八景 1

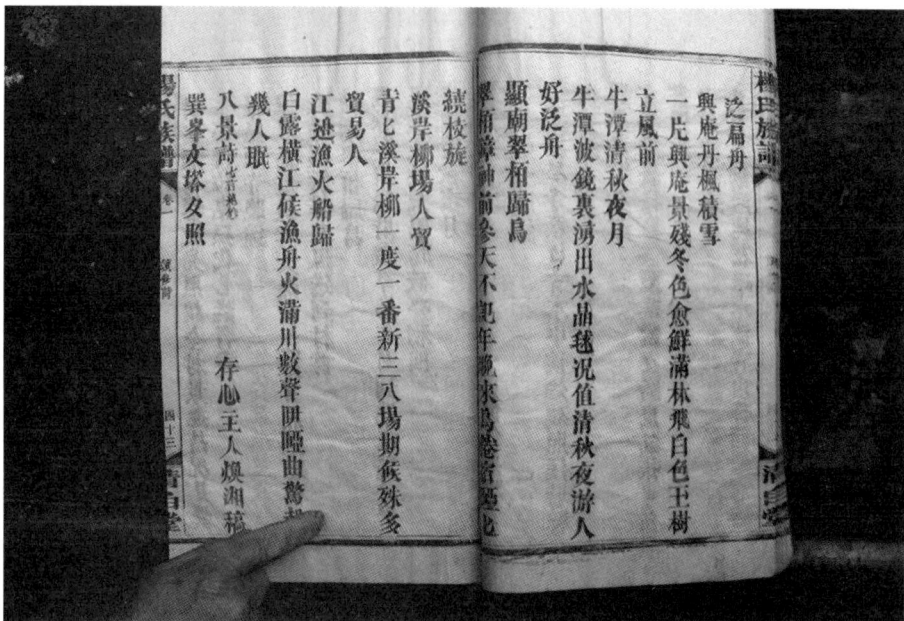

图 4 - 107 民国时期杨氏族谱中的新八景 2

点有三个：牛潭夜月(牛潭清秋夜月)、松林鸟语(显庙柏翠归鸟)、罗星耸秀(罗星烟寺晚钟/兴庵丹枫积雪)。新增的景点有四个：密岩清浪春涛、溪岸柳场人贸、江边渔火船归、巽峰文塔夕照。

表 4 - 1　高椅八景的变化

古八景(清代)	地点	新八景(民国)
云峰晚翠	梦云山	
牛潭夜月	石牛湾	牛潭清秋夜月
长安晓雾	长安寨	
碧石浮水	猫岩	
松林鸟语	五通庙古柏	显庙柏翠归鸟
红岩映川	岩山头	
寺莲呈瑞	大塘	

古八景(清代)	地点	新八景(民国)
罗星耸秀	罗星庵	罗星烟寺晚钟
		兴庵丹枫积雪
	下清浪	密岩清浪春涛
	圩场	溪岸柳场人贸
	河边	江边渔火船归
	文峰塔	巽峰文塔夕照

当然，由于每个时期的人的审美的不同，景点一直在增加与变化，从而人们心目中的八景也发生了这样的变化。例如：清末民初的时候，高椅的圩场才逐渐形成与兴旺，十分热闹，成为当地一大特色。于是文人将这一场景作成诗，溪岸柳场人贸便成为新八景之一。而清代尚未有这一景象产生。同样，据村民讲，在清末的时候，罗星庵的香火相较以前更旺，其影响力较大，在人心中所占的地位较重。于是，新八景中的两景即罗星烟寺晚钟、兴庵丹枫积雪描述的其实都是同一个地点——罗星庵，只是时间不同。罗星烟寺晚钟是傍晚时刻的罗星庵景色，兴庵丹枫积雪是冬季下雪时的景象。此外，据村中老人回忆，在民国时期，高椅码头有三四条渔船。后来渔船越来越多，直到 20 世纪中期还有以打鱼为生的渔家。夜里，闪烁着的通红的渔火倒映在深蓝色的水面上，景色静谧、奇丽。这也不难解释江边渔火船归为什么成为新八景之一了。

不过，经我们采访村中的居民，他们更倾向于清代版本的八景。首先是觉得四个字叫起来顺口，且历来八景都以四字为名。其次认为古八景描述的景点全面，无重复描述同一地点的情况。于是，作者就以高椅古八景作为进一步讨论的对象（图 4 - 108，图 4 - 109）。

（一）云峰晚翠

云峰晚翠描写的是高椅的前山——沁林山的景色。沁林山是高椅的"东方来龙"，山上丛林茂密、郁郁葱葱，高椅的风水林就位于此，任何人都不许破坏山上的树木。站在码头，向对岸的沁林山望去，一片翠绿。

图 4 - 108　高椅古八景位置

图 4 - 109　高椅新八景位置

有诗曰：

云峰晚翠

峻绝云山顶，巍然霄汉中。

星辰岩半系，蹊径树梢通。

平望熊溪阔，遥临雪岭空。

此间无限景，日暮正融融。①

(二)牛潭夜月

牛潭夜月在下水口下清浪至岩山头之间的位置，关于这个景点村中还流传着一个离奇的故事：据说在这里的巫水河岸边有一块巨石，形似一头卧着的老黄牛(图4-110)。因而，这里也被村民称为石牛湾。在明代洪武年间，高椅出了个到处行善、乐于助人的神人，他能在夜间做法将石牛湾的石牛变成真的黄牛帮人犁田。这帮了村里人不少忙，村民非常感激他，并尊称他为"乐道天师"。

图4-110　石牛湾现状　图片来自会同县政府网

一天正是四月十五日晚，乐道天师又做法帮助村民去犁田。这时，村里有一个人由于想偷偷学他的法术，便躲在暗处偷看。只见天师手拿牌印师刀，口中念念有词，不一会便飘飘然然直奔石牛湾，对着石牛头部吹了三口仙气，于是那石牛便站了起来。之后乐道天师走到一只散发着金光的船上，船在皓月之下悠悠荡荡行驶起来。好事者看到此景，也想上船，便急忙喊道："乐道天师，等等

---

① 引自高椅村清光绪三年(1877)《杨氏族谱·高椅八景律言志庆》。

我呀!"可是喊声刚落,船发出的金光就不见了,而船也像遇到狂风大浪一样,晃了晃便沉入河里。此人一直很纳闷,不知道这是这么情况。直到后来,村民们才知道,原来天师在做法时绝不容许生人叫他的名字。也从那时起,河里那块巨石也同乐道天师一起消失了。后人为纪念这位天师,便把这里称为"牛潭夜月"。

除了这个传说,牛潭本身的风景极佳,特别是皎洁的月夜,波光粼粼,银光闪烁,若乘一小舟在此荡漾,真是难得的惬意。据说若四月十五日晚上去,还能看到天师作法驾船载石牛的情景。因而,前人有诗赞曰(图4-111):

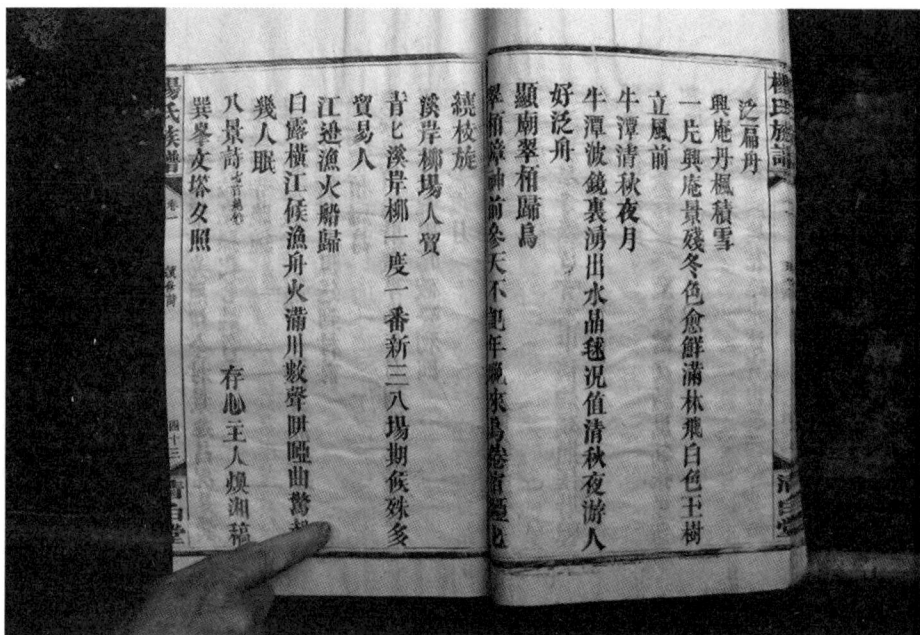

图4-111 高椅村民国十七年(1928)《杨氏族谱·高椅八景诗》

牛潭夜月

风景牛江丽,良宵阅更鲜。

满轮冰镜印,夹岸碧波旋。

俯仰看望倦,纵横与欲然。

轻舟长泛处,醉后语犹频。①

---

① 引自高椅村清光绪三年(1877)《杨氏族谱·高椅八景律言志庆》。

牛潭清秋夜月

牛潭波镜里,涌出水井毯。

况值清秋夜,游人好泛舟。

牛潭清秋夜月

一轮皓魄映牛潭,月色波光万象涵。

秋夜赏来真好景,举杯邀饮酒常酣。

(博约房主人 安卿)①

(三)长安晓雾

长安寨位于高椅右面白虎山的山顶,地处西南方,四时朝雾朦胧,别有一番韵味。旧时,在汉人未迁入之前,侗族、苗族的人在这里以寨的形式居住,称为长安寨。如今,这里虽已没有人居住,但景色依然美妙,烟雾缭绕。

有诗曰:

长安晓雾

晓雾长安霭,霏霏一气荣。

林涤禽唱隐,山险石堅平。

白树光缥缈,封岩色浅清。

况乘朝日丽,南岭应峥嵘。②

(四)碧石浮水

在现高椅码头的一侧,曾有一个巨石露出巫水河面。在元代以前,因其像一颗巨大的玉玺,人们称之为"玉印浮水"。后来,这个消息被朝廷知道了,惶恐高椅真的要出真命天子,扬言要派钦差大臣下来"斩龙毁印"。村中父老听闻,自己动手把巨石凿小了,毁了酷似玉印的形状,并改名为碧石浮水,此景才得以保存下来。到辛亥革命推翻封建专制后,才得以正名为"玉印浮水"(图4-112)。③

有诗曰:

---

① 引自高椅村民国十七年(1928)《杨氏族谱·八景诗》。

② 引自高椅村清光绪三年(1877年)《杨氏族谱·高椅八景律言志庆》。

③ 杨振刚,王定兴. 神奇村落高椅古民居[M]. 会同县高椅古民居保护开发办公室,2001:18.

图4-112　现高椅码头边的"碧石浮水"

碧石浮水

江心眠碧石，傲岸锁清流。

似碧随波折，如珠带浪浮。

不偕岩石峻，偏向曲溢投。

放眼芙蓉色，禁期应倍悠。[①]

(五)松林鸟语

以前在高椅的中心五通庙门前，有着四棵古柏。如今，这些柏树已上千年，它们不仅是五通庙的标志，而且可说是整个高椅村的标志和象征，方圆几十里的人都知道高椅有几棵大树。由于自然崇拜，它们被人们称为"树神"，上面贴着许多许愿、还愿、求庇护的红色菱形纸符。以前由于柏树长得旺盛、茂密，树上栖息众多的白鹤、棕鹤、黑鹤等多种候鸟，每年春去秋来，与高椅村民融为一体，安乐同居一村，增添了不少热闹。由于它们在高椅人心中有着较大的分量

[①]　引自高椅村清光绪三年(1877)《杨氏族谱·高椅八景律言志庆》。

以及其枝繁叶茂四季常青所营造的美景，遂成为高椅村的八景之一。在杨氏族谱中，描写这些柏树的诗有很多首，如《松林鸟语》《显庙翠柏归鸟》等。在古八景中，使用的是松林鸟语这个名称，新八景则使用的是翠柏归鸟（图4-113，图4-114）。

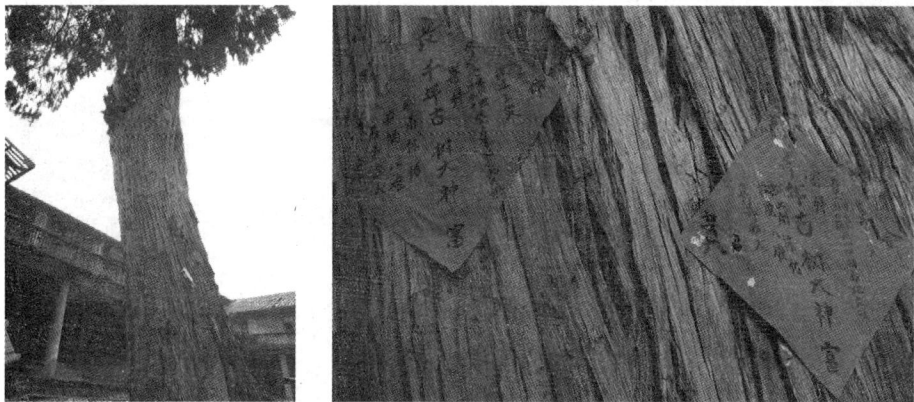

图4-113　五通庙前的古柏及树上的纸符

有诗曰（图4-115）：

松林鸟语

憩息松阴下，哗然鸟啭清。

歌从奇干出，韵傍老枝生。

黛色参差秀，好音上下横。

几回春晓候，叠奏叶偏荣。①

显庙柏翠归鸟

古柏高依庙，苍苍拥翠围。

春阴鸟便集，秋冷鹰同归。

枝被鸦栖老，雏依树学飞。

自来还自去，如织不停机。

显庙柏翠归鸟

古树森森植庙前，几经风雨几经年。

---

① 引自高椅村清光绪三年（1877）《杨氏族谱·高椅八景律言志庆》。

爱他晚景斜阳候，多少归鸟倦欲眠。①

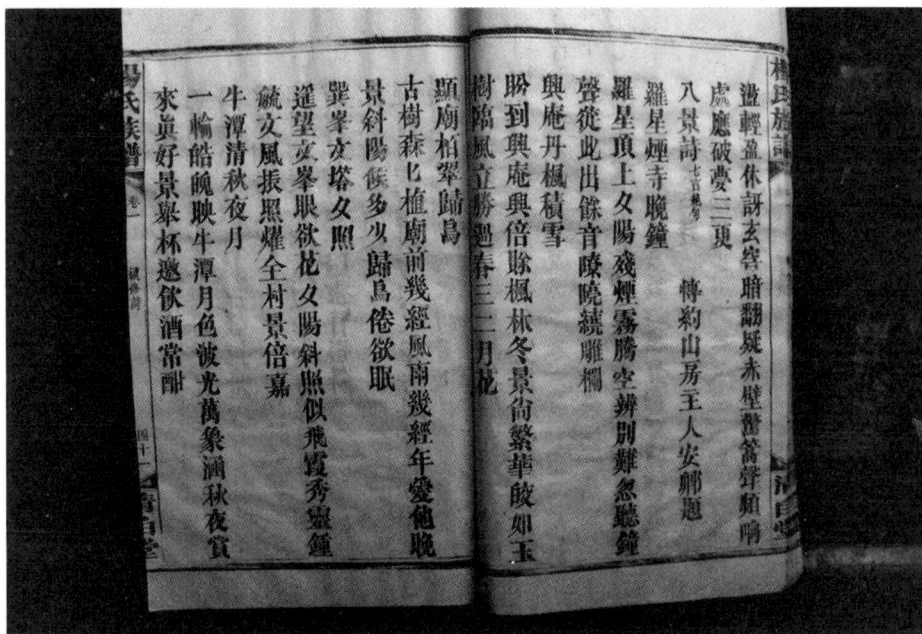

图4-114　博约山房主人安卿所做的新八景诗

(六)红岩映川

现高椅中学的位置，俗称为岩山头。过去，在日落时分，通红的夕阳斜照在山岩上，也倒映在巫水河中，照红了石头，染红了河水，天、山、水共一色，景象十分壮观。

有诗赞曰：

红岩映川

壁立东江岸，铺红影映川。

彤云千片合，朱浪一河旋。

雨过岩弥赤，风来水更鲜。

---

① 引自高椅村民国十七年(1928年)《杨氏族谱·八景诗》。

波光奇镜丽，卷石紫文悬。①

（七）寺莲呈瑞

大塘是村内的中心，负责全村污水的沉淀。为了净化水质，大塘内种满了荷花。每到盛夏，静静的水面上布满了碧翠欲滴的荷叶，一朵朵荷花千姿百态、亭亭玉立，景色甚美。后来，一些文人作诗赞美此景，大塘由此成为高椅八景之一。

寺莲呈瑞

览胜典东寺，鸡园瑞满莲。

金英依刹嫩，绿色向檐娟。

翠吐几屏兆，祥呈蕊正鲜。

地灵人应杰，竚看摘花旋。②

此外描写大塘的还有一首七言律诗：

池荷呈瑞露青莲，柳浪莺飞景更妍。

欲道丹青千古事，略加淡墨即成篇。

（八）罗星耸秀

在青龙山的罗星庵旁，有棵参天的古枫，周边风景异常优美。每年三月三日，那里就变成唱歌的山丘，欢乐的海洋。因而高椅有三月三扎歌台的风俗，至今方兴未艾，值得一游。如今那里还可看到这棵古枫，不过只剩下干枯的树干了（图4－116）。

有诗赞曰：

罗星耸秀

江流去不停，突出一罗星。

水口波长锁，吾村德自馨。

几同明有烂，岂等视无形。

耸拔兼圆秀，频登羡景娱。③

（清代贡生　杨树旗）

---

① 引自高椅村清光绪三年（1877）《杨氏族谱·高椅八景律言志庆》。

② 引自高椅村清光绪三年（1877 年）《杨氏族谱·高椅八景律言志庆》。

③ 引自高椅村清光绪三年（1877）《杨氏族谱·高椅八景律言志庆》。

图 4 – 115　罗星耸秀　（作者自绘）

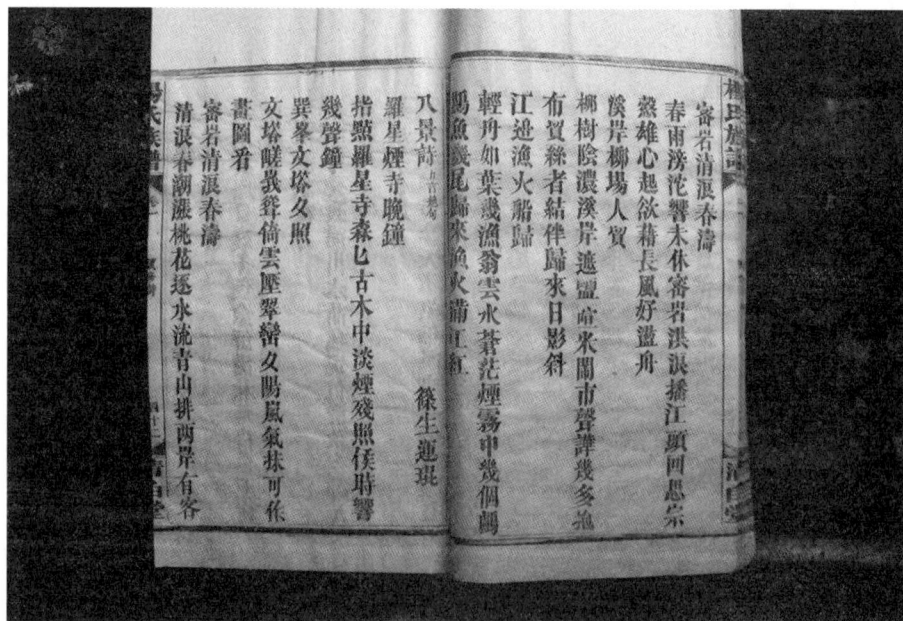

图 4 – 116　筱生连琨所做的新八景诗

罗星烟寺晚钟

指点罗星寺，森森古木中。

淡烟残照后，时响几声钟。

（筱生 连琨）

罗星烟寺晚钟

罗星顶上夕阳残，烟雾腾空辨别难。

忽听钟声从此出，余音嘹亮绕雕栏。①

（博约山房主人 安卿）

二、高椅八景解析

潇湘八景在诞生之时是以绘画的形式——始自宋文臣宋迪的《潇湘八景》图呈现，后来大书法家米芾很是欣赏宋迪的画作，于是就为《潇湘八景》图做小序、总序和题画诗。

与潇湘八景不同的是，高椅八景没有画作，而是以诗表景。正是由于当地崇文重教的风气，造就了一批文人墨客，他们看到村中优美的景色，便题诗赞美。之后，越来越多的署名为"廪生""庠生""贡生"等大批乡土文士构成的文化人群，以"八景"为主题，写作了大量形式的诗律，构成了高椅独特的"八景文学"。这样的"八景文学"在地方文化及历史景观的传承中发挥了巨大作用。

随着八景诗的盛行，久而久之，一些在村民心目中较为重要的景点脱颖而出，组合成为能代表高椅特色的高椅八景。

可以说，高椅八景的产生，正是由于八景诗的产生而盛行。八景诗是当地自然景观与人文景观的文化载体，它将自然与人文统一起来，充分反映了高椅景观对人文意味的追求。

八景涵盖的对象种类繁多，不论是当地的风景名胜、历史文化，还是当时的生产与生活，皆属八景可以反映的对象。虽然八景并不一定囊括了当地的全部景观，但八景却完全可以成为当地景观的代名词，使人们听到八景的名字就联想到某一地的景观特征。

高椅八景的具名，仅短短30余字，就涉及了山峦河水、生活场景、建筑景

---

① 引自高椅村民国十七年(1928)《杨氏族谱·八景诗》。

观、植物动物等众多事物。其实即使高椅八景的地域空间、景点发生了变化，但其所涵盖的景物类型也无外乎自然景观、人文胜迹与生活场所等。

这些景点饱含了高椅的地方特色，具有强烈的地域性。例如，松林鸟语所描述的古柏，是高椅的代表性景观，方圆几十里的人们都知道高椅五通庙门前有几棵大树。提到古树，人们就能想到高椅。而"巽峰文塔夕照"是对高椅人文内涵的反映。

八景不仅包含着各地特色同时也包含着社会生活内容，如在高椅八景中江边渔火船归，就充分反映了当地的生活方式，是对高椅村巫水河畔渔猎生活的真实写照。

由于八景是从人们的身边取景，与普通人的日常生活息息相关。在当地居民的心目中，村中那些风水宝地往往对其有不同的意义，所以它们大多成为八景中的一景。例如古八景中的"寺莲呈瑞"所描述的大塘便是整个村落的风水宝地。大塘位于村中五龙聚首之处，是"五龙戏珠"之地。又如"巽峰文塔夕照"所在的沁林山，是高椅的龙脉，称之为朱雀朝堂。这种风水与景观的紧密结合，表明了八景与人居环境学、风水原理的一致性。

第五章

明清建筑的瑰丽画卷

建筑是文化的产物，一个民族的文化最具体的表现就是建筑。① 换句话说，建筑是文化的具体反映。高椅的建筑之所以呈现出独特的风格、形式，正是由于其独特的文化。汉侗人口的杂居、几百年间汉侗文化的不断杂糅，造就了高椅如今的建筑面貌，窨子屋、木楼房便是这一过程的直接产物。

当然，建筑不仅承载、诉说着文化，它还是生活的容器，将居民生活的方方面面都容纳了进去。我们可以说，建筑就是为了满足人们生活的各种使用需要而存在的。那么，实用功能便是建筑首先所要具备的基本属性。高椅的建筑容纳了睡觉、做饭、烤火取暖、储物、饲养等与居民生活方式相符的空间。

由于人具有思维和精神活动的能力，因而供人居住或使用的建筑也同时具备对人精神感受上所产生的影响作用。于是除了其所具有的实用功能外，还承载某些精神信仰及特有的习俗，如堂屋、火铺屋等。一些公共建筑如祠堂、庙宇等，他们本身所具备的精神功能就是促使其产生的直接原因。

第一节　双重文化特质——高椅村独特的建筑形态

一、汉侗杂糅下的窨子房木楼房

高椅的建筑样式在汉、侗融合中不断发生变化，形成了今天汉、侗两种迥然不同的民族建筑风格杂糅，各自极具代表性的建筑元素结合在一起形成了如今新的与纯侗族、纯汉族皆不相同的建筑形式——窨子房和木楼房。窨子房外层有徽派建筑中高大的马头墙，而内部却包裹着具有南方特色的木楼房，住宅内的"火铺屋"又是典型侗族建筑空间特色的呈现。木楼房虽与侗族传统的吊脚楼相似，但仍在这样的文化背景下产生了变异。一层架空的空间消失，整体高度也降低，由原来的三层至四层变为两层。内部空间平面形制与窨子房基本相同。

（一）窨子房

氏族的迁徙给了高椅新的面貌，不断从江西迁入的的汉族，带来了徽文化。封火墙是最显眼的标志。在具有南方民族特色的木质穿斗式结构的木楼四周，

---

① 汉宝德.中国建筑文化讲座［M］.北京：三联书店，2006：8.

包裹着一层封火砖墙,高耸的马头墙显示出浓郁的中原汉族徽派风情。四面的砖墙又围合出一个院落,整个建筑整体十分规整,或近方形、或呈长形。当地人因其形如印章,谐音取名窨子房。

窨子房的院落利于采光、通风,而且侗族人很重视家里的钱财,所谓"肥水不流外人田",雨水通过屋檐流入自家庭院。此外,窨子房600年来不腐朽,这都得益于每栋房子都建造在高出地面五六十厘米的地基上。这些地基是由层层的天然片石垒起,起到了透风、防潮的作用(图5-1~图5-9)。

图5-1 窨子房

图 5 - 2　窨子房的天井院内

图 5 - 3　木楼与四周青砖墙结合

图 5 - 4　窨子房便于采光通风的天井

图 5 – 5　窨子房的入户门

图 5 – 6　窨子房的砖门楼

图 5 – 7　窨子房内穿斗式结构的木楼

图5-8　建在片岩上的房子　　　　　图5-9　利于透风的片岩

窨子房的平面布局按其形制可分为单进式三开间、二进式和并列二进式、组合型三种。

第一类是单进式三开间的平面住宅。正房为三开间,分为上下两层,前面有天井小院落围合。一层正方中间为堂屋,左右厢房各自被木板分隔为两间。前面一间为卧室、后面一间设为厨房。中间堂屋也被木板分割,后面设有到达建筑二层的楼梯。建筑二层平面与一层基本无异,只是功能不同。一层厨房的上方改为杂物间,堂屋的上方为谷仓。总的来说,这种形制的建筑较为简单,是村内最为常见的住宅建筑,也是其他形制如二进式和并列二进式住宅的原型。由于这种窨子房规模较小,所以一般适合人口较少的家庭居住(图5-10~图5-16)。

第二类是二进式和并列二进式住宅。二进式住宅是由两栋形制完全相同的单进式三开间住宅前后组合而成。前面也有院落围合且前后两栋房子间设有门将其连接为一个整体(图5-17)。并列二进式是将两栋单进式并列排放,而非前后。两栋建筑共用一个院落,大门设在侧面。这类建筑所容纳的人较多,建筑形制的产生多是考虑到兄弟日后成家、分家的因素(图5-18)。

第三类是更为复杂的多栋窨子屋错落组合而成的组合型住宅。这种住宅往往是两三栋或三四栋窨子屋建在一起,形成一个住宅团。它们多为富足的财主和木材商按照他们日常使用的功能建造,除了上述两类住宅所拥有的堂屋、火铺屋等功能之外,还有供工人居住的正房。他们的谷仓不像上述两类设在二楼,而是单独建谷仓——横仓楼(图5-19)。不仅如此,还有的人家更是建了后庭院和花园(图5-20,图5-21)。

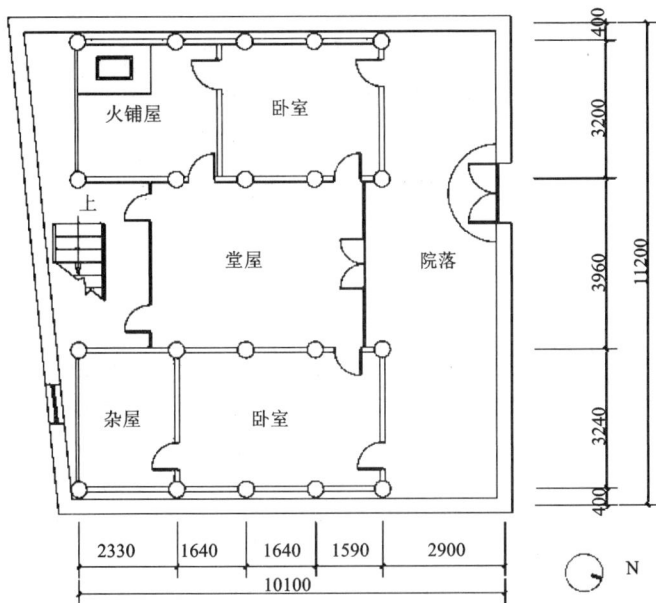

图 5 - 10　单进式一层平面(杨玉明宅) （作者自绘）

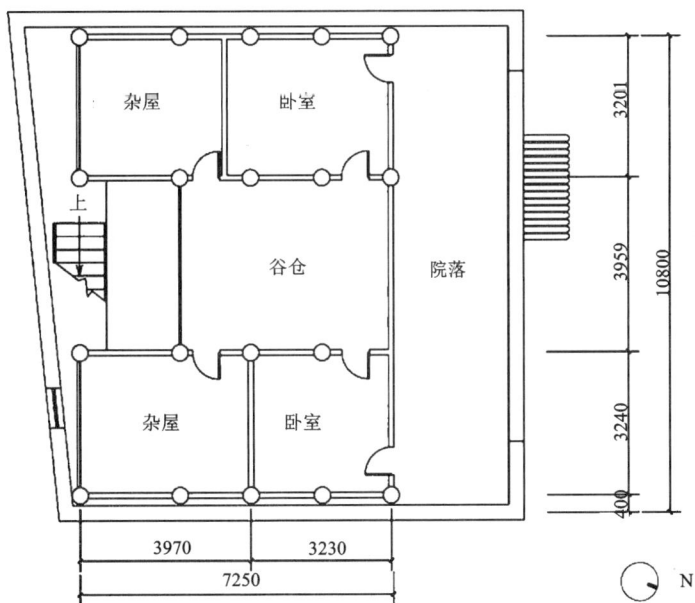

图 5 - 11　单进式二层平面(杨玉明宅) （作者自绘）

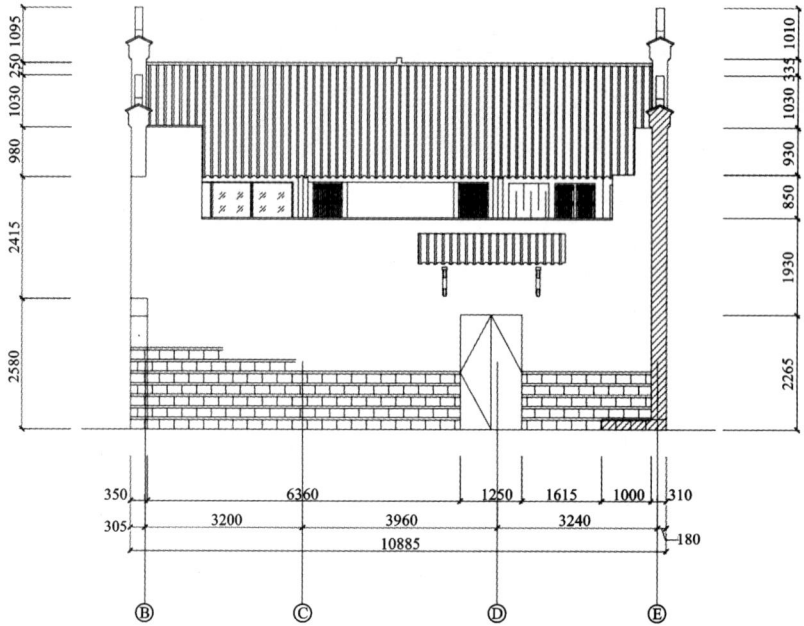

图5-12 单进式住宅北立面(杨玉明宅) (作者自绘)

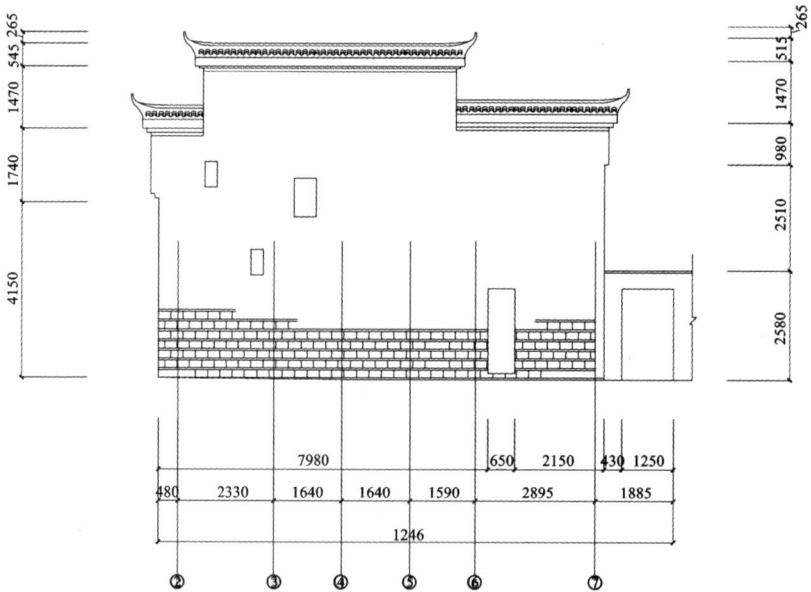

图5-13 单进式住宅西立面(杨玉明宅) (作者自绘)

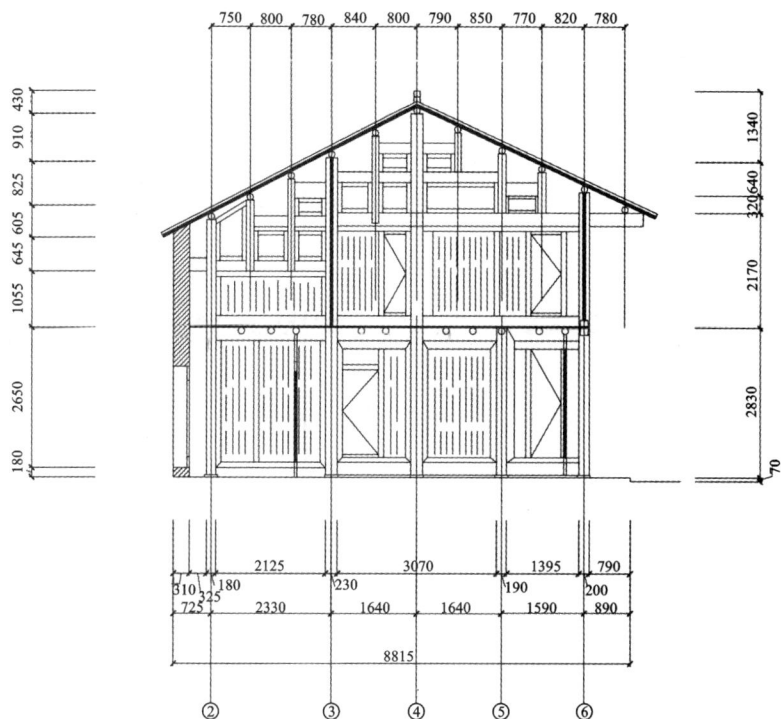

图 5 - 14　单进式住宅剖面 1（杨玉明宅）　（作者自绘）

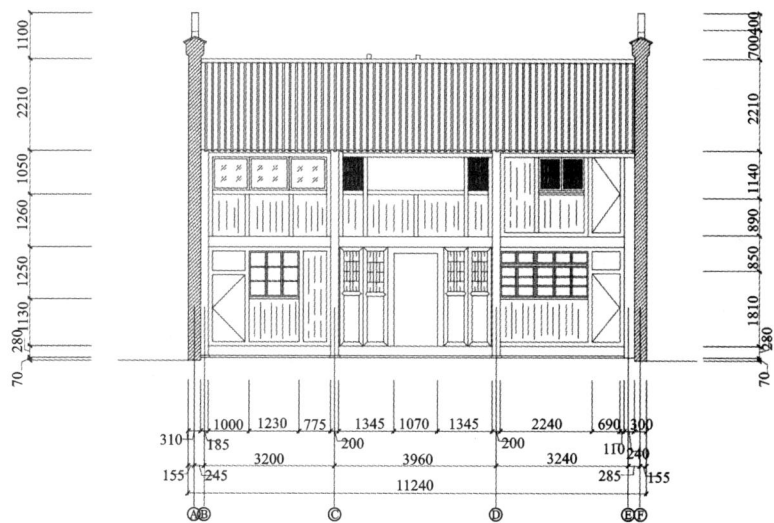

图 5 - 15　单进式住宅剖面 2（杨玉明宅）　（作者自绘）

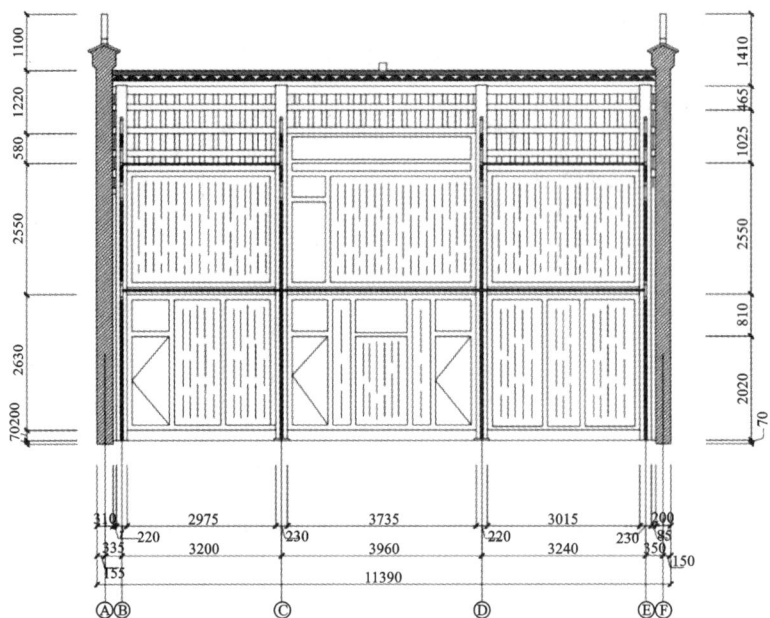

图5-16　单进式住宅剖面3(杨玉明宅)　(作者自绘)

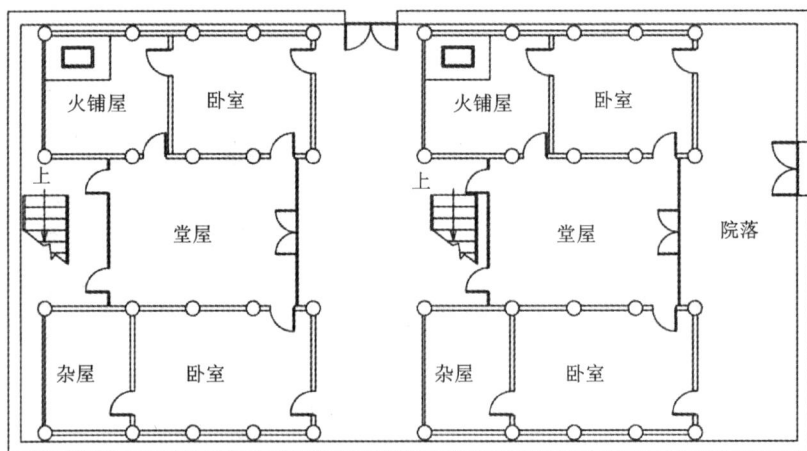

图5-17　二进式住宅平面　(作者自绘)

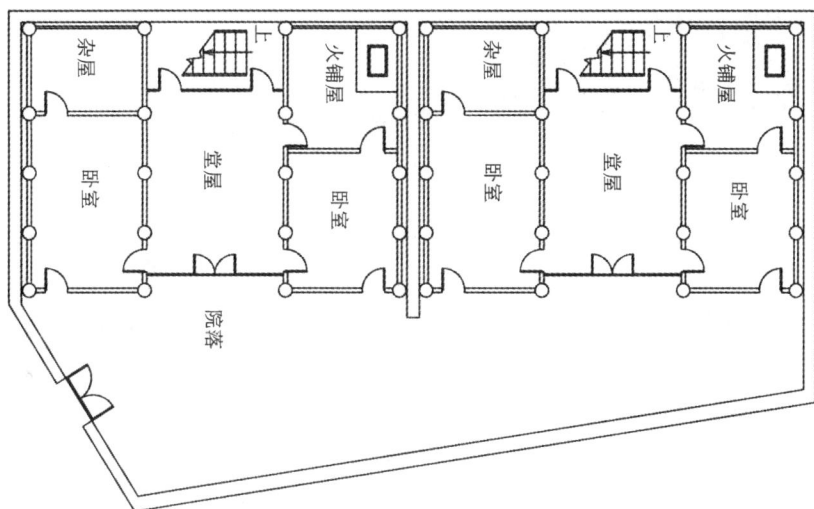

图 5-18　并列二进式住宅平面　（作者自绘）

图 5-19　大户人家所建的独立谷仓——横谷仓

图 5 – 20　大户人家专门待客的建筑——花厅

图 5 – 21　花厅

村内的住宅多以窨子房为主。高椅村已知的最早的窨子房是在明洪武年间建造（图5－22），现存的多为清中期、后期所建。从住宅砖铭文中可以看出建筑的建造时间，如"嘉庆十七年""道光十二年修造，杨世茂五月二十五日封砖。造砖人舒名成"等（图5－23，图5－24）。

图5－22　高椅村最早的窨子房建于明洪武十三年

图5－23　"嘉庆十七年"铭文砖

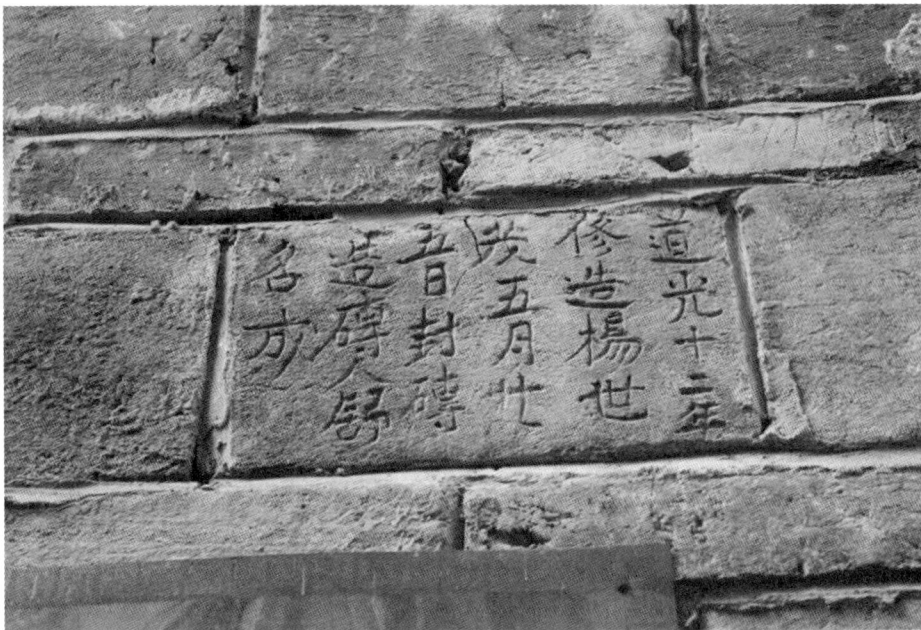

图 5-24 "道光十二年"铭文砖

(二)木楼房

明末以前,村中建有大量近似苗、侗族的吊脚楼和矮脚楼,统称为"木楼房"。侗族的吊脚楼层高为两至三层,一层用于养家畜、放农具或粮食等,二层设有堂屋、卧房、杂屋和火铺屋,三层为客房、杂屋。建筑二层、三层前后均出挑廊子。

高椅村有两类式样的木楼房。第一类与吊脚楼极其相似,也分为三层,底部全部架空,也养家畜、存放柴草、木料。由设在侧面的楼梯上楼,二层中间是堂屋,左右为火铺和谷仓,三层住人。可惜的是,这类纯木结构的建筑现已经看不到了,在 20 世纪五六十年代的时候因失火被烧毁。

现在村内常见的木楼房是第二类。这类木楼房为两层,除无吊脚楼一层的功能之外,其余与之类似,且楼梯都位于房屋侧面,二层前后出挑廊子,在高椅俗称"栅栏",建筑为纯木结构(图 5-25 ~ 图 5-31),其平面形制与窨子屋基本无异(图 5-32 ~ 图 5-37)。

图 5 - 25　两栋木楼房建在一起，父子两代人分楼居住

图 5 - 26　高椅村民黄再清家的木楼房

图 5 - 27　木楼房四周开敞，利于通风采光

图 5 - 28　木楼房前廊宽大，提供给人日常活动的空间

图 5 - 29　木楼房出挑的廊子与
　　　　屋檐可遮阳避雨

图 5 - 30　木楼房

图 5 - 31　建在山脚下的木楼房

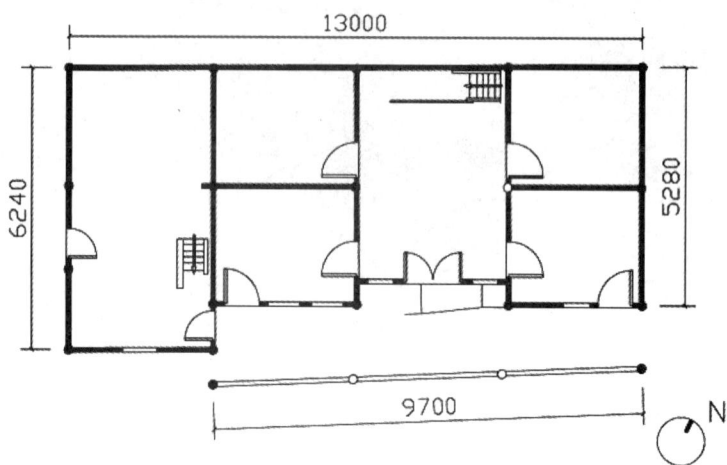

图 5 - 32 高椅木楼房一层平面 （作者自绘）

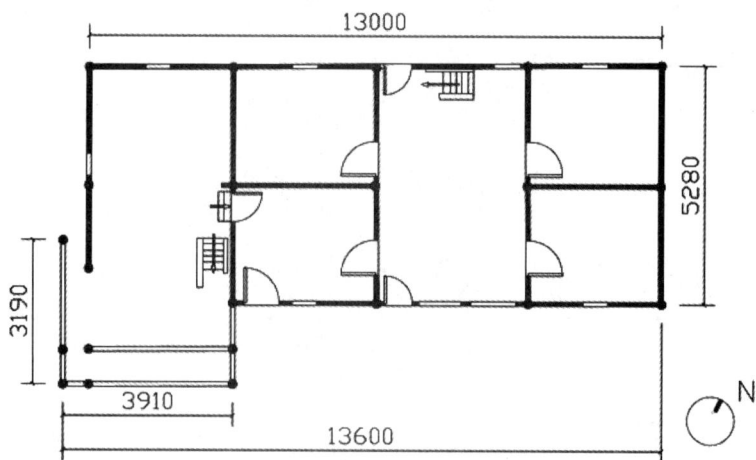

图 5 - 33 高椅木楼房二层平面 （作者自绘）

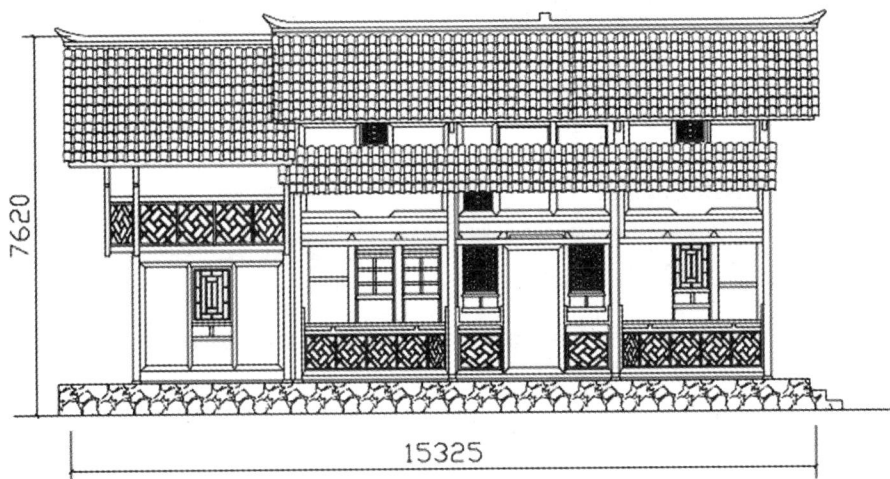

图 5 – 34　高椅木楼房北立面　（作者自绘）

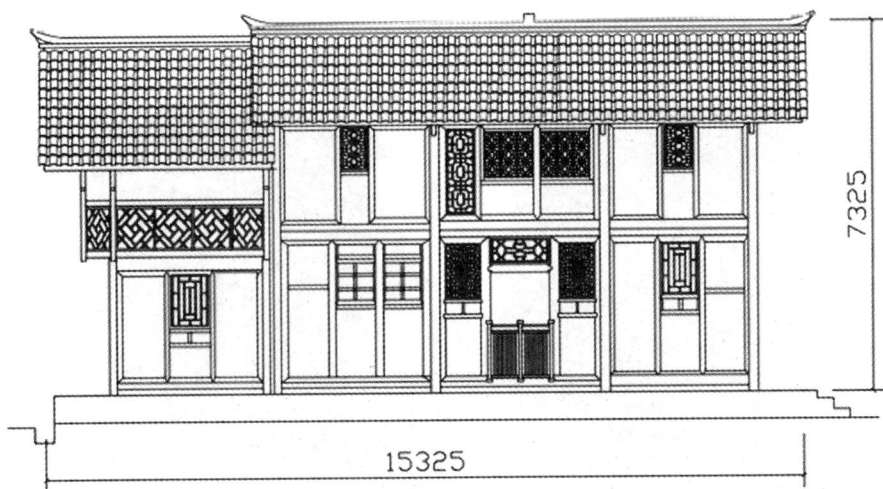

图 5 – 35　高椅木楼房南立面　（作者自绘）

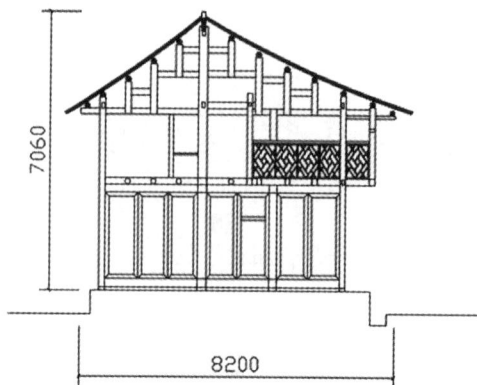

图5-36　高椅木楼房西立面　（作者自绘）　　　图5-37　高椅木楼房东立面　（作者自绘）

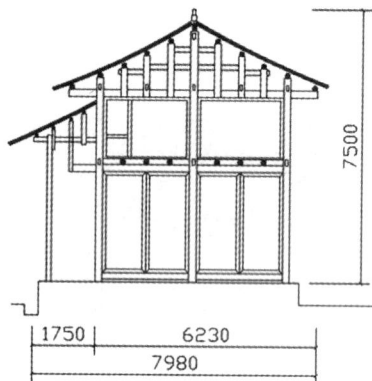

其实早期的木楼房在建造时均充分考虑了周边的环境条件以及生活之需，例如屋檐出檐较大，是为了防止雨水侵蚀墙体；屋架处敞开，便于室内与室外空气的流通；依山而建的木屋，大多后边靠岩、前边以木支撑，形成"吊脚"的形式，这样既避免占用良田，同时又有利于防潮通风。

目前村中大量木楼房都为1949年后所建，现有的木楼房除居住以外，主要用于商业店铺、养家畜和存储谷草（图5-38）。而由于木楼房防火功能较差，结构不够牢固，加上高椅地区气候潮湿并偶遇洪水等因素，木楼房逐渐被窨子房所替代。

图5-38　用作商铺的木楼房

二、中西杂糅的建筑外貌

随着水运的兴盛，巫水河不仅给高椅村带来了财富，而且随着做木材与药材的生意人到处跑码头，在不断与外界进行商品交换、信息交流的同时，也带来了新的西方文化。高椅人看到许多大城市的西洋建筑，便模仿着建造。或许正是高椅本身所具有的文化杂糅的特性，让它可以包容、融合其他的文化，并完美地将诸多因素糅合在一起。西方文化又给高椅增添了另一抹色彩且直接体现在建筑上，月光楼与杨运亨所建的客屋是村中现存的两栋中西合璧的建筑（图5-39~图5-46）。

这种建筑的外部是西式，内部是中式。例如月光楼的窗户做成了拱券的形式，并有多层线脚装饰。内部平面格局及建筑形式与其他窨子房无异，保持了窨子房的特点。

图5-39　中西合璧的月光楼

图 5 – 40　月光楼外观

图 5 – 41　月光楼拱券窗

图 5 – 42　月光楼中式水墨画与西式拱券结合

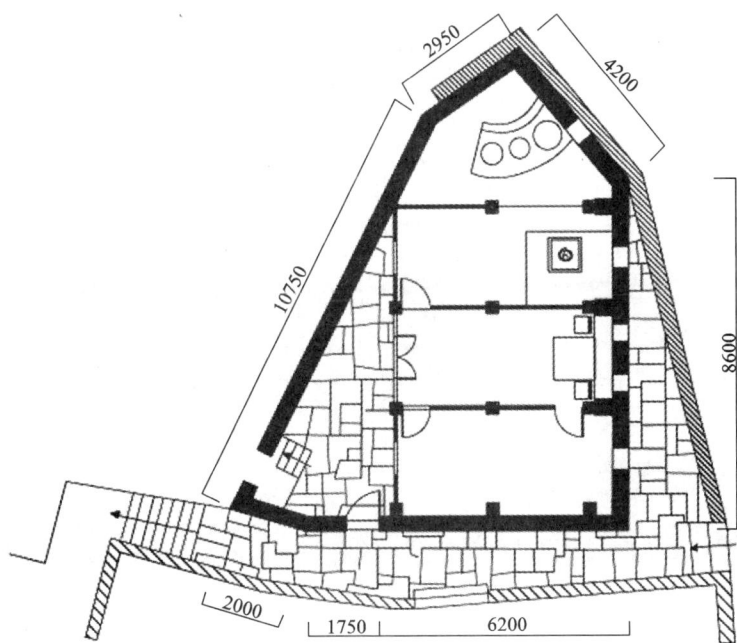

图 5 - 43　月光楼一层平面　（作者自绘）

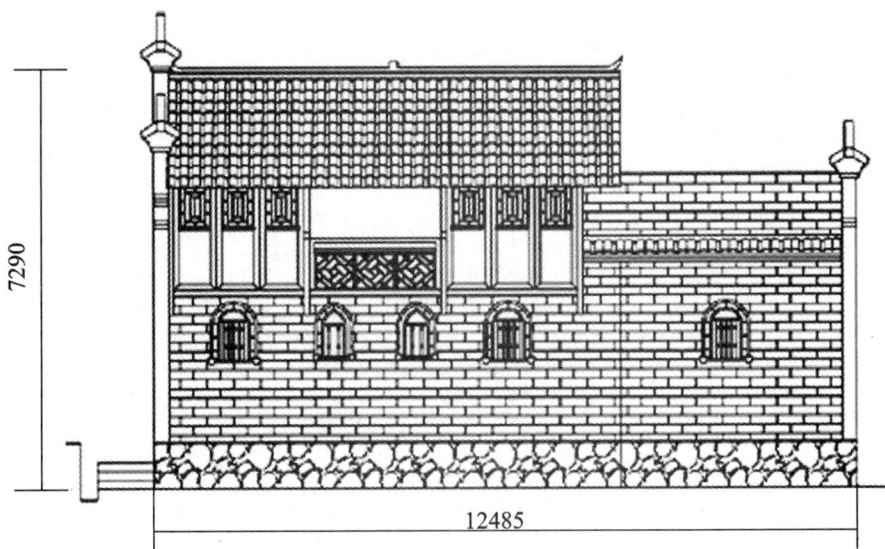

图 5 - 44　月光楼正立面　（作者自绘）

图 5 – 45　杨运亨所建客屋外观

图 5 – 46　杨运亨所建客屋彩塑

第二节　功能至上——高椅村建筑的功能空间

一、生活功能

无论是窨子屋还是木楼房都是以"住"为核心。传统住宅的物质性功能就是为了满足人们的生理需求，为人们提供一个可以防风、避雨的栖息之地。

高椅村住宅平面形制的生成也是取决于日常生活的使用功能。在窨子房、木楼房内，一层设有堂屋、卧室、火铺屋，二层设有卧室、杂物间、谷仓，厕所布置在院落中。这些功能空间基本满足村民的日常生活使用功能。其中堂屋具备起居、就餐、会客的功能；火铺屋具备取暖、做饭的功能，是家庭内部成员及熟人之间交谈的空间；卧室设置在靠院落一侧，利于采光和通风，提供给人一个舒适的休息空间；二层的谷仓存放着一年之中收割、食用的粮食，杂物间收纳着不常用的工具、衣物等。居住人口多时杂物间也做卧室使用。总之，住宅的平面是在功能需求的基础上而形成。

二、防御功能

高椅村民利用他们的智慧和高超的技艺，使住宅中实现了防盗、防洪、防潮、防虫蚁等功能。

单是窨子屋的封火墙，就有三重防御功能，即防火、防盗、防风。高高抬起的马头墙，能在相邻民居发生火灾的情况下，阻挡借风飞来的火势，起着隔断火源的作用。而且，在古代，人们思想较为保守，四周七八米高的墙形成了一个相对封闭的围合空间，保证了人们的隐私(图5-47)。这样的墙面加之立面开口较小的窗户，起到了很好的防盗作用，同时也便于防御射击(图5-48，图5-49)。

上文论述过，每栋房子下高出地面60厘米的、用片石垒起的地基可以很好地起到防潮的作用。宽敞的堂屋以及院落利于通风，也起到一定的防潮作用。

家家户户的院子门前都设有一口盛满水的陶制水缸，被称为"太平缸"，房子着火时可以用里面的水灭火，从而防止大范围的火灾发生。

高椅村建筑的防御功能还体现在屋内防盗监听缸的存在。这口缸埋在地下，可用来监听屋外50米以内的情况。

图 5 – 47　三重防御功能的马头墙

图 5 – 48　高耸的墙面上开口极小的窗洞

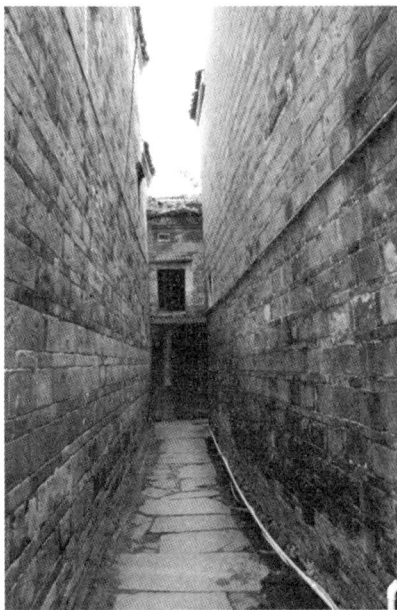

图 5 – 49　无任何开窗的墙面

从宏观的角度看，建筑群体组合起来，又具备了另一重防御功能。村团建筑密集，街巷狭窄且四通八达，利用建筑的组合也构成了集体的防御空间模式，外人进出村落没有村民带路容易迷路，找不到方向，因此村落也很少遇到偷盗情况。村团的梅花布局形成了错综复杂的防御空间，紧凑的建筑便于邻里之间相互守望看护，使整个古镇都在村民的注视下，易守难攻，进退自如（图5-50）。

图5-50　建筑密集的村团

三、祭祀功能

高椅村受宗族、宗教等精神观念的影响，在民居的建筑内部空间中存放了他们的精神寄托和向往。起初，各个姓氏尚未建起供奉祖先的祠堂，便在住宅内摆放祖先的牌位，进行祭祀活动。堂屋便是承载这一功能的空间。

后来随着各姓氏的不断发展，五通庙、各姓氏的祠堂、罗星庵、土地庙等相继建立，一些重要的、大型的祭祀活动便由这些公共建筑承担。

在后面的第三节中，会分别对住宅的、公共建筑的祭祀功能做详细的论述。

四、娱乐功能

旧时，在正对五通庙前殿的地方，有一座戏楼，是全村的休闲娱乐场所。每逢唱戏之时，村中不论男女老少，皆于此就座，场景十分热闹。

戏楼近似方形，共两层。戏台台口三面均以高50厘米的雕花镂空栏杆围挡，以保证表演者的安全。戏楼的柱子等构件均雕梁画栋，甚是精美。楼内顶部做有藻井，饰以彩绘百鸟朝凤图案。屋顶像亭子，檐角飞翘。

可惜的是，戏楼已经被拆毁。只有通过民国十七年（1928）《杨氏族谱·里居图》，我们才可清晰地看到戏楼的模样（图5-51）。

图5-51 《杨氏族谱·里居图》中的六角戏台

第三节 诸神的居所——高椅村建筑空间与精神信仰研究

一、住宅中的精神信仰空间

(一)堂屋——家庭信仰的中心

1. 堂屋与祖先崇拜

中国传统住宅的室内空间通常分为"堂"和"寝"两部分,"堂"原有"高大"之意,也称"正厅""堂屋"。堂屋位于住宅纵轴线上,为住宅正房当心间,且是住宅中最大也最为重要的房间(图5-52)。堂屋的产生主要是为居住者提供起居、就餐、会客的空间,具有物理的实体功能,而因其空间的重要性,同时承载了某些精神信仰,如祖先崇拜和土地神崇拜,并在此空间内形成了特定的信仰仪式。

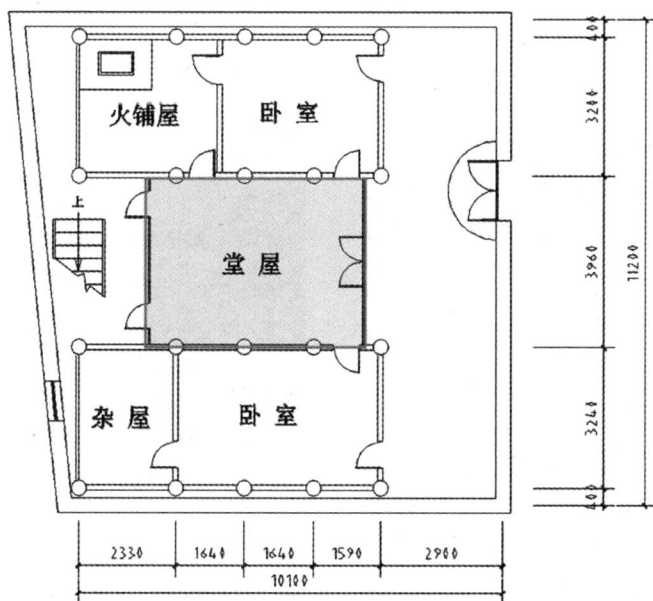

图5-52 窨子房一层平面(杨玉明住宅) (作者自绘)

堂屋位于住宅的中心位置，这主要受汉族住宅建筑"居中为尊"的影响。由于建筑的檩子跨度受到木材限制，其面宽一般为4米左右，少数为5米多，进深近乎于面宽的2倍，可达八九米。因其使用功能具有特殊性，所以布局摆设有一定的规矩。堂屋后方一般为楼梯间或杂间，用于隔断这两个空间的板壁为素木制成，壁前摆有长条案或壁板上订有长条木板，用于供奉神龛。神龛为朱底金字，辛亥革命前，神龛中写有"天地君亲师"字样，辛亥革命后，帝制被推翻，不再有"君"，因此改成"天地国亲师"字样（也有在大红纸上书写这五字贴于壁板上的），条幅两旁还写着"敬天地自然富贵，奉先祖必定荣华"的对联，横批为"祖德流芳"，这块壁板被称为"太师壁"或"香火壁"。壁板前的长条案上摆有祖先牌位、祖先遗像和蜡烛，条案下方供奉着土地神，叫"本保"，保佑丰收与平安（图5－53，图5－54）。条案前方摆放太师椅两把，椅前置八仙桌，桌子其他三面安放三条长凳。如家中有贵客，则入座太师椅，客人多时，依次坐于八仙桌左右侧的长凳上。

图5－53　堂屋的壁龛

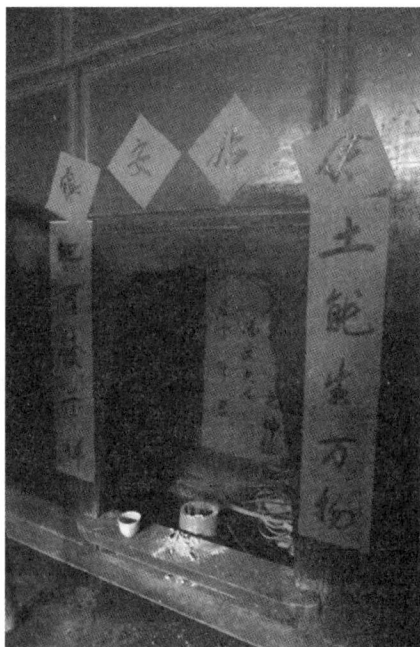

图5－54　堂屋嵌入内部的壁龛

2. 堂屋中的习俗与仪式

堂屋是以家庭为单位的精神信仰空间，是主要的仪式场所。

(1) 祭祖仪式

祭祖一般为时节祭，多为后人于春节、清明节、中元节诸节在家庭内所举行的祭祀仪式。在堂屋内的祭祖活动首先需在先人的神位前摆放各种贡品，如酒、肉、茶，经过摆设祭品、点烧香灯、祭酒敬茶后，子孙叩拜礼，逢年过节还需燃放鞭炮。尤其是在中元节，家人需放鞭炮迎接已逝祖宗回家过节，在农历七月十二日到十四日期间，一日三餐都需设席招待，在坐凳上摆放纸钱，请祖先入席就坐，而家中长者在一旁为祖先请菜、盛饭，有周到的礼节，十四日晚，再放鞭炮、焚化冥财送祖人归去。祭祖是为祈求祖先保佑家庭和睦、人丁兴旺，部分居民每日早晚都会在堂屋内燃香祭祀，且每月初一、十五点香灯、敬香茶，做望祭而无须摆设贡品。

此外，在生育、寿庆等礼仪习俗中，都需要敬奉祖先。如第一胎婴儿出世当天，家人要宰杀一只大公鸡(俗称落地鸡)供奉祖宗，向祖宗"报喜"。家中年过五旬的长辈生日时，晚辈需备办礼物，摆设筵席给长辈贺寿，早晨要设案敬祭祖宗，"摆茶"请寿主入座，晚辈作揖道贺。

(2) 婚嫁仪式

结婚娶亲时，姑娘要在娘家办了"离娘席"，吃了"离娘鸡"后，才由迎亲队伍送至新郎家。新娘在新郎家的堂屋外下轿，轿前放一竹筛，新娘踏竹筛而入，喻义可筛掉一切肮脏，干干净净入洞房。[①] 晚上，举行"周堂"仪式，堂屋内灯火辉煌，神龛上燃龙凤蜡烛。礼师(司仪者)头上戴着礼帽，身上穿着长衫，站在神龛的一侧，循规喊礼。新郎新娘随礼声一拜天地，二拜祖宗，三拜爹娘，再拜舅舅、伯叔等长辈，最后夫妻对拜。礼毕，新郎新娘入洞房，开始热闹的闹新房活动(图 5 – 55)。

(3) 丧葬仪式

平日里，如有老人寿终，家中要筹备丧礼，老人的寿龄越高，丧礼就越为隆重。仪式分为送终、做佛事、路祭、出殡、安葬等程序，时间少则一天，多则三五天。在堂屋内进行的仪式主要有"送终"和"做佛事"。葬礼的第一个程序为

---

① 湖南省会同县志编纂委员会.会同县志[M].北京：生活·读书·新知三联书店，1994：912.

图 5-55　新郎新娘在堂屋香火壁前拜天地祭祖　（图片来源：影像怀化）

"送终"，子女在堂屋中守着年长病危者，聆听老人临终遗嘱，等老人寿终正寝，男置堂屋左，女置堂屋右，子女应将其头对西方，以让死者驾鹤西去，晚辈下跪致哀，供香烛，烧"落气纸"，放鞭炮，并用斗篷将神龛盖住，遮挡祖宗目睹。随后孝子给死者沐浴更衣，道人进屋"做佛事"，为死者开冥路、诵经、超度亡灵"升天"，晚辈则在棺前叩拜，以尽孝道。往生者下葬要择吉日，如未到时日，则将其棺材放置堂屋内，直至下葬。

3.堂屋的意义

当地村民对于祖先和土地的崇拜，衍生出了相应的祭祖仪式、婚嫁仪式与丧葬仪式。这些仪式大多是围绕神龛及周边空间所完成的。因此，在堂屋中，村民通过作为精神信仰符号的仪式与神龛，表达了他们心中对祖先和神灵的敬畏，以及对未来美好生活的希冀，同时也证明了祖先崇拜在精神信仰体系中的主导地位。

(二)火铺屋——特殊的生活方式

1. 火铺屋与火神

"火神崇拜"是中国古老的民间信仰之一。在原始社会时期，人们无法对自然起火做出相应的解释，加之火能带来灾害，人们对于这一奇异的力量产生了敬畏的心理。在我国，火给人类生活带来质的变化源自燧人氏，《韩非子·五蠹》说："（上古）民食果蚌蛤，腥臊恶臭，而伤害腹胃，民多疾病。有圣人作，钻燧取火以化腥臊，而民悦之，使王天下，号之曰燧人氏。"燧人氏因为生火为人们带来健康，因此被视为圣人，受到人们的尊敬。当人类能生火和用火之后，原始的生产生活状态得到了转变和改善，除了人们开始吃熟食，社会中也出现了如炼铜、制陶等手工业。

"火"与"宅"也存在某种内在联系，人类为了火种的延续，开始搭建出构筑物，为了能在火堆旁取暖做食，于是将构筑物在空间上延伸，火也成为室内空间的重要元素。随着人与火的关系越来越密切，出现了对于"人格化"的火神崇拜，此时对火神的崇拜，一方面表现为对灶神的崇拜，另一方面表现为将"火神"视为行业神崇拜。

在家庭住宅中，火神成为家庭中的守护神。对人格化的灶神的崇拜包括对炎帝、祝融等的崇拜。《淮南子·氾论训》曰："炎帝作火，死而为灶。"高诱注曰："炎帝，神农，以火德天下，死托祀于灶神。"《山海经·海外南经》曰："南方祝融，兽身人面，乘两龙。"郭璞注曰："火神也。"在许多少数民族的住宅中都出现了"火铺"，而火铺所在的空间也成为家庭中重要的活动空间。住宅内设"火铺"是高椅村侗族人民特殊的生活方式。火铺屋位于正屋两次间的其中一后间（图 5-56），另一间则可作为灶房或杂屋。"火铺"也称为"火床"，它通常位于房间中的一角，两面靠壁，架高于离地面四五十厘米处，底部架空部分用于堆放杂物。由于火铺用作做菜煮饭，并供人休息烤火，因此长宽都在 2.4 米左右，其中火塘靠外设置，呈凹陷状，近正方形，火塘四周用黄土或青石板做火坑的帮子，使其与木板隔开。四周面板宽为 0.7 米左右，靠墙两方安放两条矮凳坐人。火塘中置高脚炉，其上方梁上悬有挂钩，用于熏制腊品或放置杂粮、蔬菜。此外，火铺屋内除了放置火铺的地方，需留出足够的空间用作过道，并放置碗柜、炊具或其他生活用品（图 5-57）。对火神的崇拜就表现为对"火塘神"和"灶神"的崇拜，各种敬火的仪式和习俗成为人们日常生活中不可或缺的一部分。

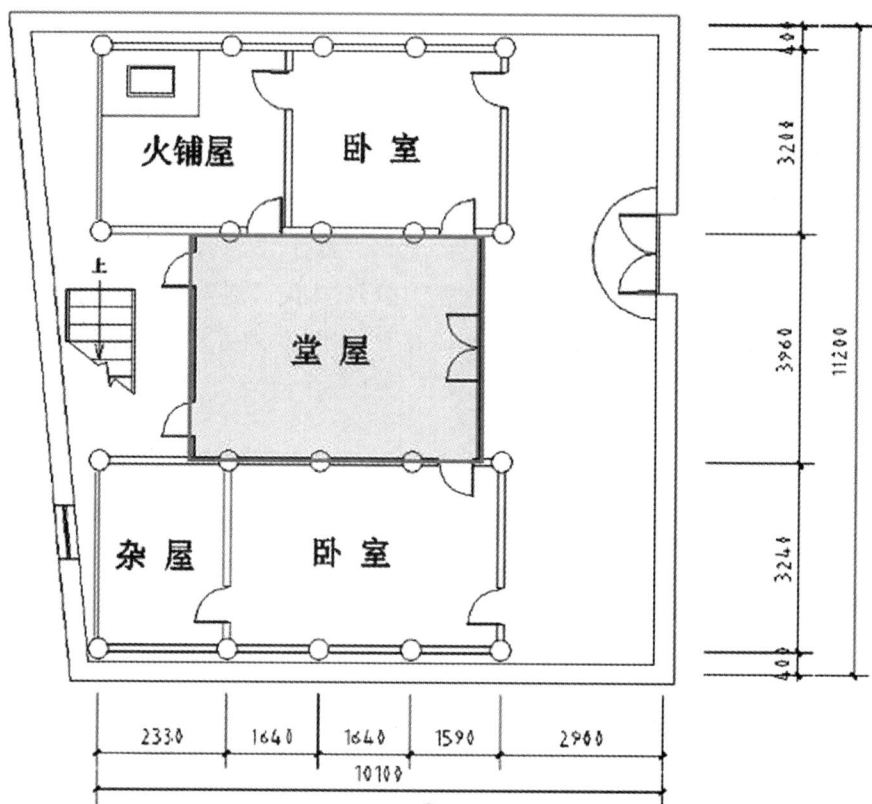

图5-56 木楼房一层平面图（杨芳柏住宅） （作者自绘）

2. 火铺屋中的习俗与仪式

（1）火铺与坐序

坐火铺是有严格的规矩的，面对火塘的左边靠墙一侧为家中长辈或男主人的位置，其正对面为主妇的位置，这个位置除了主妇一般不再坐他人，家中剩下的成员坐在火铺上靠墙的另一边。如家中有客人，则贵客坐在原长辈或男主人位，一般客人坐靠墙另一边，家庭成员坐原主妇位置，在客人较多的情况下，家里人也会搬椅子坐在火铺外（图5-58）。严格的坐序可以体现出家庭中的等级与构成。

（2）祭火神仪式

祭火神仪式包括祭"火塘神"与祭"灶神"。祭"火塘神"的相关民俗仪式表

图5-57　火铺屋

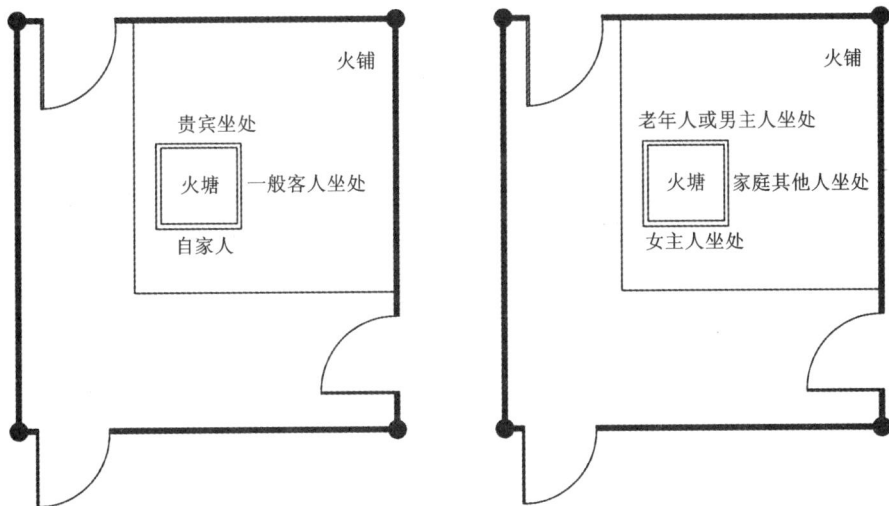

图5-58　火铺屋坐序　（作者自绘）

现为"吹高脚火炉"与给高脚火炉"洗年澡"：火铺屋的火塘中间有一固定的三脚铁架，高约30厘米，上面放着用于炊事的锅，即"高脚火炉"。村民对火塘的崇拜往往体现在对"高脚火炉"的爱护与崇敬上。高脚火炉摆在火塘里，不能随意挪动，也不能在上面烘烤鞋子之类的脏东西，更不准跨越火炉或将脚踩在高脚火炉上。侗族人进新屋，第一次在屋内生火时要进行"吹高脚火炉"的仪式，以此迎接新的生活。凡来恭贺的亲朋好友，除了带镜屏或木制的对联外，还要带一个竹制的"吹火筒"，等亲朋好友聚齐后，男女主人便站在火塘的上方，男主人手拿用红布裹着的吹火筒，女主人则手抱一捆干柴，其他客人也各拿一个吹火筒站在火塘周围，男主人唱一首《吹塘歌》："新打火铺四方方，亲戚朋友来吹火铺。多谢贵客承好意，炉火越吹家里越旺。"之后女主人将干柴放进火铺，客人则边对着火炉吹气边道贺，火炉中火烧得越旺，则代表着日后的生活越红火。待仪式结束，大家便在火铺屋中享受宴席。

另外，每年的农历十二月二十三日的祭火神仪式中，还要给高脚火炉"洗年澡"，祭"灶王爷"。是日准备好菜肴、香烛送灶王爷升天，让他上天在玉帝面前言好事，村民拜祭后，分吃祭品，于腊月二十四日或三十日迎火神回府。很多人家火铺边曾供奉着"火神爷"，有首诗写道："一个火铺四四方，三角架架在中央；火神请进灶火铺，主家时刻都吉祥。塘内不断千年火，鼎罐不断万年粮。家业兴旺又发达，子子孙孙代代昌。"①

3. 火铺屋的意义

高椅村每家每户都有火铺屋。火铺屋的出现除了是受湘西地区环境阴湿、冬季寒冷的气候影响和较低的社会生产力水平使人需借火取暖、烹饪之外，还具有其他文化内涵。村民认为火神能为家庭驱邪去恶，保佑家族人丁的兴旺，因此火是家庭的象征，火神受到人们崇拜。在火铺屋中，即便是在夏季，火塘中的火也不能熄灭。民国后，生活习惯的转变使大部分家庭改在厨房做饭、吃饭，但在冬季，火铺屋仍是一家人做饭、取暖、会客的核心空间。且从"火铺屋"中也可看出家庭的分家状况，如家中只有一个火铺屋，则是一家独居，如家中有多个火铺，则代表家中兄弟姊妹已"分家"。因此，可将"火铺"看作"家"的缩影，火铺的数量反映了住宅中家庭的数量。而火铺屋中的方位坐序，也代表着人对

---

① 余达忠. 侗族民居[M]. 深圳: 华夏文化出版社, 2001.

空间和对家庭结构、等级的认知，可见火铺屋还具有功能性之外的精神内涵。

(三)门——家庭的守护与导引

1.门与门神

古人为了实现对自然灾害的抵抗和对空间内外交通的控制，设置了诸如城、院、门一类的防御设施，而门最初的意义就在于对外防御从而使人获得安全。门是人入室的必经通道，同样的，在古人相信世间有"鬼神"存在的背景之下，门也是各路神灵和鬼怪出入的地方。人在希望得到神灵的保护的同时又试图躲避鬼怪凶邪的骚扰，这时，门就成了一种神秘的媒介，既能通风纳气，保护家人出入平安，又能辟邪禳灾，将晦气拒之门外，门神崇拜由此产生。在《礼记·丧服大记》中，已有关于门神的记载："君至，主人迎，先入门右，巫止于门外，君释菜。"郑玄注："释菜，礼门神也。"因此，门是神祇所在之处，人应祭之祀之。

最初的门神并无具体形象，常以动物头骨等图腾物作为"门神"，后逐渐发展为具体的人物形象，如"神荼"和"郁垒"。传说他二人是奉皇帝之命守"鬼门"的，一发现恶鬼作乱，便将其捆绑扔至山后喂老虎，这使得妖魔鬼怪望风而逃，从此人们用桃木雕成二神的模样，保护合家平安。元、明时期，以英勇善战的秦琼、尉迟恭作为"门神"，后又出现了"文官门神"和"祈福门神"，其画像都贴于门上。如今，门神是具有驱邪魔、护家宅、保平安、降吉祥等多功能的保护神。

2.与门相关的习俗与仪式

家庭中的门是沟通家庭室内外空间的枢纽和过渡区域，它能使空间性质由公共转变为半私密、私密的，由世俗转变为神性的。高椅村村民对于门神的崇拜除了表现为将楹联、门神的画像贴于门上以外，少数家庭还有在门柱上插香祭拜等生活习俗。

对于高椅村的村民来说，大门即为"财门"，因"柴"与"财"谐音，平日里，村中每家大门口都会摆放木柴。到了春节，亲朋好友会在除夕夜将砍好的木柴作为礼物放在主人大门旁，初一早晨，主人大喜，把柴扛进家门，象征财源广进（图5-59）。腊月二十九日，村民要在家贴春联、换门神，在堂屋门前吊天灯，迎接新春。

堂屋大门和院门的装饰也体现着"门"的寓意，融入了"祭门"的观念。堂屋的平面为"凹"形，大门即为堂屋中央凹进去的部分，被称作"增角"，因大门整体造型犹如古傩面具当中的门神"吞口"，所以后人将"凹"型大门称为"吞口"。

堂屋的大门上下宽度并不完全一致，一般上面比下面宽0.2~0.3厘米，寓意上为天，下为地，在风水上也有"招财"之意。堂屋大门门框上通常嵌着两枚门簪，门簪造型多变，以菱形和花瓣形居多，象征着吉祥如意，门簪上方中心位置悬挂镜子或八卦图以驱恶鬼(图5-60)。如是大户人家，院门一般为"八"字开口，大门上方的门头为两面坡屋顶或一面坡屋顶，并挂有大红灯笼，意味着"发财"的同时也强化了入口(图5-61)。而村中有一户人家院门前的楼梯从下往上一阶比一阶宽，一阶比一阶高，下楼则为提

图5-59　开门见财

醒家人"在家千日好，出门事事难"，上楼意味着"步步高升"。

图5-60　门前挂有八卦图

图5-61　"八"字开口的门

(四)精神信仰与住宅空间的关系

首先，精神信仰对住宅空间的功能和平面布局产生了一定的影响。在祖先

信仰、火神信仰的影响下，堂屋和火铺屋成为家庭中的关键空间(图5-62)。住宅的平面布局都为中轴对称，其轴线为"门—堂"，内部有明确的中心，即堂屋。堂屋两侧前为寝室，后为火铺屋和厨房、杂屋。内部空间中有主有次，形成了清晰明确的序列。作为仪式空间的堂屋，为了适应相关仪式，尤其是祭祀仪式的需要，其空间形式具有相对的封闭性和独立性。而相对于其他使用空间，堂屋又需具备聚餐、会客等公共功能，因此所占面积的比例在住宅当中最大。但为何堂屋的面积并不大，我们认为一方面是由于受到建筑材料与技艺的限制，另一方面是由于在仪式过程中，仪式主要涉及"跪拜""诵经""唱宗教歌"的内容，参与者动作多是"站""坐""跪"，即便室内偶有跳习俗舞(如宗教祭祀舞)，舞蹈动作幅度也较小，多为"扭步""扶间""踏步"，对空间大小没有过于严格的要求。而火铺屋紧连堂屋，且位于堂屋后方任意一侧，应有以下原因：一是火铺屋同堂屋一样，在家庭中具有重要地位。它不仅是家人用餐的地方，还是家人相聚、待客的场所，加之承载着相应的仪式，因此面积也不宜小。二是由于气候的原因，高椅地区潮湿多雨，住宅一般坐北朝南，房屋后部采光较少且潮湿，因此卧房安排在堂屋两侧前部，而火铺屋平时用火较多，较为干燥。

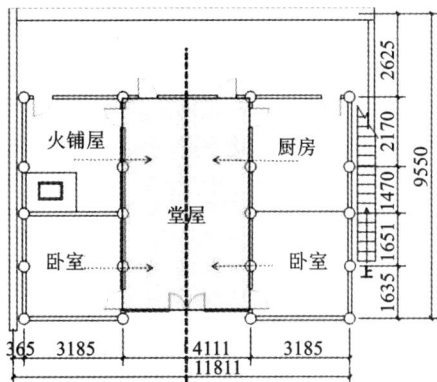

图5-62 中轴对称的平面布局 （作者自绘）

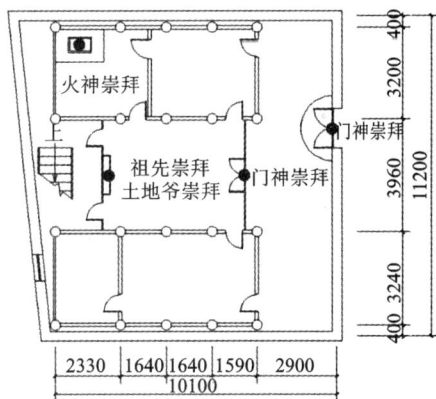

图5-63 家庭级精神信仰分布图 （作者自绘）

其次，家庭级的精神信仰丰富了住宅的空间意义。从院门开始有门神崇拜，进入堂屋有祖先崇拜、土地爷崇拜，进入火铺屋有火神崇拜等(图5-63)，这是一般家庭最基本的精神信仰，且家庭成员还要奉行与这些信仰有关的各种习俗与仪式。这也就意味着，住宅不再仅限于满足居民的生存与生活的基本需求，还满足于村民在心理上对家庭生活美满、和睦与平安的寄托与追求。

二、公共建筑中的精神信仰空间

(一)祠堂——精神空间形成的礼制基础

"祠堂"一词最早出现于汉代,《礼记》中载:"君子将营宫室,宗庙为先,厩库为次,屋室为后。"此时建祠堂有等级的限制,民间不得建祠,到明嘉靖年间,民间才得以联宗立庙。家族中凡冠、婚、丧、祭等仪式都需在祠堂内举行。祠堂成为聚落中族人供奉祖先牌位、进行仪式和活动的主要场所,也是村落中重要的信仰文化空间。

1. 祠堂分布概况

高椅村的宗祠文化浓厚,村中分布着伍氏先祠、十甲家祠、一甲家祠和下寨家祠。村中设立祠堂可追溯到清代。清代中期,杨氏家族逐渐壮大起来,其经济力量雄厚,而对于杨氏迁入高椅村300余年而尚未建祠的情况,修建祠堂祭祀祖先是当务之急。杨氏家族主要分为"一甲""十甲"两大房派,最早建的是一甲家祠,建于清道光十六年(1836)前后。《记》曰:"君子将营宫室,宗庙先成。我等久欲纠集族众于高椅建立祠宇,为敬宗收族之所……既又思之合建百佳即分建亦无害于义,此我再源、再拳二公之后所为,先建艺祠于高椅也。祠临五通,古庙三进,经营二载落成。"[①]后十甲家祠建成于清道光二十年(1840),位于五通庙北侧。至清末光绪年间,位于下寨的廷遵公一房也筹集资金,修建起了"下寨家祠"。但是,新中国成立以后,宗祠被列为封建迷信范围之内,村民不再允许在宗祠内祭祖,一甲家祠改为乡政府会场,现为高椅村组织活动中心,十甲家祠被彻底拆除,基址上建起其他建筑。另外,清乾隆以前,高椅村的伍氏家族人丁兴旺,在伍家居住团内已建有住宅、学堂和祭祖公屋,即伍氏先祠,由于初建时规模小,仅一开间,因此称为"公屋"。据《伍氏族谱》载:"高锡牌坊内左侧旁老宅基,先年创建祭扫公屋一座,虽非祠堂体式,而亦额悬'伍氏先祠',宜择忠厚至诚人居,供历代先祖考妣香火。"[②]清乾隆年间,昌盛的伍家子孙部分迁至坳背村和网塘村,高椅村的伍家却逐渐衰落。直到1958年,伍氏先祠被拆

---

① 引自高椅村《杨氏族谱·祠堂记》。
② 引自《伍氏族谱》。

除，改建为供销社。如今，供销社已废弃成为仓库。图5-64为高椅村祠堂分布情况。

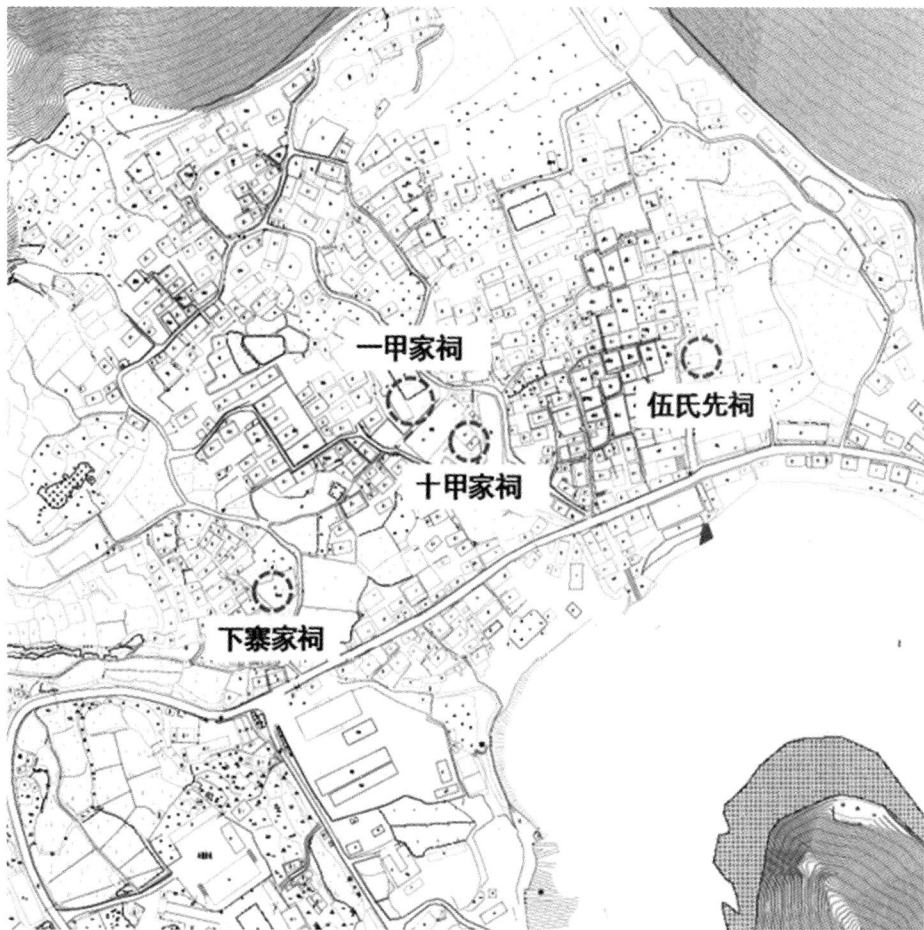

图5-64　祠堂分布图　（作者自绘）

2. 各祠堂的空间布局

（1）下寨家祠

下寨家祠是由三间下厅（农耕藏、戏楼、农清乐）和一间上厅组成的围合式院落，现大门边刻有杨氏祖训："明礼让以厚风俗，戒匿逃以免株连，敦孝悌以重人伦，尚节俭以惜财用……重农桑以足衣食，讲法律以敬愚钝。"从大门进入下厅，院落中有一条水沟，水沟上放置一块青石板。穿过宽敞的院落即为上厅，上厅与下厅都为三开间，木结构，内部不设窗与隔断。上厅摆放杨氏前五代祖先牌位，左右次间按古代宗法制度摆放其他先祖的牌位。祠堂上厅当心间前檐坊上有双凤朝阳浮雕，祠堂设有高高的封火墙(图5-65～图5-70)。

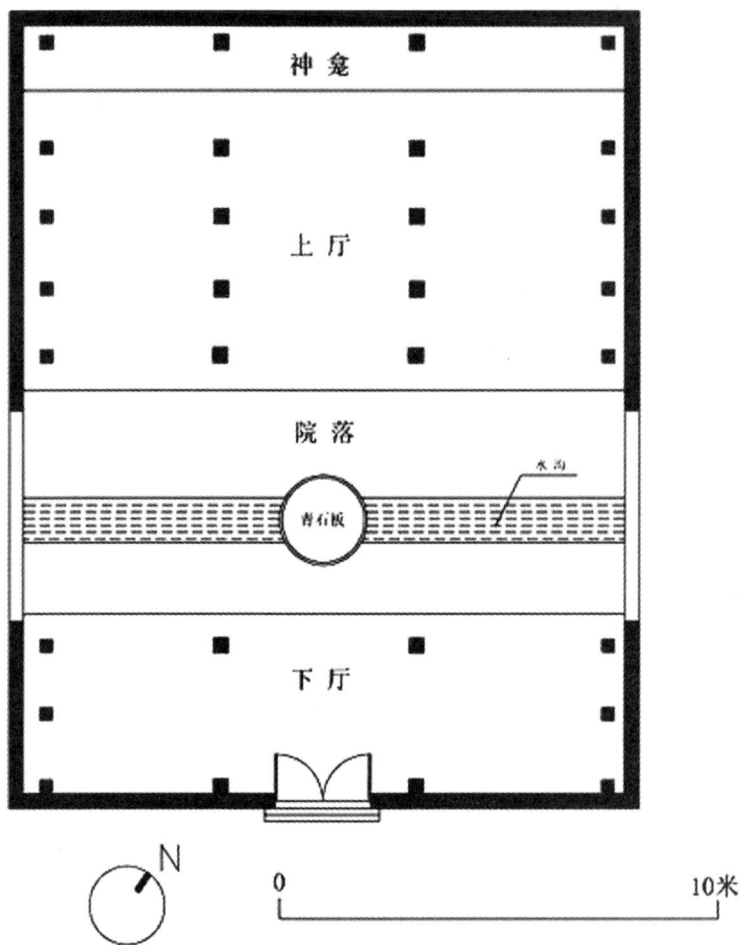

图5-65 下寨家祠平面图 （作者自绘）

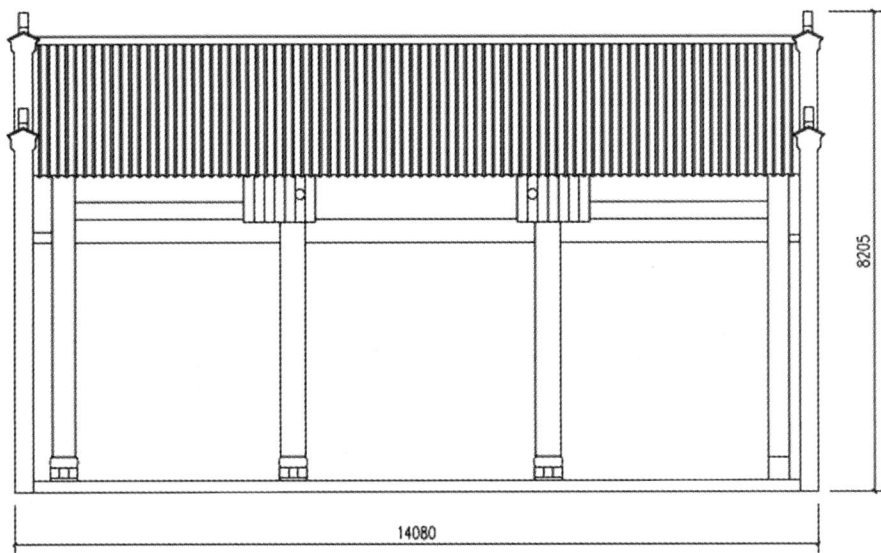

图 5 – 66 下寨家祠南立面图 （作者自绘）

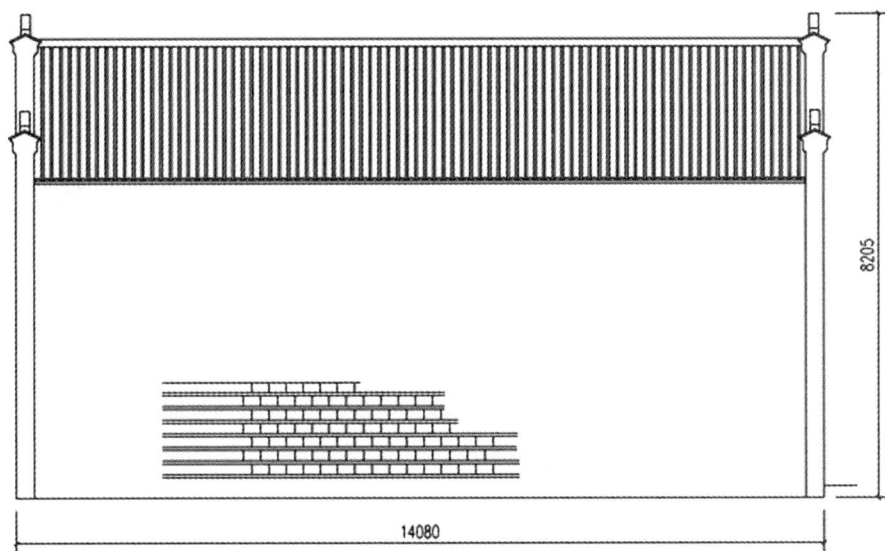

图 5 – 67 下寨家祠北立面图 （作者自绘）

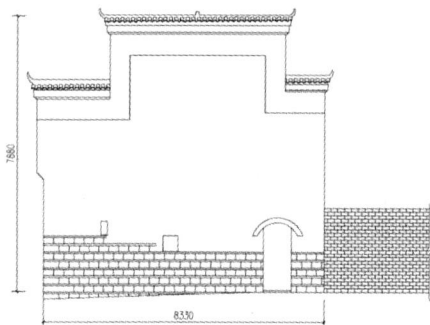

图 5 - 68　下寨家祠西立面图　（作者自绘）

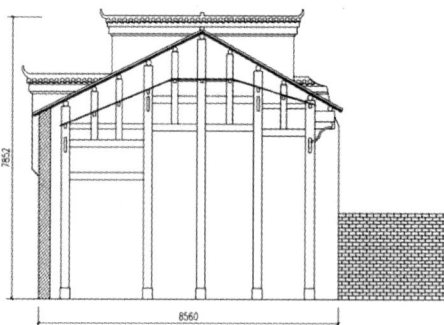

图 5 - 69　下寨家祠剖面图 1　（作者自绘）

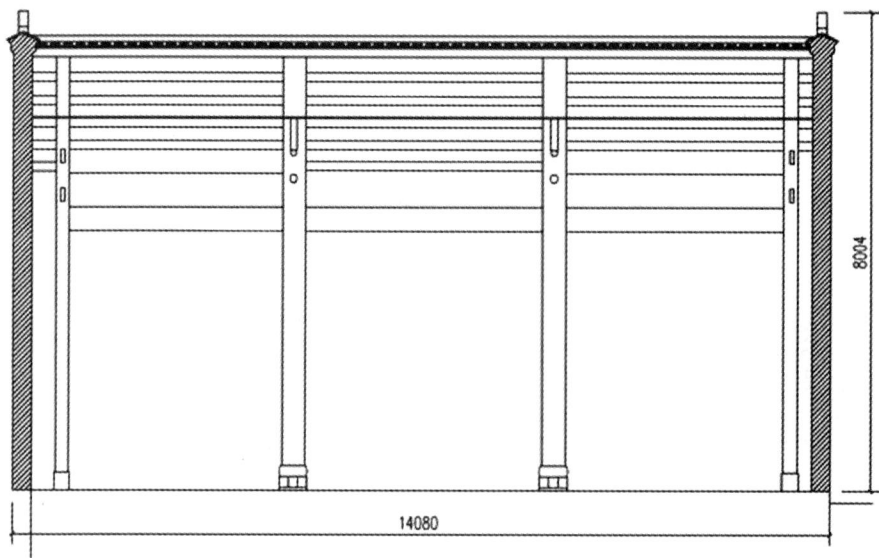

图 5 - 70　下寨家祠剖面图 2　（作者自绘）

（2）一甲家祠

一甲家祠紧临五通庙西北侧，占地面积约为 700 平方米，由主体建筑和附属建筑两部分组成。家祠坐北朝南，主体建筑为前后两进院落，从前至后依次为大门、戏台、院落、前堂和后堂，有明显的中轴线。祠堂设有牌坊式的精致大门，其门联为："天道源源弘正气，杨门世世颂清廉。"从大门穿过前院则到达第一进前堂，它与位于大门处倒座的戏台相对，据杨国顺老人回忆，厅堂为三开间，左右两侧设门而入，两扇门之间无窗，设木栅栏，通透的空间有利于让参加祭祀活动的村民和位于二进后堂中的祖先观看大戏。大厅内的梁柱上满是华丽的雕刻。第二进的后堂同为三开间，写有"姓氏始封杨，世笃忠贞，况有文章报国；弟昆同徒楚，廷贻诗礼，尤资清白传家"的对联，其当心间摆放先祖牌位，后堂东侧建有火房和杂间，供祭祖时做饭、摆放杂物时使用（图5-71）。

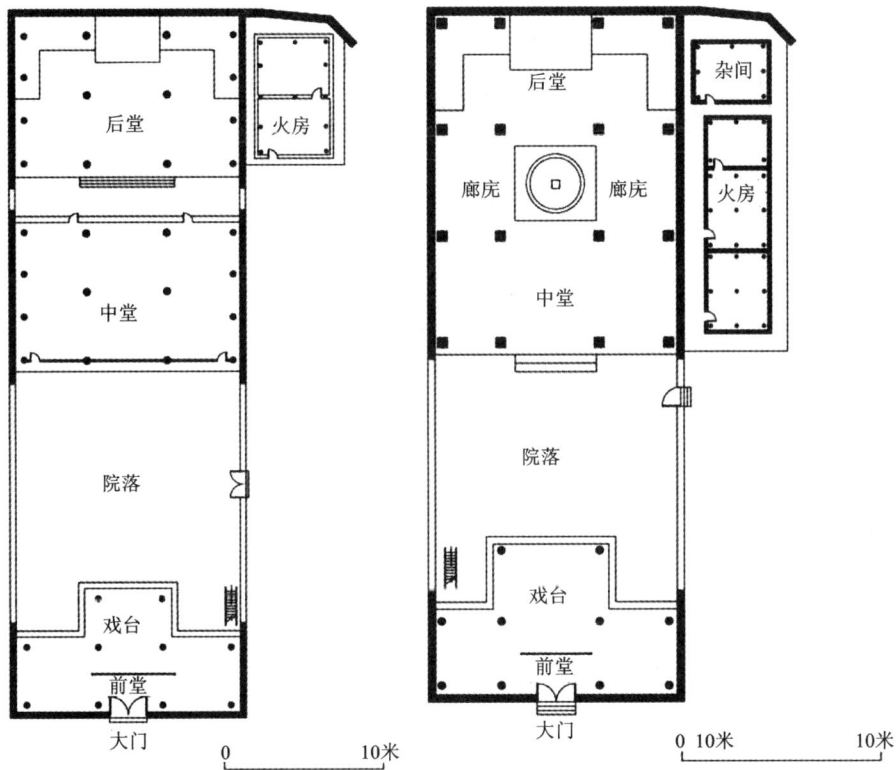

图5-71 一甲家祠平面复原图（作者自绘）

图5-72 十甲家祠平面复原图（作者自绘）

（3）十甲家祠

十甲家祠西侧为五通庙，东侧临大塘，受到周边环境的限制，祠堂面积小于一甲家祠，约为400平方米。其平面形制与一甲家祠的相似，坐北朝南，采用前后两进式。祠堂大门为青石牌坊式，石门柱上刻有"息听祖考之奖训，思贻父母以令名"的对联，门额写有"杨氏宗祠"字样，大门处左右摆放两座石狮的雕塑。进入祠堂，正面三开间为中堂，其门联为："聆祖考之彝训，贻父母以令名。"中堂南面正对着戏台，穿过中堂，第二进为天井，天井用青石板铺地，正中间放置一块雕有"鲤鱼跳龙门"的石筏子，石筏子外圆内方，中心有漏水孔，有聚财之意。天井两侧设有廊庑，后堂为三开间，后金柱对联"祖德尚清廉，念先人伯仲莺迁分两甲；孙某诒耕读，裕后嗣延绵螽斯绍千秋"，且后堂只有祭祖时才使用。"当心间内供奉着杨氏先祖的神位，从上向下依次排列着远祖、高祖、始迁祖的牌位……左右次间分为昭穆排列着各房代代祖先的灵牌"[1]，后堂东侧为祠堂的辅助用房，可从第一进院落的边门到达(图 5 - 72)。光绪年间，十甲家祠进行了修缮，并立起一块《祠堂记》石碑。

表 5 - 1 为高椅村主要祠堂功能与布局对比。

表 5 - 1 各祠堂功能与布局模式

祠堂	主要活动内容及功能	平面布局模式	天井设置
下寨家祠	祭祖	三开间两进	无
一甲家祠	祭祖	三开间两进	无
十甲家祠	祭祖	三开间两进	有

3.祠堂中的精神信仰与空间形态分析

祠堂的建立源自对祖先的崇拜，祠堂内除了安放先祖牌位以外，还是祭祀先祖、商议家族大事、实施家法族规等活动的场所。由于后堂为先祖栖息之处，因此除祭祀外的活动基本都在前堂进行。

(1)相关习俗与仪式行为

20 世纪 50 年代前，如族中有违反族规者，族中执事者则择日鸣锣聚众于祠堂，按照族规处置，重则谱中除名，倾家荡产，轻则罚款、杖责，俗称"开祠堂门"。

在建有戏台的祠堂中(一甲家祠、十甲家祠)，礼制观念限制了人的行为活动空间。如看戏时，村民应按辈分高低就座，男性长辈坐于前堂中，其他男女分左右坐于院落内，并在中间留出一条过道。《杨氏族谱·祠堂记》中载："家祠演戏敬祖，看戏男女须分，不得夹杂，小儿不许上台，并外姓痞棍亦不许上台。"[2]

高椅村中如无其他要事，祠堂一般每年只开两次大门：一为春节祭祖，二为

---

① 李秋香.高椅村[M].北京：清华大学出版社.2010：11.

② 引自高椅村《杨氏族谱·祠堂记》。

清明节"挂亲"，都为祭祀仪式。据《杨氏族谱》记载，祠堂祀典当天，首先参与者皆面对祭台，按男左女右，长幼有序站好，行降神礼，然后执事者各司其事，击鼓三下，声炮，奏大乐，乐阕则击磬。执事者(赞唱)备好香案、祭品、酒樽、盥盆。随后主祭者、分献者就位，奏小乐，行降神礼。主祭者先用盥盆中的净水洗手，至香案前跪拜，分献者皆跪。执事者奉香盘诣主人左跪授主人，焚香，执事者授盘，起立，诣酒樽所斟酒，诣主人右跪授主人，酹酒，执事者起立，停止奏乐，读词。词曰："嗣孙某仅以是日祇□□①事于历代祖，敢请尊灵降居神位·申□献谨告。"②接着鞠躬拜，起立，分献者皆起立平身。主人复位恭神，接着主人和分献者依次行初献礼，诣始祖考妣神位前跪拜，献帛、祭酒、献果品、献腥、献熟。初献礼时读祝文："嗣孙某昭告于始祖考某公始祖妣某孺人暨历代祖考妣之神，前曰祖宗功德百世，流芳抱本，追远率厥，典常因时感慕祇□□馨香子姓□集跻跻跄跄仰，祈我祖合食斯堂降福孔皆俾□而昌尚飨。"③紧接着主人和分献者依次行亚献礼，三献礼和侑食礼，行亚献礼时祭祀者诣神位前跪，献德禽兽鲜尾，行三献礼时祭祀者献粢饭陈汤。侑食礼后，焚楮帛、焚文、告彻，随后击鼓、奏大乐、声炮。合椟、合门，揖礼毕。

(2)精神信仰与祠堂空间的关系

中国传统的社会结构决定了其传统的空间观念，因此，中国传统建筑的空间构成有着严格的"规矩"，而这种"规矩"更多地表现为精神的因素，祠堂中森严的等级宗制凸显了这一点。

在建筑群体组合当中，建筑空间的主次地位是按"前后左右"的位置来体现的，而该方位是按人面朝建筑正大门时的方位区分。高椅村祠堂建筑都保留了"大门—戏台—前堂—后堂"这一空间序列和结构，中间以院落或天井相连，各祠堂皆为中轴对称，纵深发展，整体建筑格局有主有次。"大门—前堂—后堂"这种三进空间序列应是"由于受到灵魂不灭，事死如事生观点的影响，宗庙的建筑形式按照前门中堂后寝的住宅形式布置，从而形成前堂为大门，是空间序列的开始，中堂为祭祀礼拜的场所，后堂为供奉神灵之所"。④ 祠堂中的中轴线也

---

① 因年代久远，部分文字无法辨识，用"□"表示，全书同。

② 引自高椅村《杨氏族谱·祠堂祀典》。

③ 同②。

④ 孙大章.中国古建筑大系·礼制建筑[M].北京:中国建筑工业出版社,1993:130.

为人的视觉轴线，在中轴线上的建筑单体元素中，后堂为置放神龛、供奉祖先牌位之处，是祠堂中的核心空间。戏剧作为祭祀祖先的重要内容之一，要求在祖先面前展开，这就决定了戏台必须面向后堂，且戏台与后堂之间的空间需要有通过性和视线的连接性。由于前堂位于后堂与戏台之间，为了确保人与后堂中的祖宗能看到大戏，并能容纳家族议事、祭祀等活动，因此前堂当心间建得较为宽大，并无遮挡，这便遵循"以上为尊，以下为次"的原则。同时，一甲家祠与十甲家祠从大门和戏台到祭祀议事的前堂，再到供奉祖先牌位的后堂，由低到高排列，这就符合"前下后上，以高为贵"的原则，由此显示出祖先的崇高地位（图5-73）。

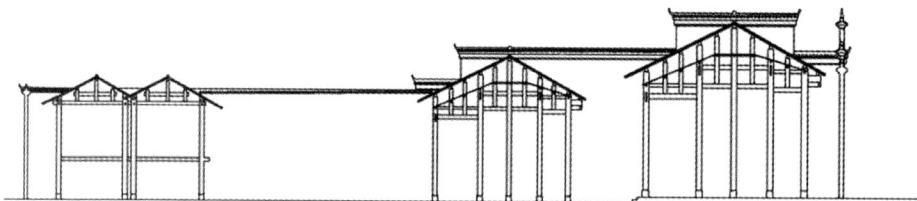

图5-73　一甲家祠立面复原图　（作者自绘）

另外，后堂中器物的陈设布置次序和参与祭祀的人的活动方位也有严格的规矩。后堂中的神龛位于当心间后部，是整个祠堂中的核心，它进一步强化了祠堂轴线空间的秩序性。神龛中始祖牌位放置中间，高祖、曾祖、祖、父四代神位按左昭右穆的次序摆放，一般超过四世的先祖神位会迁至配龛当中。

社会中人的主次地位与建筑空间中的主次顺序相对应，因此在祭祖仪式的流程当中，最初"祠堂举行祭祖活动，本祠后裔，每户长者或当家人参加，妇女不入祠"。[①] 后妇女入祠祭祀或看戏需遵守"男左女右"的次序，这源自"男尊女卑""以左为尊"的观念。精神信仰、仪式行为和建筑空间中的主从关系位序观相互影响，强化了祠堂中肃穆的氛围，也限定了人的活动空间。

（二）庙宇——地缘结合的纽带

祠堂是以血缘纽带关系为基础所形成的建筑，在祠堂内开展的信仰活动主要是家族群体开展的祖先崇拜，这种以血缘姓氏为前提的崇拜具有排他性，而

---

① 湖南省怀化地区地方志编纂委员会.怀化地区志[M].北京：三联书店出版社，1999：2257.

村落中的庙宇则是地缘结合的纽带，是村落各组团之间联合的媒介。高椅村村民信奉佛、道两教和多神崇拜，这些作为一种社区性的精神信仰，更具有开放性和多功能性，且对于整个村落的影响力更大。

1. 五通庙

五通庙曾是高椅村中最大的庙宇，也是整座村落的中心。五通庙始建年代为南宋末年，清乾隆年间扩建。据清嘉庆丙寅十一年(1806)《杨氏族谱·秀、茂二祖记》中载："相传二公原渡轮田垄中，即今五通庙是也。忽一夜梦神语曰：此地有龙居焉，恐为孽害，非尔兄弟住处，让与神居。尔兄弟百年后，可同享祭祀。目前(清嘉庆)造福不浅，且佑尔子孙，百世其昌。"可见其"托梦建庙"的传说。1948年后，五通庙被乡政府所占用，1982年五通庙被彻底拆除，原基址上建起了大会堂，后改为电影院，近年，电影院又被老年活动中心所替代，现已闲置(图5-74)。

图5-74 五通庙原址

（1）五通神与五通庙

五通神在民间又被称为"五显""五圣""五路神"等。五通神具有较浓的亦佛亦道色彩。一方面，由唐施肩吾《逸句》"五通本是佛家奴"①可见五通神应出自佛家，与佛教有着密切联系。所谓"五通者"具有五种神力：一神境智通，二天大眼智通，三天耳智通，四他心智通，五宿住随念智证通。②民间则流传有成为五通仙则可长生不老的观念，同时也将五通神作为民间供奉的对象。另一方面，五通神信仰与道教的五行崇拜有关。古人认为金、木、水、火、土是宇宙构成的根本，"盖五行为天地间至大之物，必有为之主宰者……若五神，岂非默助五行之造化，以福生民乎？"③因此，在某些地方，五通神与火神、土地神等各类神灵产生了联系，成为守护神。然而，神亦正亦邪，五通是一个集真善美和假丑恶为一体的神灵，他既扶危济贫、惩罚凶顽又淫人妻女，民间众人求其善而畏其恶便修庙祭拜以辟邪消灾，保佑村落兴旺安全。

（2）五通庙的空间形态特征

五通庙位于高椅村的大塘西侧，其所属区域为村落中的风水宝地。庙前有一处空地，视野开阔，距离庙门3米左右有一条人工开凿的小溪将其环绕，小溪在起到聚水聚财、调整风水格局的作用的同时将大塘的水引入巫水河以排污。小溪上有一座东西走向的石拱桥，名为"锁龙桥"，传说大塘内有一条黄鳝精，无恶不作，这桥就是用来锁妖保村落平安的（图5-75）。

五通庙现已被毁，因此其形制只能从村民口中以及文献资料中进行考证。五通庙同其他祠庙建筑一样，由大门、前殿、后殿等主体建筑和杂房等附属建筑组成（图5-76，图5-77）。庙宇大门为牌坊式，材料为从常德运来的青石板。门额上挂有"五通庙"的牌匾，石柱上刻有对联，门扇由刷有黑漆的杉木制成，上面绘有门神画像，气氛庄重。庙门位于整个建筑群组的中轴线上，进入庙门，为一倒座戏台，戏楼与庙门之间形成一个狭长的前院。戏楼仍位于中轴线上，但并未保留中轴通行的功能，门是以旁门形式出现，即便如此，人行交通并不受影响，具有强烈的民间特征。戏楼共两层，一层架空，二层面阔三间。后台左右两侧辅助房为道具间和化妆间，外侧设有楼梯上下。戏台开敞的三面均有雕花

---

① ［宋］叶廷珪.海录琐事·卷13下·鬼神门［M］.北京：中华书局，2002.

② 贾二强.唐宋民间信仰［M］.福州：福建人民出版社，2002.

③ 程敏政.新安文献志［M］.台北：台湾商务印书馆，1986.

栏杆以确保表演者安全,柱子、梁枋等构建上皆有细腻精美的雕饰,屋顶内还雕有百鸟朝凤的藻井以达到良好的聚声效果。整座戏楼檐牙高翘,造型华丽且浓墨重彩。戏楼东侧设有一座看楼,共三层,主要供妇女和小孩看戏。

图5-75 五通庙前的石桥

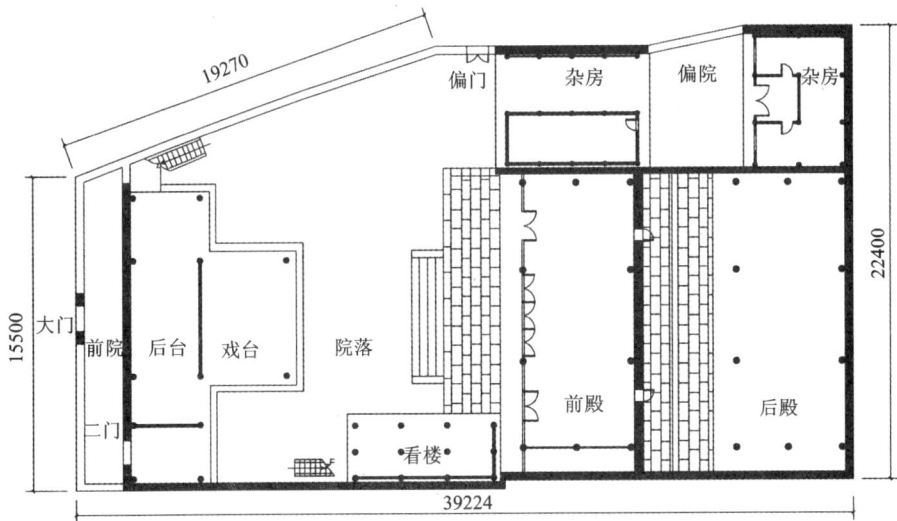

图5-76 五通庙平面复原图 (作者自绘)

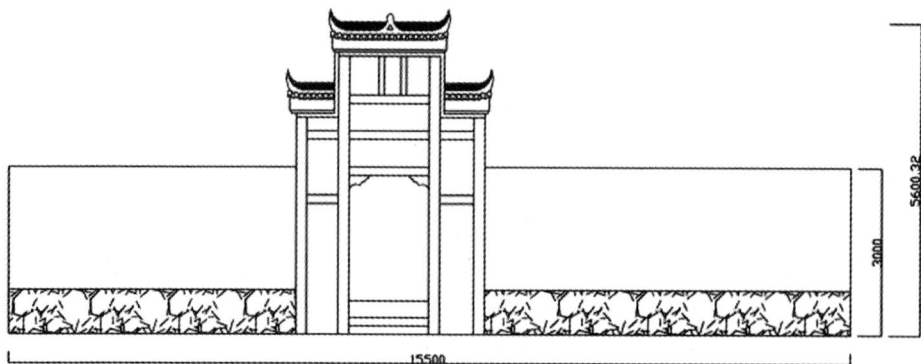

图 5-77　五通庙门楼复原图　（作者自绘）

正对戏楼为五通庙的前殿，前殿前设月台，与院落地平间有五级踏道。月台高度略低于前殿，用以区分台上、台下空间，台上为人员行礼所用，台下为相对自由的活动空间。正殿为三开间，为供奉主神五通神所设，其神像位于当心间神龛上，神龛壁背后设有五通夫人的神像。左右两次间供奉观音娘娘、刘伯温等神像。整座前殿不设门窗，空间宽敞，视野通透。当心间神龛壁的左右两侧设耳门通往第二进院落。五通庙第二进院落中的后殿同为三开间，不设月台和门窗，当心间供奉行业神黄飞虎，两次间供奉其他神像如财神。前殿与后殿西侧分别有两间杂房，杂房与中间的空地一起组成辅助院，是僧尼平日起居生活之处。在前殿杂房附近开有一扇小门，在庙内举行大型活动时，便于村民的出入。

（3）五通庙中的精神信仰与空间形态分析

①相关习俗与仪式行为：

五通庙所供奉的主神为五通神，因此每年农历九月二十八日五通老爷生日时，村里要在此举行隆重的祭神活动，祭神包括祭祀仪式和敬神演戏两大内容，敬神演戏是请戏班来此唱戏，时间短则十天，长则一个月，此时每天几乎都有从若水、绥宁等外地来的民众前来看戏。

②精神信仰与庙宇空间的关系：

首先，高椅村多神崇拜、一神独尊的精神信仰形成五通庙众神并存、突出主神（五通神）的形制特点。五通庙仍然采用中国传统建筑的院落式布局，由大门、戏台、前殿组成了庙宇的核心空间。祭祀主神即五通神的前殿位于整座院落的中轴线上，且通过踏道、月台增加空间的层次感和庄严感，前殿前方空间序列中并无供奉其他神像的殿堂，仅有一座戏台用以演戏娱神。前殿内部空间序列中，五通神神像位于当心间，其他配祀神灵神像则位于次间或者后殿，以突出五通神的主体地位。因此，五通庙的形制特点与其精神信仰内容是相吻合的。

其次，对五通神的崇拜所产生的仪式行为支配着其建筑空间，因此，建筑空间必须与仪式行为相适应。每年农历九月二十八日，五通庙内都会举行隆重的活动。在准备阶段，村民会用彩绸团花、横幅、对联等装饰烘托节日喜庆的气氛，在仪式过程中，主祭人与其他村民在执事者的带领下，通过大门、二门进入庙内，两门之间所形成的前院空间则起到世俗空间向神性空间过渡、转换的作用。参与者沿中轴线穿过院落至前院，随后主祭人随执事者蹬踏道上月台，在执事者的引导和辅助之下，所有参与者根据古礼步骤鞠躬行礼。整个仪式在前殿内举行，参拜完成后，整个空间的重心由前殿转移至戏台，戏班子在此唱傩戏，而所有仪式参与者则成为观众。最初，看戏时为严男女之大防，因此年轻女子和小孩在戏台东侧的戏楼里看戏，其中村中有威望的地主、绅衿家的女眷在楼上看戏，普通人家的年轻女子在一楼看戏。而社会地位较高的男性长者则坐在月台上看戏，月台前的院落中，其他人中间留出一条走道，按男左女右的惯例看戏。

在为仪式功能和步骤设计的相应庙宇空间中，都通过空间序列中的上下、左右来表达神圣世俗、尊卑的意义。在祭祀空间中人与神的位置关系上，庙宇中五通神坐于主殿中的北端中心位置，享受村民的跪拜与献礼，可见空间以神为最高级序；而在献礼过程中，主祭人位于月台，其他民众位于院落。主祭人一般为村中社会地位最高、最受尊敬的长辈，因此，整个空间形成了以神为最高等级，之后按人的性别、身份地位排列的阶梯形空间结构。

2. 罗星庵

高椅村村民多信奉佛教与道教，因此罗星庵是一座集佛、道教为一院内的庙宇，它位于高椅村东边的罗星山山顶上。在《杨氏族谱》记载的村景诗中，有不少提及罗星庵，如高椅清代贡生杨树旗题《罗星耸翠》诗："隐隐钟声绕蔚兰，罗星高处有禅庵。何时好景看花眼，花落花开三月三。"①博约山房主人安卿题《罗星烟寺晚钟》诗："罗星顶上夕阳残，烟雾腾空辨别难。忽听钟声从此出，余音嘹亮绕雕栏。"②可见，罗星庵四周植被茂密，风景优美，也因此成为高椅八景

---

① 引自高椅村《杨氏族谱·八景诗》。
② 同①。

之一（图5-78）。

图5-78 罗星庵入口

据罗星庵门前功德碑载，庙宇始建于明代祯宗年间，大清至民国数百年由僧尼数人主持香火，会同、绥宁、洪江、黔阳等地有众人来此烧香拜佛，香火旺盛。20世纪60年代罗星庵被拆毁得一干二净，片瓦不留。经广大善男信女老少倡议，望重建罗星庵，后100多位村民在杨国顺、杨运动老人的带领下自费重建起庙宇。现罗星庵正殿横梁上写有最初建庙的村民的名字，以资纪念，而罗星庵已难复旧貌，但也初具规模，是高椅村现存唯一一座庙宇。

作为一种宗教场所，罗星庵位于山顶风景绝佳之处，虽隐藏于茂林之中，人们却能在此俯瞰高椅，临流观水。其选址一方面体现出宗教生活本身的神圣性，另一方面也满足了信徒避世修炼以净化身心的需求。由于庙宇并非是完全追求出世的宗教建筑，因此罗星庵的选址在与民居建筑保持一定距离的同时，也考虑到与民间社会生活的结合。不论在村中哪个位置，虽不见罗星庵，却可见庙宇旁的一棵苍天古木。步行至村落东边罗星山山脚下，茂密的植被和山间曲折的石板小路增添了道路的神秘感，上山路旁还设有两座土地庙，过路行人需在此停留祭拜，告知神灵前来拜佛。上山时间不过20分钟，但道路蜿蜒且坡度较大，因此容易让人感到疲惫，然而，一旦置身山顶，映入眼帘的山色美景和肃穆的庙宇却让人将身体的疲惫转化为对信仰的虔诚，也正是这一段山路，让建筑空间完成了由世俗性向神圣性的转化。

罗星庵院门朝西，呈八字形开口，近似方形的院落内部由三座大殿、一座戏台和其他辅助性建筑组成（图5-79）。院落北侧为一座木结构的三开间大殿和一座砖木结构的两开间大殿，朝向皆为坐北朝南。三开间大殿内供奉着佛、道两教的神像（图5-80～图5-82），殿内当心间悬挂着"万人伞"，伞上写有对庙宇有贡献之人的人名（图5-83）。两开间大殿内主要供奉着道教神像，其中的五通老爷为原五通庙内的神像，由村民请入罗星庵内。院子东侧还有一间以供奉佛教神像为主的大殿，西侧为杂间，南侧与大殿相对有一座木结构戏台和一座土地庙（图5-84）。整座罗星庵由于经费有限，加之全为村民所建，因此较为

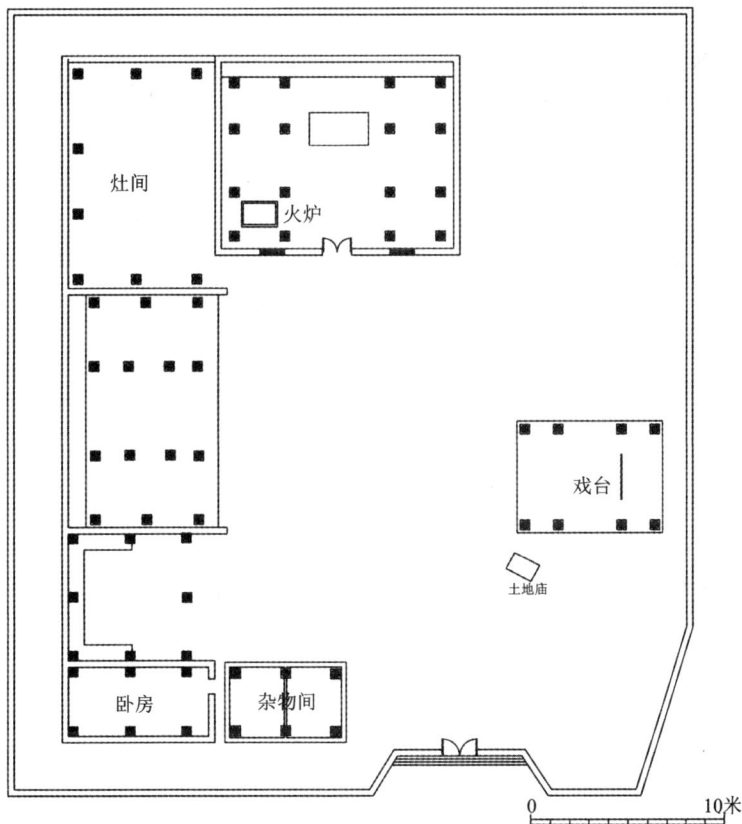

图5-79 罗星庵平面 （作者自绘）

朴素,其形制也并未严格遵循宗教建筑的原则。

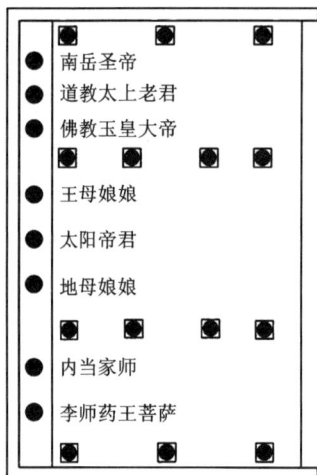

图 5 - 80　罗星庵内供奉神像位序 1
（作者自绘）

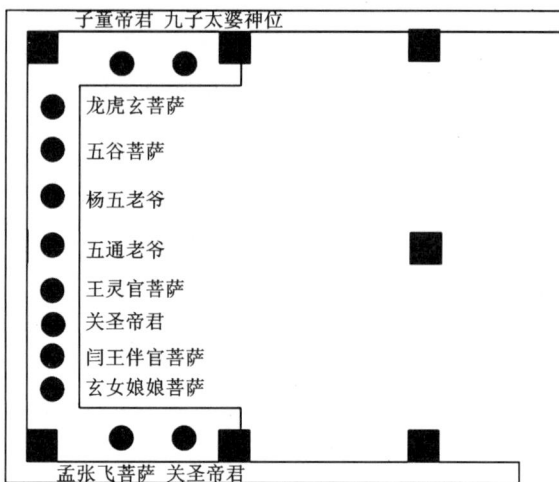

图 5 - 81　罗星庵内供奉神像位序 2
（作者自绘）

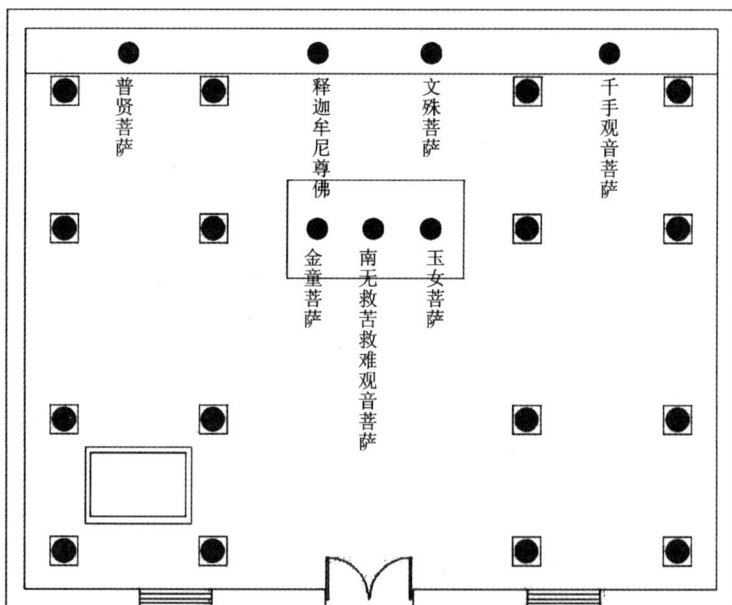

图 5 - 82　罗星庵内供奉神像位序 3　（作者自绘）

图 5 – 83　罗星庵内万人伞

图 5 – 84　罗星庵内戏台

尽管罗星庵的形制及功能还不够严格和完善，村民仍然将此作为主要的信仰空间，许多仪式行为也在此完成。仪式主要包括每年农历三月三日敬祖师菩萨，村民会聚集在庙中唱山歌，六月十九日和九月十九日分别是观音菩萨的生日和涅槃日，村民来此焚香祭祀，最重大的仪式是九月二十八日在此为五通老爷庆生，仪式在北侧两开间的大殿中举行（图5-85，图5-86），会有道士在殿内做法，小庆时间3天左右，大庆时间则可达一周左右，大庆时庙宇中会有戏班在戏台唱戏，周边村的居民也会前来观看，场面十分热闹。

如今，罗星庵是高椅村的"佛道胜地"，村民参与的仪式多半是自发组织，非由宗教人士带领与指导，较为自由与随意，庙宇内所贴的门联和横幅内容也多为"有求必应""神之最灵"等，寺庙的规章管理制度也是在村民的共同商议下拟定的，可见其信仰的功利性与世俗性。即便如此，罗星庵在高椅村中的意义也是不言而喻的。

图5-85　道士行道教仪轨1

图 5 - 86　道士行道教仪轨 2

3. 土地庙

（1）土地庙与土地崇拜

土地庙是土地信仰文化的具体表现，东汉刘熙在《释名》中提道："土，吐也，吐生万物也。"在原始时期，人们的生产生活对土地、对农业的依赖，便将土地视为养育世间万物的母亲，并以树木、石块等自然物为祭祀对象。至先秦时期，土地崇拜的祭祀对象逐渐转变为对人格神的崇拜，人们塑造出土地公、土地婆的形象，也以历史上的人物为膜拜对象。这一现象出现于句龙之后，见《说文解字》中所言："社，地主也，从示土，春秋传曰共工之子句龙为社神。"随着土地神观念的产生与发展，土地神不仅是人对农业自然力崇拜的象征，也是集多种社会职能的地区守护神，身兼招财、送子、保平安等神职。民间之所以崇拜土地神，主要是认为它甚是灵应，而土地庙则是土地神的安身之所（图 5 - 87，图 5 - 88）。

高椅村曾以商业、渔业和农业生产为主要经济来源，在没有引进现代农技、农艺和机具的情况下，村民在农业生产中遇到干旱、洪涝、虫灾等自然灾害时往往束手无策，因此将希望寄托在超自然的神灵之上，形成了对土地神的崇拜。

（2）土地庙的相关仪式与习俗

由于土地庙小巧，不受地形、造价的限制，因此在高椅村中随处可见。不同于其他庙宇的严肃庄重，土地庙给人感觉更为亲切，村民对之敬而不畏。

图5-87　土地庙1

图5-88　土地庙2

　　每逢初一、十五，村民要给土地庙上香，正月初四要打扫土地庙，敬土地菩萨，农历二月初二和七月初一是土地神的两次生日以及农历六月十九日观音菩萨的生日，村民都持纸、钱醴酒奉祭神灵。除此之外，每当播种或收割时，村民也会在田地附近的土地庙中插三炷香，点上油灯或蜡烛，再压上纸钱，表示对土地的感激与敬仰。平日里，村民出远门也会在家附近的土地庙前烧香，愿家人出门在外平安，如遇丢失财物或不顺心的事，村民也会来找土地神祈求帮助，也有村民在此许下求子愿望，一旦心愿实现都须来此还愿（图5-89，图5-90）。

图5-89　节庆时的土地庙1

图5-90　节庆时的土地庙2

（3）土地庙的空间形态分析

①分布特点：

高椅村村中分布着大大小小的土地庙 40 余座（图 5 - 91），土地庙的选址与其环境和性质有密切联系。土地庙按性质可分为社区性的土地庙和私人设立的土地庙。社区性的土地庙往往是一个片区的标志，其香火由村民集体来供，多处在田间、溪边、山脚和村落各街道拐角处（图 5 - 92）。私人设立的土地庙常位于民居堂屋内和院门外，保佑着户主一家，其香火不会由外人来供（图 5 - 93，图 5 - 94）。

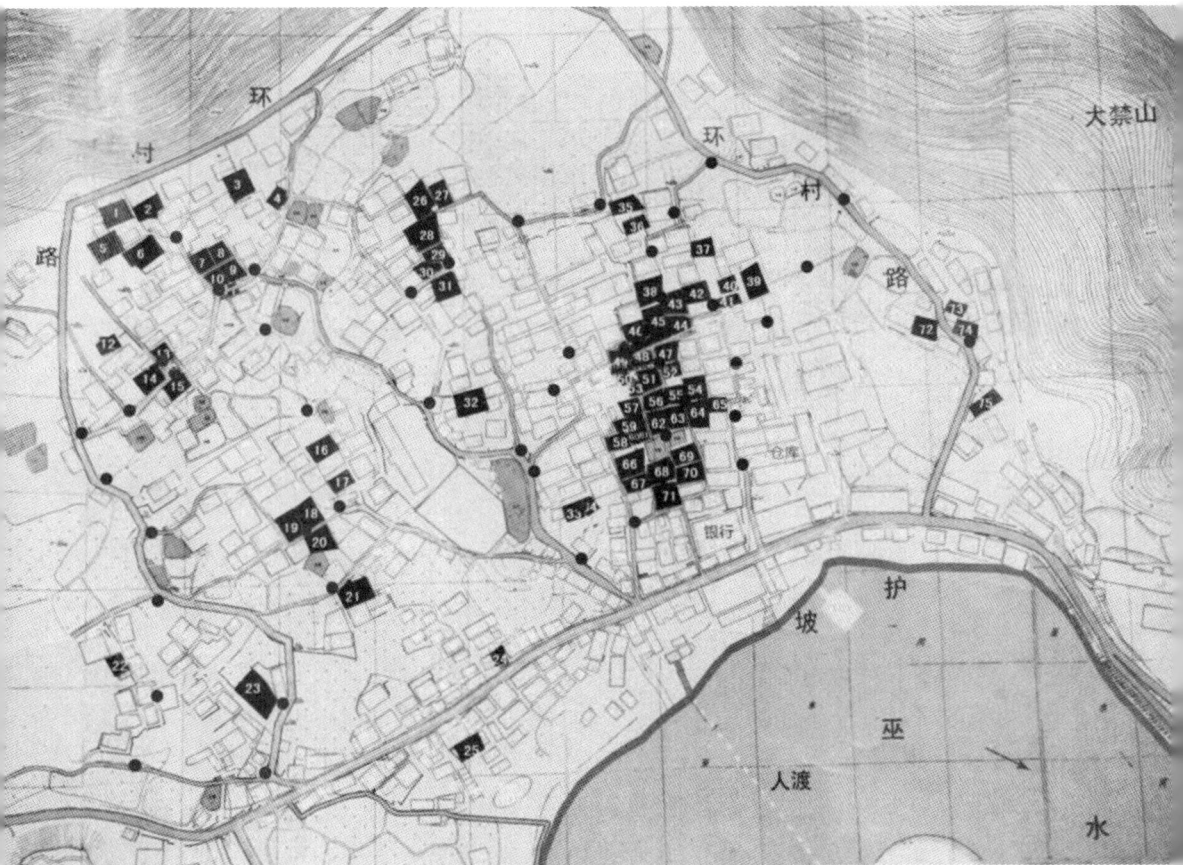

图 5 - 91　高椅村土地庙分布图

图 5 – 92　社区性的土地庙

图 5 – 93　私人性的土地庙 1

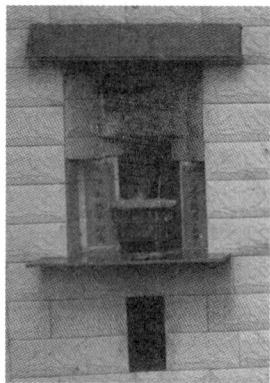

图 5 – 94　私人性的土地庙 2

②形制特点：

在鬼神世界中，也存在鲜明的等级制度。因土地神为地位较低的神祇，所以民间并不注重土地庙的建筑形式，与其他庙宇相比，土地庙更简朴甚至可称为简陋。

高椅村的土地庙形式多样，大致可归类为两种。一种为石棚庙，另一种为龛庙。石棚庙是较为原始的土地庙形式，主要材料为天然石块，此类土地庙左、右、后方皆为石块垒成，上方或以一块大石头为屋顶或以两块石板搭成坡屋顶，单间长宽高为 0.4 米左右，面积一般不到 2 平方米。没有严格意义上的"门"，而以拱形的孔洞替代，孔洞与左右两侧的"墙"呈八字连接，因由石块垒砌而成，因此"门"上未刻有或写有门联。庙内一般设石块或香炉供人祭拜。在高椅村，石棚庙多以单间的形式出现，仅有一处为两座土地庙并排设置（图5-95）。龛庙是用砖块、石灰或青石板精心搭建的土地庙，此类土地庙通常用砖石垒砌，外墙上涂抹一层石灰，用青瓦或水泥板做顶，呈窨子房样式。较大的土地庙面宽进深约为1米，龛庙皆不及人高，修建于石台之上。总高度约为1.2米，较小的土地庙长宽高分别约为0.5米，多设在路边或嵌于门墙上。这种土地庙均为单开间，基本都是独立设置，偶有两座并排相建。其门洞为方形或拱形，门两侧常写有对联，如"保来往人人清洁，佑上下个个平安""土能生万物，地可发千祥"等。其内部空间供奉对象为土地公、土地婆，也有以一横一竖两块石头叠放在一起当作土地神来供奉的。而在近年，村中重新建起的一些土地庙中，龛中用一块木牌位，或贴上一张写着神号的红纸来替代雕像（图5-96～图5-100）。

图5-95　坡屋顶形式的土地庙

图5-96　各式各样的土地庙1

图5-97　各式各样的土地庙2

图 5-98　各式各样的土地庙 3

图 5-99　各式各样的土地庙 4

图 5-100　各式各样的土地庙 5

（4）土地庙的意义

高椅村土地庙的首要功能为祭祀功能。土地神的神职复杂多样，不论是物质上还是精神上，村民一旦有所求，都会至土地庙前祭拜，这种祭祀活动不是正式、有组织的行为而是村民自发的行为，具体仪式前文已有所提及故不再重复。

高椅村的土地庙除了具备祭祀功能以外，还有指示功能和报信功能。由于村中道路错综复杂，建筑多而紧凑，因此在阡陌纵横的道路中，土地庙充当现代路标的作用，成为一种标识性景观，而其所在的节点，往往也是居民休闲的场所。土地庙的存在强化了相应空间的辨识度，成为居民日常生活的一部分。另外，在通往罗星庵的山路上分别设有3座土地庙(图5-101为其中之一)，这几座龛庙的作用相当独特。村民认为拜佛求签如同托人办事，因此需要事先报信，告知神灵前来打扰。

图5-101　罗星庵院门上的土地庙

土地庙作为村落文化景观的一种形式，反映了村落物质文明和精神文明发展的历史。高椅村村民对土地神和土地庙的崇拜经过历史的变迁并未受到严重的打击，村民们拜土地庙的习俗与仪式仍然延续至今，这也体现出高椅村民对土地的热爱与珍视，对农耕的重视，以及对未来安定平和生活的向往。

4. 公墓——祖先安息的圣地

高椅村仅有一处公墓，为蒋太君墓。蒋太君是高椅村开山始祖之一，她是金刀令公杨家将房中杨继业的夫人佘太君的第三代(非直系)，因此与之并称"三代两君"，蒋太君为高椅先祖廷茂的夫人。

元代中期,元军入侵中原,对会同一带侗、瑶、苗族人民起义进行镇压。元泰定丁卯年(1327),元军路经高椅,发起进攻。91岁的蒋太君杨姓始祖母蒋氏,高椅先祖廷茂的夫人为顾及村民安危,将村民转移至山上安全地带,自己则现身吸引元军,在到达麻园时惨遭杀害。村民为纪念她,专为太婆蒋太君修建了一座公墓,也称为"麻园太婆墓"(图5-102~图5-106)。

图5-102 蒋太君墓外观

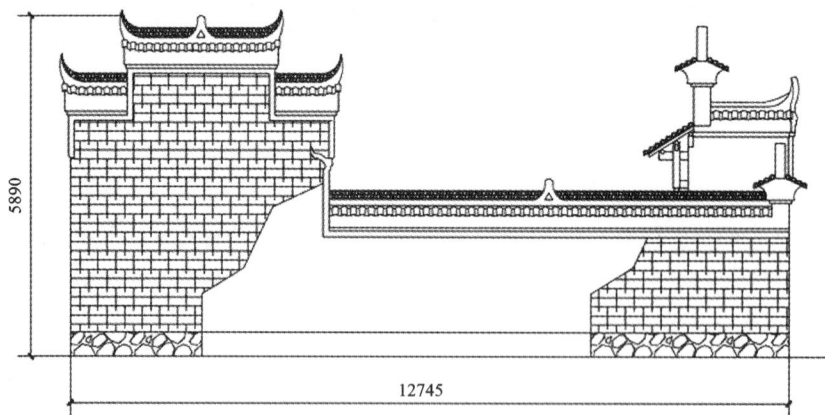

图5-103 蒋太君墓侧立面 (作者自绘)

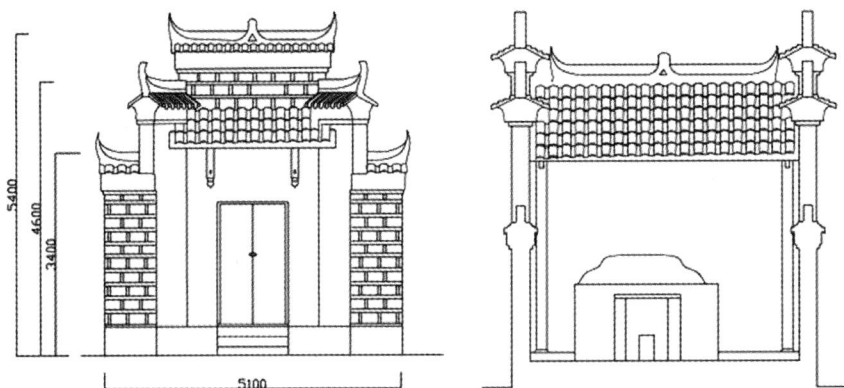

图 5 - 104　蒋太君墓正外立面　（作者自绘）　　图 5 - 105　蒋太君墓正内立面　（作者自绘）

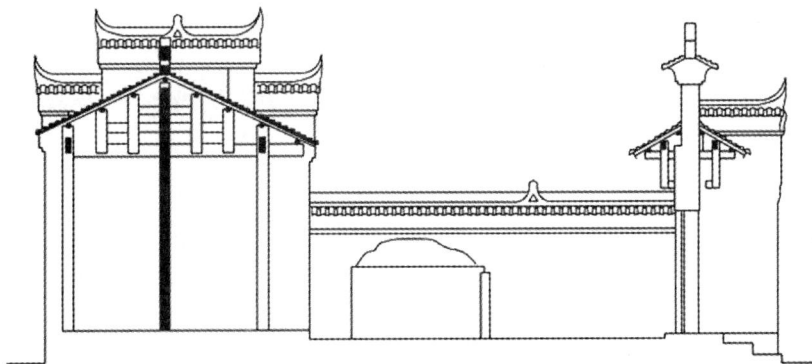

图 5 - 106　蒋太君墓纵剖面　（作者自绘）

在中国的封建社会时期，专为女性先祖修建墓地并祭拜的现象并不多见，而在高椅村出现这一现象的原因，主要是源自侗族人民对于"萨"的崇拜。"萨岁"是侗族地区普遍信仰和崇拜的最高女神，意思是"祖母"，由此看来，女性先祖在侗族地区地位颇高，而蒋太君作为英雄自然受到后人的尊敬与祭拜。

蒋太君墓位于高椅村北端，墓园坐北朝南，整体地势略高于四周，其墓碑面向村庄，日夜守护着村里的子孙后代（图 5 - 107，图 5 - 108）。墓园仅有一进，由大门、院落和正殿组成，有明显的中轴线（图 5 - 109）。院门为八字形，形成一种开阔的气势，大门处写有对联："三代两太君保宋忠昭日月，九溪十八峒抗元气壮山河。"上三级阶梯进入墓园内部，院落中心为砖石堆砌的圆形墓地，墓碑为圆形则是受汉族"天圆地方"阴阳学说和侗族人民"太阳"崇拜的影响（图 5

－110）。墓碑高出地面约 1.5 米，坟前设有香炉，碑面上应刻有蒋太君的信息文字，只是年代久远已模糊不清。绕过墓碑，上一级台阶则为正殿，殿内正对坟墓的墙壁上绘有蒋太君的画像，东西两面墙上绘有多幅楹联，其内容都为对蒋太君的赞扬和崇拜（图 5－111～图 5－113）。马头墙的檐壁和墀头上皆有精致的彩绘，象征着吉祥。每年清明节，杨氏后人都会来此祭拜，在坟前上香、进贡、烧纸。公墓的设置在起到纪念、教育后人的作用的同时也被村民寄予保护村落边境的愿望。

图 5－107　蒋太君墓入口

图 5－108　八字形的院门

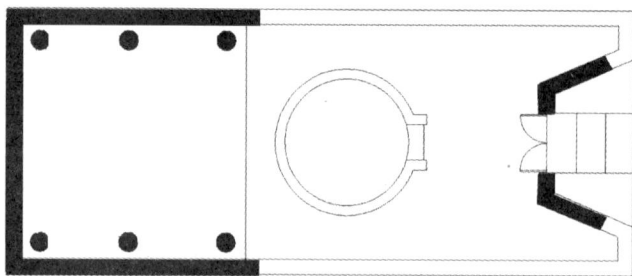

图 5－109　蒋太君墓平面图　（作者自绘）

图 5 - 110 蒋太君墓园内

图 5 - 111 蒋太君的画像

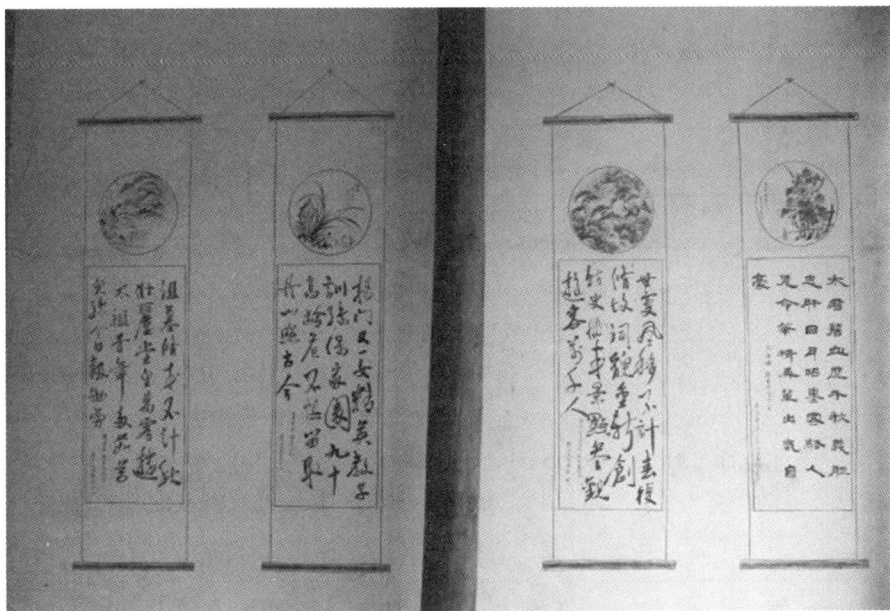

图 5 - 112 墓园墙面上赞美蒋太君的楹联 1

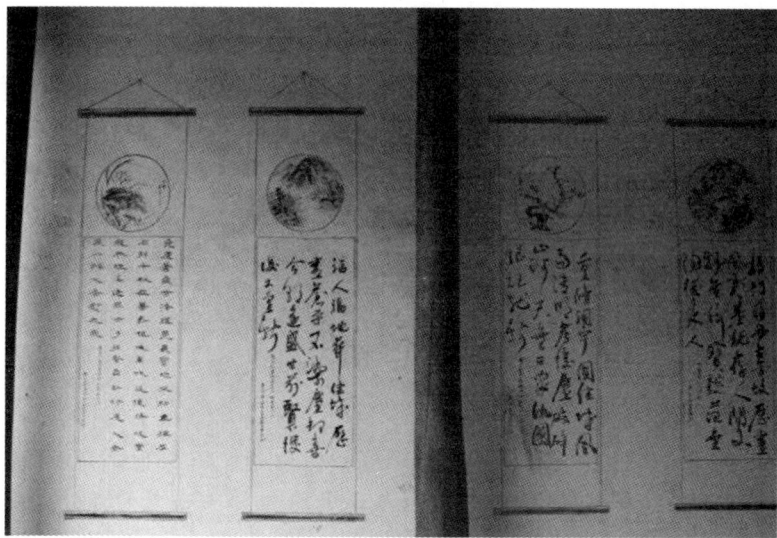

图 5 - 113　墓园墙面上赞美蒋太君的楹联 2

三、小结

高椅村的精神信仰类型主要分为四大类：自然崇拜、民俗众神崇拜、祖先崇拜与佛道、教信仰，随之产生了与其相对应的建筑空间（表 5 - 2）。这些精神信仰与单体建筑空间之间存在着相互影响与制约的关系。

表 5 - 2　信仰类型与其相对应的空间图标

信仰类型	建筑类型与营造
祖先崇拜	祠堂
	堂屋
民俗众神崇拜	五通神——五通庙
	土地神——土地庙
	门神——门
	火神——火铺屋
	鲁班神——上梁仪式
佛、道教	罗星庵
自然崇拜、佛道教	建筑装饰艺术

一方面，不同的精神信仰造就了不同的仪式行为，在信仰内容与仪式行为的引导下，各信仰空间形成了与之相对应的结构。不论是住宅还是公共建筑，在平面布局上，建筑功能在与仪式内容相呼应的同时都通过轴线与方位来营造空间的仪式性。在立面上，通过地势高低及装饰艺术表达空间的神圣性。

另一方面，已形成的信仰空间对其相应的精神信仰起到强化或弱化的作用。建筑空间的形成是因村民精神上的需要而产生的，定期在内部举行的仪式行为是满足人们精神需求的过程，在信仰空间得到充分使用与保护的同时，精神信仰得以强化与延续，反之则得以弱化甚至消亡（图5-114）。

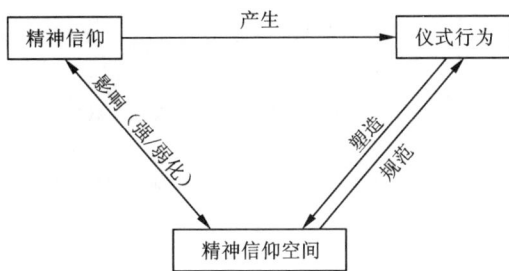

图5-114 精神信仰、仪式行为与精神信仰空间的关系 （作者自绘）

第四节 建筑的营建过程

高椅村先民对行业神鲁班神的崇拜使民间建房有许多规矩和习俗。在建筑营建的过程中，他们相信风水龙脉，认为"宅有五音，姓有五声"，因此只有当房屋方位与主人姓氏五声相宜时，方能万事如意，因此要请风水先生定宅基。定好房屋朝向后，主人需选择吉日，备好材料，请掌墨师"发墨"，即绘制结构图，定施工方案。在这个过程中，主人应先敬家先，给木匠发红包。

在建房仪式中，首要步骤就是"砍梁"。侗族人在砍梁过程中，一要选砍梁人，二要选好梁木。砍梁人数一般为两人，均为富有、儿女双全的男性。梁木则要选择枝繁叶茂的"母子木"，以期地位高升，子孙发达，且以"偷砍"为佳。砍后主人要在树蔸上放一定金额的红包。由于侗族人民相信树神的存在，因此在砍树前，需烧纸钱，拜树神。在梁木搬运回家的过程中，主人要给梁木披红挂彩，一路放鞭炮以示喜庆。到家后，梁木不能落地，用两张高凳架起，人不得跨越。

第二个步骤为"制梁"。两木匠收到主人给的红包后，在动斧前要颂词："开梁口，开梁口，开个金银装满斗；你开东来我开西，代代儿孙穿朝衣。"之后主人鸣放鞭炮。① 随后将梁木放置堂屋内，在梁木正中央，用红布包着笔墨、大米或茶叶，也有将朱砂和隶书包裹其中的，均表示有富有贵（图5－115）。

图5－115 梁木上绑着红纸与毛笔

接下来就是最为重要的"上梁"仪式。仪式开始前，掌墨师杀鸡以敬祭鲁班先师，唱道："此鸡不是平凡鸡，身穿五彩绫罗衣，旁人拿来无用处，弟子拿作'掩煞鸡'。"鸡血淋于梁木上，随后唱升梁歌："日吉时良，天地开张，鲁班到此，大吉大昌。"此时，梁木由站在房架顶上的人往上拉，在拉的过程中，梁木需保持平衡，不能一高一低。掌墨师继续唱道："鲁班弟子开步行，千年发达万年兴。"之后，每上一步唱一句："一步梯，金银财宝满堂堆；二步梯，代代儿孙穿朝衣；三步梯，儿孙作官锦衣归。"

---

① 湖南省怀化地区地方志编纂委员会.怀化地区志[M].北京：三联书店出版社，1999：2214.

梁木架好后，开始"踩梁鞋"。掌墨师穿着青布鞋，起步踩正梁，唱道："一脚踏梁头，子孙出公侯；二脚踏梁中，子孙坐朝中；三脚踏梁尾，一出富来二出贵。"踩梁结束后，掌墨师还要与上梁人在屋顶喝"梁上酒"、猜拳，同时，抛洒宝梁粑。宝梁粑是用糯米制成的圆形糍粑，在巫术的观念里，它象征着金银财宝，宝梁粑从屋顶撒向四面八方意味着财富从天而降，也象征着儿孙满堂。最后，主人招待所有宾客开席喝酒，至此建筑建造仪式全部完成。

第六章
种类繁多的生活器具

器具的创造来自对生活的观察和体验,是实践的产物,因此不同的生活方式必然会产生不同的生活器具。同时,器具是民间土生土长出来的,所以地理位置的不同、文化的不同,各地的器具形式也不尽相同,具有强烈的地域性和民族特征。

　　在汉、侗杂糅的文化背景下及经济、民间习俗、自然资源条件等客观因素的制约下,高椅村的生活器具也呈现出其独有的特点。例如受杂糅文化的影响,"火铺""高脚火炉"这些侗族最具代表性的生活器具,与汉族传统家具太师椅、拔步床等这些原本单独存在的个体共存于高椅村的家家户户中;由于过去经济上的繁荣,一些富有人家的家具精美绝伦,雕刻繁复;侗族人爱喝酒的习俗也使各家各户必备酿酒的陶罐;由于所处的地理环境竹木资源丰富,因此竹木器具随处可见。

　　过去,高椅村生活器具种类繁多,看似平常的生活器具给人们提供了便利,也美化和丰富了高椅村村民的生活。但随着人们物质条件的改善,生活方式的转变,手工技艺人的逐渐消失,这些传统的手工制品也逐渐淡出人们的视野,同时被一些现代化的器具所取代。

第一节　独特生活方式及习俗决定下的生活用具

　　一个地区的生活方式、民间习俗决定着与之相匹配的生活器具的形成与使用。生活器具提高了生活质量,又反过来影响着生活方式。

　　"火铺"是侗族的一种特殊生活方式。在"火铺"正中,有一个四方形的"塘"。为了在火塘上面煮菜做饭,便产生了"高脚火炉"这一独特形式的炊事用具。同样,黑饭制作工具也因高椅村吃黑饭的特殊习俗而产生。

　　侗家人自古就有爱饮酒的习俗,且一直保留至今,如"喝团团杯""喝交臂酒""喝较量酒""揪耳朵喝合心酒"等,村中有"无酒不成礼"的说法。由于高椅人的生活离不开酒,所以家家户户都会自己酿酒存酒。高椅村过去生活条件差,常年吃腌菜,于是用于腌制东西的、酿酒的陶罐便随之产生,且使用普遍。

　　由于豆腐价格低廉、营养丰富,所以在难吃到荤腥的普通百姓人家中受到了极大的欢迎。在过去,圩场中店店都卖豆腐。即便是现在,也能看到散落各处的豆腐摊。不仅如此,民俗活动中也到处可见豆腐的身影,逢年过节、祭祖,它是必备的供品之一。遇婚丧嫁娶,流水席上必有豆腐这道主菜。那么,制作豆腐就必然需要相应的制作器具,因此,豆腐磨也成了村中常见的器具。

一、高脚火炉

高脚火炉是少数民族地区一种古老的炊事用具,放置于火铺中火塘的中心,由铁铸的高约30厘米的三角形铁架子和放置在上面的用来煮饭、烧水的锅组成。过去,人们围着火塘,坐在火铺上边炊煮、吃饭,边烤火、休息、聊天。在高脚火炉的上方挂着腌制过的肉,煮饭烧水、烤火的烟气正好用来熏烤腌肉(图6-1,图6-2)。

图6-1　高脚火炉图

图6-2　上方熏肉的火塘

由于火铺是全家人生活起居的重要地方,有了火铺就有了生活,因此村民对高脚火炉十分崇敬。也正是由此,与火炉有关的民俗仪式随之产生。每年农历十二月二十三日,汉族这一天祭灶王爷,请他"上天言好事,下地保平安",高椅村要给高脚火炉"洗年澡"。很多人家在火铺边都供奉有"火神爷",让他保佑家人平安。[①] 侗族人进新屋第一次生火时也要举行"吹"高脚火炉仪式。

除了火铺屋的高脚火炉，许多家庭也有专门的灶间，主要在夏季热天使用（图6-3）。而随着经济的发展，人们生活水平的逐渐提高，一些家庭的高脚火炉都被现代的、卫生的、先进的灶具所取代，仅剩一部分家庭还继续使用高脚火炉。

图6-3　专门的灶间

二、火盆架

在冬季寒冷的高椅村，烤火是抵御严寒最为有效的方法，这也是"火铺"出现的因素之一。但因"火铺"不能移动，使用范围过于局限，从而促使了火盆架这一烤火用具的诞生。火盆架多放置在八仙桌下，人们在此吃饭时也可取暖。它由规则的方体架子和圆盘形的铁盆构成。铁盆架于木架正中，带有短柄便于拿放。方形木架和圆盆中间形成的四个三角形空间，用于插置火钳等工具。铁

---

① 李秋香.高椅村[M].北京：清华大学出版社，2010：213.

盆底部与地面也留有一定空间,用来存放替换的薪柴(图6-4)。

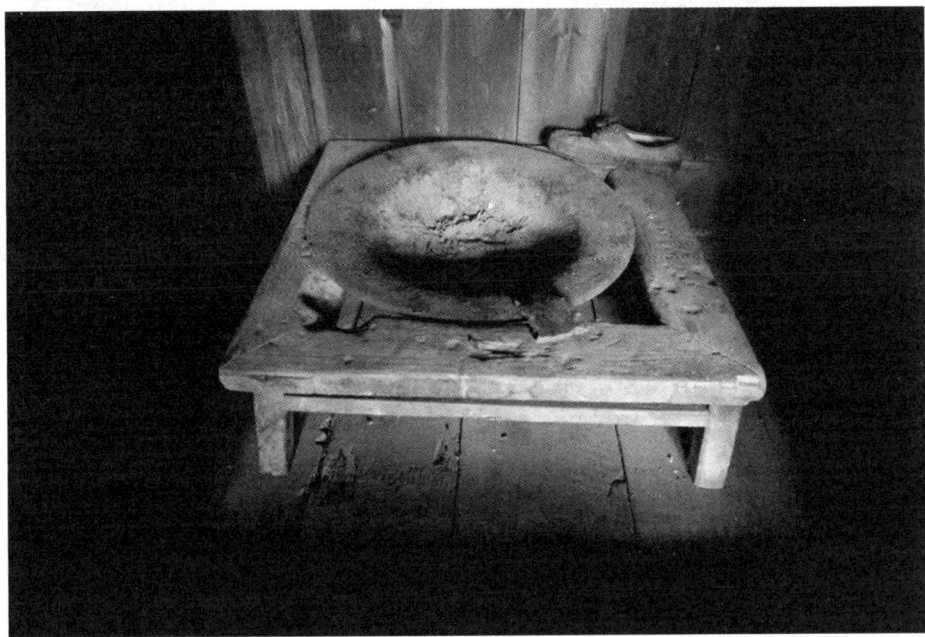

图6-4　火盆架

三、黑米饼制作工具

　　吃黑饭是高椅村的特色,来源于侗族人纪念先祖的习俗。每年农历四月初八,每家每户都会做黑米饭,且一直保持至今。他们习惯将做熟的黑饭利用模子做成圆饼状,放在阳光下晾晒几天,去除水分后储存起来。圆形模子是用四根藤条交叉编织而成,直径为8~9厘米,高约1厘米(图6-5)。同样类型的直径为14~15厘米的模子也会被用来制作米粿饼(图6-6)。

图6－5　用圆形模子做黑米饼

图6－6　用圆形模子做米粿饼

四、石磨

石磨的产生，让人们由"粒食"发展成为"面食"。高椅村的石磨多是用来磨豆腐的。

豆腐磨上装有木制短柄，由上扇、下扇和磨盘构成。磨盘的功能是承接磨出来的食物，其外沿略高于磨盘底部，并留有一外流的口——"磨盘嘴子"。嘴子的地方最低，起到引流的作用(图6－7)，使磨出来的豆浆糊子自行淌入下面的容器中。

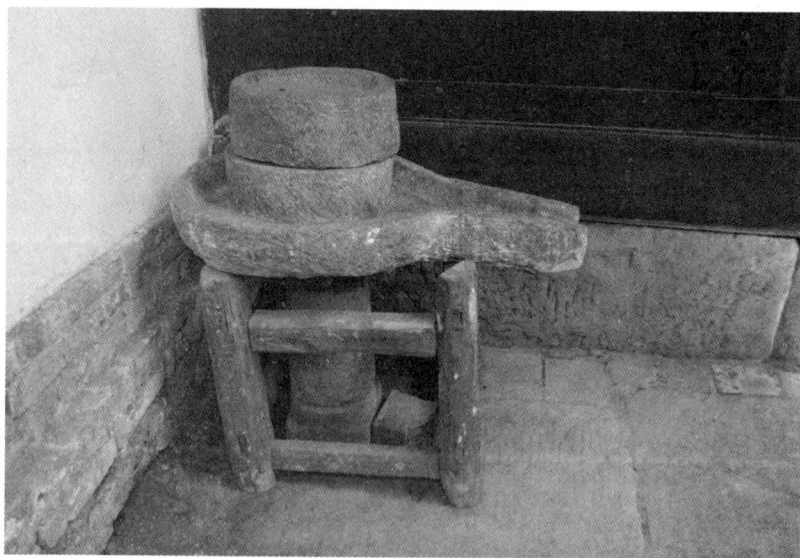

图6－7　石磨

做豆腐时要先给石磨打扫卫生,因为石磨常常被置于室外,日晒雨淋。之后将黄豆从磨眼中放入,转动上扇,黄豆被粉碎成浆,从上扇和下扇之间的磨膛中流出。豆浆可直接饮用,也可做成豆腐,到圩场中售卖。

五、陶瓷制品

陶器的产生方便了液态的物体、食物的存放,极大地丰富了人们的生活内容。瓷器因其易于清洗的特性而广受欢迎。在一般家庭的日常生活中,这些不同用途、不同种类、大小不等的陶瓷制品使用较为广泛。

高椅村的陶瓷生活器具主要有缸、罐、碗、盘等。陶制水缸是高椅村家家户户必备的器具,其造型简洁、体量大、胎厚。其中,普通人家中的水缸质地粗糙,用来储存日常饮用之水,器物本身毫无装饰(图6-8)。一些大户人家则使用呈广口喇叭形的彩釉陶水缸,口径约95厘米,高84厘米,表面的装饰采用波浪纹、三角曲折纹或花、草、鸟、鱼等纹样。这类水缸平时做蓄水养鱼欣赏之用,发生火灾时用于取水灭火,集实用性与审美性于一身(图6-9)。陶制水缸在以前较为普遍,现村内仅存八口。

图6-8　储水缸

图6-9　彩釉陶水缸

(作者自摄)

陶罐多被用来腌制食物或存放液态食物。腌制食物的陶罐有宽大的沿口,上面覆盖盖子。腌制食物的时候,盖上盖子,在沿口中放进少许的水来隔绝细菌和空气(图6-10)。相比之下,盛放食物的陶罐在造型上则简单了许多(图6-11)。传统的瓷盘、瓷碗已不多见,在村中仅可寻到一些已经残缺破旧、被遗弃的瓷盘、瓷碗(图6-12、图6-13)。

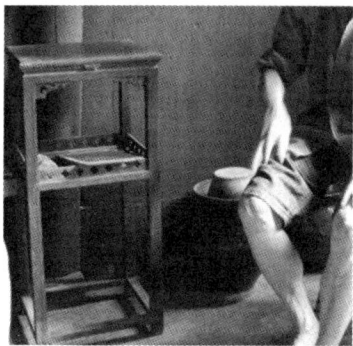

图6-10　腌制食物的陶罐

图6-11　盛放食物的陶罐

图6-12　残破的瓷盘1

图6-13　残破的瓷盘2

第二节　劳作方式决定下的生产器具

高椅村是一块宜耕宜居之地,谷地内土地肥沃,地势平坦,利于农作物生长。自杨氏先祖迁居于此,便开始了早期的农耕生活。即使是在商业的繁荣时期,农业一直没有离开高椅村村民的生活,但一直处于自给自足的状态。在劳作方式上,采用以人力、畜力、手工工具、铁器等为主的手工劳动方式,劳动工具有镰刀、锄头、斧头、柴刀、篾刀、扁担、犁、扇车等,许多工具沿用至今。

一、采竹砍柴工具

在竹木资源丰富的高椅村，采竹砍柴的柴刀、钢锯、篾刀是最为常见的工具。柴刀（图6-14）主要用于伐木打柴，头部有镰刀形的弯钩，把手是一个长约20厘米的圆形木棒。村民上山砍柴时，为了便于携带柴刀，会在腰间系一条带着木板的绳子，将柴刀别入木板的位置。木板背面刻有绳带制成的日期以及"钢刀背起剁柴火"等字样（图6-15）。钢锯主要用于砍伐直径较小的竹材，但相较于柴刀来说砍伐效率较低，用时较长。篾刀是一种竹器制作的工具，主要用于剖竹、启条、劈篾、劈丝等，长约25厘米，厚度为1.5厘米左右，重约6斤。

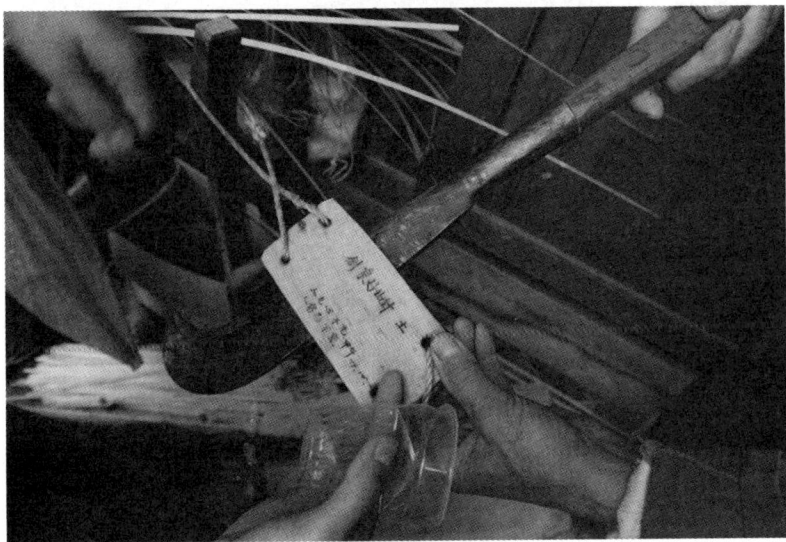

图6-14 柴刀

二、扁担

尤其是在类似于高椅村这样交通不便的山区，扁担是不可或缺的装卸用具。它多用半片竹子或硬木削制而成，长短因人而异，多在1.6~2米之间（图6-16）。扁担一般中间稍宽两头较窄，表面光滑，且两端有用来固定货物的绳索或铁质钩子，一般能承受两三百斤的重量。挑着扁担行走在平地、缓坡，都能较为自如。对于挑着重物行走的人，可以不时地把扁担在左右肩膀之间交换，其中一只手可搭在扁担正中或是抓住绳索。

图 6-15　束在腰间携带柴刀的木板

图 6-16　挂在门上的硬木扁担

三、风车

风车是古代汉族劳动人民发明的用于清除谷物中的颖壳、灰糠及瘪粒等的一种农具，在高椅村广泛使用。它由顶部梯形的入料木斗、中间用于风净粮食的木鼓和下面每侧各一个的出料口构成（图6-17，图6-18）。木鼓中有几片木制的风叶，连着外面铁制的摇把，手摇转动风叶以风扬谷物，转动速度快产生的

图6-17 风车

图6-18 风车的木鼓

风也大。下面的两个出口中，其中一个漏斗是出谷物的，另一个漏斗是出细米、瘪粒的，那些瘪籽、半粒儿、草屑、空壳则由尾部扇出。使用时，将要风净的粮食倒入顶部木斗，随机打开活门，摇动摇把，随着车叶子哐啷哐啷的声音，谷物在重力作用下缓缓落下，密度小的谷壳及较轻的杂物被风力吹出机外，而密度大、饱满的谷物直接从下边出料口流出。这样，就成功地把糠秕与谷物分开了。

第三节　木、竹资源影响下的生活器具

怀化境内多山且森林资源丰富，主要有油杉、白杉、柳杉、水杉、雪松、华山松、马尾松、柏木、垂杨、河柳、毛白杨、格树、臭椿、樟木、泡桐等，为木制器具的存在和发展提供了源源不断的原材料储备。

高椅村传统木质生活器具的用材基本以杉木为主，这与当地杉木的产量高有关。高椅境内的土质十分利于杉木等树种的生长。据怀化市志载："土壤内成分形成受温度、日照、化学作用以及残留物等因素的影响，如境内西部炎热，土壤有机质积累较少；东部林木生长茂密，气温温凉，积累有机质较多。根据土壤分类原则，境内土壤分为7个土类。其中红壤土类152.91万亩，占全市总面积57.09%，红壤有机质含量高，溶解作用强，呈微酸性，适宜于松、杉、竹、油茶以及红薯、油菜等作物生长。占一部分比例的黄壤、紫色土的土壤物质含量也非常有利于柏木、松、杉等树种的生长与发育。"[①]

此外，高椅村位于南方湿热山林区，也十分适宜竹子生长。由于竹材料相较于其他材料具有生长速度快、韧性强、环保、强度高、易得、收缩率低、变形概率小等优点，也被广泛用于生活器具的制作。村民利用竹材的天然特性，将竹片经纬相交，根据功能、用途的不同，使用各种编织技法，制作出种类丰富的竹制器具。过去，手工技艺伴随着农业产生，一直保持着自给自足的手工加工模式。因此，多数家庭的男子都在不同程度上掌握竹、木技术，可以制作些简单的木质家具或竹编杂具。

常见的木制器具主要有长条案、八仙桌、茶几、花几、扶手椅、靠背椅、长凳、小摆凳、方凳、床、橱、柜、箱、面盆架；常见的竹制品主要有竹床、竹椅、

---

① 湖南省怀化地区地方志编纂委员会.怀化市地区志[M].北京：三联书店出版社，1999：88，92.

竹制水舀、竹编背笼、竹编鱼篓、竹编鸡鸭笼等。

一、长条案与八仙桌

长条案是一个长而窄的桌子，高度略超过1米，主要供奉"天地君亲师"龛、祖先牌位、香炉、供品，有的也在其正中置一对大红蜡烛。村中有的家庭使用长条案，有的则直接用垂直钉于墙面上的板材代替。条案在一定程度上可以反映出家庭的经济条件。

八仙桌是汉族的传统家具之一。它放在堂屋长条案前正当中，高在87厘米左右，桌面大约1米见方。但在与侗族综合，在使用方式上发生了一些改变。首先，八仙桌的摆放及使用与汉族不同，在高椅村有着特定的习俗：桌面木板的纹路要横向祖先，不能竖对，不然就是对祖先的不尊敬。其次，凳子的摆放、座次与汉族有所不。在中国，"左为尊，右为次；上为尊，下为次"，所以汉族将八仙桌紧靠正壁摆放，而这一方（上方）最为尊崇，于是这一侧不摆放椅子，其余三侧放置条凳。一些较为富裕的家庭会在左右摆放太师椅。座次的排定体现尊卑长幼有序的序别，按照"先左（背对正壁）后右，再下"的原则，根据入座者的实际身份依次排定：客人辈分或年纪如果低于主人，则主人坐在左边，客人坐在右边；如果客人辈分或年纪高于主人，则反之。而与汉族将太师椅摆放在八仙桌左右所不同的是，高椅村将两把太师椅放置在最里边即正壁下方最尊最上的位置，其余三边放三条条凳。要是家里来了客人，则要让客人上座，即坐到太师椅上。八仙桌左边（背对正壁）是长者，基本上依照着先左侧、后右侧再倒座（正对上座的一侧）的次序就座。[①] 这些新的形式，是汉侗杂糅下的新产物。

高椅村的八仙桌造型简单大方，边抹脚线简洁圆熟，较为饱满。常被漆成大红色，寓意"见红大吉"。常见的类型有三种：一种以雕刻着龙的牙板作为装饰（图6－19～图6－21），一种仅以结子部的雕刻装饰桌子（图6－22、图6－23），一种无任何雕刻装饰（图6－24，图6－25）。这些雕刻装饰的部件不仅起着装饰和美化的作用，而且在一定程度上起支撑、连接的功能。例如八仙桌结子部雕刻的梅花图案，是由矮老的结构发展美化而来，起着承重与装饰的双重意义（图6－26）。

---

① 李秋香.高椅村[M].北京：清华大学出版社，2010：213－214.

图 6 - 19　回龙纹八仙桌

图 6 - 20　牙板以透雕龙纹装饰的八仙桌

图 6 - 21　牙板以透雕龙纹装饰的八仙桌

图 6 - 22　结子为梅花浮雕的八仙桌

图 6 - 23　结子以透雕装饰

图 6 - 24　无雕刻装饰的八仙桌 1

图 6 - 25　无雕刻装饰的八仙桌 2

图 6 - 26　画龙点睛的结子

二、茶几、花几

高椅村常见的茶几以方形、长方形居多，通常置于摆放在堂屋两侧的太师椅左右。其整体结构分为上下两层，下搁板约与太师椅坐面齐平，上层搁板略低于椅背，用于摆放杯盘茶具（图6-27）。

花几比茶几出现更晚，大约在五代以后。它是美化室内环境的一种陈设，专门用于摆放花卉盆景，俗称花架或花台。花几常摆放在厅堂或寝室的各个角落，形式有方形、圆形、六角形、八角形之分。如今高椅村尚可寻到的花几为半圆形，由杨国大收藏（图6-28）。

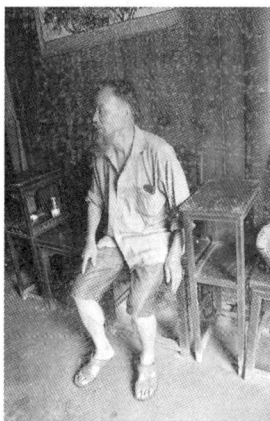

图6-27 茶几

图6-28 花几

三、扶手椅与靠背椅

高椅村的扶手椅按其雕刻的复杂程度可分为两类。一类是造型简单的圈椅，一类是雕刻繁复、用料厚重、宽大夸张的太师椅（图6-29~图6-33）。圈椅大多只在背板上雕刻八仙过海、暗八仙、狮面四不像等装饰图案（图6-34，图6-35），而太师椅在背板和两侧扶手都做装饰，图案多为雕刻成曲线形的龙，比较华丽（图6-36）。

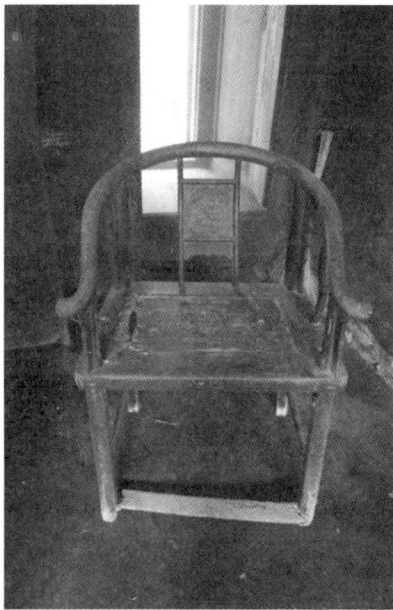

图 6 - 29　圈椅 1

图 6 - 30　圈椅 2(杨国大收藏)

图 6 - 31　太师椅 1(杨国大收藏)

图 6 - 32　太师椅 2(杨国大收藏)

图 6 - 33　太师椅 3

图 6 - 34　圈椅靠背上的
　　　　暗八仙浮雕

图 6 - 35　圈椅靠背上的狮面四不像浮雕

图 6 – 36   太师椅的曲线龙形雕刻

有些人家堂屋里使用没有扶手的靠背椅（图 6 – 37 ~ 图 6 – 39）。这种椅子的做法比较简单：靠背以方木做边框，左右各 1/3 位置竖一根小棂，再用横楞木

图 6 – 37   村中的靠背椅 1

将中间一格分为上、中、下三段。一般中间段以浮雕图案装饰，如仙鹤；上段、下段多为回纹透雕图案。三段比例协调，虚实相间。有的靠背椅也在牙子部雕刻卷草图案。

扶手椅与靠背椅的靠背板有直背式、三弯式两种。其中三弯式造型的靠背符合人体背脊曲线，是早期人体工程学的一种尝试。

图6-38 村中的靠背椅2

图6-39 三弯式背板靠背椅

四、长凳、小摆凳、方凳

长凳是当地最为常见与周边器具的联系十分密切的物件，按其高度可分为两类。第一类长凳与八仙桌的高度、长度相匹配，常与太师椅一起围绕桌子摆放（图6-40）。第二类长凳围绕火塘摆放，高度较矮，便于烤火（图6-41）。这种较矮的长凳也会被放在户外的屋檐下、廊下，供人们驻足停留（图6-42）。由于当地各家各户大多没有专门的书房，因此在村中常能看到儿童坐在堂屋门的门槛上，趴在宽约0.3米，长约0.6米，高约0.7米的长凳上看书写字的场景（图6-43）。

图 6-40 与八仙桌搭配使用的长凳

图 6-41 与火塘搭配使用的长凳

图 6 - 42　放在屋檐下的长凳

图 6 - 43　用来当书桌的长凳

　　长方形的小摆凳是适用性最强的坐具，无论是门口择菜还是火塘旁烤火，抑或圩场中看守摊位，或是门前聊天，都会看到它的身影（图 6 - 44，图 6 - 45）。

　　此外村中还有一种带靠背的方凳，与方桌配套使用（图 6 - 46）。

图 6 - 44　小摆凳

图 6 - 45　火塘旁的小摆凳

图6-46　方凳

五、床

中国古代卧具分为四种，分别是榻、罗汉床、架子床和拔步床。目前高椅村尚可看到的有架子床和拔步床两种。

架子床流行于明清时期，是古人使用最多的床，主要由柱子、围栏、床顶、踏步四部分构成。柱子通常安装在床的四角，共四根，故称四柱架子床。也有的在床的正面加设两柱，称为六柱架子床，其两边各有镂雕及浮雕图案进行装饰（图6-47）。此外还有八柱架子床，即在背面又加设两根柱子。床的顶部安盖，称为"承尘"，四周以雕花板装饰。床两侧及前后设雕花围栏。装饰图案多为花叶等植物纹样或蝴蝶、鸟等动物纹样。

除了架子床之外，我国还有一种造型奇特的床——拔步床。顾名思义，"拔步"就是要迈上一步才能到达的床。它以架子床为基础，从外形上看好像是把架子床安放在了一个木制平台上，较为独特之处是在床前有一个围合的小长廊。廊子的两侧可放置一些小型家具和起居用品，整个床类似于一间独立的小屋子。在没有卫生间的年代，木制马桶也会放置到廊子中，不出床就能使用马桶，十分方便。由于拔步床可以挂蚊帐，防蚊蝇，所以多在南方使用（图6-48）。

图 6 – 47　架子床

图 6 – 48　拔步床

六、橱、柜

橱是用来收纳衣物、日常杂物且同时具备展示功能的家具。村中尚可见到的橱有三种:第一种在结构上分为上中下三个部分。上部分是半围合式空间,侧面的挡板为镂雕。为避免空间使用上的浪费,又以隔板分为上下两层。中间部分是三个大小相等的抽屉,下边与上边结构相同,但为防止地上的灰尘进入橱中,以实板代替装饰性的镂雕板(图6-49)。第二种橱的橱门饰以水墨山水画,中间的部分没有遮挡,可摆放想展示的物品。除了储藏及展示功能外,这种橱陈设在室内,又可美化室内环境(图6-50)。第三种是碗橱,位于厨房之中或靠近厨房的区域。从外形上看,像一张桌子和一个橱组合而成。在结构上分为四部分,最上边那一部分多有橱门,用来摆放炒好或待炒的食物;第二部分用来叠放碗盘;第三部分类似于桌面,突出约0.2米,由于可用面积大、便于拿放东西,所以常摆放炒菜时随时会用的佐料或茶壶、盆等器具。第四部分直接与地面接触,一些杂物或用完的调料瓶等便置放于此(图6-51)。

村中最常见的柜式家具是竖柜,由底柜和顶柜两部分组成,用于存放衣物、棉被。其中顶柜门页上装饰有镂雕花鸟图样(图6-52)。

图6-49　橱1

图6-50　橱2

图 6 – 51 碗橱

图 6 – 52 竖柜

七、箱

箱是以收纳功能为主的家具，不止贮藏衣物，还常用来储藏金银财宝、书籍字画等贵重物品，主要有衣物箱、钱箱、百宝箱等。其最大的特点是体量较小、便于搬动。在以前，出门远行就是携带这些箱子，类似于今天的旅行箱（图 6 – 53）。

此外，有一类小匣子与衣物箱性质类似，但个头较小，用于摆放针线、剪刀等用具，或是存放笔墨纸砚等书写用具（图 6 – 54）。

八、面盆架

面盆架在高椅村属于一种形式较为多样的家具，高度约等于成人身高，是用于挂毛巾、放置脸盆的用具。有的面盆架形式简洁：上方可以挂毛巾且配有镜子，中间有放置香皂盒的地方，再往下是用来放置洗脸盆的十字交叉型的盆架（图 6 – 55，图 6 – 56）；有的雕刻精美繁复，以亭台楼阁的透雕图案代替了镜子和放置香皂盒的地方（图 6 – 57，图 6 – 58）；还有一些造型极其朴素，没有镜子也没有用来装饰的雕刻（图 6 – 59，图 6 – 60）。

图 6 - 53　箱

图 6 - 54　小匣子

图 6 - 55　有镜子和肥皂盒的面盆架 1

图 6 - 56　有镜子和肥皂盒的面盆架 2

图 6 – 57　雕刻精美的面盆架 1

图 6 – 58　雕刻精美的面盆架 2

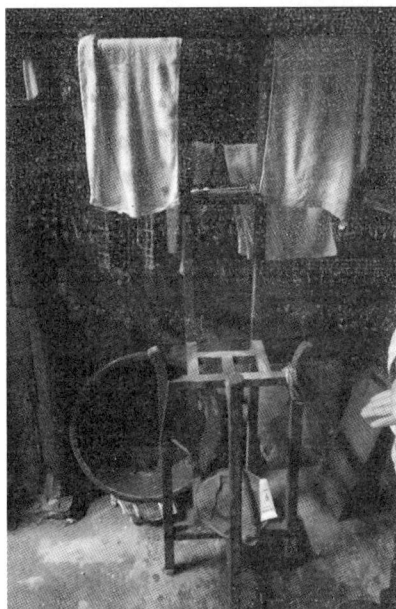

图 6 – 59　造型质朴的面盆架 1

图 6 – 60　造型质朴的面盆架 2

九、竹床和竹椅

在高椅村，竹床是人们在夏天驱热纳凉用的卧具。因其加工便利、轻巧灵便、清凉等特性，受到村民的喜爱。高椅村的竹床取材于当地盛产的楠竹，造型简洁，无复杂的工艺。几根完整的竹筒组合构成床的框架，加上排列平整的竹制床面，一张竹床就诞生了（图6-61）。

竹椅是以竹材制作而成的坐具。高椅村常见的竹椅有两种，一种是体型较大、配以扶手、可以躺的椅子；一种是有背没有扶手的椅子（图6-62，图6-63）。制作时一般挑选较为成熟的原竹为材，主要架构为不同粗细的竹管，应用竹家具制作的供弯、钻孔、榫接、打竹钉等制作方法组合而成。[①]

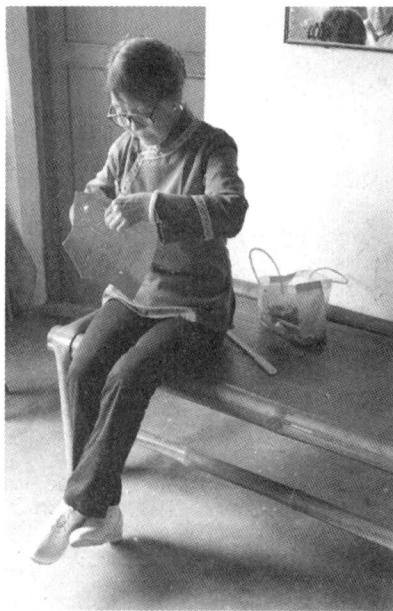

图6-61 在竹床上剪纸的黄杏

图6-62 没有扶手的竹椅

即使是现在，竹椅仍在现代居住空间中被广泛使用。在高椅村新开的民宿中，几把新制的竹椅围桌而放，给游客提供了闲聊、吃饭的场所（图6-64）。

----

① 张宗登.湖南近现代民间竹器的设计文化研究[D].中南林业科技大学，2011：32.

图 6 – 63　可以躺的竹椅

图 6 – 64　现代空间使用的竹椅(星星小筑民宿内)

十、竹制水舀

竹制水舀是人们根据竹材的中空性创造的一种取水器具。制作水舀时要选用较为粗大的直径为 8 ~10 厘米的楠竹，之后将竹材横向切分。为了方便从水井中取水，所以配备了一根直径约 4 ~5 厘米、长 1 米的竹竿作为把柄，嵌入到竹筒中下部的一侧(图 6 – 65)。

图 6 –65 竹制水舀

十一、竹编杂具

高椅村的日常生活中有许多竹编器具，功能各异，包括背篓、鸡鸭笼、鱼篓、提篮、斗笠、团箕等。常见的编织纹样有矩形编织纹样、十字编织纹样。十字形编织法是将经条和纬条垂直相交，纬条穿于经条下三根，压于经条上一到三根，构成二到四个平行直线纹以及大方格形，编织出十字形。矩形编织法是将十几根至几十根竹篾平列为经条，经条上分三道至七道用细篾的纬条上下空压，织成长方形的空花纹。编织有密编、细编、疏编等方法，根据器具使用功能、部位的不同需采取不同的编织方法。锁边要用细小且柔软的竹丝,将器具的边沿部位固定好。

双肩背笼是人们劳作时最常用的器具。在山深林密、道路崎岖、狭窄的山区,多数情况下无法使用肩挑。而背篓依据形体而制,与身体结合紧密,方便运输山上的农作物,所以成为村民最喜欢的一种运载工具(图6-66)。

鸡鸭竹笼的制作一般较为粗犷、简单。由于鸡鸭是高椅人生活的重要组成部分,家家户户都鸡鸭成群,所以鸡鸭笼是家中必不可少的器具。考虑到鸡鸭生活习性的不同,鸡笼与鸭笼在外形上则稍有不同。鸭子习惯生活在有水的环境中,为了方便在水塘与居所之间来回运输,就编织了便于提的把手(图6-67)。鸡笼一般摆在家中很少移动,因此没有把手(图6-68)。

图6-66 双肩背笼

图6-67 鸭笼

鱼篓是少数民族地区常见的捕鱼用具。其编织虽细腻,但足以快速地将水漏出。设漏斗状入口,腰略向内收,防止鱼的跃出。型制有大有小,中小型者便于捕鱼的人携在腰间,大型着则放在河岸边(图6-69)。

图 6 - 68　鸡笼

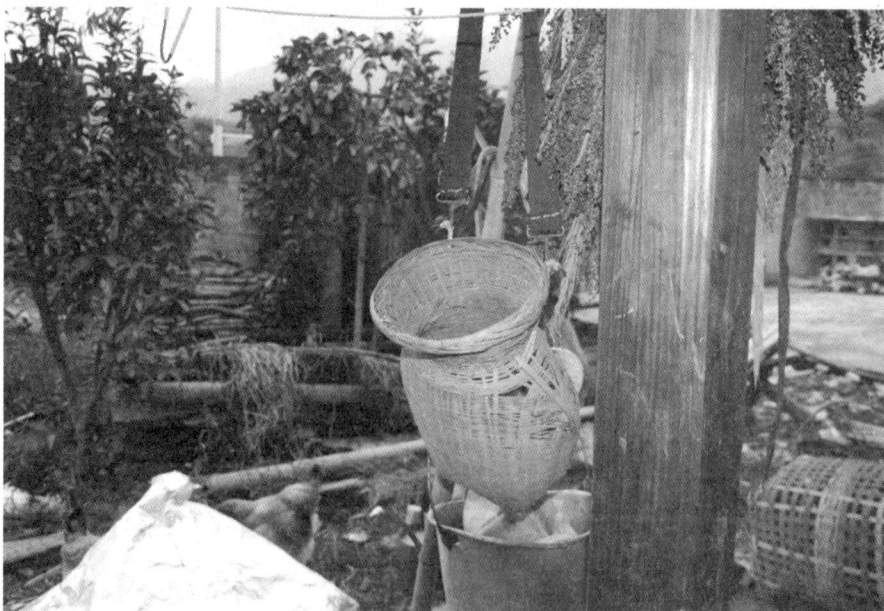

图 6 - 69　鱼篓

提篮，也称菜篮，是村民用于买菜、装载农作物的盛具。篮环的高度符合人体工学，手臂挽着之后手恰好能扶住篮筐，使其不会左右晃动。篮身造型也较为考究，当手挽着提篮时，篮底正好契合人的胯部，起到一定的支撑作用，相对减轻了篮内物体的重量（图6-70，图6-71）。

图6-70　提篮

图6-71　手臂挽着提篮

对于夏季炎热且雨水较多的高椅村来说，斗笠是一种必不可少的遮阳遮雨的竹制用具，又名笠帽、箬笠（图6-72）。在高椅村中至今仍随处可见这一古老的用具。它以竹篾、箭竹叶为原料编织而成，笠面上再涂上桐油。许多家庭在不使用的时候，往往将斗笠挂在堂屋的墙面上作为装饰（图6-73）。

图6-72　斗笠

图6-73　挂在墙面上的斗笠

第四节　朴素、节俭生活态度影响下的日杂用具

高椅村长久以来自给自足的农耕生活促使了高椅人朴素、节俭生活态度的形成。这一态度影响着器具的形态、样式和功能。

首先是充分利用资源而不浪费，按照外部自然提供的现实条件，运用易得的材料进行器具的选材与制作。其次更加重视器物的实用功能，造型简单，无多余装饰。再次就是一物多用。例如，盛放粮食的米桶还可盛装糍粑(年糕)。当地糍粑的主要保存方式是用水浸泡，如果过年所打制的年糕较多，就在米桶中浸泡保存。有时也将米桶用作水桶。木盆不仅在洗衣洗碗时使用，而且每逢杀年猪时，都被用作装猪血。

一、桶、盆

村中常见的桶有水桶、米桶、扁桶、烘桶等。

水桶有近似半圆形的手柄，便于手提和肩挑。在没有自来水的古代，常常要到河边、井边挑水，由于距离较远，这类桶常常成对担挑使用。距离较近的时候，村民便会手握手柄凹处提着去打水(图6-74)。

在古代，农村各家各户虽然都设有粮仓，但是日常食用的粮食，都会放入一个高约1米的圆柱形木桶中，便于随时取食。这种木桶被称作米桶，做法较为简单，将侧板拼接成桶身之后，以三根竹条编织而成的桶箍进行加固，位于上下各1/3处(图6-75)。村中还有一类扁桶，做法与米桶相似(图6-76)。

木盆是扁桶的缩小版，以上下两个铁箍加固盆体，常在洗碗、洗衣时用(图6-77)。

图 6 - 74　放在天井一角的水桶

图 6 - 75　米桶

图 6 - 76　扁桶

图 6 - 77　木盆

二、吊钩

吊钩是与提篮密不可分的器具。高椅村家家户户的屋梁上，都悬挂着几个用铁丝拴住的吊钩，上面挂着盛有东西的竹篮子。有的吊钩就是天然的树杈子，有的是用铁打制的。篮子里的物品也不尽相同，有的里面盛放着农具，防止铁质的农具沾了地面的潮气而锈蚀（图 6 - 78）；有的放着食物，防止老鼠咬食；有时放着当天采摘的新鲜蔬菜（图 6 - 79）。其中利用树枝的天然造型而制的吊钩有时也两两成对，放上一根竹竿，作为晾衣架使用（图 6 - 80）。

图6-78　树杈子吊钩吊着装满农具的提篮

图6-79　铁质吊钩吊着装着新鲜蔬菜的提篮

图6-80　树杈子吊钩加竹竿制成晾衣架

三、扫帚

清扫工具是清洁生活环境必不可少的工具，高椅村常见的清扫工具有两种：一种是竹制的，用来清扫院子等大范围的环境（图6－81）；一种是用高粱做的，体型较小，常被用来清扫屋内的地面（图6－82）。

图6－81　随处可见的竹制扫帚

竹制扫帚的制作要选细竹竿或者竹子的枝条，最好顶端带竹叶且长度要一致，大概1.5米。砍好枝条后需摆放整齐，呈圆形，数量以手能握住为准。整理好之后将枝条粗的一端先扎在一起，然后每隔约0.1米再扎一下。枝条细的一端即带叶子的一端要编成扁状，呈扇形。这种由自然长熟的竹枝扎制而成的扫帚，因其枝条坚固耐磨，适合清扫道路、院子中的树叶、沙尘等大颗粒的物体。

高粱扫帚的原材料为高粱苗。割取之后要先将高粱的籽粒甩净，再将整理后的高粱平铺在硬地面上，用石磙子碾压，直到压软为止。之后将其用水湿润

（将高粱放在盛水的缸中或掸水、沾水），使它保持柔软，便于使用，湿润的时间约1小时。制作时要准备结实的细线，将高粱秆部分捆扎成方便手握的粗细程度，然后将扫帚的使用部分也一并系好。最后将秆的尾部修剪整齐，使其平滑即可。要想让扫帚平平整整，就找几块大石头，压在扫帚上面大概一天即可。高粱扫帚由于纹理较密、体型小、清扫干净、方便制作的特点，为家家户户所使用。在高椅村中，每家每户门前的柱子上都挂着一把高粱扫帚（图6-83）。

图6-82　高粱扫帚

图6-83　家家户户的墙上都挂着高粱扫帚

四、灰盆

高椅村的灰盆是用来装垃圾的，常与扫帚一起使用。上端配有圆形的木柄，是灰盆的把手，木质底板由内向外逐渐变薄。人在使用时，握住手柄，将灰盆向上倾斜，使底板薄的一端与地面形成45度角，此时用扫帚轻轻扫起，便可将垃圾装入灰盆中（图6-84）。

图 6-84　灰盆

第五节　高椅村传统生活器具的特点

一、因地取材，自然生态

自然环境是人类赖以生存和发展的物质基础，也是人类意识和文化形成与发展的主要外部因素。高椅村所处的特殊的地理、气候等自然环境，对其生活方式的形成和生活器具的形态有着重要的影响。

由于高椅村位于雪峰山麓的南坡，处在三面环山、一面环水的环境中，气候温暖湿润，盛产杉木、楠木、楠竹等，所以不会缺少制作器具的木材、竹材等自然材料。多数生活器具的原材料直接取自自然，经过简单加工而成。高椅村的器具有着浓郁的自然生态的气息，其原材料的性状往往表露无遗。例如，竹制桌椅，其结构性的骨架直接取自较粗大的原竹，其他装饰或连接构件采用细的竹竿或竹片。还有随处可见的竹编器具，也都是原生态的竹子所制，一根根的竹篾交叉编织而成，结构简单，非常实用。

此外，高椅村传统木质生活器具的制作材料以杉木为主，与杉木的特性也密不可分。杉木生长周期长，有着细密的木质纹理，线条错落有致，拥有真实的自然美。并且，杉木含油量很低，不受白蚁蛀蚀，耐腐蚀。加之所拥有能让人闻着十分舒心的天然木香,成为较为普遍的器具用材。除杉木外,其他的一些小件器具也会使用其他木材,如樟木、梓木、杂木等。随便一块木材,便可制成坐凳、锤子、吊钩等简单的器具(图6-85,图6-86)。

当地木质生活器具的涂饰材料,也选用了天然的、本土的桐油。桐油是一种优良的带干性植物油,具有干燥快、比重轻、光泽度好、附着力强、耐热、耐酸、耐碱、防腐、防锈、不导电等特性,且具有良好的防水性能。旧时的高椅,就是凭借巫水将竹木、桐油籽及山货运往各地,从而获得了巨大的经济收益而成为远近闻名、经济实力显赫的大村。

图6-85　木质吊钩　　　　　　　　　　　　图6-86　木质锤子

二、吉庆、祥瑞的图饰纹样

生活器具上的纹饰,不仅是人们在生活中陶冶情操、追求审美情趣的体现,也是人们对幸福生活的想象和向往的产物,是其美好祝愿与美好追求思想的表达介质。长期与自然抗争造就的"吉祥观念"使得他们形成了利用这些纹饰可以规避灾祸、获得吉庆祥瑞的观念。

高椅村生活器具的图案类型主要分为四类。①自然题材,主要包括动物、植物。动物有狮面四不像、仙鹤、草龙、凤等(图6-87~图6-89);植物有菊花、梅花、莲花、兰花等。各种植物花卉依其自身特征被赋予不同的寓意,如梅花代表刚毅不屈，莲花象征纯洁。②人文故事题材，多为道家神话故事，例如八仙过海、暗八仙(图6－90，图6－91)。③文字图案，用文字直接表意。如用龙凤组合而成的"福"字(图6－92)。④几何纹样，几何纹样一般与其他题材纹样一起出现，但在水缸、鱼缸的表面纹样中也单独出现。

图6－87　仙鹤浮雕

图6－88　龙头透雕

图6－89　长条案上的草龙透雕

图6－90　八仙过海浮雕1

图6-91　八仙过海浮雕2

图6-92　龙凤"福"字

三、功能至上，实用为本

功能，是器物之所以存在的最根本的属性，人造器物所首要考虑的问题便是功能。正如柳宗悦所说："这些日常器具，是为了使用而不是为了欣赏制造出来的，也就是说，是民众生活中不可缺少的物品，是平时使用的用具，是能大批量生产的器皿，是容易买到的廉价商品。"①

高椅村地处深山，受制于地形为主的自然因素的影响。交通的闭塞使得可利用的资源有限，因此在当地造物活动中对于器物的功能尤为重视。而追求实用的造物思想也折射出高椅人质朴、踏实的性格。

高椅村的器具无论是从选材、外观还是功能上，都体现了实用的原则，其中最具代表性的是与火相关的器具。首先，在怀化冬季湿冷的气候条件下，为取暖祛湿，而产生了火铺，制作火铺的目的就显示出鲜明的实用性；其次，火塘上的高脚火炉因满足做饭烧水的功能而存在。其以生铁铸造更耐烧，而三角的造

① 柳宗悦.民艺论[M].南昌：江西美术出版社，2002：15.

型具有稳固的特性，高高架起的腿儿也给柴火的填放留足了空间，上方圈状的铁环则与锅身完美地结合；再次，烧的柴火都是从当地山上直接捡来，方便实用。

四、造型质朴，形式追随功能

高椅村的生活器具大都是由简单的圆形和方形构成，除了明清保留下来的一些富贵人家雕刻精美繁复的家具外，一般的生活用具的造型崇尚简约大气、朴实无华。每天接触的器具，必须结实耐用。病态的、华丽的、烦琐的属性，在此是不能允许的。而厚重的、坚固的、健全的属性，才适合日常生活之器。[1] 例如在堂屋摆放的八仙桌，其造型结构就非常简单。方正的形态加之摆放对称的条凳，营造出稳定、踏实、庄重、大气的空间氛围，这也是其被摆放在堂屋中的重要原因。

形式追随功能是高椅村生活器具的另一特点。就种类多样的竹制器具而言，因鸡的体型较大，所以鸡笼编织较疏散且体量较大。相比之下，鱼篓则编织紧密，形态小巧，为防止鱼的跃出，在1/3处还做了收口处理。为了方便地舀到井里的水，竹制水舀的手柄自然就被做得较长。

---

① 柳宗悦.民艺论[M].南昌：江西美术出版社，2002：169.

第七章

高椅村的传承与发展

古村落经受了岁月的洗礼，沉淀着历史的沧桑。它的建筑文化、农耕文化、商贸文化、渔猎文化、宗祠文化、信仰文化，以及手工技艺、社会风貌、村规民约、生活方式等，均具有很大的保护价值。我们通过对高椅村纪实性的深入调研，对其乡村风貌、经济、社会、自然环境等方面进行了深层次的认识与了解，针对原有村落的问题与现状进行了深入的研究，并提出相应的保护与可持续发展策略，尽可能保留古村落的价值。

然而，近年来，由于保护不当，传统村落不断遭受着破坏，村落被毁事件时有发生。一些村落迁走原著居民，对建筑进行碎片化、片面化、"博物馆式"的保护，割裂了整个文化生态系统，导致一些古村落出现"文化空壳"现象；受市场经济的影响，旅游产业的兴起带来的商业化的过度、不合理的开发以及城市文化及互联网等的冲击，导致古村落的传统文化生态受到一定程度的影响而发生急剧的变化，原生、独特、淳朴的村落逐渐失去地域特色，村落面临着文化遗产的消失；在保护古村落过程中，有的人为追求政绩而急功近利，搞"千村一面"的形象工程，大量新建"仿古街""假遗存"，破坏了传统村落原真性文化特征和原生态自然环境。过度的商业开发，让古村落走上了不可持续的道路。

传统村落是一种活态文物。正如冯骥才所说："从遗产学角度看，传统村落是另一类遗产。它是一种生活生产中的遗产。也是饱含着传统的生产和生活。"①但"传统"不是既成的存在，而是活态的，它会随着时间的流逝、时代背景的更替而不断地变化。高椅村恰恰具有这样的特质，因此，对它保护的最终目的是保持村落的生机和活力，留住"活态"的村庄。

针对高椅村的现状，亟待解决的问题是如何让古村落走上可持续发展的道路。至于具体如何去实施，以怎样的方式恢复村落固有的生机和活力，用何种方法将村落文化、村落经济、村落整体呈现活态的景象，都是我们必须面对、必须解决的关键问题。

第一节　高椅村保护与发展的现实基础

村落的类型特征千变万化，在960万平方公里的辽阔土地上，星罗棋布般地

---

① 冯骥才. 传统村落的困境与出路——兼谈传统村落是另一类文化遗产[J]. 民间文化论坛, 2013（1）: 9.

散布数以百万计的自然村落。这些村落各具特色，南方河网地区的生产特色以水稻种植为主，兼产竹木制品和蚕丝，是依靠血缘关系聚居的集群。西北黄土高原旱作农业地区，兼营骡马运输，是靠山窑为主要居住建筑的杂姓村落。东部海岸地区，以捕鱼为营，他们利用蚌壳和海藻建屋而形成村落。

造成村落不同类型特征的因素有很多，主要是自然环境、生产经济、社会文化等。而每个因素又包含着许多内容，这些复杂的因素不是单独起作用的，而是同时综合地起着作用。它们相互契合，共同决定村落的类型特征，这使村落的类型千变万化，而且这些类型特征均会在村落的结构形态和建筑物上有所体现。

高椅村是一个位于巫水河拐点的地区，经济生产以农耕为主，兼产竹木等林业产品。民居建筑以窨子房木楼房最为常见，是一个多民族、多形式杂居的村落，其颇具特色的村落格局、独特的"拼贴"建筑形式、精美的装饰艺术、丰富的民俗文化共同组成了高椅村如今的风貌。

这些特征正是村落的原貌，也是村落保护的价值基础。村落的保护和发展不仅要弄清村落的价值所在，还要结合当下的现实基础，才能对症下药。因此，本章对高椅村的现实基础做出描述，为村落的保护和发展提供可靠、有效的依据。

一、村落文化

（一）独特的风俗与技艺

1. 汉、侗融合的奇风异俗

在高椅村这片净土上多个民族错综杂居，形成了高椅独特的地域文化和传统的节日与习俗。高椅村除了欢度汉族传统节日外，还传承了侗族的特色民俗节日。例如吃黑饭是侗族纪念先祖的习俗，过节待客上油茶也是侗族的传统。春节时有"点天灯""抢头担水""开财门""给果树拜年"和"烧龙仪式"，此外有农历四月八日黑饭节、六月六日晒龙袍、七月十五日放生节以及九月二十八日给五通神庆生等重要的风俗习惯。

2. 耕读传家，尊老爱幼的文化特质

杨氏祖先落籍高椅村后一直以"忠孝廉节""耕读传家"为家风家教，提倡尊儒重教，认为"重农商足衣食，办学校以端士气"，使村落形成重视教育的良好

文化氛围。走进高椅村，不少古民居的门额上都题有"清白堂""关西世家""耕读传家"等字样。

村里尊老爱幼的习俗在生活的点滴中体现得淋漓尽致。高椅村中的凉亭有不成文的规定，白天老年人可以在凉亭内休息，年轻人不能到此闲坐；路上遇到肩挑重物的老者，年轻人都会上前帮忙。在高椅村的日常生活中，处处流露出尊老爱幼、团结协作的民风。

3.多元的精神信仰

在人类社会早期，人们的生产生活资料全靠自然的恩赐，面对变幻莫测的自然界，人们在与之适应和抗争的过程中，对其产生了依赖和恐惧的双重情感。为祈求风调雨顺、人畜平安、丰产富足，自然成为人们崇拜、诉求的对象。

高椅村地处深山包围的谷底，面对地震、洪水、干旱等自然灾害，人们只能祈求上天的庇佑，因此产生了对日月、山水、动植物等自然元素的崇拜，产生了拜"树神""水神""土地神""牛神"等习俗，通过栽"子孙树"、拜"土地庙"、跳斗牛舞、放生节等仪式来表达对风调雨顺的生活的迫切渴望。

此外还有民俗众神崇拜、祖先崇拜、佛道教信仰等。村民认为村落和家庭当中的路、门、灶等均有神灵保佑，从而产生对财神爷、门神、灶王爷等神灵的信奉，通过门上贴尉迟恭和秦叔宝画像、春节祭灶送"灶王"升天、迎送财神、唱傩堂戏等方式，驱鬼辟邪，祈福平安；为纪念崇拜的祖先，不仅住宅内设香火堂祭祀，而且修建祠堂供奉祖先。对于一些英雄，如蒋太君，村中建有"蒋太君墓"供后人祭拜。

佛道教传入村内以后，每逢佛祖诞辰，教徒会聚集于寺庵进行佛事活动，而寺庵内的僧人每年也会外出"化缘"，进行各种祭祀活动。

4.竹刻、竹编、剪纸等技艺

高椅村位于森林资源丰富的五溪地域，温热潮湿的气候适宜竹子、杉木等植物的生长。村民依赖本地的材料，根据农耕社会的需要，编织出各种器具如竹筐、竹筛、竹簸、竹篮、竹斗笠适应不同的日常用途，成为当地的一门技艺（图7-1），手工艺达到了一定的造诣。

竹刻与剪纸是人们丰富精神生活的一种方式。人们早期的竹刻傩戏面具用于祭祀活动，而如今更为形象生动的竹刻作品成为装饰的艺术品。每逢过年，剪纸窗花、凿纸门阀，都成为装点村落环境的元素（图7-2）。

图7-1　竹编技艺

图7-2　凿纸门阀

(二)消逝中的文化现状

随着时代的发展，科学的进步，现代文明的冲击，人民生活水平的提高，审美的变化，高椅村中的传统文化逐渐失去了其生存的土壤。最主要的原因是生产方式和生活方式的改变，导致了村落中景观、建筑失去了原有的意义，人们对物质条件的要求提高了，而原有的物质资料无法满足日益增长的生活要求。

当我们向在清白堂打工的女孩询问起清白堂的历史，她说道："这个我也不知道，我家就住在清白堂旁边，小时候这里一直关着门。虽然天天能看到它、从这里路过、围着它周边玩，但是我对这里很不了解，父母也不会给我们讲起。现在做过一段时间村里的导游，也在这清白堂打工，才知道这里曾经做过女子学堂。你看现在这些桌子，就是当时的课桌。再往前的历史我就不知道了。之前当导游的时候似乎背过一些，现在不用了也忘记了。"在田野调查中发现，村里很多中青年对自己生活了多年的村落历史文化了解甚少，当地土生土长的老人对以前的历史较为了解，但他们年事已高，不能很好地将高椅村的历史文化传承给下一代。

村民对传统文化的价值保护意识较为薄弱，对于村落地方民间文字资料如家谱等的保护意识较弱，许多家谱没有被很好地保存，有的被老鼠啃去了大半部分。经过岁月的洗礼，残存的文字记录资料也所剩无几。

手工技艺正在逐渐消失。当地日常使用的竹编器具较多，村中随处可见竹编鸡笼、鸭笼、鱼篓、背篓、提篮、团箕等。但现在会这门手艺的人已经不多了，会的也都是年事已高的老人。黄杏老人的剪纸技艺也面临着无人传承的局面。

随着社会的进步，村落由闭塞逐渐开放，传统观念的淡化，使得许多精神信仰、风俗习惯逐渐弱化，宝贵的非物质文化遗产逐渐消失。曾经兴盛的傩戏渐渐淡出人们的视线，现在能在高椅表演傩戏的民间艺人年纪都在六旬以上，鲜有年轻人对这门古老的艺术产生兴趣。高椅傩戏面临着消失的境遇，仅仅依靠演出的收入，是无法保护这一艺能类非物质文化遗产的。

二、经济与人口

（一）昔日繁荣的商业、渔业

高椅村依傍着巫水河，成为旧时商业、渔业经济繁荣的村落。巫水河为竹木经营创造了条件。旧时，高椅村就是依靠巫水河从事木材生意，将大批竹木顺巫水漂流到当时中国大西南最繁荣的商业重镇洪江出售，不少人家倚此发家。

高椅村位于巫水河拐点，其凹岸的地理位置非常利于码头的布局。码头的存在也带动了当地的经济。高椅村以前做纤夫的就有十几人，民国时期做排工的有四十来人。清代末年，明家利用房屋靠近巫水河码头的优势，在河边率先做起火铺生意，招揽外来做生意的或跑排的在此歇脚吃饭。

为了满足百姓们农副产品的交流，民国初年正式在巫水岸边兴起了集市贸易，逢每月农历三、八赶集。这极大方便了方圆十几里的百姓。由于管理得当，20世纪40年代高椅村圩场十分红火，巫水河上下游十来公里的村人及外乡人都愿意来高椅村贩卖物资。圩场繁荣了，外来的人增多，带动了高椅村内各种商业、服务业的发展。

高椅村有了码头后，方便了渔民的生活。民国时期，高椅村码头的渔船已有三四条。每逢赶场，便在圩场上设摊出售活鱼活虾。20世纪50年代，还有以打鱼为生的渔家。与此同时，与经济相关的多种文化与习俗也随之产生。如因码头而生的"拉纤号子""拉木号子"、伐木运树的习俗以及靠竹木做生意而产生的"封山护林公约"等。

（二）没落的经济现状与外流人口

20世纪60年代以后，由于小水电站在巫水河的上下游陆续建立，巫水河便失去了其走排运输的功能，竹木生意也逐渐衰败。随之，码头昔日熙熙攘攘的景象也不复存在，圩场的规模也渐渐变小。如今存在的两个高椅码头早已荒废，成为供人们过江、洗衣、洗菜的地方（图7-3，图7-4）。排工、纤夫也回到了农耕生活中。

图7-3 村民在码头上洗衣服 　　　　图7-4 村民在码头上洗菜

　　码头的衰败势必会带来经济的衰败，村中的年轻人便外出打工增加收入。由于壮劳力常年在外，安土重迁的老人及妇女、儿童成为村中的留守人群。由于子女多不在身边，老人承担起养家糊口的责任，继续照顾农田，卖一些当地特色的小吃贴补家用。

　　空巢老人希望村中的经济可以得到发展，提供一些工作给年轻人，让子女能一直陪伴在身边。而外出打工的年轻人则希望村中的生活条件能得以改善，也希望能照顾父母尽孝道。

　　外出打工的80后小伙子杨宣道出了自己的心声："我们村的年轻人都出去打工了，过年才回来，我也是在外面打工，做搬运工，这几天才回来。有的人到旁边的村洪江古商城当导游去了，那边现在发展得好一些，需要的人多，等以后我们村也搞起来了，他们肯定回来做导游，还是回家好啊。我现在在广州打工，但是我自己喜欢搞搞竹雕啊、剪纸啊这些，不过我爸妈不支持我，他们觉得我这乱搞，不务正业，可我就是喜欢这些东西。在外打工闲的时候，我就自己没日没夜地做。我的竹雕工具还在那边，上火车带不回来。你看这些是我以前在家的时候做的竹雕，这些是我收集的树根，这个像牛头，我想把这个做个牛头作品出来(图7-5)。在广州那边没材料，我就想到可以剪纸啊，纸哪里都买得到。你看这个报纸，是当时别人报道出来的(图7-6)。现在我想剪100只猴子，每个样子都不一样，我已经画了5本剪猴子的稿子了，稿子都画好了，但是现在剪出来的有20多只，我会继续做，把这100只都剪好。我爸妈不支持我这些爱好就是因为他们认为这没法挣钱，等我们村这几年旅游发展起来了，说不定我这个也能赚到钱，到时候他们可能也会支持我，我也能回来陪在他们身边，不用常年在外漂泊了。"

经济的没落是造成人口尤其是青壮年外流的主要原因。从这个年轻人的话语中，可以看出他们内心对村落经济发展的期待。图7-7、图7-8为杨宣的部分剪纸作品。

图7-5　杨宣的雕刻作品

图7-6　登上报纸的杨宣

图7-7　杨宣给我们介绍他的作品

图7-8　杨宣的剪纸作品

（三）经济发展策略实施现状

2002 年 5 月，高椅村被正式批准为湖南省重点文物保护单位。2005 年 6 月被列为全国第六批重点文物保护单位和全省历史文化名村。高椅村有着极高的旅游开发价值。从 2006 年起，高椅村开始进行旅游开发，但一直处于准备阶段。直到 2015 年间，才正式开始大规模的行动，准备以农家乐、民宿的形式发展村落经济。到目前为止，民居仍在修复、改造中，仅有几处自家经营的民宿，接待的游客较少。

公路交通取代水上运输后，高椅村与外界的交流十分困难，这也阻碍了旅游业的发展。为此，县里投资修建了一条 12 公里的水泥路。同时开通了从洪江到高椅村的班车。每天从洪江到高椅村的班车有一趟，在中午 1 点。从高椅村到洪江的班车有两趟，分别在早上 7 点和中午 1 点。班车可以直接开到高椅村口，极大地方便了村民的外出及游客的进入。据知，由于现有的这条公路路程太长，为更方便旅游业的发展，准备新修一条从洪江穿过梦云山通到高椅村的公路，终点在现存高椅码头的对岸。

旅游业的融入也给当地村民带来了希望、提供了工作的机会，带动了经济的发展，改善了村民的生活条件，在一定程度上缓解了人口的外流。

在已经改造完成的醉月楼里打工的年轻女孩热情地招待着我们，给我们讲述着她的平凡的一天：

"在这里打工挺好的，有事儿干总比没事干强，不干平常也是玩儿，何况现在还有工资，离家又近。你看，我家就在这个醉月楼的后边。现在整个村都在翻修，村里的人都打小工去了，等以后都修好了，店里会很热闹。这里环境舒适，又能带小孩子看书，还有小孩子玩的木马。没事儿的时候村里的人都会到这里坐坐，都是熟人，我们聊天拉家常。我在这里做事一点儿都不觉得无聊，不觉得累。你看，现在这些没啥事儿的都带小孩子出来玩。以前我也做过村里的导游，现在就是在这里打工，来村里旅游的还比较少，我这里工作不多，挺清闲的。你看这里书挺多的，没事儿的时候我也翻着看一些，多读书总是好的。下班也早，我家在圩场还开了个商店，这里下班后，我就到那边去找爸妈，还能帮他们看会儿店。等以后这里旅游搞起来了，咖啡店轮班了，我也可以兼职做做导游。"

开车接送我们进村的小伙子说："我们村以前没有开发旅游的时候，那真的是好穷，现在一开发，我们的生活条件也慢慢变好了，用上了空调、热水器、冰箱、电饭锅，汽车也开上了。现在进我们村里来的班车很少，我开车接送你们也算一门经济收入吧。有了汽车平常进出村也方便，要不靠什么代步！从高椅到县城要翻两座山，开车都要一两个小时。现在需要啥也能开着车到城里买了，条件真的是慢慢变好啦！"

一些家庭也自发地改造房子，想要打造成民宿，希望通过旅游业给自己带来一定的经济收入。

互联网的接入大大方便、丰富了村民们的生活，许多人也通过手机网络浏览信息，让思想跟上时代的脚步。同时，互联网也助推了旅游业的发展，对村落经济的发展起到极其关键的作用。一些民宿中安装了网线、WiFi，满足游客的需求。这些民宿也在网上发布自己相关信息，便于游客提前预定。政府也通过互联网以多种多样的形式向人们展示、介绍、宣传高椅村落的概况、景色、文化，不仅可以吸引投资，也可以让更多的人了解高椅村，从而吸引更多的游客，为高椅村带来经济收入。每逢有重大的民俗活动，村落中从事政府工作的或当导游的或普通的居民，都会将这些活动用图文并茂的方式在网络上进行展示。总之，通过互联网，人们更加了解了这个藏在深山里的古村落，通过发展旅游业，村落的经济有了新的出路。

三、建筑景观

(一)形式"拼贴"的建筑特色

处在少数民族与汉族交错居住地带的高椅村，是一个多民族，多文化杂糅的村落。也正是这样的原因造就了高椅村建筑形式上的拼贴和杂糅、趋向多元综合与创新的地域性特点，形成了"窨子房"这一独特的"拼贴"建筑形制，以及近似于侗族、苗族的吊脚楼的"木楼房"。

窨子房的拼贴与杂糅首先体现在汉族与侗族文化元素的融合上。窨子房在形态上与中原地区的青砖大瓦房相似。看到它会不由得忆起乡愁，找到深藏在心里"根"的情节。不仅如此，窨子房的院落围合，山墙多砌为马头墙等建筑特色，都颇具高椅村汉族祖先的遗风，不禁让我们想起粉墙黛瓦的徽派建筑与赣式建筑。而高椅村今天的建筑，不属于其中任何一种，而形成了高椅村自己独特的建筑样式(图7-9)。

其次是中西文化的融合。月光楼与杨运亨所建的客屋是窖子房与西洋建筑结合的例子。由于屋主见过许多西洋式建筑，并在设计上将西式建筑与中国传统建筑进行融合，创造了现今我们所看到的中西合璧式的建筑样式（图7－10）。

窖子房是以砖木结构组合而成，所用的砖是青砖。这种砖有的来自常德，有的是高椅村当地烧制的。常德的青砖色彩统一、质量好、质地较为细腻，但价格高，因此一般村中大户人家才舍使用（图7－12）。高椅当地烧制的青砖颜色发红，砖与砖之间有色差，气孔多，较粗糙（图7－11）。据高椅村的村民说这种老砖以前有人会造，那个烧砖的窑就在村边上，现在窑没有了，村里也没人会这门技术了。烧砖的人都会在砖上留下印记，有的留下自己的名字，有的刻注建筑建造的年代（图7－13）。

图7－9　汉侗结合的窖子房

图7－10　　中西结合的月光楼

图7－11　高椅村当地烧制的青砖

图7－12　来自常德烧制的青砖

图 7 – 13 村中刻有年代和制砖人的青砖

(二)衰败的建筑现状

村里的木楼房多建于早期,因其易失火、不牢固,明末以后,逐渐被坚固、防火的窨子房取代。如今还尚存的为数不多的木楼房存在着诸多问题。踏入村中,穿街走巷,许多木楼房已经严重歪斜导致不能住人,屋主已经搬出去等待修缮,有的早已荒废,破瓦残垣(图 7 – 14)。

木楼房隔热保温性能差,屋内的微气候环境舒适度较差。因此,在潮湿、阴冷的气候环境中,火便成为祛湿保暖的温暖之源。但由于木材易燃,火也成为毁坏建筑的致命因素。此外,木楼房隔音效果极差,隔壁大声讲话能听得一清二楚。再有,木楼房屋的稳固性较窨子房差了很多。常常是爬楼梯或者日常走在木楼板地面上,便可以导致整个地板都在发抖并产生很大的噪音。木结构的外漏与日晒雨淋,使其需要持续的加以维护以防木材腐朽变质。最为不便的是缺乏洗浴、卫生间、厨炊设施,村民无法享受现代文明带来的便利生活。窨子房虽冬暖夏凉,但室内光线极差。由于年代久远,有些地面较为潮湿。面对古旧建筑所呈现的问题,以及现代文化的冲击、村民审美的变化,一些现代材料越来越多地掺杂进高椅村中，混凝土、红砖、瓷砖、混凝土砖、欧式柱稀释着村落的旧貌(图7-15~图7-18)。

图7-14　破瓦残垣的木楼房

图7-15　瓷砖与混凝土材料

图7-16　欧式栏杆+水泥抹灰

图7-17　瓷砖+水泥抹灰建筑

图7-18　仿古青砖

图7-19　改为民宿的建筑

高椅村传统的木楼房虽然在营造方式、生态特性方面都有诸多优势，但由于年久失修，加之人们不断提高的物质需求和精神需求，木建筑存在着诸多亟须解决的问题。村民对于建筑的未来陷入了无所适从的窘境。

（三）政策引导下的建筑修复现状

目前在政府的帮助引导下，村中正在如火如荼地进行着对古建筑的修缮和改造工作，村民和工人忙作一团。有的房子继续延续民居的功能，有的则改为民宿（图7–19）。

政府每户补助8万~10万元，帮助村民修复民居。这样较好地调动了村民的积极性，许多村民主动参与到改造活动中。究其原因，其一，村民憧憬着居住环境能够得到改善，为日后村内旅游业的发展打好基础；其二，修缮工程也带给他们一定的经济收入。进行修复的工人多为当地村民，每人每天的工资为200元左右。每户的户主也会参与到自家的修复中，一位正在自家门口清洗窗花的妇女说道："这活儿让别人干也是干，我干也是干，何况他们还不一定有我弄得好。这是我们自己家，我肯定会用心些，何况还有工资拿，反正闲着也是闲着（图7–20）。"

图7–20　清洗自家窗户的妇女

修复工作取得一定进展。木楼房揭瓦亮椽、拆除木墙面，对里面的木构架进行修复，残破的瓦也被更换为新瓦（图7-21），新的木制墙面在安装好之后刷上一层做旧的漆，与原有面貌进行统一（图7-22）。一些受到破坏的精美窗户、建筑雕刻构建也重新请木匠手工修补、刷漆，丢失的则按照原来的样式复原（图7-23，图7-24）。为了在室内接入开关、插座，用防火的管材包裹的电线在墙面上井然有序地排列，白色的管也被刷上了一种熟褐色的漆，这样至少从视觉上，完整的墙面不会被这些遍布的管线所破坏（图7-25，图7-26）。

图7-21　揭瓦亮椽、拆除木墙面

图7-22　木墙做旧

图7-23　修补缺失窗户

图7-24　新做的装饰构件

图7-25 涂了熟褐色漆的管材　　　　　图7-26 布置到墙面上的管材

然而，因缺乏资金来源，一些被破坏的公共建筑尚未修复，如五通庙、伍氏家祠、一甲祠堂、十甲祠堂等。村民虽希望这些建筑能恢复到以前的模样，但却心有余而力不足，他们所能筹资的资金太少。一位村民非常有趣地说道："我们以前的这些建筑很漂亮的，很小的时候我还见到过一些。当时的那个伍氏家祠还在，不过那时候小，那里都是摆了很多牌位，死了人都要摆放牌位，我就很害怕，没敢进去过。'文化大革命'以后，祠堂就改为仓库了。现在五通庙和这些都想复原，但是哪里有钱呢？如果你们写书能帮我们招来投资的话那最好。"即使现在复原好的下寨家祠，也并没有投入正常使用。此外之前经过修复的罗星庵，经当地村民的描述，与原有的布局、样貌存在很大的出入，而且修复的质量较差，墙面现已出现了几处裂缝。

第二节 高椅村保护的问题与发展理念

一、村落修缮和保护的现存问题

随着我国经济发展进入新常态，城乡建设也开启了新局面。以城市为中心的建设正加速向城乡协调建设转变，实现全面建成小康社会目标、改善农村人居环境任务更加迫切，美丽乡村越来越成为人们喜爱和向往的家园。规划建设好广大农村，推进美丽中国建设，既是"十三五"时期的迫切任务，也是国家建设的战略任务。但近年来乡村规划照搬城市规划理念和方法，脱离农村实际，实用性差，忽视细节等问题尤为突出。

高椅村作为国家 AAA 级旅游景区、中国十佳古村之一的国家历史文化名村、三湘大地的一处重要文化遗产和人文景观，早已被列为全国重点文物保护单位，它已经成为人们所向往的美好心灵家园。因此，对于高椅村的保护和发展显得尤为重要，然而在村落的治理和保护中仍存在着许多问题。

1. 修缮和保护的可行性

高椅村的修缮和保护过程中存在着许多问题。村落在没有整体策划、缺乏建设项目保障的前提下，盲目推进乡村建设，同时一些建设内容照搬城市规划策略，使得乡村规划脱离实际。政府应针对本地区农村人居环境的薄弱环节，先行做出整体策划，依据整体策划合理推进乡村规划。

乡村整体策划应明确目标、统筹全域、落实重要基础设施和公共服务设施项目、分区分类提出村庄整治指引。村庄规划应遵循问题导向，以农村建设管理要求和村庄整治项目为重点，本着实用的原则简化规划内容。坚持乡村建设整体策划先行，建构以乡村整体策划为依据指导村庄规划编制体系，建立以村委为主体的村庄规划编制机制。

2. 修缮和保护强调细节

目前，我们国家对古建筑重点文物保护单位给予了极大重视，同时，对于村落的保护与抢修性工作给予了专项资金支持，这样大大推进了村落保护与发展的进程。高椅村也申请到专项保护资金，按三期工程对重点古建筑景点及危房进行修复，修缮工作正在有条不紊地进行。但在多次的实地考察中，我们发现了许多问题。例如老房子中重新粉刷的墙面和做旧的木器工艺粗糙，失去了原有建筑的年代感。

此外，村民为了改善基础设施，安装了一些消防栓和自动报警系统。可是一些消防栓是用较大的不锈钢器材做成的立方体封闭箱子，这与老村的气质不相协调，显得十分突兀。

而在施工过程中，工人的粗枝大叶、工作方式的不考究，看似在修复，实则却造成了更大的破坏。

3. 修缮和保护注重管理

村落的修缮和保护，不仅要保护生态环境，同时更要注重后期维护和管理。

目前在大力提倡旅游兴村过程中，生态环境的保护尤为重要。对生态环境的保护，就是要保护好高椅村的原生态环境，禁止乱砍滥伐，以及各种破坏环境的不良行为，保护好植物、水体等组成美好环境的自然要素。

村落内部目前各种电线、电话线犹如蜘蛛网一样张开，纵横交错，凌乱不堪。建议把高椅街道的过境高压电线安装在地下，既安全又有保障。街道上各种破烂不堪的广告招牌和广告纸等看似细小的问题，却足以影响整体村落的风貌，因此，在村落管理上要引起重视。

二、村落保护与发展的理念

1."自觉化"——教育先行，村民自治

高椅村的保护与发展，仅凭借外部力量推动是非常困难的，归根到底还在于形成良性循环的自我修复能力。而如何形成这样的系统，本文认为需要通过教育的方式，使村民对农村生活产生新的认识，树立自信，重新审视"落后"，重新体验传统生产方式带来的文化价值和经济价值，并且教育村民，尤其是鼓励村里年轻一代人去了解高椅村的发展史，成为新一代传承人，勇敢地站在本村的泥土中思考高椅村未来发展的道路。

与此同时，政府可以鼓励高椅村走另类的"发展"道路，认可一些村落在生产上的"落后"、在生活上的"落后"、在文化上的"落后"，并想办法为保护这些"落后"提供观念上、政策上、技术上、资金上的支撑。否则，传统村落会逐渐变得同一化，失去本身的魅力。

通过教育的方式培养当地乡土人才，特别是有抱负有理想的青年，培养他们民族文化传承意识及主人翁意识，帮助村落加强规范管理。

鼓励村民自发组成保护协会，村民可通过村民会议或村民小组会议等形式提出建设需求、协商确定规划内容。同时，在村内立牌展示规划成果，或以会议的形式传达给每家每户，确保规划方案能让村民看得到、看得懂，并且深入人心。乡、镇人民政府应对良好的村民组织给予一定的奖励，并引导村民讨论，提供技术指导，审查规划内容。

政府组织动员专家、学者，包括大专院校、规划院和设计院等技术单位下乡开展田野调查和咨询服务，进行入村深入调查，尽力确保村民全程参与，给出建设性的指导意见。通过这样的学术交流方式，给村民带去新的理念、新的思想，树立正确的观念，推动教育先行，达到村民自治的目的。

2."活态化"——先保护后发展

新农村，即所谓的自然农村、经济农村和永续农村。自然农村指农村应该保留有农村的生态环境，耕地、村落、河流缺一不可，农村应该是个美丽宜居的地方；经济农村指农村应该加大自有资源的利用程度，将资源解放到市场体制里面，促成农业的产业化，使农民和农村真正参与到市场经济里面，从而提高农民的收入，保障村民生活；永续农村是指农村作为一个人们聚居地，相比城市的变动性来说，应该具有一定的稳定性和历史延续性，从而能够使风土人情、历史传统、人文内涵得以延伸和保存，这是一个村落得以自立和可继承发展的重要泉源。而永续农村，需要自然农村和经济农村打基础，做支撑。

在这样的理念之下，高椅村要完成美丽乡村的建设目标，使村落变成自然的农村、经济的农村和永续的农村，重中之重应该改变"先发展后治理"的模式，变为"先保护后发展"，从改善村民生活条件，增加村民收入开始着手。在保持村落原有肌理的前提下，提高村民的生活质量，给村落带来新的生机，从而达到"活态化"的保护目的。

3."递进式"——传承、改善、发展

村落规划不是一时之事，不能一口气吃个胖子，囫囵吞枣似的一下子解决，而应是递进式的逐步完成。主要的内容应该包括如下方面：一是明确村落建设规划目标，应制定落实村落建设决策的行动计划和中远期目标。二是村落体系规划，应预测乡村人口流动及空间分布，规定经济发展片区，确定村镇规模和功能。三是改善村落基础设施和公共服务设施，改善村民生活条件。重新确定供水、污水和垃圾治理、道路、电力、通讯、防灾等设施的建设标准，教育、医疗等公共服务更是重中之重，需投入大量的精力。四是乡村整体风貌规划。既要对风景秀丽的自然景观、田园风光提出控制要求，又要对具有历史沉淀的文化景观、建筑风格加强保护。五是村庄整治引导，应分区、分类制定村庄整治要求，提出重点整治项目、标准和时序，注重细节。

第三节　高椅村保护与发展的措施

一、传承：文化生态系统稳定之下的村落保护

(一)保护村落文化的总体特征

保护村落文化的总体特征也就是要维系村落内部文化生态系统的稳定性特征。村落文化类型的任何改变都将使村落文化生态系统遭到破坏，且这种村落文化生态系统一旦遭到破坏，其内部的文化生态层级结构就会出现紊乱，从而导致整体聚落保护设计的方向出现严重的偏差，村落保护的价值与意义也将受到极大的削弱。

随着社会背景的改变，村中许多传统文化因子已经不符合当下人的审美、生活需求，而被逐渐遗忘，使传承陷入了困境。

自古以来，文化的传承，都是以继承和创新的形式不断递进的。文化要想得到更好的传承，不仅要系统完整地继承，还要创新，吸收新文化、顺应时代的进步，为其注入源源不断的活力，进一步发挥民族文化的潜在价值和优势。创新是对村落文化的另一种保护手段，而继承是文化保护的基础。

继承文化要深度地挖掘、系统地整理记录、延续原有的文化，还原文化的本真，并为创新提供真实、可靠的依据。创新不仅是文化的创新，更是方式的创新。除了静态的展示，可以以旅游为载体，将民俗文化以体验的方式进行传播，加强传统与现代的互动性，使那些被遗忘的民俗文化重新焕发活力。此外，对技艺文化进行创新，引入现代的设计理念，开发新的技艺产品。在生产实践中，让这些非遗的传统工艺流程、核心技艺等得到保护、传承和弘扬。

1.记录文化，为文化传承提供依据

文化的记录是文化展现和继承的前提和载体，是最宝贵且直接的记忆资源。从一定意义上说，做好文化的挖掘、收集与记录，就是对村落保护最有力的支持。同时，也能让青少年接受传统文化的熏陶以及提高村民的文化自觉。

面对高椅村传统文化日益衰败的现状，历史典故、礼仪文化、传统工艺、地方戏曲等相关史料越来越少，需及时组织人员将这些史料进行搜集、整理，并编写成册，对于部分资料可以采取拍照或视频的形式进行数字化处理，充分利用

互联网等方式全方位地进行史料的汇集。

2.发展文化,将传统工艺与旅游产业相结合

（1）创办手工技艺体验式文化空间

传统手工技艺中包含了丰富的文化传统。然而这些技艺随着时代的变革而不断变化,其流失速度之快,也超乎我们的想象。开设体验式文化空间,村中的手工技艺者通过这样的平台向村民和游客展示传统的工艺和技艺。通过这些手段,手工艺人获得文化身份的认同感,在自身长时间的坚持中,得到肯定,得到自我价值的发挥,获得身份尊严。此外,真实地将手工技艺的过程诠释、展示给游客,会吸引更多的民众、手工艺爱好者、传承者、艺术家参与其中,不仅使技艺得到了保护与传承,同时给村落带来了发展,从而促进了整个村落文化资本、物质资本的挖掘和保护。

高椅村有剪纸、竹编、竹雕等传统手工技艺。"民间剪纸艺术在中国农村比较稳定的社会、文化结构中,构筑着劳动者的精神世界"。① 剪纸不仅是本民族文化的形象化载体,也是剪纸艺人的社会阅历、审美趣味的体现。黄杏是当地的一个剪纸奇人,从小学习剪纸手艺,今年已经80岁高龄,但剪起窗花依然熟练灵活。她的作品不仅包含了传统的文化、美好的祝福、丰富的想象,也随着时代的发展融入了现代元素、精细的设计成分(图7-27,图7-28)。剪纸是老人一生中最幸福的事情,现在她还将这份感情传递给更多人。目前,黄老的技艺吸引了许多外地来的访问者,其中不乏专程拜师的学徒。

图7-27 "互助共赢"剪纸作品

图7-28 黄杏剪纸作品

① 左汉中.湖湘剪纸[M].长沙:湖南美术出版社,2008:5.

高椅村竹编技艺较为初级，主要编制日常生活用品，村中随处可见。简单易学，多数村民都掌握这项技艺。村民家中放东西及装物品等器具，多半都是自家制作的。

随着竹制品的增多，也涌现出更加艺术化的作品，具有极强的审美性和艺术性。技艺高超的技艺人辈出，杨国大是村中有名的竹刻艺人。他所雕刻的竹制傩戏面具生动形象，但已不再应用于祭祀活动，而是衍变成为可供收藏的装饰艺术品。他的作品最显著的工艺就是"熏"，即在雕刻完成作品后，放在火上熏烤，通过不同火候的把握，呈现出不同的效果。手工的刀痕与竹子的天然色泽配合得相得益彰。竹雕傩面具工艺的另一特点，就是根据楠竹的根系原有的形态，将其完美地刻画成面具的发须、眼、鼻、嘴等部位，手法夸张，极具丰富的想象力。

创立剪纸、竹编、竹雕文化体验空间，让参观者可以亲自动手，增加参与性，使其在体验中感受手工艺。对于热爱和学习手工艺的人、艺术家来说，这样的体验场所可以提供给他们一个学习的空间。正如四川美术学院教师尧波于歌乐山创立的陶瓷手工作坊，可以劈柴、做饭、品茗甚至田间从事体力劳动，同时可以体验制陶的过程，在其中感受艺术，体味生活。人们在这样不断地体验过程中、与手工艺人的接触中，能真正地学会这门技艺。

在与手工艺人的学习中，学习者的审美品位也作用于手工艺人，使之实现了知识的共享与交换。不同于本土文化的知识影响着手工艺人，为其技艺创新提供了可能性。

在文化体验空间中，同时可以开设一些体验课程。这方面，日本的经验值得借鉴。日本福岛县的三岛町生活工艺馆，承载了陶艺、木工、手编等不同艺术形式的课程，深入其中不仅能学习技艺，也能感受到禅意的生活理念。

（2）开设傩堂戏兴趣班

傩堂戏是高椅村当地的一项驱鬼镇邪的活动。但随着时代的发展，村落由闭塞逐渐开放，傩戏也渐渐淡出人们的视线，戏班子也解散了。而如今，傩戏仅靠"演出费"存活，会演傩戏的人寥寥无几，多为上了年纪的老人，并无年轻人来继承。高椅傩戏面临着消失的境遇，仅仅依靠演出的收入，无法保护这一艺能类非物质文化遗产。

对于傩戏的保护，我们可以借鉴日本的保护模式——俱乐部（兴趣班）模式。李致伟在日本百年非物质文化遗产保护经验中谈道："就是让非物质文化遗产传承人在城市中以开办俱乐部的形式来招收学员,这种传授非物质文化遗产的俱乐部的制度,直接套用了现代都市中俱乐部普遍使用的会员制度,改变了以往的学徒制,传承人主要通过教授学员的方式解决生存所需资金的同时,不仅为本项非物质文化遗产培养了一批消费群体,同时也为与本项非物质文化遗产相关的非物质文化遗产培养了消费群体。其次建立了一套与现代社会接轨的等级评审制度,将非物质文化遗产的传承工作与文化产业发展结合了起来。日本的非物质文化遗产也有等级考试,考试的评审为当地知名的非物质文化遗产传承人组成的评审组(这种情况多为集体认定的非物质文化遗产,传承人们组成了一个受国家认可的联盟,由联盟指定评审组),通过制定等级考试标准对考生进行相应的等级评定。学员在达到一定的段位后便可成为非物质文化遗产传承人(保持者称号)。"①

高椅村傩戏的戏班子成员可以组织傩戏兴趣班,吸引本地或外来感兴趣的人进行学习。每年可推荐最优秀的成员申请非物质文化遗产传人。在傩戏发展的同时,也为傩戏竹雕面具等建立了消费群体,可以在一定程度上带动手工技艺的保护和发展,这其中也包括有关的方言、服饰、工具的保护。

(3)打糍粑、剪纸技艺等与民宿结合

民宿是起源于欧洲乡村地区的一种旅游业态,最初以简单的提供住宿与早餐为基本模式。后来经历了百余年的发展,民宿成为一种潮流,不仅形态万千,而且别具特色,成为旅游的不可或缺的组成元素。

目前,高椅村民宿的实际现状是,缺乏特色、舒适度较差,仅能满足基本居住需求。这种类型的民宿虽价格低廉,但其住宿体验差、消费力弱等弊端已经暴露得十分明显。要想获得更好的发展,高椅村的民宿必须走多元、创意、精品的路线。这样不仅可以满足不同游客的需求,提供无数的选择,而且以新旧共生的手法,在传统的建筑中融入现代生活方式,在不破坏原外观的前提下,将内部改造为符合当代生活品质、配备齐全的精品民宿,可以为那些既想享受乡村生活,又离不开都市生活条件的人带来舒适的居住体验。

台湾民宿已经成为台湾旅游的名片,越来越多的游客因想体验当地颇具特色的民宿而到台湾旅行。它的发展模式可以给高椅提供借鉴。

---

① 李致伟.通过日本百年非物质文化遗产保护历程探讨日本经验[D].北京:中国艺术研究院,2014.

"天空的院子"是台湾最美、最受欢迎的民宿，是由一个传统、破落的三合院改造而成。三合院是台湾的典型民居，是许多台湾人记忆中很重要的部分，看到这类院子，他们就会有一种莫名的亲切感。也正是这个原因，"天空的院子"的主人何培钧和表哥才选了三合院打造民宿。为了留住历史且创造出兼顾生活美学的民宿，他们没有随意拆建老房子，而是用了整整一年，自己刨木头、自己修补墙壁，保留了三合院的外貌。主人何培钧说："我对所有事情都严格要求。水龙头擦不干净，受不了；小的盆栽植物没有照顾好死掉了，受不了；园区落叶一堆没扫掉，受不了；进入餐厅发现没有播该播的音乐，受不了……我总是觉得，大家花了那么多时间到这个地方来，你怎么能够不呈现最好的那一面去给他们看呢？"台湾民宿业主往往把民宿作为一生的艺术作品精雕细琢，给游客提供最好的住宿体验。也正因如此，备受游客的青睐。

　　此外，台湾民宿还会充分利用周边自然环境，结合人文、自然景观、生态环境资源及农林渔牧生产活动等，融入个人的感情、创意和人文理念，形成各具特色的民宿形式，从而避免了千篇一律的现象。如找寻 80 后小时候记忆的"跳房子民宿"、烹饪出龟山岛特色美味海鲜的美食民宿的"真情非凡行馆"、休闲农业与民宿结合形式的"宜兰童话村有机农场民宿"等。当然，"天空的院子"也不例外，近几年，何培钧还邀请来当地的茶农，以音乐、端午和中秋为题，在三合院落与游客一同品茶。虫鸣、茶香、传统三合院，再现了旧时台湾生活的温暖场景。

　　对于高椅村来说，可以将当地的手工技艺、民俗活动与民宿结合，打造主题民宿。剪纸、竹雕艺术品、竹编器具、竹编家具不仅可以装饰空间，而且民宿也可以以此类产品作为经营的切入点，打造寄卖区和体验区。游客可以根据自己的个人喜好，挑选自己喜欢的艺术品和家具。

　　做黑饭、打糍粑、挖竹笋、学剪纸等也都可与民宿相结合，作为一种与游客互动、带给游客不一样的生活体验的活动。如果想重拾儿时在田间玩耍的乐趣，可以提供给你上山采摘食材、与店家一起挖竹笋的体验，晚饭时在民宿中可以吃到自己亲手挖的竹笋。也可以跟店家一起制作的糍粑，将热乎的糍粑放入口中，感受制作过程的快乐。这些互动形式为游客创造一种特殊的经历的同时，也是对民俗文化的一种传承。

　　（4）开发特色、高端产品，在生产中保护技艺文化

　　在传统文化的孕育中产生的生活器具，如果能与现代技术、现代审美品位

相结合，不仅能产生具有地域性特色的产品进入市场促进当地经济发展，而且能有效地保护当地的传统文化。

高椅村现有的竹编器具与农耕生活密切相关，多数供日常使用，较为粗糙和质朴。当农耕经济逐渐瓦解，在现代生活方式和人居环境中，当地的竹编便会逐渐脱离人们日常生活的需要，失去其生存的土壤。

但竹编产品拥有制作简单、材质轻巧、生态环保、使用寿命长等诸多优点，深受人们的喜爱。因此，可让当地竹编产品精品化。聘请竹编艺术家、设计师在当地进行传授，开发一些做工精细、在造型上更加有设计感的产品，但还是以实用功能为主。柳宗悦曾说过："与功用结合最为紧密的器具所表现的工艺之美是最为健全的，是用具与美器的统一体。只有与功用相结合才能成就工艺之美。"①在此基础上可以创建当地特色的竹编品牌，因为品牌不仅有助于提升竹编器具的价值，而且是宣传的有效途径。例如原创品牌十竹九造，很好地将传统手工竹子编织技艺与创新结合，它既保留竹的天然性、传统手工技艺，同时也增添了许多新的想法和新的设计。在造型上，充分考虑了现代家居环境的特点，加入人文艺术创意，融入生活。

(二)关注原住居民，形成文化自觉性

居民的迁徙会对村落文化生态系统的稳定性产生较大的干扰。因而，传统村落保护或许在很多情况下应该注重对原著居民的留存，由于对原有聚居场所的熟悉和依赖，原著居民对村落文化生态系统的稳定性起着重要的作用。

古村落的保护不仅要保护古建筑，还要保留民俗民情、传承村落文化，而这都需要人来完成。村民是村落文化系统建构的主体，也是古村落保护中的灵魂。在村落文化景观的构成中，当地村民才是见证和传承文化最有力的因素，他们是村落文化发展的动力和基石，只有通过对他们的所见所闻，他们演绎的故事，他们历经的沧桑，所进行的文化遗产保护，才是有价值、可实施的。因此，村落要想得以保护和发展，必然离不开村民的积极参与。静态式、冷冻式等村落保护方式所呈现的缺陷，以及社区参与的村落保护理论及村落开发保护实践，越来越证实了以村民为参与主体的村落保护方式的合理性及优越性。

---

① 柳宗悦.工艺之道[M].桂林：广西师范大学出版社，2011：6-7.

我们也可以看到一些现象：一些村民正由延续传统自发建构、保护村落的行为转为建设性的破坏行为，老房子和文化遗迹正在慢慢消失。导致这一现象出现的一个重要的原因，就是村民正常的审美意识发生扭曲，传统文化与历史的基因出现了断层，村民的文化自信丢失了，从而只会模仿着西方的美学。村民的"自鄙"心理导致其对西方建筑的偏爱，而对传统建筑保护意识的丧失。

人的意识和对传统态度的改变、文化自信的缺失，是村落破坏的最根本的原因。只有村民知道并热爱自己的文化，才能形成主动的保护意识。这样他们不仅不会随意拆建旧居，而且会发挥正面的主体性功能，挖掘、保护、传承传统文化。日本"合掌村"的成功保护便充分证明了这一点。

日本合掌村村民的自觉保护意识很强，他们不仅使极易被烧毁的茅草屋建筑保留至今，而且积极开发传统文化资源、发展村落经济。在约300年前的江户至昭和时期，村民为了抵御大自然的严冬和大雪，创造出了具有防积雪功能的斜屋顶建筑。因形状犹如双手合掌，故得此名。这种建筑由茅草和当地山木构成，易遭大火烧毁，1965年当地就曾发生大火烧毁了一半以上的建筑。但是，当时村里有几个人主动带领大家重建家园，合掌村又恢复了原来的模样。当地的人一直坚持保护原生态建筑，不管谁家更换茅草屋屋顶，家家户户都会携带自家囤积的茅草来帮忙并参与更换屋顶的工作。当地为了保护村落景观，制定了《住民宪法》，规定合掌村建筑、土地、耕地、山林、树木"不许贩卖、不许出租、不许毁坏"的三大原则。

由于建筑保存得完好，越来越多的旅行者发现了这里。随着游客的增多，当地逐渐发展起观光旅游业、民宿等。为了避免旅游业对村落景观的破坏，村民还自发成立了"白川乡合掌村集落自然保护协会"并制定《景观保护基准》，针对旅游景观开发中的改造建筑、新增建筑、新增广告牌、铺路、新增设施等都做了具体规定："用泥土、砂砾、自然石铺装，禁用硬质砖类铺装地面。管道、大箱体、空调设备等必须隐蔽或放置街道的后背。户外广告物以不破坏整体景观为原则。水田、农田、旧道路、水路是山村的自然形态必须原状保护，不能随便改动。"此外，协会还积极策划，针对移居城市的村民所留下的空房子，改造成展示当地农业生产和生活器具的民俗博物馆。

合掌村的居民之间形成了一个共识，即发展旅游也不能影响农业的发展。于是，他们积极主动地制定策略，让水稻、蔬菜、养殖等生产项目成为旅游中的观赏点，并在观赏及品尝之后能将农产品带回家中，巧妙地将当地的农业与旅游观光紧密结合在了一起。不仅如此，他们还充分挖掘当地的传统节日——"浊酒节"，用富有当地传统特色的民歌民谣表演来吸引游客。

至今，合掌村在文化遗产保护和传承上具有世界领先水平。由上述可知，合掌村的成功与当地村民的自觉保护意识以及所做的不懈努力是分不开的。可以说，村民的文化自觉对村落的保护起着关键性的作用，乡村的建设主要依赖本地的村民。

"文化自觉"的概念来源于费孝通的文化观，他认为："'文化自觉'指生活在一定文化中的人对其文化有"自知之明"，明白它的来历、形成过程、所具有的特色和它的发展趋向。"①对于古村落来说，村民的文化自觉是对村落传统文化的自觉，自觉地挖掘，自觉地保护，自觉地传承与发展。

1. 延续村落的社会资本

社会资本是形成村民文化自觉的隐藏着的重要动力。因为它约束并统一着人们的行动，是一种"看不见的力量"。科尔曼认为："几个世纪以来最重大的社会结构变动是由原始性的社会组织向现代法人组织的转变。原始性社会结构包括家庭、邻里、社区等组织，它所提供的社会资本具有两种功能：一是为缺乏生活能力的自然人提供保障与社会支持。这种社会支持不仅是物质上的，更重要的是情感和精神方面的。因为在家庭、社区这些原始性社会组织中，个体之间保持着亲密而稳定的情感联系。二是原始性社会结构中存在着广泛的宗教习俗以及其他非正式制度，这些制度和习俗有效地约束了人们的行为，从而保证了社会的有序运转。"②因此，形成村民的文化自觉，必然离不开社会资本的力量。

高椅村保有以村落中威望最大的家族来担任村落的行政管理职责的传统。据记载，在村落建设中各个姓氏纷纷捐资出役工，由于杨姓家族财主多，有威望的人也众多，大家纷纷捐资建设村落，并且承担了村落的行政管理职务。杨氏掌管村落事务期间，十分公平、公正，严格按照《杨氏族谱·十必要》中的规定"和乡党以息争讼"，处理村中事务。

不仅如此，威望大的家族还主动承担村落的各种公共事业以及多数的活动经费。杨氏家族办事公道，事无巨细，悉心处理，得到了大家的一致认可。

现在的高椅村由高椅村村民委员会管理，是由村民根据威望选举产生的村

---

① 费孝通.对文化的历史性和社会性的思考[J].思想战线，2004(2)：6.

② 高连克.论科尔曼的社会资本理论[J].北华大学学报（社会科学版），2005(4)：17.

民自治组织。村中德高望重的、为村民办实事的、得到多数村民认可的人才能被委以重任。村民委员会负责办理本村的公共事务和公益事业，调解民间纠纷，协助维护社会治安，组织活动，代替了原有的由威望大的家族进行管理的形式。

基于血缘、地缘关系的特殊信任、长期生活所形成的一些共同的生活习惯，逐渐演化成一些成文或不成文的乡规民约。高椅村则对村落的排水和护林有硬性规定。例如左边村团的污水一定要向右汇入大塘，右边村团的污水一定要向左汇入大塘，如此能避免上水与下水可能引起的交叉污染。正是因为严格的村规，才避免了整个村落出现排水混乱的局面，使排水成为现今高椅村落的一大特色。

同时，高椅村民爱护环境、保护自然也是自古以来的优良传统。村里制定了许多护林村规，禁止砍伐风水林，禁止放牛羊等牲畜破坏环境。村里还制定了严格的处罚规定，例如对于肆意砍伐、破坏环境者，按照"毁一赔十"的款规补栽树，并且责令杀其牲畜，让全村人在违规者家里吃喝 3~5 天。这些乡规民约是真实中国文化的写照，是村民道德与自治的体现，有很多规定都延续到了现在。王澍说道："如果不是那些传统的东西，我们怎么可以想象中国 14 亿人口能挤在一处，彼此忍受？这是传统文化的作用。因为传统文化中有一套人们高密度地生活在一起、还能保持和谐的礼仪和处理群体关系的方式，有一种让人平和的心态。在遥远的乡村，你可以看到在那么贫穷的状态下，人们坐在自家门口，向着你微笑。他们没有因为贫穷就变成强盗、罪犯，这就是文化的力量。"

其中一些传统的基于信仰、风俗、族规而制定的乡规民约，在今天逐渐演化为基于理性和法规而制定的村规民约。如：封山护林公约、关于加强高椅古村环境卫生整治的公告等。这些村规民约等合法性制度的建设及其有效的监督和保障，又进一步增强了村民彼此间的信任感。

高椅村正是在这些社会资本的共同作用下，呈现出和谐的村落社会面貌。聂存虎认为："原始社会资本存量的多少影响着村民文化自觉的程度。"① 科尔曼认为："在当代社会，维系原始社会组织的社会资本已经发生了根本变化，集中表现为法人组织的兴起并成为社会的重要组成部分。这些法人组织为老年人和

---

① 聂存虎. 古村落保护的策略与行动研究 [D]. 中央民族大学，2011：40.

失业者提供救济以及其他社会保障，并试图替代原始性组织所提供的社会资本。但是，在客观上，原始性社会组织在情感、精神品质方面具有现代法人组织无法取代的功能。因此，现代法人组织的兴起及试图取代一切组织，必然导致社会资本的丧失，造成社会秩序混乱，使得社会出现分化与断裂。所以，从这个意义上讲，尽管法人组织的产生是一个时代的趋势、历史的潮流，但是它永远也无法取代原始性组织所具有的社会整合及社会团结功能。"①

因此，在高椅村的村落保护中，延续村落中原始性的社会资本，从信仰、社会网络、传统的村规民约到村民组织，都尤为重要。

2. 村落文化的保留

"村民的历史记忆，情感信仰及理性思考，是村民文化自觉发生的内在条件。村民对村落历史的记忆，对传统民俗的热爱，民间信仰的崇拜及一定理性思考能力均强化了村民的文化认同，使村民在面临文化选择时导向了对于传统的文化自觉。"②

正如高椅村中佛教信仰文化的存在，罗星庵虽然遭到破坏，但不断地受到村民自发性的集资修缮、维护。村中的杨国顺老人也主动承担起了罗星庵的管理责任，自己的子女也给予了充分的支持，认为这是一件积德行善的事情。杨国顺的大女儿说道：

"现在罗星庵想复原到以前的样子，我爸爸是牵头的。我们兄弟姐妹五个，我是最大的。上罗星庵的路是土路，我爸爸年纪大了腿脚不方便，我们做儿女的要尽孝心帮他一把。我们三个女儿一个人出资 1000 块钱，把那个水泥路给修起来了。当时我家里还有两个小孩，生活不富裕。但是这些老太太、老大爷们上去拜佛，要下雨的话路太滑，很不安全。后来村里的人做义务，有的担沙子，有的铺路。我有时候也会过来打扫一下卫生"。

如此说来，这也不难理解为什么这一家老少会主动保护罗星庵了。正是佛教文化、信仰文化的存在，促使了这种行为的发生。因此，这就需要尽可能多的挖掘与保存高椅村的传统文化。

此外，随着时代的发展，有些传统文化因子因不符合当下时代的需要，而渐渐被遗忘。对于这些文化则需要进行创新、发展，从而从根本上促进村民文化

---

① 高连克.论科尔曼的社会资本理论[J].北华大学学报(社会科学版)，2005(4)：17.
② 聂存虎.古村落保护的策略与行动研究[D].中央民族大学，2011：60.

自觉的发生。正如有学者认为面对庞大的文化世界里的多元文化体系，应从人的切实生存和发展的需要出发。

（三）注重对原有形态的维系

景观生态学中有关基质、斑块、廊道和边界的保护方法，为保护传统村落景观提供了形态结构的依据，最大限度地保持聚落形态的特征，则可有效实现还原、保持村落的原始风貌。

高椅村紧邻巫水河道，交通运输较为便利，逐渐形成了水陆交汇的商业码头。在对高椅的村落保护中，应尊重原有的商业文化生态系统的稳定性特征，即便是为了创造旅游经济而进行的一些商业改造，也应最大限度地维持原有村落的结构特性，即村落中的基质、斑块、廊道和边界保持原状，达成一种新的生态平衡模式，避免村落的生态系统结构出现紊乱的状况。

高椅村形成了农业、商业、服务业相结合的经济结构。当地的圩场商品丰富，热闹繁荣。但是村落的商业也只是服务于小范围如本村及邻村的需要，虽是农耕之余改善经济的一种方式，但从村民选择外出打工的现状来看，现有经济方式无法满足村民的需要。村落要想保护和发展、同时避免村民外迁的状况，就需要注重对原有村落形态结构进行保护，进而进行经济转型、创新。

总之，村民文化自觉的发生不是偶然的，只有在社会资本与村落文化的外部作用的影响下，并从各个方面符合村民的需要，才能充分调动村民的积极性，从根本上保证村民文化自觉保护意识的形成，让他们成为高椅村保护开发的主体、内生动力，提升村落保护的延续性。

二、改善：竞争演替与村落更新

随着社会发展速度的加快，文化生态系统的稳定性周期大为缩短。现代生活的巨大变化形成了频繁的文化交流与冲突，文化生态系统在外部因素的作用下处于不断的演化发展之中。在高椅村广阔的历史舞台上，文化的发展上演的并不总是刀光剑影的军事冲突和枯燥乏味的中原儒家道德的说教，而是在与周边区域的交流中，各个文化物种不断沿着自身的传播路线蔓延生长，形成了多种文化并存的态势。而这个看似相对封闭的地理空间内，各少数民族的文化也有其久远的历史和生长的沃土。虽然表面看似稳定、单一，但实质上地域文化内部却是现象复杂，结构多样，形成多元的文化特质。而且这些文化物种间还广泛存在着生长与竞争关系，如同自然界生物群落一样，文化物种间的侵移、突变、选择、竞争、适应、演替等现象一直与高椅地域文化的发展相伴。或许从以下实例中我们能够窥探出村落更新与重生的新秩序。

费孝通认为："我们的生活若不发生困难时，不会引起我们的注意，我们生活的大部分是不自觉。不自觉的生活是谈不到改造，一定要生活发生了困难，所谓'生活不下去了'才会发生问题，发生了问题才会引起注意、考虑，以至于改造。生活不下去就是旧有形式不能适用，不能适用的原因是出于环境的改变。"①只有满足村民生存发展等各方面的需要，才能促成村民文化自觉的形成。对于高椅村来说，造成人们进行改造的原因有以下几点：

①建筑环境条件的衰败以及社会的进步，导致村民迫切想改善落后的居住环境和生活方式，以适用于新的生活方式，从而造成对建筑原貌的破坏。

②现有的收入无法满足生活所需，一些年轻村民外出打工，不仅造成农耕经济的逐渐瓦解、传统技艺、民俗文化的逐渐消失，而且建筑也因久无人居而加速衰败，形成恶性循环。

③村民外出打工，在增长了见识的同时，也带进了现代文明的元素。楼房、瓷砖、混凝土等现代工业文明的产物逐渐渗入封闭的原始村落，改变着村落的整体面貌。

在高椅村，我们可以看到一些民居已经无人居住。黄姓中一家村民为了防潮，想出了一种独特的方法，将啤酒瓶子垫在建筑底部，用混凝土固定，成为一道别具一格的景观（图7－29）。电饭锅、洗衣机、太阳能热水器等家电也被村落中经济条件较好的家庭所使用，而原本的建筑内部格局并没有摆放和使用这些家电的空间，因此建筑内部空间也正在进行重新修整（图7－30）。

村民自发地改善生活条件的意愿与村落保护之间的矛盾渐渐凸显。面对社会的不断进步、农耕经济的逐渐瓦解，人的追求不断变化，社会资本与村落文化只是基本的前提，满足村民改善生活条件的愿望才是形成村民文化自觉的根本。因此，我们需要探讨保护与传承的新方法。

---

① 费孝通.费孝通文集(第一卷)[M].北京：群言出版社,1999：112.

图 7 - 29 用酒瓶防潮

图 7 - 30 改造后的建筑内部

（一）激活空间聚落元素

1. 文村的改善与更新

中国美院建筑学院王澍曾在 2014 年对富阳洞桥镇文村进行村落规划，打造美丽宜居乡村。"建设美丽宜居乡村"是十八届五中全会为乡村未来描画的图景。浙江省出台了《关于进一步加强村庄规划设计和农房设计工作的若干意见》，明确要在 2017 年底前，完成 4000 个中心村村庄设计、1000 个美丽宜居示范村建设。乡村未来的天际线，将会由无数具有地方文化和传统特色的民居改写。普利兹克建筑奖获奖者王澍，已经用 3 年时间，率先在富阳文村打造出了 14 幢民居。他的经验和观点，或许可以启发我们对乡村规划设计的新思考。在王澍看来，城市里的建筑文化传承几乎没有希望了，仅剩的一点种子就在乡村。未来的乡村发展，其实是一种"隐形城市化"的状态，有生态的环境，有传统的历史，有现代化的生活。

（1）文村的优势和劣势

文村，这个处于山区和平原过渡地带的小村，有 40 多幢来自明代、清代和民国时期的民居，它们沿溪而建，采用当地常见的杭灰石建造，每块石砖保留着不同的纹理，看似信手拈来，却又严丝合缝地契合在一起。不过，各种风格迥异的现代民居穿插在古民居中，传统的营造方式并没有被继承下来。

（2）征求村民意见

在设计方案的过程中，王澍悉心听取村民的意见和建议，尽量满足村民对于厨房和厕所的空间要大，要有柴灶、农具室，新村要能开进私家车，想要地下室等要求，村民们的意见都被他们牢牢记在心里，并逐一实现在设计中。

（3）设计理念

文村新村，不能和老村脱离，新村最理想的形态是自然生长。王澍在文村设计建造的14幢民居，不仅在造型上夺人眼球，同时还享有独一无二的建房政策。从政策和规划上突破一个小口子，渐渐带动整个乡村风貌的改变。

整个村子的设计采用灰、黄、白的三色基调，以夯土墙、抹泥墙、杭灰石墙、斩假石的外立面设计，呈现他理想中的美丽宜居乡村。以保护老房子为前提，对于某些严重破损的建筑就地重建，遵循整旧如旧原则；对于相对较好的建筑采取深度改造的方式，不仅仅对建筑立面进行改造，还像老中医把脉一样，望闻问切，根据每个房子不同的风格进行深度改造，比如，是夯土建筑的，就用新夯土技术改造；是砖结构的，就去掉那些难看的瓷砖。

（4）村民自觉保护村落

通过村落的规划，文村人也开始重新考虑古村的未来。他们主动提出，要全面整修古民居群内的水泥路，将其还原成青石板路，同时恢复文村古民居的水利枢纽，多采用杭灰石等材料，让400余平方米的太平塘与村内四通八达的石渠相连，将一幢幢老房子联系在一起。乡村规划是一个综合方案，通过建民居使更多的村民自觉地加入到保护的行列中，从而壮大整个乡村建设的队伍。

2.“拼贴”建筑的再造

“拼贴”建筑正是高椅村的特色，也是相较于其他村落的特殊之处。这些由于特殊的地域原因所造就的建筑不仅可以作为吸引游客的亮点，而且也可为当代中国建筑设计的创新和发展提供借鉴。

村中汉族与侗族文化融合形成的窨子房以及中西文化融合形成的月光楼这两种“拼贴”风格的建筑形式都可直接作为吸引点。但是时代在发展，人们的需求与审美也在发生着改变，仅仅以原有的“拼贴”建筑作为吸引点是不够的。因此在今后的发展中，也要继续延续其文化包容的特点，与新文化交流、碰撞，吸收、融合进新的元素，以当代的“拼贴”建筑带动旧的元素，吸引更多游客，同时为这些建筑赋予符合游客需求的功能。

首先，我们可以对高椅村的瓷砖房、水泥房进行改造，形成当代“拼贴”的建筑。

冯骥才曾说过：“传统村落的建筑无论历史多久，都不同于古建；古建属于过去时的，乡土建筑是现在时的。所有建筑内全都有人居住和生活，必须不断地修缮乃至更新与新建。所以村落不会是某个时代风格一致的古建筑群，而是斑驳而丰富地呈现着它动态的嬗变的历史进程。它的历史不是滞固和平面的，而是活态和立体的。"①在修缮、更新与修建的过程中，必然会留下当下时代的印记。对于高椅村来说，瓷砖房、水泥房也是文化，是这一时代的历史印记。因此在改造的过程中，不能只是简单地一味拆除，而应具体情况具体分析。

高椅村现在有多处贴着多种颜色的瓷砖、混凝土的建筑，对于它们的改造，河南信阳郝堂村在这方面的经验值得借鉴。

郝堂村的一号院原本是一个完整的瓷砖房，设计师孙君认为，村落建筑应该有自己的特色，体现乡土文化气息。因此，他大胆提出要用当地的石材做外墙立面，但遭到户主的极力反对，认为石材造型太丑。几番周折，选定了当地的像青砖一样的免烧砖。在整体设计上，孙君保留了原有瓷砖的同时，加入了新的材料。在立面装饰上，使用了青瓦拼接的画格和中式的木格窗。改造后的立面形成了不同材质的杂糅，形成了丰富的层次感。这样材质拼贴、具有特色的建筑形式为当地带来了不少游客。

其次，延续"拼贴"的建筑风格，创造全新的具有地域特色的当代"拼贴"建筑。

牛背山的蒲麦地志愿者之家，将村中的传统建筑改造成青年旅社、书吧、咖啡吧、志愿者办公空间、医疗室等，通过"拼贴"的建筑形式，使村民受益的同时，为当地带来了发展。从建筑空间到结构，加入了许多创新的元素，既具有中国传统建筑的灵魂，与村落环境十分协调，融为一体，又具有强烈的设计感。建成之后的建筑不仅可以为村里的老人、儿童提供服务和帮助，也会吸引来更多的游客，让更多的人认识处在大山深处的村落。

这些案例给高椅村的创造性的"拼贴"建筑提供了很好的借鉴。在村中可遵循村落原有的风水文化、村落格局等设计并增建少量特色的地域性建筑。这些新增建筑可供村民作为公共空间使用，也可改为发展旅游业所需空间。

---

① 冯骥才.传统村落的困境与出路——兼谈传统村落是另一类文化遗产[J].民间文化论坛，2013
　(1)：9.

(二)聚落整体外部环境改善

山清水秀的自然环境是乡村相较于城市最明显的优势。但近年来,许多乡村的生态环境正在遭受严重的破坏,我们的乡村逐渐被贴上了脏乱差的标签。面对这样的境遇,治理污染、维护村落的生态资源、改善聚落外部环境才是村落的可持续发展之道。

德国农村对于环境改善的办法值得高椅借鉴。首先是德国农村对污水进行分流式处理。20 世纪 90 年代以前,德国农村采用的是工业化集中式处理污水的方式,即将污水通过排水管输送到污水处理厂集中处理,但是,这样的做法不仅成本高,处理之后的沉淀物及废弃物依旧对环境造成巨大的压力。21 世纪以后,德国改用分流式污水处理。分流式污水处理办法共有三种:第一种是分散市镇基础设施系统,适用于没有接入排水网的偏远农村。这一系统是将污水和雨水分开收集,然后通过先进的膜生物反应器净化污水。在净化的过程中同时可获得利于庄稼生长的氮气,让污水变废为宝。第二种是 PKA 湿地污水处理系统,是通过介质层和湿地植物达到净化目的的方式。具体方法是将农村的污水汇集到一个沉淀池,经过沉淀池沉淀之后,再将水抽至含有介质层和湿地植物的人工湿地中进行 PKA 湿地净化处理。其中的介质层分多层铺设,视所需处理污水性质不同而有变化,湿地植物也针对污水环境有不同的种植种类及配比。污水经过多级沉淀和多层渗透后能达到国家污水排放一级标准,不仅可用于灌溉农田,甚至可洗手或漱口。第三种是多样性污水分类处理系统,将污水分为雨水、灰水、黑水三类并采取不同的处理方式。其中,将雨水通过管道收集后汇入表面看起来像景观设计的一部分的渗水池中,通过池底的砾石让雨水自然下渗至地下水,或通过沟渠排向地表水。灰水是厨房、淋浴和洗衣等家政污水,这类水需汇入到植物净水设施进行净化处理后排放。对于真空式马桶排放的厕所污水即黑水,将与下文所述的日常生物垃圾一起进行净化处理。

其次是德国农村对垃圾的分类处理方式。专门的生物垃圾桶会把日常的生物垃圾收集、切碎,并与黑水一起汇入到居住区的技术处理中心。两者混合后经高温净化—发酵—有氧处理,可产生富含高浓度营养物的液态物。这些液态物可用于农业生产,取代高能耗的化肥生产,十分节能。

其实,就污水处理而言,高椅村本身原有的村落理水系统与德国的分流式污水处理有异曲同工之妙。在前文第四章我们对高椅村生态的理水系统做了详细的介绍，散落村内各处、相互连接的小水塘先将污水经过初步沉淀，之后再汇入村中心的大塘进行沉淀。大大小小的水塘充当了沉淀池的角色。大塘内种植的荷花充当了湿地植物的角色，对水质进行净化的同时又美化了环境。最终，净化后的水排入地表水巫水河中。

如今，这套原有的理水系统仍发挥着作用。但是，随着洗涤剂、洗衣粉等含有化学物质产品的使用、抽水马桶等设备的增加，原有的理水系统已无法承载和满足当前需要。因此，高椅村需要在现有理水系统的基础上，结合德国及当今世界的新型处理方式，合理地解决污水的问题。

三、发展：产业发展新策略

村落要想得到更好的保护，必须适当地发展经济。停滞不前的乡村不是我们所要达到的保护目的。以自身的文化特色、优势和实际，适当地发展旅游业，是带动村落经济发展最简单且有效的方式。文化创意产业也是带动经济发展的新引擎，是近来国家经济结构调整、产业转型的重要趋势，是经济走出危机的先导产业。具有历史积淀的物质载体，如民间传说、民俗风尚等，都将成为文化创意资源，加以开发和利用，便会成为促进经济增长的资源。一些村镇依靠旅游及文化创意产业已经取得了成效，提供给了我们借鉴参考的价值，值得效仿。

在互联网迅速发展的趋势下，"互联网＋"为村落的发展带来了新的机遇。淘宝村、创业村正在借助互联网，改变传统的生产方式、传播方式、销售方式和交流方式，使原本小众的村落地域文化变成了大众的消费文化，实现了乡村营销，带动了村落的经济发展。

这些新的模式，都为高椅村的经济发展提供了思路。每个村落都是不一样的，有自己独特的风貌和文化，发展模式不能千篇一律。因此，要结合和利用村落本身的特色、文化，以适合本土的发展模式，因地制宜地发展经济，同时促进文化的保护。

高椅村是因水而生的村落，其码头文化、渔猎文化、竹木文化、商贸文化赋予了这里独特的气质。多民族杂居形成的"拼贴"风格的建筑也是当地的特色。这些都可以转化为一种新的形式，结合文化创意产业，成为高椅村的旅游亮点。

（一）安居乐业

围绕"精准扶贫""美丽乡村""安居工程"的新农村建设改造工作，国家相关部门投入了大量资金发展农村。乡村经济的发展应优先考虑村民是否能安居乐业,主要应从以下四个方面着手:一是增加农民收入。二是乡村的发展一定是以本村人为主体(包括投资者)。三是乡村小学、村集体经济(合作社)、乡村内置金融、土壤改良、家庭养猪、修宗修祠、资源分类等是乡村系统性建设的重要组成部分。四是土地与房子进入市场抵押一定要适度。农耕文明的优势是大国小农,自食其力,安居乐业,农村稳定。土地与房子应只可在一定范围内流动,以保护村民的利益。

(二)乡村旅游

乡村旅游首先需要体现现代人追求的健康、养生理念。吃得健康、玩得健康是城市人对乡村旅游的要求。而乡村天然的优美生态环境下生产出来的天然有机食品,也能满足人们对健康食品的需求。另外,在乡村占有如此优良的地理和生态环境的情况下,打造现代人所需的养老场所,包括老年独家连锁酒店、养老度假村等,也可以紧密地围绕乡村旅游进行。那么,围绕乡村旅游建设的市场便应运而生。具体而言,高椅乡村文化旅游,应凸显地方文化特色,其旅游项目包括旅游文创、养老度假等,特点在于利用市场差异化来吸引旅客。

1. 依托特色的码头文化,打造创意、特色文化街区

从文化意义上看,码头是农耕文明的产物,码头文化也是建立在农耕文明基础之上。集散与流通是码头的功能,在那个靠河流运输的年代,它是重要的交通枢纽。码头扩大了交往,促进了商品和信息的流通与交换,带来了贸易的繁荣,提供了就业,形成了聚居。

我们可以说,高椅村是因水而生的村落,其码头文化、渔猎文化、竹木文化、商贸文化赋予了这里独特的气质。虽然这里已经衰落,但这些文化、码头风貌、业态可以转化为一种新的形式,吸引周边的人群和游客,成为高椅村的旅游亮点。

码头与圩场的现代化转译,离不开文化创意产业的作用。圩场原有的商铺提供了具体的场所,码头及滨河绿带提供了风景资源。将这一区域共同打造成主打文化特色的街区,通过文化创意产业的加入来营造街区内码头文化、渔猎文化等的氛围,带动沿河区域的活力,促进村落文化可持续发展。圩场原有的商铺可改造为码头文化主题商铺,同时吸引艺术工作室、设计工作室的入驻,结合当地文化开发创意产品。除此之外,特色餐饮等休闲服务类商铺的开设如在码头的船舶上开设咖啡屋、餐厅等或巫水短途人工摆渡观光等，不仅可为村民提供就业的机会，同时通过吸引游客来增强街区的人气，带动经济的发展。

高椅村自古就形成了一种积极向上的文化氛围。在民国以前沿袭着传统的私塾、家塾、学馆等方式，非常重视教育。与此同时，也开办武学堂，孩子们可以通过习武强身健体。高椅村注重文武双全的教育模式，村民的文化普及程度相当高，现今村中70多岁以上的老人都多少读过书。也正因为如此，高椅村人才辈出。

书屋的开设，是村中崇文观念的延续。醉月楼已经被改造为书屋与咖啡屋融为一体的空间，在之后的改造中，可多开设一些这样供村民学习、交流、休闲的书屋，鼓励村民多到这里阅读，充实头脑。在书屋的运营模式上，可借鉴莫干山的萱草书屋。萱草书屋为爱书人士提供了一个读书交友的空间，同时也进行一些作品义卖的活动。书屋创立了公益基金，将盈利所获的30%投入公益基金中，以便开办更多的乡村书屋，传播文化，形成良性循环。

在旅游要素中，吃是最为重要的一点。高椅村的饭菜不仅绿色生态，而且十分可口。每到吃饭时刻，村中就会弥漫着迷人的香气。蔬菜是自家地里种的、不打农药，还有很多特色食品，如熏肉、冬笋、山老鼠肉、油茶、黑饭等，天然的食材深受游客的喜爱。我们在村中进行田野调查期间，就发现不少游客为了寻找农家菜而来，许多回去时还带一些这里的食材。但目前这里没有独立的餐厅，且菜品单一，对游客的吸引力欠缺。特色餐厅的开设、特色菜品与食物的创新，不仅能给游客带来更好的体验，也为当地带来更多的游客。

艺术工作室、画室的加入为当地增添了艺术的气息。高椅环境优美，建筑错落有致、雕梁画栋，装饰精美绝伦，十分适合写生。而艺术工作室的开设不仅可以促进创意作品的开发，为当地带来发展，而且能吸引许多艺术爱好者、文艺青年等。

2.挖掘历史文化底蕴，发展民俗文化特色

文化资源是旅游特色的精髓，努力发展民俗文化特色，打造品牌效益。在发展文化旅游时要深入挖掘历史文化内涵，尤其是农耕文化，地方上的非物质文化遗产要多重视发扬与继承。积极开展以旅游带动发展行动，当地政府干部要多做当地群众思想工作，带动大家共同致富。如今旅游是21世纪的朝阳产业，我们要解放思想，发展好旅游事业。会同是一个以少数民族人口为主的县级区域，一定要多发扬民族特色，打造民俗文化品牌，要有与众不同的特色文化

及趣味性的东西来吸引八方游客。

（三）"互联网＋"乡村营销

发展特色生态农业，利用"互联网＋"，实现乡村营销。特色农业的发展需要将农村的土地与市场资本、人才进行对接。目前来说，乡村占有大量的土地资源，但乡村的资源并没有得到很好的市场化运用。当乡村土地资源得到有效整合，并形成村支两委管理和负责的合作社后，乡村将有能力成为真正独立的市场主体，并对接城市资本及人才，发展特色的循环农业。建立的文创平台需要为农村提供对接市场资本和人才的服务，并打造特色的精致农业。

在"互联网＋"时代，可以通过多种方式，实现乡村的营销，从而促进经济的发展。

首先可以通过众筹的方式，融集资金，实现高椅村特色产品的开发与销售。其次，建立微信公众号，将与村落文化、村落风景、产品、旅游资源有关的大量文字、图片、声音、影像等资料通过推送的方式进行展示，从而加强对内对外的宣传，吸引游客。再次，可以开发高椅村的 APP。APP 中不仅有村落完整的地图、文化遗产的位置与介绍、村落的历史背景和相关的各种文化知识，而且通过手机客户端可以实现预约农家乐、预订房间、村民自产农产品的购买等功能。此外，还可以通过电商平台销售产品。

四、结语：高椅村保护与发展的再思考

（一）策划先行

乡村与城市有着巨大的差异，无论是在环境、生活居住方式、功能需求上还是在审美意识、精神信仰上。在高椅村，人们仍然遵循着日出而作、日落而息的传统生活方式，许多人还保持了半自给的农耕生活。田地依旧是高椅人索取食物的主要来源。为了便于耕种和管理，这些耕地、水田散落在房屋周边。家家户户都养鸡养鸭，一些人家还饲养着犁地的牛，因此各家房屋周边有这样的空间和场所来满足这些饲养活动。村中散落的各处水塘，不仅便于对耕地的灌溉、提供给鸭子嬉戏的场所，而且也用于消防和调节微气候。门前的梁柱上，有着挂扁担等农具的吊钩与吊篮。住宅内部有着供奉祖先牌位、祭"天地君亲师"、承载着精神信仰的中堂，以及家庭内部及熟人之间交流、吃饭、取暖的火铺屋。

但是如果在保护与发展中采用将村民集中在一起居住的城市化规划方式，不仅会破坏村民这种原有的生活方式、造成生活生产的不便，出现"扛着锄头上电梯，带着泥腿进洋房"、休闲广场变为晒谷场、娱乐文化中心变成堆放农具杂物的空间、把园林绿化植物变为菜园等现象，而且还会割断他们经济的来源。

其实之所以出现这种城市化规划、空降式规划，一个重要的原因是对当地文化、乡村生活不够了解，对村民的生活习惯、功能需求、心理及精神生活不够了解，对村落的调研不够深入。调研不只是单纯的记录、调查、测绘，更重要的是了解村民这一村落主体的生活方式、生存方式，了解他们真实的物质诉求、精神诉求。从更为宏观的角度进行总体策划，调研的目的是要洞悉村落的景观文化基因，以便于因地制宜地为村落提供保护和发展的整体策划，从而防止地域历史文化不经意间的遗失。而本书的意义正是在于此。我们对高椅村所做的细致调研，为高椅村的保护和发展提供了真实、可靠的依据。

人们常说保护与发展是一对矛盾，其实不然。首先，村落现有的物质基础如怡人的环境、精美的建筑、质朴的民风、独特的民俗文化、绿色有机的食物等等，这些相较于城市的独特之处，正是乡村的魅力所在，是其得以发展的资本与底气。其次，高椅村的许多民居建筑已衰败不堪，一些村民甚至拆掉老建筑建起了现代的楼房；承载着精神信仰、孝道文化的庙宇、家祠不是早已被拆除就是缺乏资金的维护，正面临着消失的境遇；大坝的修建、农药化肥及化学产品的使用也在破坏着原本优美的村落生态环境；人口的外流也使得民俗文化逐渐淡弱，价值观的转变使得傩戏、竹雕技艺等非物质文化无人继承。这其中有些东西丢掉了就没办法再造，是不可逆转的。面对这样的状况，如果不先行保护，那么等这些仅存的"资本"消失殆尽，高椅村的独特价值也将不复存在。由此可见，保护与发展并不矛盾。

谈到保护，我们要认识到村落是一个整体的系统。清华大学建筑学院教授陈志华从乡土建筑的角度论述了村落的整体性。他认为乡土建筑不是孤立的，而是与完整的社会、历史、环境背景相联系的，不能孤立的就建筑论建筑，尤其不能脱离有血有肉的生活。他以一个完整的聚落、聚落群或一个完整的建筑文化圈为研究对象。那么，对于村落的保护也应是整体策划的。

村民是村落的主体，村落的保护与发展一定也是以当地村民为主体的。但是，我们看到，一些村民不但没有主动地对村落进行保护，反而正实施着建设性地破坏村落的行为。如上文提到，在高椅村，一些人拆掉了老房子，盖起了贴着瓷砖、以欧式柱作为栏杆的小洋楼;许多明清时期的精美家具、做工精巧的首饰也被变卖;为了生存,越来越多的人走出村落。导致这一现象出现的重要原因,就是人的审美意识出现了偏差,传统文化与历史的基因出现了断层,我们的文化自信缺失了。同济大学国家历史文化名城研究中心主任阮仪三认为:要想保住古村落,首先要改变人的思想。只有人们对这个东西热爱了,晓得有价值了,才能保住。的确,思想观念、价值观是决定人行为活动的关键。在过去,村落可以持续地发展,在于拥有一众乡绅群体。部分青年才俊离开家乡,为国家效力。晚年衣锦还乡,带着成就、知识与财富。之后他们致力于村落建设,兴教育、办学堂、建住宅、发展村落文化与经济。这样又培养一批新的青年才俊,继续走出乡土。如此形成了一个生生不息的人才、财富的循环系统。高椅村也是如此。清代高椅村办学之风很兴盛,乡绅们常在家中设馆传授知识,《杨氏族谱》中就有不少记载。如:"兆麟,前清文庠生,字瑞轩,号灵圃。公好读书,喜培士类。设馆于'萃升轩'四十馀年。"随着"工业革命"的冲击,人们的价值观发生转变,"落叶归根"的信念彻底被抛弃,取而代之的是乡村精英以城市作为最后的归宿。人口回流越来越少,费孝通主张落叶归根的良性循环的乡村消失了。由此可知,村落的自我造血、自我教育的能力才是村落得以运转的关键所在。"叶落归根"的价值观的塑造必须依靠村民的文化自信和对乡村价值的认同,而这些又基于对村民的教育的引导。早在民国时期,晏阳初和梁漱溟就提出重视教育的观念。晏阳初主要进行的是"平民教育""乡村教育"。他认为中国人有四大顽疾——"愚昧""贫穷""积弱""自私",而克服这些的方法就是对村民进行教育。梁漱溟提出了"政教养卫"的系统,也十分重视乡村教育的力量。可见,乡村建设是一个整体的策划系统。

(二)核心问题

价值观念的转变、大批青年的逃离,带来了农村的"空心化"问题。"空心化"是高椅村保护与发展需应对的核心问题之一。首先,空心化使乡村景观变得碎片化。"人走屋空"导致原宅基地闲置废弃、房屋损坏加剧,现村中大量的木楼房已经严重歪斜,无法居住。山脚下一些房屋烧毁后被直接遗弃;大量年轻人"外流",也使整个村落失去了原有的生机和活力。进入高椅,即使是在农忙季节,也很难看到田野中忙碌的身影;一些院落无人打理,杂草丛生。其次,"空心化"问题导致社会关系的逐渐瓦解、乡村凝聚力逐渐消失。村中千百年来形成的家族社会关系，随着人口的迁徙流动逐渐变得淡薄，与之密切相关的乡土建筑遗产如各姓氏的家祠也失去了存在基础；乡绅群体的消失，使高椅失去了文化领袖和灵魂，没有了指导和提升文化教育的导师，因而高椅的凝聚力也随之消失。再次，乡村传统文化的消逝是"空心化"所带来的最严重的问题。年轻人的外出使高椅村的传统文化失去了继承人；传统的大型民俗活动也无法再现过去的热闹场面。最后，"空心化"也是高椅村经济、产业停滞不前的重要因素，因为根本无人去发展。

高椅村保护与发展的另一个核心问题是要避免过度商业化。阮仪三认为："旅游的发展是一柄双刃剑，旅游经济的膨胀很快就出现了环境被破坏和商业的泛滥等局面。"当然，这并不是说要完全摒弃旅游。冯骥才认为，在明白古村落的价值后，我们也可以开展旅游，但注意不是"开发旅游"。他所表述的也正是要避免过度旅游化的概念。随着"泼粪门""洱海保护费"等事件的屡屡发生，人们也逐渐认识到法律法规对于旅游健康发展的重要性。就以民宿而言，德清莫干山的经验可供高椅村借鉴。德清莫干山不仅对民宿的整体数量进行了控制，规定不是宅基地不允许建房，从而导致能做民宿的房子不多，避免了恶性竞争。而且，依照《德清县乡村民宿服务质量等级划分与评定》的地方标准，对民宿进行精品、优品、标准三个等级的评定。其实在对民宿数量进行控制的同时，达到了对游客容量进行控制的目的，从而避免了过度的商业化。

（三）乡村建设

汉侗杂糅的文化特质渗透在高椅村的信仰、生活、建筑、村落规划等方方面面，使村落呈现独特的风貌。风貌并非各种物质要素的简单组合，而是在自然环境和人文环境相互渗透下产生的独具高椅地域文化内涵的合成体。它不仅是文化的物质载体，而且具有精神上的意义，是村民乡土记忆的载体。所以，对村落风貌的维护是乡村建设的基础。

但是，传统村落仅有"皮囊"是活不下去的。传统的生活、生产方式才是村落生存的土壤，是村落得以存续的生命力。村落的风貌也是由生产和生活方式决定的。因此，传统生活生产方式的延续是高椅得以保护和发展的关键。

其实，高椅村最需要解决的是基础设施和生活设施现代化的问题。基础设施如交通、给排水、垃圾处理等的跟进会使乡村生活变得干净、舒适和便利。生活设施的现代化是提升村民生活品质、满足他们对现代生活方式需求的关键所在。如果基础设施跟城市没有差别，生活品质又与城市一样，加之生态环境远远优于城市，那么乡村的吸引力便会大大增加，一定程度上避免了村落人口的外流，同时也会吸引部分城市人的到来。

乡村的问题实际上是整个历史和社会问题的缩影，它的复杂与矛盾往往不是我们一般所认知的那样。所以，村落的保护与发展应该是渐进式的，不能在短时间内一蹴而就。如果为了发展经济盲目地对村落采取推倒重建、修建假古董、过度开发并发展旅游业等方式，经过一段时间过后，乡村便会成为不符合村民生活方式，成为审美的垃圾而难逃再被拆毁重建的命运。

旅游不过是村落发展过程中的派生物，"乡愁"不是现代喧嚣的旅游地，宁静的慢生活才是乡村的本质。在高椅的保护与发展中，要有更多的留白。正如阮仪三所说，留一点东西，让后代去发扬。

参考文献

[1] 湖南省怀化地区地方志编纂委员会.怀化地区志[M].北京：生活·读书·新知三联书店，1999.

[2] 谭其骧.湖南人由来考·近代湖南人之蛮族血统·长水集(上)[M].北京：人民出版社，1987.

[3] 余翰武，吴越.高椅——湘西大地的明珠[J].中外建筑，2013(9).

[4] 周红.湖南沅水流域古镇形态及建筑特征研究[D].武汉：武汉理工大学，2011：28.

[5] 向友桃，吴述裕.浅谈五溪文化的多元结构[J].红河学院学报，2010,8(6).

[6] 吴述裕.五溪文化与武陵山片区文化高地建设研究[J].铜仁学院学报，2013(15).

[8] 湖南省地方志编撰委员会.湖南省志·贸易志·商业[M].长沙：湖南出版社，1992.

[9] 余翰武，吴越.浅析传统聚落住居及其潜意识——以怀化高椅村为例[J].吉林建筑大学学报，2007(3).

[10] 李立.乡村聚落：形态、类型与演变——江南地区为例[M].南京：东南大学出版社，2007.

[11] 费孝通.乡土中国·生育制度[M].北京：北京大学出版社，1998.

[12] (南宋)洪迈.容斋随笔"四笔·渠阳蛮俗"[M].上海：上海古籍出版社，1987.

[13] 李秋香.高椅村[M].北京：清华大学出版社，2010.

[14] 罗运胜.明清时期沅水流域经济开发与社会变迁。[D].武汉：武汉大学，2010.

[15] 余翰武.沅水中上游传统集镇商贸空间研究[D].广州：华南理工大学，2015.

[16] 朱方长，李红琼.乡土文化传统的经济功能分析[J].求索，2005(12).

[17] 陆景川.侗族风俗与精神文明[J].民俗传统与现代化，1987(5).

[18] 赵之枫.传统村镇聚落空间解析[M].北京：中国建筑工业出版社，2005.

[19] 中国民居建筑丛书.广西民居[M].中国建筑工业出版社，2009.

[20] 徐红.论中国早期的自然崇拜[J].吉首大学学报(社会科学版)，2000(2).

[21] 孟慧英.中国原始信仰研究[M].北京：中国社会科学出版社，2010(3).

[22] 陈国强.简明人类学词典[M].杭州：浙江人民出版社，1990.

[23] 湖南省会同县志编纂委员会.会同县志[M].北京：生活·读书·新知三联书

店，1994.

[24] 会同县文化馆，会同县民族宗教事务局. 傩戏"杠菩萨"多面的巫傩文化祈福[J].
　　 民族论坛，2013(5)：54－55.

[25] 司马云杰. 文化社会学[M]. 太原：山西教育出版社，2007.

[26] 陈涵贞，苏德森，李文福. 乌饭树叶和乌饭营养成分的分析与评价[J]. 福建农业学
　　 报，2008(4).

[27] 王贵生. 剪纸民俗的文化阐释[M]. 北京：北京大学出版社，2009.

[28] 何晓昕. 风水探源[M]. 南京：东南大学出版社.1990.

[29] 俞孔坚. 理想景观探源——风水的文化意义[M]. 北京：商务印书馆，1998.

[30] 侯幼彬. 中国建筑美学[M]. 北京：中国建筑工业出版社，2009.

[31] 俞孔坚. 理想景观探源——风水的文化意义[M]. 北京：商务印书馆，1998.

[32] 高云飞，程建军，王珍吾. 理想风水格局村落的生态物理环境计算机分析[J]. 建筑
　　 科学，2007(6)：21.

[33] 李秋香. 高椅村[M]. 北京：清华大学出版社，2010.

[34] 芦原义信. 街道的美学[M]. 尹培桐，译. 天津：百花文艺出版社，2006.

[35] 关传友. 风水景观——风水林的文化解读[M]. 南京：东南大学出版社，2012.

[36] 吴声军. 人地和谐相处的典范——高椅古民居的生态人类学考察[J]. 鄱阳湖学刊，
　　 2012(2).

[37] 汉宝德. 中国建筑文化讲座[M]. 北京：三联书店，2006.

[38] 余达忠. 侗族民居[M]. 深圳：华夏文化出版社，2001.

[39] 李秋香. 高椅村[M]. 北京：清华大学出版社.2010.

[40] 孙大章. 中国古建筑大系·礼制建筑[M]. 北京：中国建筑工业出版社，1993.

[41] 叶廷珪. 海录琐事·卷13下·鬼神门[M]. 北京：中华书局，2002.

[42] 程敏政. 新安文献志[M]. 台北：台湾商务印书馆，1986.

[43] 张宗登. 湖南近现代民间竹器的设计文化研究[D]. 长沙：中南林业科技大学，2011.

[44] 柳宗悦. 民艺论[M]. 南昌：江西美术出版社，2002.

[45] 冯骥才. 传统村落的困境与出路——兼谈传统村落是另一类文化遗产[J]. 民间文化
　　 论坛，2013(1).

[46] 左汉中. 湖湘剪纸[M]. 长沙：湖南美术出版社，2008.

[47] 李致伟. 通过日本百年非物质文化遗产保护历程探讨日本经验[D]. 北京：中国艺术
　　 研究院，2014.

[48] 柳宗悦. 工艺之道[M]. 桂林：广西师范大学出版社，2011.

［49］费孝通.对文化的历史性和社会性的思考［J］.思想战线，2004(2).

［50］高连克.论科尔曼的社会资本理论［J］.北华大学学报(社会科学版)，2005：17.

［51］聂存虎.古村落保护的策略与行动研究［D］.北京：中央民族大学，2011.

［52］费孝通.费孝通文集(第一卷)［M］.北京：群言出版社，1999.

后　记

　　村落，不仅是中国社会的根基，也是中国文化基因的源头，它承载着中国几千年来的传统文明和社会文化。中国文化在某种意义上就是中国乡村文化的另一种表达方式。每一个传统的村落都有它动人的故事和传说，一个村庄就是一个鲜活的历史字典。中国人自古信守落叶归根的价值观，而村落，正是乡愁永恒的寄托，从古至今，横亘千年，历久弥坚。若是丢掉了乡村的传统，整个历史文化将会出现断层，长此下去我们如何清楚自己是谁？从哪里来？将来去往何处？

　　本书所研究的高椅村，拥有六百年浓厚的历史文化内涵，作为五溪流域众多村落中一颗闪耀的明珠，高椅村以其特殊的"中转"身份，镌刻着岁月的沧桑，延续着百年来相似的过往。它较好地保存了自身的物质文化与自然景观风貌，然而随着城市化的不断渗透和侵蚀，高椅村的地域原始文化氛围逐渐遭到了破坏，那些曾经令当地村民引以为傲的建筑、礼仪、信仰、手工艺以及民间艺术等，都随着环境的无机化、单一化而走向衰落。因此，记录、继承、发扬、保护高椅的文化与传统，刻不容缓。

　　高椅村作为一个深受汉文化影响的古村落，我们对其认知不应该停留在孤立的、静止的层面，不应该局限于只将高椅村这一个区域的人文地理形态作为剖析整个村落发展变迁的唯一正解，而是要区别于过去那种画地为牢的研究方法论，将高椅村融入中国传统村落研究的大框架中，运用分形的理论寻找传统与现代的连接点。本书基于一种整体性的观点开展对高椅村的相关研究，在研究方法和内容上尝试将社会学、文化人类学、民族史学、景观文化分形学、建筑学等诸学科理论结合起来，进行实证叙事和分析，并吸收了传统村落研究的部分研究方法和成果，在更广泛的层面上观照、研究高椅村，以加深我们对高椅村历史文化现状的认知，分析将来如何运用"村落智慧"来保护中国传统文化。

　　村落研究注重史实性的文献资料，更看重田野调查资料。本书自身的田野工作和实地观察材料有限，因此参考偏重文献和时贤的研究结果，目的在于为高椅村的研究提供一份较为全面和深入的研究成果。但对相关领域研究成果的融会贯通肯定不是一件轻易就能达到的事情！在开展系列古村落研究之初，我们就清晰地认识到继承和研究村落文化的重要性。保护古村落就是保护我们的"文化之根"，我们的"精神家园"，而不是一个"文化空壳"。广大乡村地域社会经济也正经历着深刻的变革，从新农村建设、到美丽乡村建设再到村庄的精准扶贫，传统村落的过去、现代、未来都紧紧牵动着人们的目光。

书稿将行付梓，但内心并没有期待的那一种轻松和喜悦的感觉，将这本书拿出来供同道检视的时候，诚惶诚恐之心理却显得格外难以尽言，担心因我们有限的水平而令长期关注高椅古村、关心传统古村落的各位朋友们感到失望！高椅村虽小，但仍然可以透过高椅村看到意向或者抽象出中国众多村落的其他部分模型，本着抛砖引玉的想法，期待更多有关古村落研究的成果涌现出来。对于书中的错误与疏忽之处，还望读者给予批评指正。

行文至此，掩卷而思，我诚挚地感谢所有给予本书帮助的人。我与研究小组团队深入高椅村，做了大量纪实性专项考察与测绘，其成员有张嘉欣、赵晓婉、何宇轩、沈玮、梅君艳、唐粤、龙旭等，一路西行，一路思索，一路折服于高椅村中平凡生活所创造的文化与艺术。感谢这些同学们在酷暑和寒冬之际深入高椅，为撰写工作所做的调研和努力，如果没有他们的研究基础，本书是不可能完成的。另外，感谢访问学者曾增老师、李士青老师对本书编写、校正工作所做的帮助。感谢满腔热忱发展高椅村的导游杨耀文同志，在小杨导游的耐心讲解下，我们对高椅村历史的来龙去脉有了更加鲜活的认知。感谢杨国大馆长为我们提供了很多真实、珍贵的历史资料，极大地便利了我们对高椅村的物质文化、制度文化的深入了解。最后还要感谢对家乡充满了热爱的高椅村人，包括黄杏、黄再清、杨荣欢、杨武强、杨国顺（傩戏传承人、罗星庵管理人）、杨宣等。得此广助，幸何如之。寥寥数语，惟寄此情。

朱 力

2019 年 5 月

于长沙岳麓山下